河南省"十四五"普通高等教育

高等学校经济与管理类核心课程教材

ERP LILUN YU YINGYONG JIAOCHENG

ERP理论与应用教程

（第二版）

主　编　杨松柏　周楠楠
副主编　黄信恒　冯艳娟　张玲燕　李欢欢

中国教育出版传媒集团

高等教育出版社·北京

内容提要

本书是河南省"十四五"普通高等教育规划教材。

本书融汇体现党的二十大精神,全面介绍了 ERP 系统的基本原理和应用实施技术,内容完整,布局合理,条理清晰,在阐述 ERP 理论知识的基础上,侧重于培养学生对知识的综合运用和多渠道获取信息的能力。

全书包括基本理论、应用实训和经营分析三篇共八章内容,分别是 ERP 概述、ERP 的发展、ERP 生产计划管理、用友 ERP 手工沙盘实训、金蝶 ERP 手工沙盘实训、用友供应链管理沙盘实训、企业经营管理分析、企业经营成果分析。

本书既可作为高等学校 ERP 相关课程教材,也可作为社会人士自学用书。

图书在版编目(CIP)数据

ERP 理论与应用教程 / 杨松柏,周楠楠主编. —2 版
. —北京:高等教育出版社,2024.1
ISBN 978 - 7 - 04 - 059883 - 4

Ⅰ. ①E… Ⅱ. ①杨… ②周… Ⅲ. ①企业管理—计算机管理系统—教材 Ⅳ. ①F270.7

中国国家版本馆 CIP 数据核字(2023)第 085630 号

策划编辑	张正阳	责任编辑	张正阳	封面设计	张文豪	责任印制	高忠富	

出版发行	高等教育出版社	网　　址	http://www.hep.edu.cn
社　　址	北京市西城区德外大街 4 号		http://www.hep.com.cn
邮政编码	100120	网上订购	http://www.hepmall.com.cn
印　　刷	江苏德埔印务有限公司		http://www.hepmall.com
开　　本	787mm×1092mm　1/16		http://www.hepmall.cn
印　　张	25	版　　次	2016 年 9 月第 1 版
字　　数	577 千字		2024 年 1 月第 2 版
购书热线	010-58581118	印　　次	2024 年 1 月第 1 次印刷
咨询电话	400-810-0598	定　　价	49.00 元

本书如有缺页、倒页、脱页等质量问题,请到所购图书销售部门联系调换

版权所有　侵权必究
物 料 号　59883-00

前　　言

党的二十大报告指出:"教育、科技、人才是全面建设社会主义现代化国家的基础性、战略性支撑。必须坚持科技是第一生产力、人才是第一资源、创新是第一动力,深入实施科教兴国战略、人才强国战略、创新驱动发展战略,开辟发展新领域新赛道,不断塑造发展新动能新优势。"

随着计算机技术的飞速发展,计算机技术在计算领域、控制领域和管理领域的应用不断深入。ERP 系统作为计算机技术在管理领域应用的表现形式,其在该领域中的作用越来越大。ERP 系统是一种典型的信息系统,融合应用了计算机硬件技术、软件技术、数据库技术和网络技术等。企业从业务数据的采集、加工,到信息的形成和使用,都离不开基于计算机技术的 ERP 系统的支持。从本质来看,ERP 系统体现的是一种典型的管理思想,是一种MPS(主生产计划)驱动的管理方式,它对整个组织的机构、岗位、业务流程的设置和规范都提出了新的要求,对业务数据的采集、统计报表的编制和传输,以及企业领导的管理和决策都提供了方便、高效的工具支持,对组织的员工素质也提出了更高的要求。

在新的形势下,为了满足社会需求,越来越多的学校为不同层次的学生开设了 ERP 系列课程,包括 MBA、本科、高职甚至中职,然而可供选择的教材较少,尤其是适合应用型本科学生使用的教材更少。在这种情况下,需要有一本既深入讨论 ERP 又注重实践应用,适用于应用型本科学生,尤其是工商管理类专业学生的教材。于是编者集众人智慧,结合多年教学、大赛及企业实践的经验,编成此书。

本书全面介绍了 ERP 系统的基本原理和应用实施技术,其主要特色是内容完整、布局合理和条理清晰。

第一,从内容上来看,本书不仅全面介绍了 ERP 系统的基本原理,而且详细介绍了 ERP 生产计划管理。基于 ERP 系统的五个计划层次,从经营规划、销售与运作规划、主生产计划、物料需求计划到能力需求计划、采购管理、车间作业控制,从 ERP 理论知识、应用到 ERP 沙盘实训模拟、ERP 模拟经营成果分析,都进行了全面、完整、认真、细致的介绍。

第二,从全书布局来看,本书结构合理。本书分为三篇,共八章。第一篇是基本理论篇。第一、二章主要介绍 ERP 系统的基本概念、演变过程和发展趋势。第三章重点介绍基于ERP 的企业生产计划管理,包括生产、营销、采购、库存等,全面分析企业运营过程中的各个业务模块。第二篇是应用实训篇。第四章至第六章是考虑到学生在理论知识学习后存在应用的难题,采用 ERP 沙盘实训的方式检验前面章节所学的理论知识,同时该部分内容增加了课程的趣味性,其中第四章是用友沙盘、第五章是金蝶沙盘、第六章是用友供应链沙盘(又称分销与零售沙盘)。第三篇是经营分析篇。第七章结合 ERP 沙盘模拟实训从企业战略、市场营销、资金管理、生产运营、团队协作等方面对企业经营管理进行详细分析。第八章对企业经营成果进行分析,突出企业财务及综合能力分析,包括企业财务管理、企业综合业绩评价体系等。本书在应用实训篇部分附录了大量表格,这样更有利于读者的阅读、理解和动手实践。

第三，本教材在 ERP 理论知识的基础上，侧重于培养学生对知识的综合运用和多渠道获取信息的能力，尤其是通过沙盘模拟实训，使学生将理论知识应用于实践，既增加课程的趣味性，又提高了学生应用知识解决实际问题的能力。在应用实训部分主要以一组模拟企业数据为例，全面而详细地阐述了企业经营成败的关键。本书从沙盘本身出发，既讲解了 ERP 沙盘的基本规则、初始状况，又给出了科学的分析评价方法。在经营分析部分系统讲解了企业经营中战略的重要性及如何进行有效的竞争。在沙盘模拟企业运营实录中，表格更加实用、归类更加明确、各状态登记更加详细化，可有效改善沙盘课程讲授中的控制缺失现象。

本书的出版得到了郑州商学院领导的精心指导，是郑州商学院重点教学团队——ERP实验教学团队核心成员在进行了大量的材料收集和整理后编写而成的。本书于 2020 年 12月获批立项为河南省"十四五"普通高等教育规划教材，并于 2021 年 1 月获得河南省首届教材建设奖（高等教育类）二等奖。本书编写分工如下：李欢欢（第一章），杨松柏（第二章、第四章），周楠楠（第三章、第五章），冯艳娟（第六章）、黄信恒（第七章）、张玲燕（第八章）。封俊丽负责统稿。除封面署名的作者外，本书的编写还得到"学创杯""约创"等 ERP 全国大学生模拟经营大赛的选手及学院 ERP 协会部分同学的支持，他们提出了自己独到的见解，这也是本书更容易被同学们理解和接受的一个重要原因。同时在编写过程中，还得到了用友新道科技有限公司等合作伙伴的帮助和支持。在此，谨向他们致以诚挚的谢意。另外，编写中参阅了大量国内外论著、教材和其他有关资料，谨向诸位原作者一并表示谢意！

本书也是郑州商学院第九批河南省重点学科（工商管理）的建设成果；是省级一流本科专业（工商管理）的建设成果；是省一流本科课程"ERP 沙盘模拟实验"和河南省精品在线开放课程"企业经营 ERP 应用"的建设成果；是河南省优秀基层教学组织——ERP 实验教学中心的重要成果；也是杨松柏老师主持的河南省高等学校重点科研项目《大学科技创新与城市新兴产业发展互动模式实证研究》（编号：22B630030）的重要成果，它们的研究对本书的成稿起了重要作用，是科研与教学有机结合的重要体现。

由于作者水平有限，本书难免有不足之处，诚望各位专家、读者批评指正。

编　者

2023 年 11 月

目　录

第一篇　基　本　理　论

目 录

第二篇　应 用 实 训

第三篇　经　营　分　析

第一篇

基本理论

第一章　ERP 概述

企业资源计划即 ERP(enterprise resource planning)，是由美国 Gartner Group 公司于 1990 年提出的管理概念、基于 MRP Ⅱ(manufacturing resources planning，企业制造资源计划)研发的下一代制造业系统和资源计划软件。它除了 MRP Ⅱ 已有的生产资源计划、制造、财务、销售、采购等功能外，又新增了质量管理、实验室管理、业务流程管理、产品数据管理、存货、分销与运输管理、人力资源管理和定期报告系统等功能。目前，ERP 在我国应用所涉及的范围已经被扩大，用于企业的各类软件统统被纳入 ERP 的范畴。它跳出了传统企业边界，从供应链范围去优化企业的资源，是基于网络经济时代的新一代信息系统。它主要用于改善企业业务流程以提高企业核心竞争力。ERP 系统支持离散型、流程型等混合制造环境，应用范围从制造业扩展到了零售业、服务业、银行业、电信业、政府机关和学校等事业部门，通过融合数据库技术、图形用户界面、第四代语言、客户机/服务器体系结构、计算机辅助开发工具、可移植的开放系统等对企业资源进行了有效的集成。

第一节　ERP 的基本概念

在开始深入了解 ERP 系统之前，应该搞清楚什么是 ERP 系统，应该理解 ERP 系统的定义，应该知道 ERP 与企业资源管理、信息管理系统等的联系，并且要明确 ERP 系统的特点。下面，从 ERP 系统的定义和 ERP 系统的特点出发，对 ERP 系统进行详细的介绍。

一、ERP 的概念

ERP 是指建立在信息技术基础上、以系统化的管理思想、为企业决策层及员工提供决策运行手段的管理平台。ERP 系统集信息技术与先进的管理思想于一身，适应现代企业的运行模式，反映时代对企业合理调配资源、最大化地创造社会财富的要求，成为企业在信息时代生存、发展的基石。

可以进一步从管理思想、软件产品、管理系统三个层次进行定义 ERP：

（1）ERP 是由美国计算机技术咨询和评估公司 Garter Group 提出的一整套企业管理系统体系标准，其实质是在 MRP Ⅱ 基础上进一步发展而成的面向供应链（supply chain）的管理系统。

（2）ERP 是综合应用了客户机/服务器体系结构、关系数据库结构、面向对象技术、图形用户界面、第四代语言（4GL）、网络通信等信息产业成果，以 ERP 管理思想为灵魂的软件产品。

（3）ERP 是整合了企业管理理念、业务流程、基础数据、人力物力、计算机硬件和软件于一体的企业资源管理系统。

所以说，ERP 系统是一种商业战略。它集成了制造、财务和分销等职能，以便实现动态地平衡和优化企业的资源。ERP 系统是一种集成的应用软件包，可以用于平衡制造、分销和财务功能。ERP 系统是利用关系型数据库管理系统、计算机辅助软件工程、第四代语言开发工具和客户机/服务器体系架构，从制造资源计划演变过来的。企业成功实施了完整的 ERP 系统之后，ERP 系统将支持优化业务流程、执行各项必要的管理分析以及快速有效地决策。随着技术的不断进步，ERP 系统不断增强了应对市场变化的能力。上述定义完整地描述了 ERP 系统，该定义的特点主要表现在：ERP 系统既可以在微观的优化业务流程方面发挥作用，也可以有效地在战略方面体现其效用；ERP 系统既是信息技术的集成形式，也是制造、分销和财务等管理功能的集成；ERP 系统既可以对当前企业的经营和管理提供优化、分析和决策支持，还会不断地发展和完善。

二、ERP 与企业资源的关系

具体来讲，ERP 系统与企业资源的关系、ERP 的作用以及与信息技术的发展的关系等可以表述如下：

（一）ERP 的管理对象

厂房、生产线、加工设备、检测设备、运输工具等都是企业的硬件资源，人力、管理、信誉、融资能力、组织结构、员工的劳动热情等就是企业的软件资源。企业运行发展中，这些资源相互作用，形成企业进行生产活动、完成客户订单、创造社会财富、实现企业价值的基础，反映企业在竞争发展中的地位。ERP 系统的管理对象便是上述各种资源及生产要素，通过 ERP 的使用，使企业的生产过程能及时、高质地完成客户的订单，最大限度地发挥这些资源的作用，并根据客户订单及生产状况作出调整资源的决策。

（二）ERP 对企业资源的作用

企业发展的重要标志便是能合理调整和运用上述资源。在没有 ERP 这样的现代化管理工具时，企业资源状况及调整方向不清楚，要做调整安排是相当困难的，调整过程会相当漫长，企业的组织结构只能是金字塔形的，部门间的协作交流相对较弱，资源的运行难以把握。信息技术的发展，特别是针对企业资源进行管理而设计的 ERP 系统正是针对这些问题设计的，成功推行的结果必然使企业能更好地运用资源。

三、信息技术对资源管理影响的不同阶段

计算机技术特别是数据库技术的发展为企业建立管理信息系统，甚至对改变管理思想起着不可估量的作用。管理思想的发展与信息技术的发展是互成因果的环路。实践证明，信息技术已在企业的管理层面扮演越来越重要的角色。

信息技术最初在管理上的运用也是比较简单的，主要是记录一些数据，方便查询和汇总，而现在已发展到建立在全球互联网（Internet）基础上的跨国、跨企业的运行体系。其发展大致可分以下几个阶段：

（1）MIS 阶段（management information system）。企业的信息管理系统主要是记录大量原始数据、支持查询、汇总等方面的工作。

（2）MRP 阶段（material require planning）。企业的信息管理系统对产品构成进行管理，借助计算机的运算能力及系统对客户订单、在库物料、产品构成的管理能力，实现依据客户订单，按照产品结构清单展开生产并计算物料需求计划，实现减少库存、优化库存的管理目标。

（3）MRPⅡ阶段（manufacture resource planning）。在 MRP 管理系统的基础上，系统增加了对企业生产中心、加工工时、生产能力等方面的管理，以实现计算机进行生产排程的功能，同时也将财务的功能囊括进来，在企业中形成以计算机为核心的闭环管理系统，这种管理系统已能动态监管到产、供、销的全部生产过程。

（4）ERP 阶段（enterprise resource planning）。进入 ERP 阶段后，以计算机为核心的企业级的管理系统更为成熟，系统增加了包括财务预测、生产能力、调整资源调度等方面的功能，配合企业实现 JIT 管理、全面质量管理和生产资源调度管理及辅助决策的功能，成为企业进行生产管理及决策的平台工具。

（5）电子商务时代的 ERP 阶段。互联网技术的成熟为企业信息管理系统增加了与客户或供应商实现信息共享和直接数据交换的能力，从而强化了企业间的联系，形成共同发展的生存链，体现供应链管理思想。ERP 系统可实现这方面的功能，使决策者及业务部门实现跨企业的联合作战。

由此可见，ERP 的应用的确可以有效地促进企业管理的现代化、科学化，适应竞争日益激烈的市场要求，它的应用已经成为企业经营发展的大势所趋。

第二节　ERP 与企业的关系

一、企业对 ERP 的需求

在今天竞争日益激烈的国内国际环境下，越来越多的企业面临经营战略转型与国际并轨。比如国内企业转型上市，以及国内外设立分支机构，都需要现代管理理念和行业最佳实践相结合。企业的转型以及竞争力的提升都需要先进的管理理念和管理工具来实现，ERP 则被认为是确实有效的可操作手段。

中国人民大学在 2005 年对企业信息化的调查报告中得出结论：总体来说制造业的信息化水平较高，但是在实际操作中面临的障碍也较多，制造行业的主营业务为加工、生产、而对于 IT 行业的人员来说存在着某种天然的屏障，缺乏对人才的吸引，所以导致传统的制造行业缺乏信息化的专业人才。在当前虽然有很多企业实施了 ERP 系统，但是还有大量的中小企业迫切需要应用 ERP。当然在已实施了 ERP 系统的企业中也存在诸多问题，比如与本企业的原有模块不兼容，人才培训梯队跟不上。从当前的业务模块或者实施阶段来说，企业的 ERP 应用水平差异较大，有些企业视为单纯的技术项目而在业务方面未予以充分重视。研究企业的 ERP 信息化建设的专家预测，在未来的若干年内需要 ERP 专业人才数十万人，当前在业务、生产、财务、物流、采购、仓储等岗位存在大量的人才缺口。

二、ERP 能解决的管理问题

企业在日常的管理工作中存在着庞大的业务处理流程，在处理这些流程中的问题时使得管理人员力不从心，甚至在获取信息的过程中得到的是错误的信息，从而作出错误的决策,造成了损失。作为企业的管理者在日常的管理中希望得到一个理想的状态:满足多变的市场需求,准确及时地做出对客户的承诺,处理紧急的客户订单,保持均衡的生产计划和活动,准确及时地了解生产情况,避免物料的短缺,避免库存积压,提高产品质量,降低产品成本,做好财务分析和财务管理工作。

(一)减少物料短缺,降低库存物料积压

降低库存物料量一直是库存管理的重点,但在传统企业管理中,库存量无法降低,因为企业生产计划不准确,发生变化的概率很高。为保证生产不中断,仓库必须准备足够的物料以备生产计划改变所产生的紧急需求,因此库存物料量过大,不仅产生管理费用,而且有些物料长时间闲置会产生质量问题而成为呆废物料。如果企业为适应市场需求发生转产,则大量的物料成为废料。ERP 通过其核心部分——MRP 能够比较好地解决这个问题。在 ERP 的物流管理过程中涉及大量的计算,如果依靠人工计算将很复杂,但是通过计算机就很容易完成,即使在生产计划变化时,只要重新运行 MRP 就会产生新的计算结果。

(二)保持企业相对稳定和均衡地安排生产

市场需求总是在不断地变化,即使是同一种产品需求也会有极强的季节性,如果用这种不均衡的市场需求直接安排生产,对企业来说是灾难性的。企业不可能在需求旺季时招聘大量的工人,增加设备加班生产,而淡季时解散工人,停工歇产。保持相对稳定和均衡的生产对企业是至关重要的。ERP 能够保持企业均衡生产的关键在于按产品的实际需求或者预测需求计算企业的产能,提前做出生产计划,对大量的产品需求提前预知产能不足,提前生产或者提前做准备,使企业生产在一段时间内保持相对的稳定性。

(三)提高客户承诺的准确性

ERP 系统在主生产计划控制下,利用销售部门数据、生产部门数据、库存数据可以有效掌握产销的变化,并计算出在不同时段内对客户可承诺的数量,专门用来支持供货的承诺。当新的订单或客户需求录入 ERP 时,系统会更新可承诺量,所以它的数据是及时、准确的。借助于 ERP,销售人员对客户做出供货承诺时,可以心中有数,从而对客户的供货承诺做得更好。

(四)打破部门壁垒,实现流程式管理

没有 ERP 的企业,部门间的信息是闭塞的,影响了各部门的工作绩效,比如销售部门希望增加销售量并多接受客户订单,但因不知此时生产部门的生产能力而不敢承诺订单或者接受了订单之后不能及时交货而影响了后期的销售。库存部门不知道准确的生产计划而不得不多采购物料以防止物料短缺,而此时财务部门不知道准确的生产计划而不得不降低库存减少流动资金的占用,这一切都说明由于信息沟通渠道不畅极大地影响了企业的整体效益。ERP 采用流程式管理打破了部门间的信息壁垒,使各部门能及时准确地得到其他部门的信息,提高了企业效率。

第三节 ERP 的管理思想

ERP 是一种先进管理的计算机实现,蕴含了目前管理界很多先进的管理理念和管理方法。其核心思想主要体现在两个方面:一是计划与平衡控制;一是供需链管理。

一、计划、平衡与控制

计划和平衡反映了一切事物的普遍规律,企业管理也不例外。有变化才需要计划,有不均衡才需要平衡。正是因为变化和不均衡是这个世界的本质,计划和平衡才是应对这个世界以求得发展的根本。

在企业中,计划工作贯穿于经营管理的全过程,不但与几乎所有的管理活动相联系,而且与企业组织中所有层次、所有成员有关。一个有效的计划目标具有如下几个特性:明确具体的、可衡量的、可达到的、实事求是的、有时间限制的。通常人们也会要求计划的内容完整清晰,具体要求是:任务(子任务)内容明确、步骤安排合理、执行人的责任明确、符合质量与成本的限制。

而平衡与控制的作用是使计划执行的结果不超出容许的偏差,这个偏差是指时间和数量上客户或市场能够接受的偏差以及企业所能接受的成本和利润的偏差。平衡内容包括企业内部环境与企业外部环境的平衡、战略和战术的平衡、外部市场需求和企业能力的平衡、业务运行与资金供给的平衡等。

在 ERP 系统中,除了围绕制造过程的主生产计划(MPS)、物料需求计划(MRP)、能力需求计划(CRP)这三大核心计划外,还包括企业经营中常用的预算、资金计划、销售计划、采购计划、车间作业计划等各项基本计划。作为一种通过计划来针对企业各种资源进行管理的系统,ERP 对能够形成企业竞争优势的各种要素都有针对性地制定了优化整合的计划方案。例如,为了优化整合销售分销链中的客户资源,ERP 通过制定与客户间的分期交货计划来接受并检查客户实际需求,自动排列、调节进度表的差异;为了优化整合供应链后端的供应商资源,在大批量制造环境中,在与供应商关系紧密的情况下,ERP 通过制定供应商计划,与供应商及时沟通最新的物料需求情况,根据选定的送货模式来生成、批准和下达供货计划;为了充分利用企业的设备、产能、资源,ERP 通过制定设备检修计划,对设备检查、预防性维修等建立时间安排,直接或间接地减少维修成本和设备停机造成的损失;为了及时补充并充分利用企业的人力资源,ERP 通过制定人力资源需求计划、员工培训计划等,明确企业应该在什么时间招聘什么级别及类型的人员,制定企业在某时间段内所安排的培训内容、地点、时间、受训人员、培训方式、培训预算。

在 ERP 中,围绕计划而运行的管理运作内容与美国质量管理专家戴明提出的戴明环,或者叫 PDCA 循环的过程非常类似。以主生产计划(MPS)的管理过程为例,ERP 系统根据销售订单、销售预测、库存成本、提前期等各种基本信息来选择相应的参数,计算出相应时期内可行的生产计划;MPS 的计算结果,传递给 MRP 等其他相关计划作为基础数据,更重要的是,ERP 将之作为生产订单传递给相应的生产部门以执行生产任务;在生产部门执行生产任务的过程中,ERP 比较计划数据与执行结果,检查计划的执行效果,及时发现问题;对于检查的结果,发现的经验与教训通过修订计算参数、修订工作流程等方式,再总结到计划模型中去。这样一个 PDCA 循环接一个 PDCA 循环进行下去,ERP 使企业各项工作有条不紊地加以改进,对资源的把握日益加强。

计划、平衡与控制的管理理念贯穿了整个 ERP 系统。

作为 ERP 系统的核心,MRP 是从产品结构或物料清单(对食品、医药、化工行业则为"配方")出发,实现了物料信息的集成——一个上小下宽的锥状产品结构:其顶层是出厂产品,属于企业市场销售部门的业务;底层是采购的原材料或配套件,是企业物资供应部门的业务;介于其间的是制造件,是生产部门的业务。根据需求的优先级,在统一的计划指导下,把企业的"销产供"信息集成起来,计划涉及销售,制造以及采购各环节和各部门,要求统筹安排才能平衡各部门物料的供给与需求。正是这种计划与平衡、控制的思想,才使得 MRP 成为保证既不出现短缺、又不积压库存的计划方法,解决了制造业所担心的缺件与超储的矛盾。

MRP 解决了企业物料供需信息集成,对企业物料供需进行计划与平衡,但是还没有说明企业的经营效益。MRP Ⅱ 则充分运用管理会计的概念,用货币形式说明了执行企业"物料计划"带来的效益,实现物料信息同资金信息的集成。衡量企业经营效益首先要计算产品成本,产品成本的实际发生过程还要以 MRP 系统的产品结构为基础,从最底层采购件的材料费开始,逐层向上将每一件物料的材料费、人工费和制造费(间接成本)累积,得出每一层零部件直至最终产品的成本。再进一步结合市场营销,分析各类产品的获利性,通过定义事务处理(transaction)相关的会计核算科目与核算方式,以便在事务处理发生的同时自动生成会计核算分录,保证了资金流与物流的同步记录和数据的一致性,从而实现了根据财务资金现状,可以追溯资金的来龙去脉,并进一步追溯所发生的相关业务活动,改变资金信息滞后于物料信息的状况,便于实现事中控制和实时作出决策。业务运行与资金供给的平衡与控制在 MRP Ⅱ 中得到了淋漓尽致的发挥。MRP Ⅱ 可在周密的计划下有效地利用各种制造资源,控制资金占用,缩短生产周期,降低成本。

ERP 系统在 MRP Ⅱ 的基础上,进一步拓展企业资源,使得 ERP 系统的计划体系更加完善,包括主生产计划、物料需求计划、能力计划、采购计划、销售执行计划、利润计划、财务预算、人力资源计划、运输计划和分销资源计划,而且这些计划功能与价值控制功能已完全继承到整个 ERP 系统中。

二、供需链管理

供需链按原文 supply chain 直译是"供应链",但实质上链上的每一个环节都含有"供"与"需"两方面的含义,"供"与"需"总是相对而言、相伴而生的;国外也称 demand/supply chain。在市场经济下,供应总是因为有了需求才发生的,因此译为供需链更为确切。作为供应系统,通常是指后勤体系(logistics)的内容,后勤体系是"从采购到销售",而供需链是"从需求市场到供应市场"。

在供需链上,除了人们已经熟悉的"物流""资金流""信息流"外,还有容易为人们所忽略的"增值流"和"工作流"。也就是说供需链上有 5 种基本"流"在流动。从形式上看,客户是在购买商品或服务,但实质上,客户是在购买商品或服务提供能带来效益的价值。各种物料在供需链上移动,是一个不断增加其技术含量或附加值的增值过程。在此过程中,还要注意清除一切无效劳动与浪费。因此,供需链还有增值链的含义。不言而喻,只有当产品能够售出,增值才有意义。企业单靠成本、生产率或生产规模的优势打价格战是不够的,要靠价值的优势打创新战,这才是企业竞争的真正出路,而 ERP 系统要提供企业分析增值过程的功能。

为了保持和扩大市场份额,企业先要有相对稳定的销售渠道和客户,为了保证产品的质量和技术含量,必须有相对稳定的原材料和配套件以及协作的供货商,企业同其销售代理、客户和供应商的关系已不再是简单的往来对象,而是利益共享的合作伙伴关系,这是现代管理理念的重大转变。这种合作伙伴关系组成了一个企业的供需链,是"精益生产(lean production)"的核心思想。当遇到有特定的市场和产品需求时,企业的基本合作伙伴不一定能满足这类新产品开发生产的需求。这时,企业会组织一个由特定的供应商和销售渠道组成的短期或一次性的供需链,形成"动态联盟"(或称"虚拟工厂"),把供应和协作单位(包括产品研究开发)看成是企业的一个组成部分,运用"同步工程",用最短的时间将新产品打入市场,这是"敏捷制造(agile manufacturing)"的核心思想。当前,企业之间的竞争已不再是一个企业对一个企业的竞争,而已经发展成一个企业的供需链同竞争对手的供需链之间的竞争。ERP 系统正是适应这种竞争形势的需求发展起来的,实现了整个企业供需链的管理。

供需链的管理概括起来,主要有以下四个方面的内容。

(1) 经营范围的概念:供需链的要素、运作环境、财务基础、制造资源计划(MRP Ⅱ)、准时制生产(JIT)以及全面质量管理(TQM)之间的关系。

(2) 需求计划:市场驱动、客户期望与价值的定义、客户关系、需求管理。

(3) 需求与供应的转换:设计、能力管理、计划、执行与控制、业绩评价。

(4) 供应:库存、采购、物品分销配送系统。

从以上内容可以看出,供需链管理的思想的重点是"供"与"需"两方面的环境。它把客户需求和企业内部的制造活动以及供应商的制造资源整合在一起,形成了一个完整的供需链,并对供需链上的环节进行有效管理,这样就形成了以供需链为核心的 ERP 管理系统。该系统跨越了部门与企业,形成了以产品或服务为核心的业务流程。它从整个市场竞争与社会需求出发,实现了社会资源的重组,大大改善了社会经济活动中物流与信息流的效率,消除了中间冗余的环节,减少了浪费,避免了延误。

三、ERP 管理思想的主要内容

综合以上的各种情况,也可以把 ERP 的管理思想归纳为以下三个方面:

(一) 对整个供需链资源进行管理

在知识经济时代,企业仅靠自己的资源不可能有效地参与市场竞争,还必须把经营过程中的有关各方如供应商、制造工厂、分销网络、客户等纳入一个紧密的供需链中,才能有效地安排企业的产、供、销活动,满足企业利用全社会一切市场资源快速高效地进行生产经营的需求,以期进一步提高效率和在市场上获得竞争优势。

(二) 精益生产、同步工程和敏捷制造

"精益生产"的思想,即企业按大批量生产方式组织生产时,把客户、销售代理商、供应商、协作单位纳入生产体系,由原来的简单业务往来关系,变成为利益共享的合作伙伴关系,这种合作伙伴关系组成了一个企业的供需链。

"敏捷制造"和"同步工程"的思想,即当市场发生变化,企业遇到特定市场和产品需求时,企业的基本合作伙伴不一定能满足新产品的开发生产的要求。企业会组织一个由特定的供应商和销售渠道组成的短期或一次性供需链,形成"虚拟工厂",把供应和协作单位看成是企业的一个组成部分,运用"同步工程"组织生产,用最短的时间将新产品打入市场,时刻保持产品的高质量、多样化和灵活性。

(三) 事前计划与事中控制

ERP 系统中的计划体系主要包括主生产计划、物料需求计划、能力计划、采购计划、销

售执行计划、利润计划、财务预算和人力资源计划等,这些计划功能与价值控制功能已完全集成到整个供需链系统中。ERP 系统通过定义会计核算科目与核算方式,在事务处理的同时自动生成会计核算分录,保证了资金流与物流的同步记录和数据的一致性,从而实现了根据财务状况现状,追溯资金的来龙去脉及所发生的相关业务活动,改变了资金信息滞后于物料信息的状况,便于实现事中控制和实时作出决策。

第四节　ERP 在我国的应用

随着市场经济的发展,我国企业原有的经营管理方式早已不适应激烈竞争的要求。企业面临的是一个越来越激烈的竞争环境,ERP 由于具有更多的功能而逐渐被企业所青睐。它可为企业提供投资管理、风险分析、跨国家跨地区的集团型企业信息集成、获利分析、销售分析、市场预测、决策信息分析、促销与分销、售后服务与维护、全面质量管理、运输管理、人力资源管理、项目管理以及利用互联网(Internet)实现电子商务等功能,企业能利用这些工具来扩大经营管理范围,紧跟瞬息万变的市场动态,参与国际大市场的竞争,获得丰厚的回报。

一、面临的问题

在当前形势下,企业应用 ERP 面临许多问题,主要表现在以下几方面:

(一)对应用 ERP 的根本目的认识有偏差

应用 ERP 不是一般意义上的企业信息化建设,更不是一个简单的计算机硬件、应用软件和互联网系统的建设,应用 ERP 的根本目的是在学习、研究和应用国外现代企业管理思想、方法和信息技术的基础上,尽快改变我国企业管理粗放、落后的面貌,建立起一套符合市场经济体制的现代企业管理模式,实现企业管理的跨越式发展,从而提高企业管理水平,加快工业化进程,确保国民经济可持续发展。然而,就是这个根本目的时至今日仍未被多数企业全面、深入地认识,并贯穿于 ERP 应用全过程。

(二)忽视了 ERP 的适用条件和适用范围

虽然 ERP 是一种源于美国的现代企业管理思想和方法,在国内外应用中也取得了明显的成效,但它毕竟不是唯一的现代企业管理思想和方法。近年来由于国内过度的宣传和炒作,使得许多企业在应用中对它寄予过高的期望,严重忽视了它自身的作用和特点及其适用条件和适用范围。

(三)不重视数据的准确性

ERP 系统是企业管理中非常有效的工具,它运行的基础数据来自企业。真实可靠的基础数据,将运算出科学的结果;不准确的基础数据,将运算出不准确的结果。如果企业为了一时的"高效率",提供了不准确的基础数据,往往会造成整个项目的失败。

(四)在实施 ERP 系统时存在着"穿新鞋走老路"的现象

多数企业未能把业务流程的优化重组与实施 ERP 有效地结合起来,造成了只是用计算机代替了原有的手工操作的情况,造成了 ERP 的功能难以全面发挥。

(五)国内 ERP 市场尚不成熟,厂商行为难以规范

例如,个别公司为了达到自己的销售目的,不管其产品是否适合买方(应用企业)的实情,不负责任地达成合同,导致了后面的实施工作无法进行和效果不佳的结局。

二、对策

如何解决当前环境中我国企业使用 ERP 系统中存在的问题,需要从以下几个方面进行探讨。

(一) 转变管理思想,建立现代企业先进管理模式

把企业建成为一个学习型组织,运用先进管理思想指导企业发展。ERP 本身也是一种贯彻先进管理思想的管理方法,因此,企业信息管理成为"现代企业先进管理模式"的重要内容,软件成为具体体现"现代 ERP 企业先进管理模式"的重要工具。

(二) 重视 ERP 系统的选型及初期的需求分析

选型并不是选择 ERP 界最大最强的软件,有几点要注意:一是考察软件供应商的实力,看其在同类企业中所占的市场份额及服务情况;二是考察与我们类似的企业有没有实施过这种 ERP 系统,实施结果怎样;三是把 ERP 软件系统与企业实际结合起来,看二者能否很好地匹配;四是当软件供应商的顾问做软件介绍时,要尽量按自己企业的模式测试一下,看看实践的结果。一套成熟的 ERP 商业软件其主要功能很多是标准的,而一个个企业的业务流程是千差万别的,要求选择的 ERP 系统能够满足并优化企业的业务流程,初期的分析和选型特别重要,一定要基于自己的业务需求和规模进行定位和选择。实用、适用、好用就是好的 ERP 系统。

(三) 重视 ERP 系统的培训

ERP 系统的最终使用者是企业内的各部门人员,包括各层次管理人员和业务人员,而他们原来对 ERP 系统的了解一般是比较少的,让他们学会并熟悉操作 ERP 系统的功能是企业实施 ERP 项目过程中需要认真解决好的一个关键问题。企业应请 ERP 软件商或者专业的咨询顾问公司来对企业的员工进行 ERP 系统的教育培训。企业应该通过教育培训向员工灌输 ERP 系统的观念,让员工了解 ERP 系统的架构、逻辑和流程,使不同的员工学会操作 ERP 系统中不同的子系统功能。培训应包括 ERP 软件应用及操作、编码、业务流程、初始数据准备等,尤其是一些特殊的操作和设置一定要特别强调,否则就会付出更多的时间和代价。

(四) 数据资料的处理必须准确

ERP 系统要顺利运行,数据资料必须准确、及时和完善,这是 ERP 赖以运行的关键。ERP 系统的实施负责人应该明确各部门人员在数据资料方面的分工,把责任落实到具体操作人员。具体操作人员要对录入到 ERP 系统的数据资料经常进行核对,对存在错误的地方及时进行修正,对企业新发生的业务数据要尽快录入到 ERP 系统中,保持数据资料的动态性以免资料滞后影响系统准确运行。企业有必要建立一套奖惩制度,对数据资料处理优秀的部门给予一定的表扬和奖励,对数据资料处理混乱和马虎的则给予批评和惩罚。另外,ERP 系统的实施负责人要和咨询顾问公司沟通协调,对数据的录入进度做出合理的规划,使资料转换工作按规划执行。一般来说,在人机并行阶段,ERP 系统的资料转换最好采用逐步调整的方式,先从某一个部门开始资料的正式转换,然后再扩展到其他部门,先易后难地转换资料,最后达到账料相符的目的。

(五) 要有完整的备份

ERP 系统作为一个生产企业的核心系统,安全性是非常重要的。因此,必须在企业成

本允许的条件下最大限度地确保系统和数据的安全。对于银行证券等数据要求高度安全的单位,备份必须是实时的,而对于制造企业,如果 ERP 系统的业务流程不是实时的,而是业务发生后定期录入系统,那么可以采用相对宽松的一些备份方式,例如每天定期备份,然后保留周备份及月备份。备份介质也要根据数据量和业务需要,选择磁带及光纤存储设备等。有了备份,另一个重要的方面就是系统和数据的恢复,一旦服务器由于软硬件等原因造成必须安装系统和数据,那么必须要有一套高效准确的流程确保系统在最短的时间内恢复使用。当然,随着企业信息化程度的提高,很多企业已为一些重要的服务器装了备份服务器,并利用相关软件实现了数据的同步,这样一旦一台服务器出现了较严重的问题,备份服务器能在几分钟内迅速启动,对业务没有什么影响。

ERP 在我国企业的应用中也出现了许多问题。因为,这些都属于发展中的问题,它既有技术面的问题,但更多的是管理观念问题。我们要及时找出问题的原因,合理地加以解决。依托这一基础,ERP 在我国企业的应用,势必走向一个新的高度。

虽然目前我国企业实施 ERP 的成功率不高,但是要看到我国宏观环境正在日益完善,今后企业的兴衰存亡将更多地取决于企业自身的竞争能力。在这种形势下,可以相信我国将有越来越多的企业会认同 ERP 并使用它,实现科技与管理双轮并进,这将使企业的管理水平和经济效益大为提高。

第五节　ERP 的未来发展趋势

ERP 是一种以极力提高客户满意度为目标不断进行优化的"供需链"的管理思想,同时也是一种融合了企业最佳实践和先进信息技术的新型管理工具(如互联网的网络通信技术和各种应用)。它的基本思想是将企业的业务流程看作一个紧密连接的供应链,将供应商和企业内部的采购、生产、销售以及客户紧密联系起来,便于对供应链上的所有环节进行有效管理,实现对企业的动态控制和各种资源的集成与优化,提升基础管理水平,为企业提供全方位的解决方案。

作为一种先进的管理思想,ERP 软件在国内外的应用实践证明,ERP 的应用可将原来分离的职能部门联系起来,加强部门之间的协作,提高企业的整体产出,增强企业的竞争力,但是随着信息技术的发展、市场竞争的进一步加剧、企业空间与范围的进一步扩大和市场与客户需求变化的进一步加速,ERP 系统中现有的功能、范围已不能满足适应现代企业竞争发展的新要求。

ERP 代表现在最为先进的管理模式,几乎能解决企业遇到的所有问题,通过 ERP 管理系统,企业能提高管理效率和市场竞争力,因此 ERP 系统的推广应用在国内外都很广泛。随着信息技术和制造业技术的不断发展,企业对 ERP 系统的依赖和需求的增加,这也促进了 ERP 技术的发展。那么,ERP 的发展方向和趋势有哪些呢?

(1) ERP 同 CRM(客户关系管理)的进一步整合:实现市场、销售和服务一体化,CRM 与 ERP 处理过程集成,并更多地提供个性化的服务,提高顾客的满意度。

(2) ERP 同电子商务、SCM(供需链)、协同商务的进一步整合:新一代的 ERP 系统必须能使企业与业务伙伴、客户之间的协作实现数字化的业务交互过程。ERP 供需链管理将得到加强,通过电子商务进行企业供需协作。全球化市场环境、价值链共享、过程优化、计划准确、管理协调、协同商务等这些词将不断地出现在企业关于 ERP 发展的计划中。

（3）ERP 同 PDM（产品数据管理）的进一步整合：ERP 同 PDM 的集成能减少数据管理和数据准备时的工作量，也加强了系统与 CAD、CAM 的集成，提高整个企业运作的效率。

（4）ERP 同 MES（制造执行系统）的进一步整合：ERP/MES/SFC 系统集成后能够实时地对生产过程进行控制，这也是工业企业管控一体化发展的一大趋势。另外，加强数据仓库和联机分析处理 OLAP 功能、ERP 系统动态可重构性、ERP 软件的实现技术和集成技术等方面都是 ERP 未来的发展趋势。

第六节　典型 ERP 系统简介

随着企业信息化的建设，越来越多的企业重视企业管理软件的应用，在 ERP 软件行业既有国际软件供应商，也有国内知名的软件供应商。

一、国际 ERP 软件供应商

（一）SAP

SAP 公司成立于 1972 年，从 IBM 公司跳槽出来的 5 个年轻工程师创办了 SAP 公司。他们的共同目标就是生产销售统一商业标准软件。总部位于德国沃尔多夫市，目前是全球最大的企业管理和协同化商务解决方案供应商，世界第三大的独立软件供应商，全球第二大云公司，在全球有 120 多个国家的超过 172 000 家用户正在运行 SAP 软件。财富 500 强 80% 以上的企业都正在从 SAP 的管理方案中获益。SAP 在全球 75 个国家拥有分支机构，并在多家证券交易所上市，包括法兰克福和纽约证交所。

SAP 在德文中是系统、应用和数据处理的意思。SAP 公司也是全世界非常罕见的在 30 年的发展中只研究一种企业管理软件产品而获得成功的公司。从 RF、R/2、R/3 到 My SAP.COM，SAP 凭借着德国企业的执着和严谨，为全世界提供一流的企业应用软件。

SAP 主要有如下几种功能：

（1）商务智能：SAP business objects 商务智能解决方案提供全面的商务智能功能，给予用户根据坚实的数据和分析结果来制定有效且明智决策的能力。从高端分析师到普通业务员等所有用户都可访问他们所需的信息，尽可能不依赖 IT 资源和开发人员。

（2）客户关系管理：SAP CRM 既能帮助解决迫在眉睫的问题（即降低成本和提高决策能力），又能帮助公司实现差异化，以便获得长期的竞争优势。SAP CRM 是唯一的完整的以客户为中心的电子商务解决方案。这项解决方案旨在为客户提供满意、忠诚的服务。它有助于提高竞争优势，带来更高利润。

（3）企业信息管理：SAP business objects information management 提供全面的信息管理功能，有助于及时、准确地提供整合的企业数据，其中既包括结构化数据，也包括非结构化数据。这些强大的解决方案可帮助用户为业务交易处理、商务智能、数据仓库、数据迁移和主数据管理等关键行动计划提供可用的数据。

（4）企业绩效管理：为帮助企业向绩效驱动型转化，需要使用能将流程和数据联系起来的解决方案，以提供一种通用的业务视图。企业绩效管理解决方案有助于发挥公司数据的价值，通过提高企业的协作性、洞察力和信心，让企业变得更加灵活而富有竞争力。

（5）企业资源规划：SAP ERP 是 SAP business suite 的五大套件之一，也是 SAP 占据市场最为强大的核心套件。

（6）管理和遵从：SAP business objects 治理、风险管理和法规解决方案（SAP 公司的 business objects CRM 解决方案）的密切战略与执行之间的差距，建立以实现跨异构环境的一种预防性的、实时的方法集选出一条清晰的长期价值路径。

（7）人力资本管理：SAP HR 支持整个招聘、部署、潜能开发、激励并最终留下有价值员工的过程，从头到尾对这些流程进行改善。

（8）产品生命周期管理：SAP PLM 是 SAP 商务套件中的核心套件之一，提供了贯穿整个产品和资产生命周期的协同工程、定制开发、项目管理、财务管理、质量管理等功能。

（9）服务与资产管理：SAP service and asset management 可以帮助公司管理端对端服务操作，得以开发、营销、销售和交付利润更高的服务产品。此解决方案提供支持关键服务管理流程的软件。

（10）供需链管理：SAP SCM 是 SAP business suite 的成员。该套件采用模块化软件，可以与其他 SAP 和非 SAP 软件配合使用，能够让组织机构以独特的方式完成基本业务费高昂的升级。

（11）移动：借助于 SAP 的移动商务解决方案，企业可实现 IT 投资回报的最大化，并充分利用已经实施的解决方案。SAP 的移动商务解决方案可与 SAP business suite 无缝集成。全部解决方案是由 SAP net weaver 平台支持，并支持常用的连接或非连接模式的移动设备。

（二）Oracle（甲骨文）

甲骨文公司（Oracle），全称甲骨文股份有限公司（甲骨文软件系统有限公司），是全球最大的企业级软件公司，总部位于美国加利福尼亚州的红木滩。世界上的所有行业几乎都在应用 Oracle 技术，《财富全球 100 强》企业中的 98 家公司都采用 Oracle 技术，Oracle 是第一个跨整个产品线（数据库、业务应用软件和应用软件开发与决策支持工具）开发和部署 100% 基于互联网的企业软件的公司。1989 年正式进入中国市场。2013 年，甲骨文已超越 IBM，Oracle 是世界领先的信息管理软件供应商和成为继 Microsoft 后全球第二大软件公司，是《财富全球 500 强》企业。

Oracle 电子商务套件系统有下列特点：

（1）Oracle 系统是建立在 Oracle 关系数据库上的，由于 Oracle 数据库的开放及可移植的特性，使得 Oracle 系统能用于不同的机器和不同的操作系统；

（2）系统功能齐全，技术先进，开发工具效率高；

（3）系统具有共同的、直观的和易学的用户界面；

（4）系统运用了可移植的分布技术，进行分布处理，使分离或集中各功能模块的能力能适应企业结构；

（5）弹性域具有灵活的自定义功能；

（6）桌面系统可方便远程作业，优化输出文档；

（7）工作流管理可轻松定义业务规则，灵活改变组织结构；

（8）预警系统可预警重要事项；

（9）联机决策分析可进行敏感性分析，复杂查询，动态决策。

二、国内 ERP 软件供应商

（一）用友

用友（集团）成立于 1988 年，是亚太地区大型的企业管理软件、企业互联网服务和企业金融服务提供商，是中国大型的 ERP、CRM、人力资源管理、商业分析、内部审计、小微企业管理软件和财政、汽车、烟草等行业应用解决方案提供商。用友 IUAP 平台是中国大型企业和组织应用广泛的企业互联网开放平台，畅捷通平台支持千万级小微企业公有云服务。用友在金融、医疗卫生、电信、能源等行业应用以及企业协同、企业通信、企业支付、P2P、培训教育、管理咨询等服务领域快速发展。

基于移动互联网、云计算、大数据、社交等先进互联网技术，用友通过企业应用软件、企业互联网服务、互联网金融服务中国和全球企业及组织的互联网化。

用友的使命是用信息技术推动商业和社会进步，经营宗旨是做客户信赖的长期合作伙伴，发展目标是构筑企业互联网生态圈，成为全球优秀的企业（及公共组织）管理服务与金融服务提供商。用友连续多年被评定为国家"规划布局内重点软件企业"，"用友 ERP 管理软件"是中国名牌产品，"用友"是中国驰名商标，用友拥有系统集成一级资质，获中国绿色公司百强。

用友 ERP 是用友公司为企业快速部署先进的应用系统而向市场交付的应用架构，以及在此基础上向企业客户交付的应用和行业解决方案。用友 ERP 产品把功能性的重点放在企业供需链（如财务、制造、采购及分销）与专门行业（如证券、银行、基金、烟草流通及公共财政），而不是放在包括了 ERP 功能性覆盖区的跨行业功能性上。用友认为，用户仍将需要广泛的、跨行业的功能性，例如会计与成本核算，而这种功能性曾经是 ERP 最主要的价值所在，事实上它们也是用友 ERP 产品的基础组成部分，但目前用户正日益需要更深层次的行业功能性，他们想要一项单独资源用于商务应用。用友 ERP 的功能性超出了传统 ERP 的范围，不仅包括传统的 ERP 功能（如生产管理），也包括 SCM 与 SFA 功能以及行业功能。用友 ERP 的关键部分在于这些功能是无缝集成的，将先进的技术和管理经验成功应用于企业商业环境，是用友 ERP 的基本目的。用友 ERP 以客户为中心，可以满足企业复杂的、变化的、个性化的应用需求。使用用友 ERP 的应用架构，可以构造基于 Web 的、可伸缩的、安全的企业应用系统，这些系统成熟、实用、可靠、易于维护。

1. 用友 ERP 的主要特点

（1）全面的企业应用解决方案：

a. 支持企业应用开发、部署和管理的全过程；

b. 支持企业内部、外部信息和应用系统的集成；

c. 支持企业内部以及企业与客户、供应商、合作伙伴的集中管理和协同工作；

d. 从后端到前端、从内部到外部、从信息处理到商业智能；

e. 从标准的应用架构到行业特性、企业特性应用组件。

（2）100% 基于 web 的网络应用：

a. 基于工业标准 J2EE 和 XML；

b. 基于 web services 的 n 层结构。

（3）国际化应用，多语种、多币种、多会计与税务准则支持及个性化用户界面。

（4）集中管理和协同工作：

a. 支持数据和业务的集中管理;

b. 支持企业内部和企业间的协同工作。

(5) 客户化和应用定制:

a. 开放的应用架构、部署和运行环境;

b. 产品组件化开发与交付;

c. 支持企业的工作流程配置与定义(work flow);

d. 企业应用资源的保护、第三方应用的集成(EAI)。

2. 用友 ERP 提供多种模式的解决方案

用友 ERP 的应用架构(图 1-1)对不同类型、不同规模企业的数据、业务流程以及功能进行抽象和标准化,在此基础上可以向企业交付各种应用解决方案,如财务管理解决方案、网络分销解决方案、供需链管理解决方案、制造管理解决方案、销售管理解决方案、人力资源管理解决方案、资产管理解决方案、工程项目管理解决方案、企业门户解决方案、商业智能解决方案、电子商务解决方案。

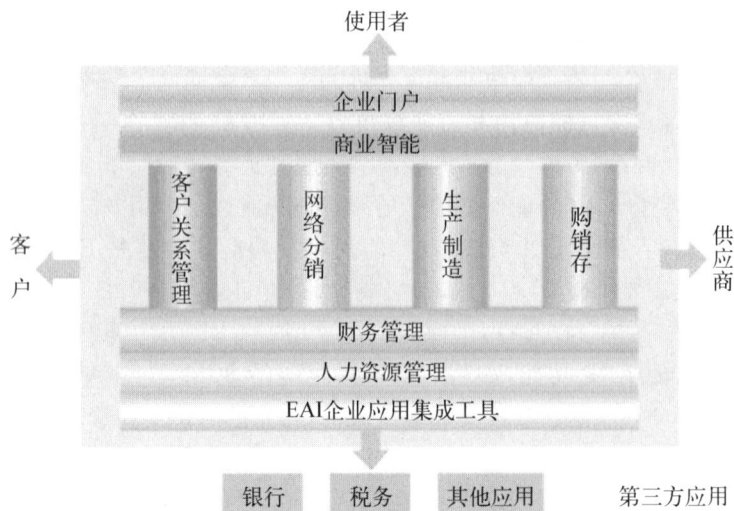

图 1-1　用友 ERP 的应用架构

针对行业的应用软件将是企业应用软件厂商发展的重要方向。国际上一些传统的 ERP 厂商和一些新兴的电子商务软件厂商正在朝这方面转型,但由于产品架构与设计等方面的原因,目前实际上并没有垂直应用的交付能力。

目前用友 ERP 提供的行业解决方案包括:证券行业解决方案、银行业解决方案、基金行业解决方案、保险行业解决方案、电信行业解决方案、烟草流通业解决方案、电子和高科技行业解决方案、电力行业解决方案、汽车工业解决方案。用友 ERP 产品体系如图 1-2 所示。

3. NC 的目标市场

① 面向大中型企业、政府及社团组织,特别是那些要求集中管理的多分支机构集团型企业和组织,以及供需链中的核心企业和最上游企业。

② 主要以解决方案方式交付,提供专业化的服务,可以满足企业个性化的需求。

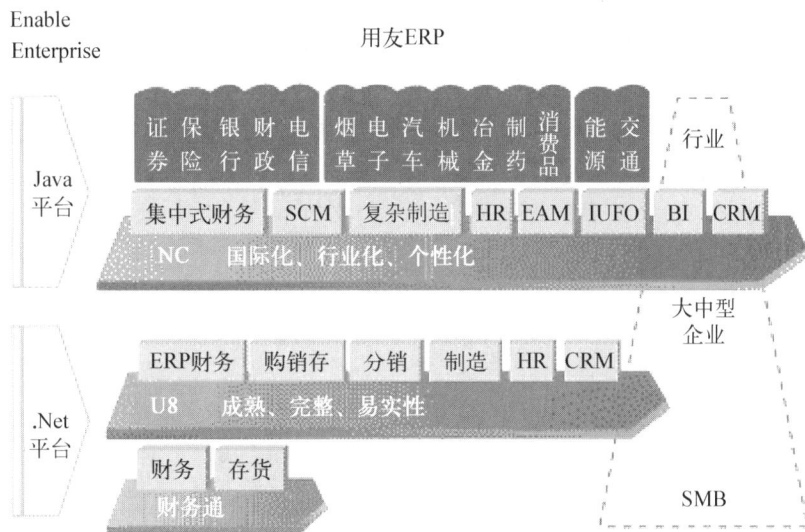

图 1-2 用友 ERP 产品体系

③ 证券、基金、银行、烟草、电子、汽车、电力、冶金、医药、财政、电信等行业解决方案。

④ 支持多种数据库、多种操作系统、多种中间件的跨平台应用。

4. U8 目标市场

① 面向中型与中小型企业、政府及社团组织，如单一组织形态的企业，采用分散管理模式的多分支机构企业，以及供需链上的非核心企业。

② 主要以产品方式交付，提供标准化的服务，快速实施，可以满足企业普遍化的需求。

③ 公共财政解决方案。

④ 基于 Microsoft 平台的应用。

（二）金蝶

金蝶国际软件集团始创于 1993 年，总部位于中国深圳，是香港联交所主板上市公司。金蝶运用前沿科学技术以管理信息化产品服务为核心，为超过 400 万家企业和政府组织提供云管理产品及服务，是中国软件市场的领跑者。已有超过 2 000 家合作伙伴选择金蝶作为共创共赢的发展平台。

金蝶国际软件集团有限公司是亚太地区领先的企业管理软件及电子商务应用解决方案供应商，是全球软件市场中成长最快的独立软件厂商之一，是中国软件产业的领导厂商。金蝶开发及销售的软件产品包括针对快速成长的新兴市场中企业管理需求的、通过互联网提供服务的企业管理及电子商务应用软件和为企业构筑电子商务平台的中间件软件。

金蝶在中国大陆设有深圳、上海、北京三个软件园。金蝶附属公司有专注于企业管理软件及互联网服务市场的金蝶软件（中国）有限公司，专注于中间件业务的深圳市金蝶中间件有限公司，专注于医疗卫生行业信息化的金蝶医疗软件科技有限公司。

金蝶向全球范围内的顾客提供与软件产品相关的管理咨询、实施与技术服务。金蝶独特的"快速配置，快速实施，快速应用，快速见效"的全球化产品与服务定位，能够帮助顾客从容面对动态不确定商业环境带来的挑战，实现业务流程与信息技术的完美结合，有效管理变革，确保组织快速持续和健康成长。金蝶软件主要的产品服务如下：

（1）面向客户推出培训、管理咨询、实施、运营维护、需求反馈、IT 系统六大服务产品体系，并且客户能根据自身的企业规模、业务管理模式、ERP 应用现状等选择不同的服务组合，形成独具特征的个性化服务方案；

（2）向客户提供包括热线（call center）、网络、现场以及远程等在内的全方位、多元化的服务方式；

（3）在中国拥有 39 家以营销与服务为主的分支机构和 1 100 余家咨询、技术、实施服务、分销等合作伙伴，服务网络覆盖中国大陆 221 个城市和地区。

本章小结

1. ERP 是指建立在信息技术基础上、以系统化的管理思想、为企业决策层及员工提供决策运行手段的管理平台。

2. ERP 可帮助企业解决以下管理问题：减少物料短缺，降低库存物料积压；保持相对稳定和均衡地安排生产；提高客户承诺准确性；打破部门壁垒，实现流程管理。

3. ERP 的核心管理思想体现在两个方面：一是计划、平衡与控制；二是供需链管理。

复习思考题

1. 什么是 ERP？请给出定义并解释其核心功能。

2. ERP 系统的历史发展是怎样的？它经历了哪些主要的技术进步和演变？

3. 为什么企业需要 ERP 系统？它如何帮助企业提高运营效率和竞争力？

第二章 ERP 的发展

第一节 ERP 的发展概述

一、ERP 管理理论的发展

20 世纪 40 年代，为解决库存控制问题，管理学家通过人工计算提出了订货点法，通过订货点法能够减少库存、降低成本。随后的 20 世纪 60 年代，由于计算机系统的发展，使得短时间内对大量数据的复杂运算成为可能，人们为解决订货点法的缺陷，提出了 MRP（material requirements planning）理论作为一种库存订货计划，即物料需求计划阶段，或称基本 MRP 阶段。随着人们认识的加深及计算机系统的进一步普及，MRP 的理论范畴也得到了发展，为解决采购、库存、生产、销售的管理，发展了生产能力需求计划、车间作业计划以及采购作业计划理论，作为一种生产计划与控制系统——闭环 MRP 阶段（closed-loop MRP）。在这两个阶段，出现了丰田生产方式（看板管理）、TQC（全面质量管理）、JIT（准时制生产）以及数控机床等支撑技术。

随着计算机网络技术的发展，企业内部信息得到充分共享，MRP 的各子系统也得到了统一，形成了一个集采购、库存、生产、销售、财务、工程技术等为一体的子系统，发展了 MRP Ⅱ 理论，作为一种企业经营生产管理信息系统——MRP Ⅱ 阶段。这一阶段的代表技术是 CIMS（计算机集成制造系统）。进入 20 世纪 90 年代，随着市场竞争的进一步加剧，企业竞争空间与范围的进一步扩大，20 世纪 80 年代 MRP Ⅱ 主要面向企业内部资源全面计划管理的思想，逐步发展成为 20 世纪 90 年代怎样有效利用和管理整体资源的管理思想，ERP（enterprise resources planning，企业资源计划）随之产生。随着人们认识的不断深入，ERP 已经被赋予了更深的内涵。它强调供需链的管理。除了传统 MRP Ⅱ 系统的制造、财务、销售等功能外，还增加了分销管理、人力资源管理、运输管理、仓库管理、质量管理、设备管理、决策支持等功能；支持集团化、跨地区、跨国界运行，其主要宗旨就是将企业各方面的资源充分调配和平衡，使企业在激烈的市场竞争中全方位地发挥足够的能力，从而取得更好的经济效益。现阶段：融合其他现代管理思想和技术，面向全球市场，建设"国际优秀制造业"（world class manufacturing excellence）。这一阶段倡导的观念是精益生产、约束理论（TOC）、先进制造技术、敏捷制造以及现在热门的 Internet/Intranet 技术。

由上可见，ERP 管理理论的发展具有以下特点：

（1）它是一个供需链管理的完善过程，不论是最初的库存管理，还是后来的采购、生产、销售的管理,再后来的财务、工程技术的管理,企业外部资源的管理等等,都是针对企业供需链的管理而不断完善的一个过程。

(2)它与计算机技术的发展密切相关,这些企业管理思想的整个发展过程与计算机的发展息息相关,而且越来越紧密。计算机技术成了实现它们的必要工具,计算机软件是它们的主要载体。

(3)它经历了一个相当漫长的时期,整个理论的发展随着经济的发展、人们认识的提高、相关技术的进步,一步步发展起来。

二、ERP 在宏观和微观上的发展

ERP 作为一种先进的管理思想和工具已得到了人们的肯定,一些企业也很快获得了应有的回报,虽然由于某些原因使得一些企业的应用不尽如人意,但是从主流上来说 ERP 在中国的发展加速了我国企业管理现代化的进程,使得越来越多的企业认识到只有实现企业管理信息化、现代化,企业才有活力和竞争实力,并渴望采用这种先进的管理模式和拥有这种先进的管理工具。

(一)ERP 在宏观层面的发展

第一,ERP 最初是一种基于企业内部"供需链"的管理思想,是在 MRP Ⅱ 的基础上扩展了管理范围,给出了新的结构。它的基本思想是将企业的业务流程看作是一个紧密连接的供需链,将企业内部划分成几个相互协同作业的支持子系统,如财务、市场营销、生产制造、质量控制、服务维护、工程技术等。

在宏观方面,首先是功能的深度上,它在 MRP Ⅱ 的基础上,增加了质量控制、运输、分销、售后服务与维护、市场开发、人事管理、实验室/配方管理、项目管理、融资投资管理、获利分析、经营风险管理等功能,并将这些功能都集成在企业的供需链中,原 MRP Ⅱ 系统中对制造环节的管理只是 ERP 中的一个子系统,它和其他功能子系统一起把企业所有的制造场所、营销系统、财务系统紧密结合在一起,可以实现全球范围内的多工厂、多地点的跨国经营运作;它还能帮助企业实现"多品种小批量生产"和"大批量生产"两种情况或多种情况并存的混合型生产方式,满足企业多元化经营的需求;它的财务系统也不断地收到来自所有业务过程、分析系统和交叉功能子系统的触发信息,去监控整个业务过程,快速作出决策;再有就是它还具有决策分析功能,诸如决策、产品、融资投资、风险、企业合并、收购等,为企业提供了对质量控制、适应变化、客户满意度、效绩等关键问题的实时分析。这样,企业就超越了以物料需求为核心的生产经营管理范畴,能够更有效地安排自己的产、供、销、人、财、物,实现以客户为中心的经营战略。

第二,在管理的广度方面,ERP 已打破了 MRP Ⅱ 只局限在传统制造业的格局,并把它的触角伸向各行各业,如金融业、高科技产业、通信业、零售业等,从而使 ERP 的应用范围大大地扩展,并逐渐形成了针对某种行业的解决方案。这是由于不论一个 ERP 软件的功能多么齐全,都无法覆盖所有行业中的特殊需求,即除了较为公用的需求,如采购、库存、计划、生产、质检、人事、财务等之外,还有一些与众不同的特殊需求,例如石油/天然气行业中的勘探与开采、土地使用与租赁、石油/天然气在运输途中其体积随温度、压力等因素变化而变化的测量、换算以及损益值的计算等;电力行业中的输配电、系统切换后的现场处理、电表的抄费计价;零售业中的补货、变价、促销等,这些都需要有特殊的功能来解决和管理,从而需要有一套针对该行业的解决方案。为此,著名的德国 ERP 供应商 SAP 公司除了传统的制造业解决方案外,还与各个行业的应用专家一道开发并推出了商业与零售业、金融业、邮电与通信业、高科技产业、能源、公共事业、工程与建筑业等共 18 个行业的解决方案,它是以公用的财务(包括应收、应付、总账、合并、资产管理、成本管理、财务分析、资金管理、获利分析、投资/融资管理等)、人事(包括薪资、差旅、工时、招聘、培训、发展计划、人事成本等)、后勤(包括订单、采购、库存、生产、质量控制、运输、分销等)等功能为核心,加入每一行业特殊的需求而成。有了行业的解决方案,就可满足不同行业业务的特殊需求,为企业应用 ERP 提高管理水平提供了更为广阔的空间。

第三,从企业内部的供需链发展为全行业和跨行业的供需链。这是由于当企业面临全球化的大市场竞争环境时,任何一个企业都不可能在所有业务上都成为世界上的佼佼者,如果全部业务都由自己来承担,它必然面对所有相关领域的竞争对手。因此,只有联合该行业中其他上下游企业,建立一条业务关系紧密、经济利益相连的供需链实现优势互补,才能适应社会化大生产的竞争环境,共同增强市场竞争实力。因此,供需链的概念就由狭义的企业内部业务流程扩展为广义的全行业供需链及跨行业的供需链。这种供需链或是由物料获取并加工成中间件或成品,再将成品送到消费者手中的一些企业和部门的供需链所构成的网络,或是由市场、加工、组装环节与流通环节建立一个相关业务间的动态企业联盟(又称虚拟公司,它是指为完成向市场提供商品或服务等任务而由多个企业相互联合所形成的一种合作组织形式,通过信息技术把这些企业连成一个网络)来进行跨地区、跨行业经营,以更有效地向市场提供商品和服务来完成单个企业不能承担的市场功能。这样,ERP 的管理范围亦相应地由企业的内部拓展到整个行业的原材料供应、生产加工、配送环节、流通环节以及最终消费者。在整个行业中建立一个环环相扣的供需链,使多个企业能在一个整体的 ERP 管理下实现协作经营和协调运作。把这些企业的分散计划纳入整个供需链的计划中,从而大大增强了该供需链在大市场环境中的整体优势,同时也使每个企业之间均可实现以最小的个别成本和转换成本来获得成本优势。例如,在供需链统一的 ERP 计划下,上下游企业可最大限度地减少库存,使所有上游企业的产品能够准确、及时地到达下游企业,这样既加快了供需链上的物流速度,又减少了各企业的库存量和资金占用。通过这种整体供需链 ERP 管理的优化作用,来到达整个价值链的增值。

这种在整个行业中上下游的管理能够更有效地实现企业之间的供需链管理,以此实现其业务跨行业、跨地区甚至是跨国的经营,对大市场的需求作出快速的响应。在它的作用下,供需链上的产品可实现及时生产、及时交付、及时配送、及时地交达到最终消费者手中,快速实现资本循环和价值链增值,以最大限度地为产品市场提供完整的产品组合,缩短产品生产和流通的周期,使产品生产环节进一步向流通环节靠拢,缩短供给市场与需求市场的距离,既减少了各企业的库存量和资金占用,还可及时地获得最终消费市场的需求信息使整个供需链均能紧跟市场的变化。通过这种供需链 ERP 管理的优化作用,达到整个价值链的增值。

(二)ERP 在微观层面的发展

第一,在财务功能上,ERP 已逐渐从账务型管理向理财型管理发展。企业要想使自己在市场上立于不败之地,就必须在求生存的同时寻求更大的发展,而在发展过程中又必须有足够的资金来运作。目前我国的企业普遍存在生产经营资金不足、资金调度盲目性大的问题,如何提高资金的使用效率,有计划地调度生产经营资金,实现企业财富的最大化,保持企业以收抵支及偿还到期债务的能力、避免破产风险,使企业能够长期、稳定地生存下去,为企业发展和扩充筹集必要的资金,有效地使用资金以实现利润或企业价值的最大化已成为企业的当务之急。

理财型的财务管理突破了以往只重视账务管理的观念,首先它要考虑企业投资者的利益,即实现股东(投资者)财富的最大化。企业要取得长远的发展,必须在金融市场上以较低的费用成本和较低的风险有效地进行筹资,并将企业的业务经营和管理过程直接同重要的股东利益相关联,使投资者的资本能够实现高于其资本平均回报的增值。

第二,在日常的业务经营过程中合理安排好企业的资金结构和资金需求量,合理调度现有资金并加强资金控制,尽可能优化和有效地配置资金,使资金管理做到及时筹措、有效投资,以保证企业能够正常运转和稳步以及超速发展。

第三,加强成本的管理、控制与获利能力的分析。即除了要控制每种产品的成本之外,还要对每一个部门或事业部的成本进行考核和控制,这可以通过把不同的部门划分为不同的成本中心,对这些成本中心进行成本管理和控制,使生产和经营的成本缩减到最小,实现企业的成本优化。同理,获利能力分析也是对不同的产品和不同的部门进行的,可使企业实现有效的利润规划、预算控制及业绩考核等财务管理功能。用户可以按产品/产品组、客户/客户群、地区、销售机构、分销渠道,以及它们的任意组合,灵活地从不同角度分析企业的获利情况,辅助管理决策。例如:某企业有多种产品,可以通过对各种产品获利能力的分析来确定哪种产品获利能力强,从而在下一计划期内多生产或多进货,也可以对各种产品根据不同的地区来进行分析,以使每种产品都准确地流向销路最好的区域,实现资源最有效的配置。

第四,企业经营运作过程中的资金管理,它是对企业在采购、销售等供需链业务过程及贷款、证券操作等财务业务所产生的或可能产生的资金流进行预测和监控,从而使企业可以随时监控企业的现金流动状况并预测企业未来的资金情况,企业有多大资金缺口或有多少富余资金,根据这些资金预测信息、企业财务业务目标和原则以及市场信息来决定以什么样的方式参与货币市场,为企业业务运作及时、经济地筹集资金或合理安排资金投向,提高资金的使用效益。

第五,市场风险管理主要包括汇率风险管理和利率风险管理,它可以使企业随时跟踪市场汇率、利率(比如 LIBOR)、证券价格等市场数据,然后根据这些市场数据,利用国际通行的方法和数学模型对采购、销售等供需链业务过程所产生的现金流进行风险分析,以确定是否有必要及如何进行风险防范措施,使企业在恰当的时间、采取合适的风险防范措施,保护和巩固供需链业务运作的经营成果。在当前国际金融市场频繁动荡的情况下,该模块对企业,尤其是那些外向型企业更具有现实意义。另外,企业面临一个越来越动态化的市场竞争环境和全球一体化的经济环境,产品生命周期越来越短,需要处理来源于企业外部和内部大量业务的信息数据,企业管理必须将战略计划同企业计划相连接,并进行有效的模拟自动处理,这就要求系统能提供各种信息以支持企业组织中的运营、管理及决策功能,其目的是满足管理人员的需要,运用公司中各部门、各地区的集成信息,以及决策层的知识和智慧来为公司的战略发展、经营等作出及时而准确的决策,提高生产率和工作效率,使公司获得利润最大化。为此,企业管理的重点逐渐从业务层次的管理转向侧重于战略决策型的管理。例如,SAP 公司为了满足全球化企业这种新的需求,推出了企业管理驾驶舱的新观念和新功能,可使企业在进行集体化经营过程中实现集团决策支持,使集团企业决策面向高层次、战略性、大范围的决策管理,它允许企业在最复杂的、动态的环境中进行控制,并使企业的信息流更加畅通,在复杂的结构中实现管理层次上的交流,使决策者将其注意力集中到影响公司业务的关键要点上,通过从 SAP 的业务数据仓库(BW)和企业控制—执行信息系统(EC - EIS)中查看和提取公司的交易和业务经营信息和资料,如财务指标、市场环境与竞争对手的情况、公司内部的业务过程和公司员工的状况、战略性项目的状况等,从而利用这些信息形成制定公司战略、战术决策的辅助参考资料,来影响和指导决策,并付诸行动,再将该行动转化为利润。

三、管理需求推动 ERP 的发展

自 18 世纪产业革命以来,手工业作坊向工厂生产的方向迅速发展,出现了制造业。随之而来,所有企业几乎无一例外地追求着基本相似的运营目标,即在给定资金、设备、人力的前提下,追求尽可能大的有效产出;或在市场容量的限制下,追求尽可能少的人力、物力投入;或寻求最佳的投入、产出比。就其外延而言,为追求利润;就其内涵而言,为追求企业资源的合理有效的利用。

这一基本目标的追求使企业的管理者面临一系列的挑战:生产计划的合理性、成本的有效控制、设备的充分利用、作业的均衡安排、库存的合理管理、财务状况的及时分析等。日趋激烈的市场竞争环境使上述挑战对企业具有生死存亡的意义。于是,应对上述挑战的各种理论和实践也就应运而生。在这些理论和实践中,首先提出而且被人们研究最多的是库存管理的方法和理论。人们认识到,诸如原材料不能及时供应、零部件不能准确配套、库存积压、资金周转期长等问题产生的原因,在于对物料需求控制得不好。然而,当时提出的一些库存管理方法往往是笼统的、只求“大概差不多”的方法。这些方法往往建立在一些经不起实践考验的前提假设之上,热衷于寻求解决库存优化问题的数学模型,而没有认识到库存管理实质上是一个大量信息的处理问题。事实上,即使在当时认识到这一点,也不具备相应的信息处理手段。然而随着计算机的出现和投入使用,使得在信息处理方面获得了巨大的突破。

在 20 世纪 50 年代中期,计算机的商业化应用开辟了企业管理信息处理的新纪元。这对企业管理所采用的方法产生了深远的影响。而在库存控制和生产计划管理方面,这种影响比其他任何方面都更为明显。

1960 年前后,计算机首次在库存管理中得到了应用,这标志着企业的生产管理迈出了与传统方式决裂的第一步。也正是在这个时候,在美国出现了一种新的库存与计划控制方法——计算机辅助编制的物料需求计划(material requirements planning,MRP)。MRP 的基本原理和方法与传统的库存管理理论与方法有着显著的区别。可以说,它开辟了企业生产管理的新途径。传统的库存管理理论认为,要想减少库存费用,只有降低服务水平,即降低供货率;或者反过来,要想提高服务水平,就必须增加库存费用。成功地运用了 MRP 系统的企业的经验表明,它们可以在降低库存量,即降低库存费用的同时,改善库存服务水平,即提高供货率。于是在企业管理领域发生了一场革命:新的理论和方法逐步建立,而传统的理论和方法乃至整个的传统学派的思想都受到了重新评价。

初期的 MRP,即物料需求计划,是以库存管理为核心的计算机辅助管理工具。而 20 世纪 80 年代发展起来的 MRPⅡ,已延伸为制造资源计划(manufacturing resource planning)。它进一步从市场预测、生产计划、物料需求、库存控制、车间控制延伸到产品销售的整个生产经营过程以及与之有关的所有财务活动中,从而为制造业提供了科学的管理思想和处理逻

ERP 的
发展历程

辑以及有效的信息处理手段。到了 20 世纪 90 年代,又出现了 ERP 的概念,进一步发展了 MRP Ⅱ 的理论和方法。MRP Ⅱ/ERP 的发展经历了五个阶段:分别是 20 世纪 40 年代的库存控制订货点法;20 世纪 60 年代的时段式 MRP;20 世纪 70 年代的闭环 MRP;20 世纪 80 年代发展起来的 MRP Ⅱ;20 世纪 90 年代出现的 ERP。

ERP 的发展均源于管理者对于企业的管理需求以及先进的管理理念的推动,当然也得益于计算机及其信息技术的发展,由于以上管理思想和信息技术的融合,实现了 ERP 系统的不断完善。

第二节　早期库存管理引发的订货点法

在计算机技术应用之前,企业控制物料的需求通常是采用控制库存手段和补充库存策略的方法,为需求的每种物料设置一个最大的库存量和安全库存量。"补充"的意思是把库存填满到某个原来的状态。库存补充的原则是保证在任何时候仓库里都有一定数量的存货,以便需要时随时取用。当时人们希望用这种做法来弥补由于不能确定近期内准确的必要库存储备数量和需求时间所造成的缺货损失。订货点法依据对库存补充周期内的需求量预测,并保留一定的安全库存储备来确定订货点。安全库存的设置是为了应对需求的波动。一旦库存储备低于预先规定的数量,即订货点,则立即进行订货来补充库存。订货点的计算公式如下:

$$订货点=单位时区的需求量×订货提前期+安全库存量$$

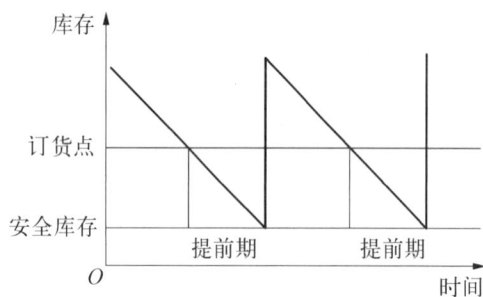

图 2-1　订货点法

当某项物料的现有库存和已发出的订货之和低于订货点时,就必须进行新的订货,以保持足够的库存来支持新的需求。订货点法的处理逻辑如图 2-1 所示。

订货点法曾引起人们广泛的关注,对它进行讨论的文献也很多,按这种方法建立的库存模型曾被称为"科学的库存模型"。在当时的环境下也起到了一定的作用,但订货点法的应用是基于以下条件的:

一、各种物料的需求是相互独立的

订货点法不考虑物料项目之间的关系,每项物料的订货点分别独立地加以确定。因此,订货点法是面向零件的,而不是面向产品的。但是,在制造业中有一个很重要的要求,那就是各项物料的数量必须配套,以便能装配成产品。由于对各项物料分别独立地进行预测和订货,就会在装配时发生各项物料数量不匹配的情况。这样,虽然单项物料的供货率提高了,但总的供货率却降低了。因为不可能对每项物料的预测都很准确,所以积累起来的误差反映在总供货率上将是相当大的。

二、物料的消耗相对稳定

采用库存控制订货点法,必须假定需求相对均匀,库存消耗率稳定。而在制造业中,对产品零部件的需求恰恰是不均匀、不稳定的,库存消耗是间断的。这往往是由于下道工序的批量要求引起的。

三、物料的供应比较稳定

当物料库存量低于订货点时,则必须发出订货,以重新填满库存。但如果需求是间断的,那么这样做不但没有必要,而且也不合理。因为很可能因此造成库存积压。例如,某种产品一年中仅接收客户的两次订货,那么,制造此种产品所需的钢材则不必因库存量低于订货点而立即填满。

四、物料价格不能太高

库存控制订货点法是尽量减少库存,而不是零库存,所以要按照订货点进行备货,所以就要求物料价格不能太高,不然会导致库存成本的攀升,从而影响企业的财务状况。

随着市场的变化,客户需求不断变化,产品及相关原材料的需求在数量和时间方面都表现出不稳定性和间歇性;加之产品复杂性的增加,生产和库存管理的问题更趋复杂。但它提出了许多在新的条件下应当解决的问题,从而引发了 MRP 的产生。

第三节　复杂物料管理带来的时段式 MRP

库存消耗后应被重新填满,按照订货点法,当物料库存量低于订货点时必须发出订货,以重新填满库存。但如果需求是间断的,这样做就很不合理,很有可能造成库存积压,库存占用的资金大量增加,产品成本随之增加,进而影响企业的竞争力。1965 年,美国 IBM 公司的管理专家 JOSEPH A. Orlicky 博士提出了"物料独立需求和相关需求"的概念,将企业内的物料分成独立需求和相关需求两种类型,物料需求计划由此诞生。

时段式 MRP 是在解决订货点法的缺陷的基础上发展起来的,亦称为基本 MRP,或简称 MRP。MRP 与订货点法的区别有三点:一是通过产品结构将所有物料的需求联系起来;二是将物料需求区分为独立需求和非独立需求并分别加以处理;三是对物料的库存状态数据引入了时间分段的概念。

如前所述,传统的库存管理方法,如订货点法,是彼此孤立地推测每项物料的需求量,而不考虑它们之间的联系,从而造成库存积压和物料短缺同时出现的不良局面。MRP 则通过产品结构把所有物料的需求联系起来,考虑不同物料的需求之间的相互匹配关系,从而使各种物料的库存在数量和时间上均趋于合理。另外,MRP 还把所有物料按需求性质区分为独立需求项和非独立需求项,并分别加以处理。如果某项物料的需求量不依赖于企业内其他物料的需求量而独立存在,则称为独立需求项目;如果某项物料的需求量可由企业内其他物料的需求量来确定,则称为非独立需求项目或相关需求项目。如原材料、零件、组件等都是非独立需求项目,而最终产品则是独立需求项目,独立需求项目有时也包括维修件、可选件和工厂自用件。独立需求项目的需求量和需求时间通常由预测和客户订单、厂际订单等外在因素来决定。而非独立需求项目的需求量和时间则由 MRP 系统来决定。

所谓时间分段,就是给物料的库存状态数据加上时间坐标,亦即按具体的日期或计划时区记录和存储库存状态数据。在传统的库存管理中,库存状态的记录是没有时间坐标的。

记录的内容通常只包含库存量和已订货量。当这两个量之和由于库存消耗而小于最低库存点的数值时,便是重新组织进货的时间。因此,在这种记录中,时间的概念是以间接的方式表达的。

直到 1950 年前后,这种落后的方法才有了一些改进,在库存状态记录中增加了两个数据项:需求量和可供货量。其中,需求量是指当前已知的需求量,而可供货量是指可满足未来需求的量。这样,物料的库存状态记录由四个数据组成,它们之间的关系可用下式表达:

$$库存量+已订货量-需求量=可供货量$$

其中,需求量可能来自客户订单,也可能来自市场预测,还可能是作为非独立需求推算出来的。当可供货量是负数时,就意味着库存储备不足,需要再组织订货。这样一个经过改进的库存控制系统可以更好地回答订什么货和订多少货的问题,但却不能回答何时订货的问题。表面上看,当可供货量是负值时即是订货时间,似乎已经回答了这个问题。其实不然。已发出的订货何时到货? 是一次到达? 还是分批到达? 什么时候才是对这批订货的需求实际发生的时间? 该需求是应一次满足还是分期满足? 什么时候库存会用完? 什么时候应完成库存补充订货? 什么时候应该发出订货? 对于这一系列的问题,传统的库存控制系统是回答不出来的。当时,库存计划员只能凭经验来作出决定。

目前,人们建立和使用的 MRP 系统已经成了一种标准的形式。这种标准形式包含着系统运行所依据的某些前提条件和基本假设。

MRP 系统的第一个前提是要求赋予每项物料一个独立的物料代码,这些物料包括原材料、零部件和最终产品。这些物料代码不能有二义性,即两种不同的物料不得有相同的代码。下面要谈到的主生产计划、物料清单和库存记录都是通过物料代码来描述的。

MRP 系统的第二个前提就是要有一个主生产计划。也就是说,要有一个关于生产什么产品和什么时候产出的权威性计划。该计划只考虑最终项目,这些项目可能是产品,也可能是处于产品结构中最高层次的装配件,这些装配件可根据总装配计划装配成不同的产品。主生产计划考虑的时间范围,即计划展望期,取决于产品的累计提前期,即产品所有零部件的生产提前期和采购提前期累计之和。计划展望期的长度应当等于或超过产品的累计提前期,通常为 3~18 个月。主生产计划的形式通常是一个按时区列出的各最终项目产出数量的矩阵。

MRP 系统的第三个前提是在计划编制期间必须有一个通过物料代码表示的物料清单(bill of material,BOM)。BOM 是产品结构文件,它不仅罗列出某一产品的所有构成项目,同时也要指出这些项目之间的结构关系,即从原材料到零件、组件,直到最终产品的层次隶属关系。

MRP 系统的第四个前提是要有完整的库存记录。也就是说,所有在 MRP 系统控制下的物料都要有相应的库存记录。

除了以上四个前提条件外,实施 MRP 系统还要满足以下几种隐含的假设条件:

(1) 要想使系统能够有效地工作,就必须保证 BOM 和库存记录文件的数据完整性。确切地说,这个要求不是针对系统运行而言的。因为即使输入数据不正确,系统也能输出技术上"正确"的报告。然而,正如计算机人员常讲的那样,"进去的是垃圾,出来的也是垃圾"。这样的垃圾数据当然不能实现有效的管理。因此,保证文件的数据完整性是针对管理效果而提出的要求。

（2）MRP 系统还要求所有物料的订货提前期是已知的，至少是可以估算的。一般情况下，在编制计划时，每项物料的提前期都应该是一个固定的值。虽然提前期的值可以更改，但不允许一项物料的提前期同时具有两个或两个以上的数值。MRP 系统无法处理订货提前期未定的物料。

（3）MRP 系统要求所有受其控制的物料都要经过库存登记，从而有一个入库状态（即使是短暂的），然后，才可以为满足某项订货而发放出去。这样，生产过程的每个阶段实质上是通过库存信息来监控的。

（4）MRP 系统在计算物料需求时间时，假定用于构成某个父项的所有子项都必须在下达父项的订货时到齐。因此，子项的需求均在父项的订货下达时发生。

（5）MRP 系统还假定每项物料的消耗都是间断的。例如，某父项物料由 50 个子项构成，那么，MRP 在进行计算时就恰好分配出 50 个，并假定它们被一次性地消耗掉。

MRP 系统的目标是确定每项物料在每个时区内的需求量，以便能为正确地进行生产和库存管理提供必要的信息。虽然，这并非 MRP 的唯一目标（例如，MRP 还为能力需求计划提供输入等），但这却是最主要的目标。从人们的主观愿望来说，这个目标同其他非 MRP 库存控制系统的目标并没有什么差别。MRP 系统与其他库存控制系统的差别仅仅反映在如何实现这种愿望的能力上。例如，用订货点法很难做到在恰当的时间对一项物料按恰当的数量订货，而要确定正确的到货期则更成问题。对于已发出的订货作业进行修改，用订货点法则基本上办不到。

MRP 系统从主生产计划、独立需求预测以及厂外零部件订货的输入可以确定"我们将要生产什么？"；通过 BOM 可以回答"用什么来生产？"；把主生产计划等反映的需求沿各产品的 BOM 进行分解，从而得知"为了生产所需的产品，我们需要用些什么？"；然后和库存记录进行比较来确定出物料需求，即回答"我们还需要再得到什么？"；通过这样的处理过程，使得在 MRP 系统控制下的每项物料的库存记录都总能正确地反映真实的物料需求。这一过程如图 2-2 所示。

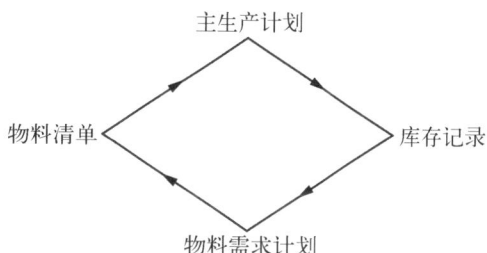

图 2-2　MRP 数据处理过程

下面讨论具体的数据处理过程。

MRP 系统对每项物料的库存状态按时区作出分析，自动地确定计划订货的数量和时间，并提醒人们不断地进行调整。物料的库存状态数据包括：库存量、预计入库量、毛需求量。其中，库存量也称为库存可用量，是指某项物料在某个时区的库存数量。预计入库量是指在本时区之前的各时区中已下达的订货，预计可以在本时区之内入库的数量。毛需求量是为满足市场预测或客户订单的需求或上属物料项目的订货需求（可以是多项订货需求）而产生的对该项物料的需求量，这是一个必须提供的数量。净需求量则是从毛需求量中减去库存可用量和预计入库量之后的差。在计算上，净需求量的值可以通过库存量的变化而得到。方法是首先按下面公式求各时区的库存量：

某时区库存量＝上时区库存量＋本时区预计入库量－本时区毛需求量

当库存量出现第一个负值时，就意味着第一次出现净需求，其值等于这个负值的绝对值。以后出现的库存量负值,则以其绝对值表示直至所在时区的净需求量累计值。物料的净需求及其发生的时间指出了即将发生的物料短缺。因此,MRP 可以预见物料短缺。为了避免物料短缺,MRP 将在净需求发生的时区内指定计划订货量,然后考虑订货提前期,指出订货计划下达时间。

MRP 系统工作原理

MRP 系统之所以能成为生产库存管理的得力工具,主要是基于以下原因:

(1) MRP 系统可使库存投资减少到最小限度;

(2) MRP 系统可对生产中的变化作出灵敏的反应;

(3) MRP 系统可以对每项物料提供未来的库存状态信息;

(4) MRP 系统库存控制是面向生产作业的,而不是面向台账登记的;

(5) MRP 系统强调需求、库存储备和订货作业的时间性。

上述几条原因相辅相成,使得 MRP 系统的输出信息能够成为其他生产管理子系统的有效输入信息。这些子系统包括能力需求计划、车间作业管理、采购作业管理等。

第四节　物料与生产管理集成的闭环 MRP

MRP 系统的建立是在假定已有了主生产计划,并且是在可行的前提之下。也就是说,在考虑了生产能力是可实现的情况下,有足够的生产设备和人力来保证生产计划的实现。

但在实际生产过程中,企业可能会受到社会环境和企业内部环境条件的制约。因此只有基本的 MRP 是远远不够的,由于客观条件的制约,再完善的物料需求计划也不可能实现。于是,在基本的 MRP 基础上,纳入生产能力计划,采购作业计划的反馈,并进一步考虑计划执行过程中的反馈信息,形成了闭环 MRP 系统,如图 2-3 所示。

所谓闭环 MRP 有两层意思:一是指把生产能力计划、车间作业计划和采购作业计划纳入 MRP,形成一个封闭系统;二是指在计划执行过程中,必须有来自车间、供应商和计划人员的反馈信息,并利用这些反馈信息进行计划调整平衡,从而使生产计划方面的各个子系统得到协调统一。其工作过程是一个"计划—实施—评价—反馈—计划"的过程。

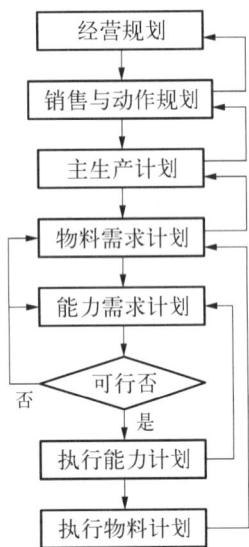

图 2-3　闭环 MRP 系统

下面,我们对闭环 MRP 系统的工作过程作一简单介绍:销售与运作规划(sales operations plan)确定每一个产品族的生产率水平,展望期 1~3 年,通常按月或周分解。在面向库存生产(make-to-stock,MTS)的环境下,要根据当前库存量、希望于计划期末达到的库存量目标和计划期内的销售预测量来确定每类产品的生产率。在面向订单生产(make-to-order,MTO)的环境下,要根据当前未完成订单的数量、希望于计划期末达到的未完成订单的数量以及计划期内的销售预测量来确定每类产品的生产率。

在制定了销售与运作规划之后,再通过主生产计划对其作进一步的细化,按最终产品(或最终项目)而不是按产品类确定生产率水平。展望期可为 3~18 个月,一般以周为时区单位进行分解。然后,由物料需求计划对主生产计划作进一步的分解,确定各个层次上的物料需求的数量和时间。在按照物料需求计划下达生产订单之前,要通过能力需求计划来核算企业的生产能力和由物料需求计划所产生的能力需求负荷之间的平衡关系。由于企业的生产能力是有限度的,所以物料需求计划要受能力需求计划的约束。如果能力需求计划的输出报告表明不可行,则应重排能力需求计划。如仍不能解决问题,则将有关信息反馈到物料需求计划,对其进行重排。如还行不通,就要把信息反馈到主生产计划,甚至销售与运作规划,进行相应的重新安排。同样,在计划执行过程中,也要有一系列的信息反馈以及相应的平衡调整。

必须强调,闭环 MRP 系统中的各个环节都是相互联系、相互制约的。如果一个企业通过自己的制造设备、合同转包以及物料外购的努力仍不能得到为满足物料需求计划所需的生产能力,则应修改物料需求计划,甚至主生产计划。当然,这只是一种不得已的办法。制定能力需求计划的目标无疑是要使主生产计划得以执行。能力需求计划要根据调度规则为生产订单的每道工序安排一个计划的开始日期。典型的调度规则要考虑排队等待和完工检验的时间,并把标准工时数转化成天数。在编制生产计划时使用常规日历是很不方便的,因为计划员必须随时查看日历以避开周末和节假日。制造企业可使用工厂日历。这种日历只对工作日计数,从而可使计划员只通过简单的算术运算来进行日期安排,而不再担心非工作日的干扰。

能力计划员的工作是确定当前能力是否能满足能力需求计划所反映的需求,或者应如何获得满足计划的能力,或者作为最后不得已的一种处理办法,给出不能满足计划的反馈信息。如果计划不能满足,那么直至主生产计划,甚至销售与运作规划,将不得不改变。当然,这只是不得已的最后一种处理办法。能力计划员的工作是设法给出满足计划的能力。一旦认定能力需求可以满足,那么,就通过关于能力需求计划执行情况的投入、产出控制报告,来监控能力需求计划的执行。一般来说,实际的执行总会和计划有些偏差。因此,应指出计划容许的偏差限度,一旦从产出报告中发现偏差超过容许限度,则应采取措施,使生产运行重回计划的轨道。指导车间执行能力需求计划则通过派工单来实现。派工单由计算机产生,每个工作日一开始就送达车间现场,向工长提供正确的作业优先级。

应当强调,在一个闭环 MRP 系统中,反馈功能是非常重要的。无论是车间还是供应商,如果意识到不能按时完成订单,则应给出拖期预报。在不使用 MRP 的情况下,所要求的订单完成日期往往和实际的需求日期脱节,所以,拖期完成也往往无关紧要。但在 MRP 环境下,所要求的完成日期即是实际的需求日期。这样一来,当要求的日期不能满足时,尽快地给出反馈信息就是十分重要的了。拖期预报是闭环 MRP 系统反馈信息的组成部分,系统如果不曾收到这样的报告,即认为可以满足计划的需求。这里遵循的是"沉默即赞成"的原则。

闭环 MRP 系统是 20 世纪 70 年代出现的事物,也是计算机时代的产物,它体现了一个完整的计划与控制系统,把需要与可能结合起来,把需求与供应结合起来,闭环系统的实质是实现有效控制,只有闭环系统才能把计划的稳定性、灵活性和适应性统一起来。

第五节　生产与财务管理一体化的 MRP Ⅱ

闭环 MRP 系统的出现解决了基本 MRP 中实际制造环境有时无法满足原有计划有效执行的局限性,在各个环节都增加了反馈信息和平衡控制功能,使得主生产计划成为一个切实可行的方案,生产计划方面的各种子系统得到了统一。

只要主生产计划真正地制定好,那么,闭环 MRP 系统就可以回答上述的基本问题。但这还不够,因为在企业管理中,生产管理只是一个方面,它所涉及的是物流,而与物流密切相关的还有资金流。这在许多企业中是由财会人员另行管理的,这就造成了重复,甚至冲突。于是,人们想到,能否建立一个一体化的管理系统,砍掉不必要的重复,减少冲突,提高效率呢?凡是已经成功地实现了用闭环 MRP 系统进行生产管理的企业都认为,这是可以做到的。

从把主生产计划视为 MRP 的关键输入之时开始,人们就意识到市场预测将是主生产计划的关键输入。但在当时的许多企业中,市场销售部门并不关心 MRP,而只是把它看作一种生产控制技术。虽然这些部门有时也提供市场预测,但只是按要求行事,并非真正了解主生产计划的功能。只有在闭环 MRP 得到成功应用的企业中,市场销售部门的管理人员才认识到 MRP 系统不但与他们有关系,而且是他们的"好帮手"。因为只有借助于 MRP 系统,才能在各种生产约束条件下制定出合理可行的销售计划。反过来,也只有依靠 MRP 系统,才能使生产迅速地适应销售方面的变化。

1977 年 9 月,美国著名的生产管理专家奥列佛·怀特率先提出制造资源计划(manufacturing resource planning)这一概念,把生产、财务、销售、工程技术、采购等各个子系统结合成一个一体化的系统,其英文缩写依然是 MRP,为了与原来的物料需求计划相区别而记为 MRP Ⅱ。

MRP Ⅱ 具有以下特点:

(1) MRP Ⅱ 把企业中的各子系统有机地结合起来,形成一个面向整个企业的一体化的系统。尤其是将财务系统纳入管理中来,实现了物料信息同资金信息的集成。使得生产和财务两个子系统关系尤为密切,从而保证了资金流与物流的实时同步,改变了资金信息滞后于物料信息的状况。

(2) MRP Ⅱ 的所有数据来源于企业的中央数据库。各子系统在统一的数据环境下工作,保证了信息的一致性和准确性。

(3) MRP Ⅱ 具有模拟功能,能根据不同的决策方针模拟出各种未来将会发生的结果,为管理者提供了必要的信息并争取了时间,从而帮助企业管理者制定规划和实施方案。因此,它也是企业高层领导的决策工具。

MRP Ⅱ 由闭环 MRP 系统发展而来,可以降低成本,提高企业的应变能力,从根本上提高企业的管理水平,实现企业管理的整体优化,以实现最佳的客户服务水平和经济效益。

第六节　集成企业内部和外部信息的 ERP

一、ERP 的产生

20 世纪 90 年代,由于经济全球化和市场国际化的发展趋势,制造业所面临的竞争更趋激烈。以客户为中心、基于时间、面向整个供需链成为在新的形势下制造业发展的基本动向。实施以客户为中心的经营战略是 20 世纪 90 年代企业在经营战略方面的重大转变。

传统的经营战略是以企业自身为中心的。企业的组织形式是按职能划分的层次结构;企业的管理方式着眼于纵向的控制和优化;企业的生产过程是由产品驱动的,并按标准产品组织生产流程;客户对于企业的大部分职能部门而言都被视为外部对象,除了销售和客户服务部门之外的其他部门都不直接与客户打交道；在影响客户购买的因素中，价格是第一位的，其次是质量和交货期，于是，企业的生产目标依次为成本、质量、交货期。

以客户为中心的经营战略则要求企业的组织是动态的、可组合的弹性结构；企业的管理着眼于按客户需求形成的增值链的横向优化；客户和供应商被集成在增值链中，成为企业受控对象的一部分；在影响客户购买的因素中，交货期是第一位的，企业的生产目标也依次转为交货期、质量和成本。

实施以客户为中心的经营战略就要对客户需求迅速做出响应，并在最短的时间内向客户交付高质量和低成本的产品。这就要求企业能够根据客户需求迅速重组业务流程，消除业务流程中非增值的无效活动，把顺序作业变为并行作业，在所有业务环节中追求高效率和及时响应，尽可能采用现代技术手段，快速完成整个业务流程。这就是基于时间的含义。而基于时间的作业方式的真正实现又必须扩大企业的控制范围，面向整个供需链，把从供应商到客户的全部环节都集成起来。

实施以客户为中心的经营战略涉及企业的再造工程。企业再造工程是对传统管理观念的重大变革，在这种观念下，产品不再是定型的，而是根据客户需求选配的；业务流程和生产流程不再是一成不变的，而是针对客户需求，以减少非增值的无效活动为原则而重新组合的；特别是企业的组织也必须是灵活的、动态可变的。显然，这种需求变化是传统的 MRP Ⅱ 软件难以满足的，而必须转向以客户为中心、基于时间、面向整个供需链为基本特点的 ERP 系统。这就是 ERP 产生的客观需求背景。而面向对象的技术、计算机辅助软件工程以及开放的客户机/服务器计算环境又为实现这种转变提供了技术基础。于是，ERP 应运而生了。

二、ERP 与 MRP Ⅱ 的主要区别

（1）在资源管理范围方面的区别。MRP Ⅱ 主要侧重对企业内部人、财、物等资源的管理，ERP 系统在 MRP Ⅱ 的基础上扩展了管理范围，它把客户需求和企业内部的制造活动以及供应商的制造资源整合在一起，形成一个完整的企业供应链并对供应链上所有环节如订单、采购、库存、计划、生产制造、质量控制、运输、分销、服务与维护、财务管理、人事管理、实验室管理、项目管理、配方管理等进行有效管理。

（2）在生产方式管理方面的区别。MRP Ⅱ 系统把企业归类为几种典型的生产方式进行管理，如重复制造、批量生产、按订单生产、按订单装配、按库存生产等，对每一种类型都有一套管理标准。而在 20 世纪 80 年代末、90 年代初，为了紧跟市场的变化，多品种、小批量生产以及看板式生产等则是企业主要采用的生产方式，由单一的生产方式向混合型生产发展，ERP 则能很好地支持和管理混合型制造环境，满足企业的这种多元化经营需求。

（3）在管理功能方面的区别。ERP 除了 MRP Ⅱ 系统的制造、分销、财务管理功能外，还增加了支持整个供需链上物料流通体系中供、产、需各个环节之间的运输管理和仓库管理；支持生产保障体系的质量管理、实验室管理、设备维修和备品备件管理；支持对工作流（业务处理流程）的管理。

（4）在事务处理控制方面的区别。MRP Ⅱ 是通过计划的及时滚动来控制整个生产过程，它的实时性较差，一般只能实现事中控制。而 ERP 系统支持在线分析处理 OLAP（online analytical processing）、售后服务即质量反馈，强调企业的事前控制能力，它可以将设计、制造、销售、运输等通过集成来并行地进行各种相关的作业，为企业提供了对质量、适应

变化、客户满意、绩效等关键问题的实时分析能力。此外,在 MRP Ⅱ 中,财务系统只是一个信息的归结者,它的功能是将供、产、销中的数量信息转变为价值信息,是物流的价值反映。而 ERP 系统则将财务计划和价值控制功能集成到了整个供需链上。

(5) 在跨国(或地区)经营事务处理方面的区别。现在企业的发展,使得企业内部各个组织单元之间、企业与外部的业务单元之间的协调变得越来越多且越来越重要,ERP 系统应用完整的组织架构,从而可以支持跨国经营的多国家地区、多工厂、多语种、多币制应用需求。

(6) 在计算机信息处理技术方面的区别。随着信息技术的飞速发展、网络通信技术的应用,使得 ERP 系统得以实现对整个供需链信息进行集成管理。ERP 系统采用客户机/服务器(C/S)体系结构和分布式数据处理技术,支持 Internet /Intranet/ Extranet、电子商务(E-business、E-commerce)、电子数据交换(EDI)。此外,还能实现在不同平台上的交互操作。

从以上的区别可以看出,ERP 在 MRP Ⅱ 原有功能的基础上,使 MRP Ⅱ 向内和向外两个方向延伸;向内使 MRP Ⅱ 与精益求精生产相结合,支持混合创造模式;向外则增加了供需链管理的功能。由此可见,ERP 保留和继承了 MRP Ⅱ 的基本逻辑,仍以 MRP Ⅱ 为核心进行了功能扩展。

本章小结

1. ERP 的发展源于管理者对于企业的管理需求以及先进的管理理念的推动,当然也得益于计算机及其信息技术的发展,由于管理思想和信息技术的融合,从而实现了 ERP 系统的不断完善。

2. 闭环 MRP 系统是在基本的 MRP 基础上,纳入生产能力计划,采购作业计划的反馈,并进一步考虑计划执行过程中的反馈信息而形成的。

3. MRP Ⅱ 由闭环 MRP 系统发展而来,可以降低成本,提高企业的应变能力,从根本上提高企业的管理水平,实现企业管理的整体优化,以实现最佳的客户服务水平和经济效益。

复习思考题

1. 请简述 ERP 的发展历程,并描述每个阶段的主要特点和影响。

2. 描述企业如何适应和应对 ERP 的发展趋势,以保持其竞争力和业务优势。

3. 在 ERP 的发展过程中,哪些挑战需要企业特别关注和应对?

第三章 ERP 生产计划管理

ERP 生产计划主要包括 5 个计划层次,分别包括经营规划、销售与运作规划、主生产计划、物料需求计划和能力需求计划、采购管理和车间作业控制。采购管理属于第 5 个层次,但它不涉及企业本身的能力资源。在 5 个计划层次中,经营规划和销售与运作规划具有宏观的性质,主生产计划是宏观向微观的过渡性计划,物料需求计划是主生产计划的具体化,而车间作业控制(或生产作业控制)是进入执行或控制计划的阶段,如图 3-1 所示。通常把前三个层次称为主计划(Master Planning),说明它们是制定企业经营战略目标的层次,后两个层次是在需求和供给两个方面对计划与控制的具化与协调实施的过程,要进行不同深度的供需平衡,并根据反馈的信息,运用模拟方法加以调整或修订。

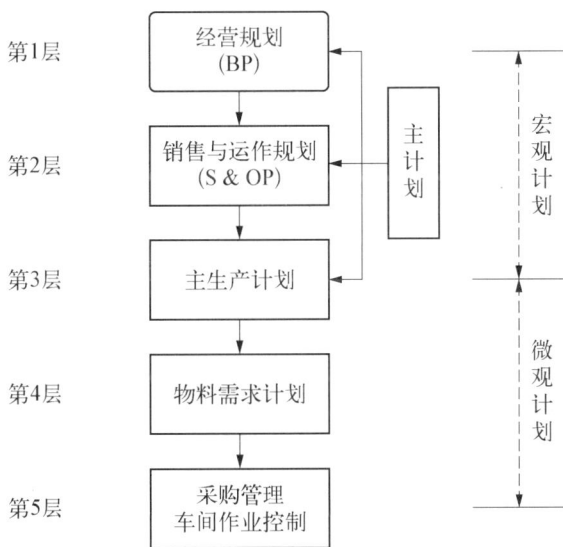

图 3-1 ERP 系统的 5 个计划层次

这些计划层次的划分体现了 ERP 计划管理由宏观到微观、由战略到战术、由粗到细的深化过程。越接近顶层的计划,对需求的预测成分越大,计划内容也越粗略和概括,计划展望期也越长。越接近底层的计划,需求由估计变为现实,因而计划的内容也就具体详细,计划展望期也越短。划分层次也是为了明确责任,不同层次计划的制订或实施由不同的管理层负责。

ERP 的每一个计划层次都包含"需求"和"能力",都需要处理好两者之间的平衡。上层计划是下层计划的依据,下层计划不能偏离上层计划的目标,从而整个企业遵循一个统一的计划,这是 ERP 计划管理最基本的要求。

第一节　经营规划

一、经营规划的概念

ERP 计划管理是从长远规划开始的,这个计划层次通常称为经营规划(Business Plan,简称 BP)。

经营规划是指企业在一定周期内为了一定目的而制定的比较全面、长远的发展计划。经营规划是企业的战略规划,在这个层次上要确定企业的经营目标和策略,为企业长远发展做出规划。

经营规划是企业的总体目标,是 ERP 系统其他各层计划的依据。以后的各个计划层次,都是对经营规划的进一步细化,不能偏离经营规划。

经营规划通常是在企业高层领导主持下会同销售、市场、工程技术、生产、物料和财务等各部门负责人共同制定,是层次计划的依据。在执行过程中有意外情况,下层计划人员只有反馈信息的义务,而无变更经营规划的权力,变更经营规划只能由企业高层领导决策。

二、经营规划的主要内容

经营规划表达了企业的愿景。作为企业的战略规划,经营规划本身并不是确定企业具体完成什么,而是确定企业经营的战略和目标以及所采取的行动,为企业发展,特别是在财务和经济效益方面做出规划。企业经营规划的目标通常是以货币或金额来表达,主要包括:

（1）产品开发方向、市场定位,预期的市场占有率、质量标准;

（2）销售收入和利润;

（3）长远能力规划、技术改造、企业扩建或基本建设;

（4）销售毛利率和净利率、成本费用利润率、总资产周转率等;

（5）员工培训及职工队伍建设。

三、制定经营规划遵循的原则

（一）系统性原则

企业在制定经营规划时不但要考虑企业本身,还要从整个系统的角度出发,坚持系统性原则,要认识到企业是整个大系统中的一个小系统,如果不考虑大系统的利益,只顾个体利益,肯定会受到整个系统的惩罚。

（二）平衡性原则

企业本身以及内外环境之间存在着诸多矛盾,这就要求企业在生产经营的过程中,对企业内部各部门的产、供、销等各环节以及企业所处的外部环境进行协调平衡,使之保持一定的、合理的比例关系。

（三）灵活性原则

经营规划确立了企业未来的战略目标和采取的行动,而未来充满了众多的不确定性,因此在制定经营规划的时候就要保持一定的灵活性,即有一定的余地,而不能规定得过死或过分强调稳定性。在计划执行过程中,更要注意不确定因素的出现,对原计划做出必要的调整或修改。

(四)效益性原则

企业的经营规划必须以提高经济和社会效益为中心,不仅要取得产品开发和制造阶段的效益,而且还要考虑产品在流通和使用阶段的效益。

第二节 销售与运作规划

一、销售与运作规划概述

(一)概念

销售与运作规划(sales and operations planing,简称 S&OP)是一个业务过程,通过对市场、研发、采购、生产和财务等部门的沟通和协调,作出对市场变化具有快速响应的决策,以适应市场需求变化和供需平衡,实现一个可执行的出货计划,有助于企业保持需求与供应的平衡。销售与运作规划考虑的是产品的总量,一般每月修订一次,所显示的信息包括数量和金额。

(二)作用

S&OP 是企业高层管理人员用来确定企业方向,解决企业矛盾,掌握和控制企业运作的计划。S&OP 介于企业高层战略计划(经营规划)和企业各职能部门业务计划之间,其任务是把企业经营规划具体化,将各个部门的运作与企业的经营规划联系起来,使企业各部门的工作协调一致,实现企业的经营目标。S&OP 是依据经营规划和市场及客户需求而制定的,它是经营规划的细化,表明企业在可用资源允许的条件下,在计划展望期,每一产品系列的年产总量。S&OP 包括销售规划和运作(生产)规划两个部分,其中运作规划是与销售规划相对应的生产目标计划,也是指导企业生产而制定的产品系列的生产大纲,它确定各产品系列在全部产品中所占的比例,并符合经营计划中的年销售收入、利润等指标。S&OP 将给出单位时间(如每月)的生产量,便于指导生产和均衡地利用资源。它的另一个作用是协调满足经营规划所需求的产量与可用资源之间的差距,保持企业生产的稳定。S&OP 是编制主生产计划的依据。

(1) S&OP 在 ERP 的计划体系中起到承上启下的桥梁作用。S&OP 是 ERP 企业生产经营计划体系中的第二层计划,它位于经营规划和主生产计划之间,它将企业经营规划的要求转化为企业的具体的生产运作活动,将经营规划规定的营业额、销售收入、利润等金额数据转变为企业产品系列的品种、数量计划。从这个角度来看,S&OP 在战略计划和战术计划之间起着承上启下的作用,它是企业战略计划与具体生产经营活动之间联系的桥梁。S&OP 的目的就是在企业战略计划的指导下,根据市场和客户的需求,建立企业统一的、协调一致的运作计划,使企业一切可利用的关键资源,如人力、设备能力、材料、时间、技术和资金等都获得有效的利用,以满足市场和客户的需求。

(2) S&OP 在 ERP 计划体系中起着总协调的作用。为了使 S&OP 是现实且可行的,就要使计划的需求和供应两个方面(对制造业来说就是需求计划和能力计划)达到平衡。S&OP 要回答以下三个问题:一是在计划期要生产什么?生产多少?何时需要?二是生产以上产品需要什么资源和能力？需要多少？何时需要？三是企业可用资源和能力能否满足生产需要？如何协调矛盾？S&OP 必须处理好供需之间的矛盾，这样才能保证各级计划既能不偏离经营计划的目标，又能在实施中切实可行。因此，S&OP 的另一个作用就是将企业中各个具体的运作计划连接起来，建立一个集成且协调一致的生产经营计划体系，以企业战略目标为出发点，通过 S&OP 计划过程将战略经营计划与企业各明细计划协调起来，使得市场和销售、产品研发、生产制造、物资供应、资金管理、能源和设备、人力资源等各个环节达到供需平衡，解决好企业生产经营过程中的供需矛盾。S&OP 在这里起到一个总协调的作用，成为各部门编制专业计划的纲领，使得企业的各级计划形成了所谓"一体化计划体系"，既有宏观和微观计划的统一，又有产、供、销计划的统一、物料和资金计划的统一，使得企业在需求和供应两方面达到总量的平衡，这就是 S&OP 的重要使命。

二、制定过程

S&OP 是一个关于产品系列的高层计划过程，S&OP 的制定一般包括六个步骤：搜集信息、准备销售预测报告、制定需求计划、制定供应计划、召开销售与运作规划预备会议、召开正式的销售与运作规划会议。下面我们就逐一讲解这几个步骤所涉及的内容。

（一）搜集信息

在编制 S&OP 前，首先需要搜集经营计划、市场预测和客户订单、新产品开发、生产状况、各种资源状况和财务状况等信息。

和企业经营计划相关的信息主要有：产品开发方向及市场定位、销售目标、预期的市场占有率；营业额、销售收入、利润、资金周转次数、销售利润率和资金利润率、库存目标等；长远能力规划、技术改造计划、企业扩建和基建计划；员工培训及职工队伍建设计划。

市场和销售部门主要提供各时间段各产品系列的销售预测数量、现有销售合同汇总数量、分销情况和对运输的要求等信息。

工程技术部门提供的信息主要有资源清单（劳动力、设备能力、主要材料、能源动力等）；专用工装；影响资源计划的产品设计、工艺设计、材料或生产方式的改变等信息。

生产计划部门主要提供资源可用性方面的信息有：可用劳动力、可用机时或工作中心小时、当前库存水平、当前未完成订单的数量等。

财务部门主要提供的信息主要有：单位产品的收入和成本、增加资源的财务能力、资金可用性等信息。

（二）准备销售预测报告

准备销售预测报告是由信息部门在每月月底或月初完成，主要内容包括上月实际销售情况、库存、生产以及未完成订单等，并提供一些销售分析数据和对预测准确性的统计分析给销售和市场人员，以便对未来需求进行预测。信息部门要将这报告提交给所有相关人员。

销售预测制定的一般步骤为：信息收集与分析、销售预测的制定和销售预测的评审三个步骤。销售预测的评审就是在同一时间内综合专家预测和统计分析预测，对预测进行可信性与可行性分析，并对预测结果进行决策的过程。销售预测的输出为跨度 12 个月的分产品的销售计划。

（三）制定需求计划

销售和市场人员要分析讨论上一步骤提出的报告，以便对原有预测进行调整或者做出新的预测,预测必须包括现有所有产品族,在预测时要考虑产品的生产周期对需求的影响。在销售预测已完成的前提下,借助于统计规律,并结合已收集的相关环节数据,用科学的方法和工具对将来的需求进行预测,即可制定市场需求计划。

典型的市场需求计划的制定过程包括:通过对在谈项目的梳理,确定小合同剩余、大合同剩余、即将签单的重大项目、销售预测(不含即将签单的重大项目)四项数据的要货分布。将这四部分数据按月求和,得到未来 3～5 个月需求计划量。长期的市场需求计划量则根据销售和发货比例来确定。

(四)制定供应计划

运营部门的人员要分析第二步所得出的结论,以决定是否有必要对现有的运营计划进行调整,如果销售预测、库存水平,或者未完订单水平发生了变化,那么就应相应的调整运营计划,调整后的运营计划要通过资源计划进行校验,以确保关键资源的可用性。调整后的运营计划将提交销售与运作规划预备会议进行讨论,即进行供需计划评审。每月由市场计划部门召集由市场、生产和采购部门参加的要货计划评审会,会议主要审视需求计划变动和合理性,供应环节根据新的市场要货计划调整生产策略和制定新的采购到货计划。评审会参加人员多,会议级别也比较高。

(五)召开销售与运作规划预备会议

销售与运作规划预备会议的目的有:① 就供需平衡问题做出决定;② 解决各个部门计划中存在的问题及差异,以便形成一套建议计划提交给正式的销售与运作规划会议;③ 明确各个部门不能达成一致的问题,以及相关的背景和数据提交给正式的销售与运作规划会议;④ 分析各个可选方案的影响。

参加销售与运作规划预备会议的人员包括销售、市场、产品开发、财务、运营和生产的部门经理。销售与运作规划预备会议输出包括:一个更新的财务计划、分产品簇的行动建议、新产品的开发计划、资源的调整建议、部门间不能达成一致的问题、替代方案及影响、供需策略的调整建议以及正式销售与运作规划会议的议程。

(六)召开正式的销售与运作规划会议

正式的销售与运作规划会议的内容和目的有:① 批准预备会议的建议或制定新的替代方案;② 授权对生产或采购水平的调整——预测备料和备货计划;③ 将生产计划和运营计划进行对比,并且进行必要的调整;④ 就销售与运作规划预备会议没有达成一致的问题进行决策;⑤ 审查低于计划水平的关键指标。参加正式的销售与运作规划会议的人员包括各一级部门的总经理。

第三节　主生产计划

一、主生产计划概述

(一)概念

主生产计划(master production schedule,简称 MPS),是根据销售计划预先建立的一份计划,是确定每一个具体的产品在每一个具体的时间段内生产数量的计划。计划的对象一般是最终产品,即企业的销售产品,但有时也可能是组件的 MPS 计划,然后再下达最终装配计划。主生产计划是一个重要的计划层次,是 MRP Ⅱ 的一部分。

　　这里的最终产品是指对于企业来说最终完成、要出厂的完成品,它要具体到产品的品种、型号。这里的具体时间段,通常是以周为单位,在有些情况下,也可以是日、旬、月。主生产计划详细规定生产什么、生产多少以及什么时段应该产出,这是 MPS 的主要内容,也是 MPS 的主要特征。其中,"生产什么"主要描述 MPS 的计划对象;"生产多少"主要描述 MPS 计划对象的明确数量;"什么时段完成"主要描述 MPS 的计划对象最终完成的时段,这里所指的时段通常是最迟时段。例如,飞天自行车制造有限公司将在 2021 年 10 月 31 日以前完成 3 000 辆男式 26 英寸自行车的生产。这种计划描述了生产对象(男式 26 英寸自行车)、生产数量(3 000 辆)以及什么时段完成(2021 年 10 月 31 日)。主生产计划根据客户合同和市场预测,把经营计划或生产大纲中的产品系列具体化,使之成为展开物料需求计划的主要依据,起到了从综合计划向具体计划过渡的承上启下作用。主生产计划必须考虑客户订单和预测、未完成订单、可用物料的数量、现有能力、管理方针和目标等。因此,它是生产计划工作的一项重要内容。

　　(二)作用

　　MPS 的实质是保证销售与运作规划对规定的需求(需求什么,需求多少和什么时候需求)与所使用的资源取得一致。MPS 考虑了经营规划和销售规划,使运作规划同它们相协调。它着眼于销售什么和能够制造什么,这就能为车间制定一个合适的"主生产进度计划",并且以粗能力数据调整这个计划,直到负荷平衡。

　　主生产计划是 MRP Ⅱ 的一个重要的计划层次。粗略地说,主生产计划是关于"将要生产什么"的一种描述,它根据客户合同和预测,把销售与运作规划中的产品系列具体化,确定出厂产品,使之成为展开 MRP 与 CRP(粗能力计划)运算的主要依据,它起着承上启下,从宏观计划向微观过渡的作用。

　　主生产计划是计划系统的关键。一个有效的主生产计划是生产对客户需求的一种承诺,它充分利用企业资源,协调生产与市场,实现生产计划大纲中所表达的企业经营目标。主生产计划在计划管理中起"龙头"模块作用,它决定了后续的所有计划及制造行为的目标。在短期内作为物料需求计划、零件生产计划、订货优先级和短期能力需求计划的依据。在长期内作为估计本厂生产能力、仓储能力、技术人员、资金等资源需求的依据。

　　主生产计划是生产部门的工具,主生产计划又是联系市场销售和生产制造的桥梁,使生产计划和能力计划符合销售计划要求的顺序,并能适应不断变化的市场需求;同时,主生产计划又能向销售部门提供生产和库存信息,提供可供销售量的信息,作为同客户洽商的依据,起了沟通内外的作用。MPS 把企业规划同日常的生产作业计划关联起来,为日常作业的管理提供一个"控制把手",驱动了一体化的生产计划与库存控制系统的运作。

　　总之,主生产计划在 MRP Ⅱ 系统中的位置是一个上下内外交叉的枢纽,地位十分重要。在运行主生产计划时相伴运行粗能力计划,只有经过按时段平衡了供应与需求后的主生产计划,才能作为下一个计划层次——物料需求计划的输入信息。主生产计划必须是现实可行的,需求量和需求时间都是符合实际的。主生产计划编制和控制是否得当,在相当大的程度上关系到 MRP Ⅱ 系统的成败。这也是它称为"主"生产计划的根本含义,因为它在 MRP Ⅱ 系统中起着"主控"的作用。

　　(三)MPS 与 S&OP 的区别

　　主生产计划和销售与运作计划虽然相似,但是存在着很大程度上的不同,无论是在计划目标还是计划时段、计划的详尽程度都是不同的，具体区别如表 3-1 所示。

表 3-1 <center>MPS 与 S&OP 的区别</center>

比 较 项 目	S&OP	MPS
处理问题	销售额与产量的关系	产品搭配
计划目的	市场开拓	客户订单
详尽程度	综合计划	详细计划
计划目标	协调企业主要业务部门计划	落实生产车间作业计划
管理集中度	集中	分散
报表	产品系列	单个产品
计划时段	月或季	日或周
生产考虑	产出率	优先级
责任主持人	总经理	中层经理

二、主生产计划的对象

主生产计划的计划对象主要是把生产规划中的产品系列具体化以后的出厂产品，通称最终项目，所谓"最终项目"通常是独立需求件，对它的需求不依赖于对其他物料的需求而独立存在。但是由于计划范围和销售环境不同，作为计划对象的最终项目其含义也不完全相同。

主生产计划中的最终项目可以是产品、主要组件、虚拟物料单中的组件，甚至可以是产品结构中最高层次上的单个零件，如图 3-2 所示。主生产计划是对项目的最终需求日期和数量的说明。

从满足最少项目数的原则出发，下面对三种制造环境分别考虑 MPS 应选取的计划对象，如图 3-2 所示。

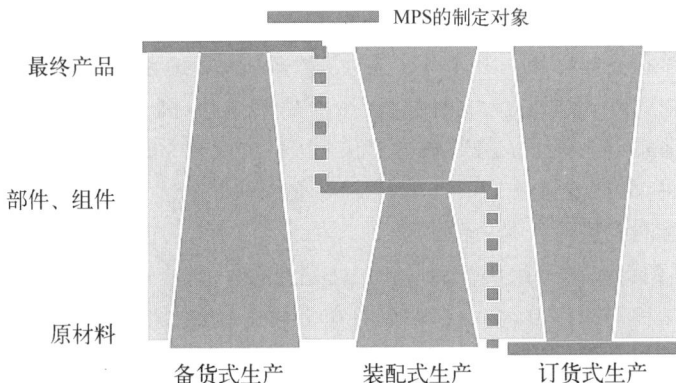

图 3-2　不同生产方式 MPS 的计划对象

（1）备货式生产（make to stock，MTS）的公司：用很多种原材料和部件制造出少量品种的标准产品，如铅笔、螺钉、记事贴等产品，则产品、备品备件等独立需求项目成为 MPS 计划对象的最终项目。对产品系列下有多种具体产品的情况，有时要根据市场分析估计产品占系列产品总产量的比例。此时,生产规划的计划对象是系列产品,而 MPS 的计划对象是按预测比例计算的。产品系列同具体产品的比例结构形式,类似一个产品结构图,通常称为计划物料或计划 BOM。

（2）订货式生产（make to order,MTO）的公司:最终项目一般就是标准定型产品或按订货要求设计的产品,MPS 的计划对象可以放在相当于 T 形或 V 形产品结构的低层,以减少计划物料的数量。如果产品是标准设计或专项,最终项目一般就是产品结构中 0 层的最终产品。

（3）装配式生产（assemble to order,ATO）的公司:产品是一个系列,结构相同,表现为模块化产品结构,都是由若干基本组件和一些通用部件组成。每项基本组件又有多种可选件,有多种搭配选择（如轿车等）,从而可形成一系列规格的变型产品,可将主生产计划设立在基本组件级。在这种情况下,最终项目指的是基本组件和通用部件。这时,主生产计划是基本组件（如发动机、车身等）的生产计划。

三、主生产计划的影响因素

由于企业经营的复杂性,影响 MPS 的因素非常多。一般来说,可以把影响 MPS 的因素分为四大类,即生产类型因素、计划因素、预测因素和订单因素。这些因素各有其特点,且不同的因素对 MPS 的影响程度也不一样。

（一）生产类型因素

制造企业是多种多样的,为了更好地认识和理解这些企业的特点,通常按生产类型把制造企业划分成不同的类型。生产类型是同一类制造企业主要特征的描述。生产类型因素对 MPS 的影响主要表现在对 MPS 计划对象的影响上。

如果按照生产工艺来划分,可以把企业分为离散型企业和流程型企业两种。如果按照生产过程的管理方式来划分,可以把企业分为备货式生产（make to stock,简称 MTS）、订货式生产（make to order,简称 MTO）、装配式生产（assembly to order,简称 ATO）和工程式生产（engineer to order,简称 ETO）四种。下面介绍不同的管理方式对 MPS 的影响。

MTS 表示组织生产早于签约订单,企业保存了大量的库存产品,用户可以根据现有的库存产品进行选择和签约订单。在 MTS 中,经常采用大量的原材料和零部件生产种类比较少的产品。这种生产方式适用于大众化的普通商品的生产,例如,电视机、服装、家具和自行车等商品的生产都属于该类型。在这种生产方式中,企业非常重视市场预测、经营战略和生产计划等工作。在 MTS 企业中,MPS 的计划对象往往是企业最终的产品,也就是说,MPS 的计划对象与企业的销售对象是一致的。

MTO 表示签约订单早于组织生产,企业只是保存了少量的库存产品,用户根据企业的产品目录进行选择和签约订单,企业在拿到订单后再开始组织生产。在 MTO 中,企业经常使用少量的原材料和零部件生产多品种的产品,这些产品往往价值高、交付期短。例如,大型机床、飞机和轮船等产品的生产往往属于 MTO 方式。在这种生产方式中,企业的制造技术和产品质量显得尤其重要。在 MTO 企业中,MPS 的计划对象往往是价值高、技术复杂、生产提前期长且性能重要的原材料和零部件,企业的销售对象往往是通过最终装配计划完成的。

在 ATO 企业中,产品往往是一系列多种规格的产品。这些产品的结构基本相同,都是由一些基本的组件和一些通用部件组成。每一项基本组件往往有多种不同的选择。例如，计算机、汽车都是这种典型的生产方式。在 ATO 企业中，MPS 的计划对象往往是基本组件或通用部件。例如，在计算机企业中，MPS 的计划对象可以是显示器、键盘和鼠标等；在汽车企业中，MPS 的计划对象可以是发动机、仪表盘等。

ETO 也称为按订单设计或按项目设计。在这种生产类型下，最终产品往往比较复杂，且在很大程度上是按照特定客户的要求来设计和生产，支持客户化的设计是这种生产类型的重要组成部分。在这种生产类型下，由于大多数产品都是为特定客户量身定制的，这些产品可能只生产一次，以后可能不会重复生产了。例如，楼宇电梯往往是根据具体的环境进行设计和生产的。在 ETO 企业中，MPS 的计划对象往往是最终产品。

需要注意的是，一个具体的企业是非常复杂的，不同的产品往往具有不同的特点。因此，在企业中，MPS 的计划对象一定要具体问题具体分析，MPS 的计划对象的最终确定一定要符合企业生产管理的特点。

（二）计划类因素

计划类因素对 MPS 的影响是全面的，既可能影响到 MPS 的来源，也可能影响到 MPS 的计划对象。计划类因素主要包括经营战略、经营计划和生产计划大纲等内容。

战略是重大的、涉及全局性的谋划，是统一的、综合的和一体化的计划，用来实现组织的基本目标。战略对 MPS 的影响不是直接的，只是一种指导思想的影响。

经营计划，又称为经营规划、中长期发展计划或销售计划，是企业在经营战略的指导下，制定的适应市场环境的对策计划，它主要说明企业的销售目标和利润目标。经营计划的作用是协调市场需求和企业制造能力之间的差距。经营计划的展望期一般为 5～10 年，并且按年制定。经营计划对 MPS 的影响虽然很大，但不是直接的，只是一种指导性的影响。

生产计划大纲是对企业经营计划或销售计划的细化，用以说明企业在可用资源的条件下、在计划展望期内，每一类产品的月生产量，以及每一类产品和所有类型产品的月汇总量和年汇总量。生产计划大纲的计划展望期是 1～3 年，且按月分解。生产计划大纲的主要作用是协调经营计划对资源需求和企业可用资源之间的差距。生产计划大纲对 MPS 的影响是直接的。

（三）预测因素

在 ERP 系统中，预测是影响 MPS 的一个重要的直接因素。预测不仅仅影响 MPS，它对经营计划和生产计划大纲都有很大的影响。事实上，产品预测量通常是 MPS 的一个重要来源。

（四）订单因素

订单因素是影响 MPS 的最主要因素。对于 MPS 来说，在某种程度上，其他影响因素都可以忽略，唯独不能缺少订单因素。订单因素指的是销售部门签约的产品销售订单信息。销售订单详细描述了产品销售时的相关数据。在一个典型的销售订单中，主要包括下列字段：订单类型、订单编码、销售组织、销售渠道、产品组、销售部门、售达客户、送达客户（货物最终送达的客户与售达客户不同时需要填写）、付款条件、折扣原因、业务员、物料、物料描述、订单数量、物料计量单位、辅助单位数量、辅助计量单位、币种、不含税单价、税率、含税单价、不含税金额、税额、价税合计金额、交货日期（首次交货日期）、交货库存组织、全部交货（一次性交货或分批次交货）、交货冻结、交货仓库、装运点、承运商、运输方式和运输状态等。在这些字段中，对 MPS 影响最大的是订单数量。

四、主生产计划的编制原则

主生产计划是根据企业的能力确定要做的事情,通过均衡地安排生产实现生产规划的目标,使企业在客户服务水平、库存周转率和生产率方面都能得到提高,并及时更新、保持计划的切实可行和有效性。主生产计划中不能有超越可用物料和可用能力的项目。在编制主生产计划时,应遵循以下基本原则:

(一) 最少项目原则

最少项目原则即用最少的项目数进行主生产计划的安排。如果 MPS 中的项目数过多,就会使预测和管理都变得困难。因此,要根据不同的制造环境,选取产品结构不同的级,进行主生产计划的编制。使得在产品结构这一级的制造和装配过程中,产品(或)部件选型的数目最少,以改进管理评审与控制。

(二) 独立具体原则

独立具体原则即要列出实际的、具体的可构造项目,而不是一些项目组或计划清单项目。这些产品可分解成可识别的零件或组件。MPS 应该列出实际的要采购或制造的项目,而不是计划清单项目。

(三) 关键项目原则

关键项目原则即列出对生产能力、财务指标或关键材料有重大影响的项目。对生产能力有重大影响的项目,是指那些对生产和装配过程起重大影响的项目。如一些大批量项目,造成生产能力瓶颈环节的项目或通过关键工作中心的项目。对财务指标而言,指的是在决定公司的利润效益中最为关键的项目。如制造费用高,含有贵重部件,昂贵原材料,高费用的生产工艺或有特殊要求的部件项目。也包括那些作为公司主要利润来源的,相对不贵的项目。而对于关键材料而言,是指那些提前期很长或供应厂商有限的项目。

(四) 全面代表原则

全面代表原则即计划的项目应尽可能全面代表企业的生产产品。MPS 应覆盖被该 MPS 驱动的 MRP 程序中尽可能多的组件,反映关于制造设施,特别是瓶颈资源或关键工作中心尽可能多的信息。

(五) 适当裕量原则

适当裕量原则即留有适当余地,并考虑预防性维修设备的时间。可把预防性维修作为一个项目安排在 MPS 中,也可以按预防性维修的时间,减少工作中心的能力。

(六) 适当稳定原则

适当稳定原则即在有效的期限内应保持适当稳定。主生产计划制订后,在有效的期限内应保持适当稳定,那种只按照主观愿望随意改动的做法,将会引起系统原有合理的正常的优先级计划的破坏,削弱系统的计划能力。

五、主生产计划的基本原理

(一) 时间基准

1. 计划展望期

计划展望期是指 MPS 计划起作用的时间范围。计划展望期往往与企业的生产性质密切相关。如果某个企业的主要产品的累计提前期只有几天或几周,则该企业的 MPS 的计划展望期就很短。如果某个企业的主要产品的累计提前期需要几个月甚至超过一年,那么,该企业的 MPS 的计划展望期就比较长。通常情况下,MPS 的计划展望期的范围是 3～18 个月。通常计划展望期的最小值等于产品的累计提前期,最大值是在累计提前期的基础上加上 3～6 个月。

计划展望期的计算如图 3-3 所示,其中括号内是生产或采购子物料所需要的提前期,由此可见累计提前期为 26 周(A＋D＋E＝2＋8＋16＝26),因此,计划展望期最短不能小于 26 周,否则原料 E 就不能及时订购,也就不能履行按时送货的承诺。

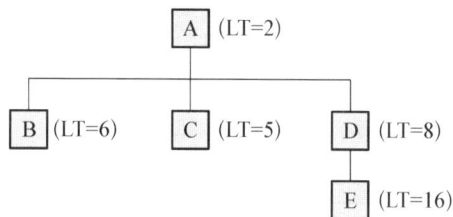

图 3-3　计划展望期的计算

2. 时段

时段对应的英文是 time bucket。时段是意译,表示时间持续的一个长度单位。也有人把时段称为 time period,其含义是整个时间过程中的一段时间。时段是描述计划的时间粒度单位。划分时段的目的是准确说明计划在各个时段上的需求量、计划量和产出量。通常采用的时段粒度是天、周、旬、月、季和年等。如果计划的时段粒度是天,则比天时段粒度大的周、旬、月、季和年等时段粒度主要用于对计划工作的监视、统计和输出报表等。计划中的时段粒度愈小,则该计划愈容易得到准确的描述、执行和控制。

3. 时界和时区

时界对应的英文是 time fence,也被翻译为时间栏、时间警戒线。时界表示时间界限,是一个时刻点,是 MPS 中的计划参考点。时界表明了修改计划的难易程度。在 MPS 中,有两个时界点,即需求时界(demand time fence,DTF)和计划时界(planned time fence,PTF)。DTF 常常与产品的总装提前期是一致的,也可以大于总装提前期。PTF 常常与产品的累计提前期是一致的。由于 DTF 和 PTF 都是与具体产品的提前期相关联,因此,DTF 和 PTF 都是动态的数据,随着产品的不同而不同。

在当前时段,如果某个产品的计划加工和装配时间小于 DTF,则表明该产品已经处于加工和总装阶段,原材料已经投入。因此,一般情况下,该产品的 MPS 是不能轻易调整的。

在当前时段,如果某个产品的计划加工和装配时间大于 DTF 且小于 PTF,则表明该产品还没有处于加工和总装阶段,但是该产品所需的原材料、毛坯件已经开始采购了。这时,该产品的 MPS 不能由 ERP 系统自动调整。如果需要调整,应该由 MPS 计划员来手工操作。

在当前时段,如果某个产品的计划累计提前期大于 PTF,那么表明该产品处于没有开始采购和加工的阶段。这时,该产品的 MPS 可以由 ERP 系统根据变化自动调整。

时区对应的英文是 time zone,直译为时间区间。时区用于描述在某个时刻某个产品在其计划展望期中所处的位置。一般情况下,时区可以分为时区 1、时区 2 和时区 3。时区 1 等于产品的总装提前期,也被称为需求时区,时区 1 中的订单是下达订单,该订单中的产品已经开始制造,这些产品的计划不能轻易地被调整。时区 2 等于产品的累计提前期,时区 2 也被称为计划时区,时区 2 中的订单是确认订单,表示时区 2 订单中的产品数量和时段不能由 ERP 系统自动调整,只有 MPS 计划员才可以修改。时区 3 等于总提前期或计划展望期,也被称为预测时区,时区 3 中的订单是计划订单,这种订单中的数据在情况发生变化时可以由 ERP 系统自动调整。

时界和时区是 MPS 计划员管理和控制计划变动、确保计划稳定的重要手段。如表 3 - 2 所示,产品型号是 26AF - 2 自行车,该产品的总装提前期是 3 个时段,累计提前期是 7 个时段(其中,采购提前期是 4 个时段),总提前期是 12 个时段。当前时段是 1 时段,这时,120 辆、110 辆和 130 辆 26AF - 2 自行车的订单都处于生产总装阶段,位于时区 1。位于时区 1 的自行车订单一般不能调整。100 辆、150 辆、160 辆和 180 辆 26AF - 2 自行车的订单处于原材料、毛坯件的采购阶段,这些订单不能由 ERP 系统自动调整,MPS 计划员可以根据需要手工调整。200 辆、220 辆、210 辆、250 辆和 280 辆 26AF - 2 自行车的订单处于预测状态,这些订单的数据可以由 ERP 系统根据情况变化自动调整。

表 3 - 2　　　　　　　　　　　　时界和时区关系示意表

时　区	时区 1			时区 2				时区 3				
时　段	1	2	3	4	5	6	7	8	9	10	11	12
26AF - 2	120	110	130	100	150	160	180	200	220	210	250	280
提前期	总装提前期											
	累计提前期(采购＋加工)											
	总提前期或计划展望期											
时　界	当前		DTF				PTF					

需要注意的是,对于时区 1 中的订单,如果确实需要调整,那么,必须在满足特定的条件后,经企业高层管理人员同意,才能调整其 MPS。这些特定的条件主要如下:用户变更或取消了订单;可利用的生产能力发生了变化,例如,工作中心的数控机床发生了故障;无法提供原计划的材料(例如,供方失约),不得不停止生产;出现过多的次品。

在修改 MPS 时,应该着重考虑下列因素:用户的服务水平是否变差? 成本增加了没有? 所用物料是否增加? MPS 的可信度是否下降?

有关时区与需求依据、订单状况和计划变化难易程度之间的详细关系如表 3 - 3 所示。需要注意的是,在时区 2 时,需求依据可以根据实际情况选择客户订单和预测中的数据。

表 3 - 3　　　　　　　　　　　时区和计划变动之间的关系

时区	时区 1	时区 2	时区 3
跨度	总装提前期	累计提前期	累计提前期以外
需求依据	客户订单	客户订单和预测: 二者取较大值 仅客户订单 仅预测二者之和	预测
订单状况	下达状态	确认状态	计划状态
计划变化难易程度	难,改动代价极大	ERP 系统不能自动修改,需要人工干预,改动代价大	ERP 系统自动改动,改动代价小
计划变动审批权	企业主管领导	MPS 计划员	计划员

（二）粗能力需求计划

粗能力需求计划（rough-cut capacity planning，RCCP）是判定 MPS 是否可行的工具。RCCP 的作用是把 MPS 中计划对象的生产计划转变成对工作中心的能力需求，为评估主生产计划提供一个粗略的方法。

在这里，MPS 中的生产计划是生产负荷，关键工作中心能力是生产能力。如果生产能力大于或等于生产负荷，则 MPS 是可行的。否则，MPS 是不可行的。没有经过 RCCP 判定的 MPS 是不可靠的，因为企业可能无法完成 MPS 中的计划任务。

（1）RCCP 的对象和特点。通常情况下，RCCP 的对象是企业中的关键资源。这些关键资源通常包括物、资金和人，有有形和无形之分，例如以下的管理约束：

① 瓶颈工作中心，其加工能力可能是有限的。

② 供应商，其供货能力可能是有限的。

③ 自然资源，企业可用的物料可能是有限的。

④ 专门技能，必须但缺乏的人才。

⑤ 不可外协的工作，例如，由于涉及商业机密，本身能力不足但又不能外协扩散的工作。

⑥ 资金，企业可用的资金可能是有限的。

⑦ 运输，企业的运输能力可能是有限的。

⑧ 仓库，企业用于保管物料的仓库空间可能是有限的。

与能力需求计划相比，RCCP 主要是计算关键资源的能力和负荷，使得整个能力平衡的工作得到大大的简化，不涉及工艺路线等基础数据的细节，能力平衡需要的时间也大大缩短，提高了能力平衡的效率，因此便于在早于 MRP 的 MPS 阶段进行能力平衡工作，减轻后期平衡工作的压力。

但是，由于 RCCP 忽略了很多影响因素，经过 RCCP 平衡的计划也存在许多缺点。这些缺点主要表现在：第一，可信度差，因为 RCCP 只考虑关键资源，但在某些情况下，非关键资源也可能变成关键资源，因此，经过 RCCP 平衡的计划很难保证其总是可行的。第二，与实际生产有偏差，因为 RCCP 不考虑 MPS 计划对象的现有库存量、在制量和实际的提前期等数据，因此，RCCP 的平衡结果肯定与实际生产存在偏差。第三，RCCP 只宜作为中长期计划的能力平衡手段，对企业的生产大纲和 MPS 等的可行性具有指导性意义，但是，由于 RCCP 本身不是一种实际的、精细的能力平衡方式，因此，它无法应用于短期作业计划的平衡。

（2）RCCP 的编制过程。一般情况下，RCCP 的编制方法有两种，即资源清单法和分时间周期的资源清单法。这两种方法的主要区别在于前者比较简单，不考虑各种提前期，往往会过高地估计负荷；后者比较复杂，考虑各种提前期，平衡结果比较准确。但是，资源清单法是分时间周期的资源清单法的基础。下面重点介绍资源清单法。

资源清单法的编制过程如下：

第一步，定义关键资源。

第二步，从 MPS 中的每种产品系列中选出将要进行 RCCP 的代表产品。

第三步，对每个代表产品确定生产单位产品对关键资源的需求量，确定依据主要包括 MPS、BOM、工艺路线、定额工时以及在 BOM 中每个零件的平均批量等。

第四步，对每个产品系列，确定其 MPS 的计划产量。

第五步,将 MPS 中的计划产量与能力清单中的资源需求量相乘。

第六步,将没有产品系列所需要的能力加起来,得到对应计划的总能力需求。

(三) MPS 的编制过程

MPS 的编制过程是一个不断循环反复、动态调整的过程。第一,MPS 经过 RCCP 之后,才可以作为可行的 MPS。如果某个 MPS 方案不能通过 RCCP 的平衡,该 MPS 必须进行修改。第二,当接收到没有预测到的新的客户订单时,需重新排定 MPS。只有当编制的 MPS 比较合理时,调整计划的频率才不会太快,否则需要经常进行调整。在 ERP 系统运行之初,可能几天排一次 MPS,系统运行正常后可能一周或几周排一次 MPS。MPS 的这种编制过程如图 3-4 所示。

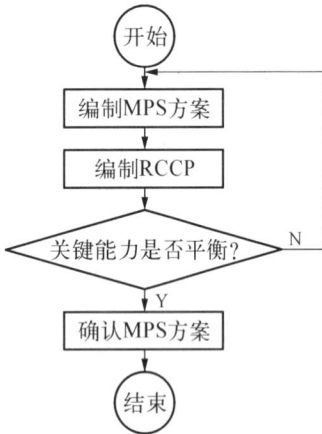

```
开始
  ↓
编制MPS方案
  ↓
编制RCCP
  ↓
关键能力是否平衡? ──N──┐
  ↓ Y                  │
确认MPS方案            │
  ↓                    │
结束                   │
```

图 3-4　MPS 编制过程

(1) 编制 MPS 初步计划。编制资源清单,根据资源清单来计算 MPS 初步计划的需求资源,对于关键的工作中心,将资源清单与可用资源进行比较。

(2) 制订粗能力计划,用粗能力计划评价主生产计划方案的可行性。粗能力计划是对生产中所需的关键资源进行计算和分析。关键资源通常指瓶颈工作中心。粗能力计划用于核定主要生产资源的情况,即关键工作中心的生产能力能否满足 MPS 的需要,以使得 MPS 在需求与能力间取得平衡。对能力和需求做平衡,核定主生产资源的情况,在这一步要做三项工作:首先建立资源清单,说明每种产品的数量及各月占用关键工作中心的负荷小时数;同时与关键工作中心的能力进行对比;在产品的计划期内,对超负荷的关键工作中心,要进一步确定其负荷出现的时段。

(3) 评价初步的 MPS,最后修订和批准 MPS,同意或否定初步的 MPS。一旦初步的主生产计划测算了生产量,测试了关键工作中心的生产能力并对主生产计划与能力进行平衡之后,初步的主生产计划就确定了。下面的工作是对主生产评估,对存在的问题提出建议,同意主生产计划或者否定主生产计划。如果需求和能力基本平衡,则同意主生产计划;如果需求和能力偏差较大,则否定主生产计划,并提出修正方案,力求达到平衡。调整的方法有:一是改变预计负荷,可以采取的措施主要有重新安排订单,拖延(暂缓)订单,终止订单、将订单拆零、改变产品组合等。二是改变生产能力,可以采取的措施主要有改变产品的生产工艺提高生产率、申请加班、外协加工、雇用临时工等。

(4) 在通过 MRP 运算以及细能力平衡评估后,批准和下达主生产计划。

六、主生产计划的计算过程

(一) 基本数量概念

在 MPS 计算过程中,经常用到 9 大基本数量的概念。这些数量概念分别是:预测量、订单量、毛需求量、计划接收量、预计可用库存量、净需求量、计划产出量、计划投入量和可供销售量。

预测量是企业生产计划部门根据企业的经营计划或销售计划,采用合适的预测方法预测的最终产品项目将要生产的数量。订单量是企业已经明确得到的、将要为客户提供的最终产品的数量,是企业明确的生产目标。预测量和订单量是企业组织生产管理活动的核心目标。在不同类型的企业中,预测量和订单量所起的作用也不尽相同。

毛需求量(gross requirement)是根据预测量和订单量计算得到的初步需求量。如何根据预测量和订单量得到毛需求量,取决于企业的类型、时区和生产政策。例如,可以制定这样的政策:在时区 1,毛需求量等于订单量;在时区 2,毛需求量等于订单量和预测量中的较大者;在时区 3,毛需求量等于预测量。在 MPS 中,毛需求量是除了预测量和订单量之外的其他量的计算基础。

计划接收量(scheduled receipts)是指正在执行的订单量。在制定 MPS 计划时,往往把制定计划日期之前的已经发出的、将要在本计划期内到达的订单数量作为计划接收量来处理。如果希望手工修改 MPS,也可以把手工添加的接收量作为计划接收量处理。

预计可用库存量(projected available balance,PAB)是指现有库存中扣除了预留给其他用途的已分配量之后,可以用于需求计算的那部分库存量。PAB 的计算公式如下:

$$PAB＝前一时段末的\ PAB＋本时段计划接收量$$
$$－本时段毛需求量＋本时段计划产出量$$

在 PAB 的计算公式中,如果前 3 项的计算结果是负值,表示如果不为库存补充,将会出现缺料。因此需要借助第 4 项,即本时段计划产出量,用于库存的补充。

净需求量(net requirement,NR)是根据毛需求量、安全库存量、本期计划产出量和期初结余计算得到的数量。净需求量的计算公式如下:

$$净需求量＝本时段毛需求量－前一时段末的\ PAB$$
$$－本时段的计划接收量＋安全库存量$$

计划产出量(planned order receipts),是指在计算 PAB 时,如果出现负值,表示需求不能被满足,需要根据批量政策计算得到的供应数量。计划产出量只是一个计算过程中的数据,并不是真正的计划投入数据。

计划投入量(planned order releases),是根据计划产出量、提前期等数据计算得到的计划投入数量。

可供销售量(available to promise,ATP),是指销售部门可以销售的产品数量。ATP 的计算公式如下:

$$ATP＝本时段计划产出量$$
$$＋本时段计划接收量－下一次出现计划产出量之前各时段订单量之和$$

(二) 计算过程

MPS 的详细计算过程如图 3-5 所示。在该计算过程中,首先需要确定系统设置的内容。系统设置包括整个 MPS 计算需要的数据环境。例如,需要明确编制 MPS 的日期,划分时段、时区,确定需求时界、计划时界、生产批量、批量增量、安全库存量和提前期等。

系统设置之后,可以计算毛需求量。计算毛需求量的基础数据是预测量和订单量。

计算计划接收量需要确认在编制计划日期之前已经下达的订单数量。在 ERP 系统中可以由系统自动确认。

计算当期 PAB 往往也是当前数据的一种确认。当期 PAB 是指编制计划日期时可用的库存量。

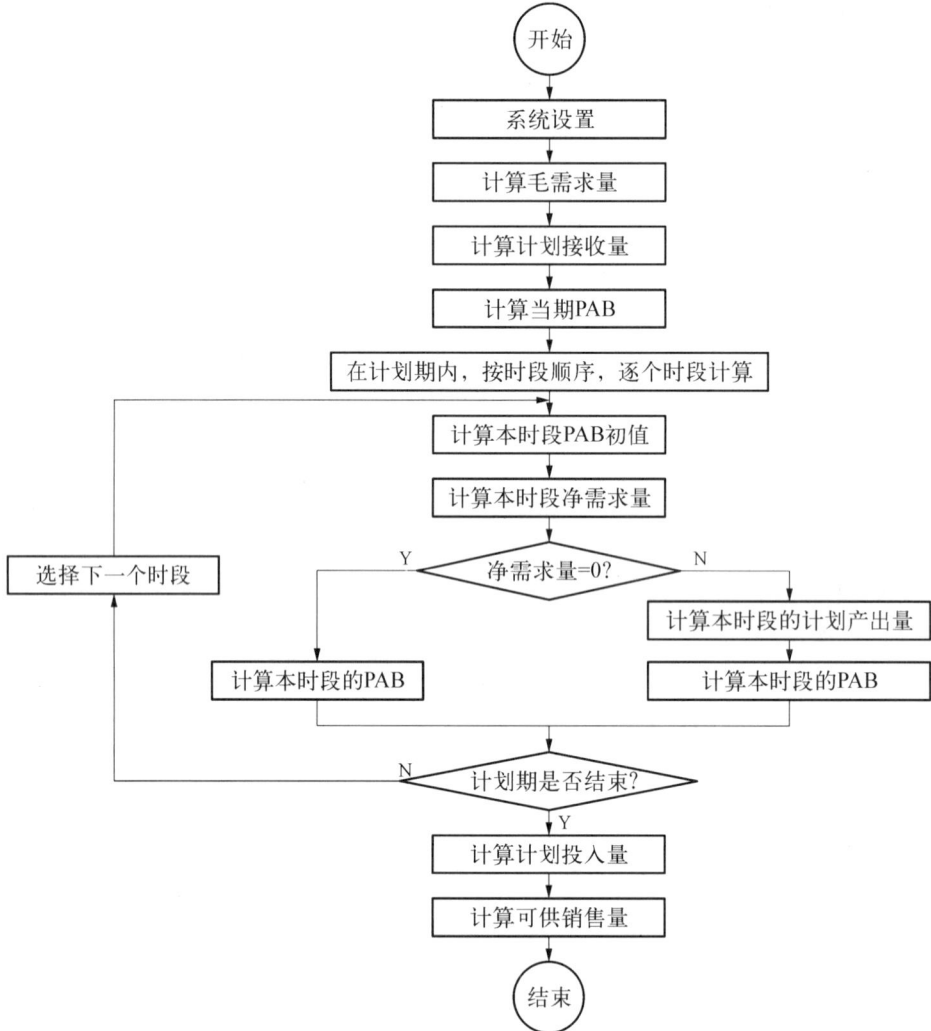

图 3-5　MPS 的计算过程示意图

　　接着逐时段进行计算。计算本时段 PAB 初值表示,在一个时段中,PAB 有两个值,一个是 PAB 初值,一个是 PAB 值。这是因为在计算 PAB 值时,如果计算结果是负值,需要借助计划产出量进行调整。

　　计算本时段的净需求量。如果 PAB 初值大于或等于安全库存量,表示不需要补充,因此净需求量为 0;如果 PAB 初值小于安全库存量,则需要补充库存,这时净需求量为安全库存量减去 PAB 初值。

　　如果净需求量为 0,表示不需要补充物料,因此,PAB 等于 PAB 初值。如果净需求量不为 0,则需要计算计划产出量。

　　计算计划产出量需要依据企业的批量政策。计划产出量的计算公式如下:

$$计划产出量＝N 期生产批量$$

$$N 期生产批量≥净需求量(N-1)期生产批量$$

　　其中,N 为大于或等于 1 的整数。

计算计划产出量之后，需要计算 PAB 值。这时，计算 PAB 值要考虑计划产出量的影响。计算 PAB 值之后，需要判断计划期中的各个时段是否已全部计算完毕。如果没有全部计算完毕，需要计算下一个时段的数据。

计划期循环完毕之后，可以计算计划投入量和可供销售量。

第四节　物料需求计划

一、物料需求计划概述

物料需求计划（material requirement planning，MRP）是被设计并用于制造业库存管理信息处理的系统，它解决了如何实现制造业库存管理目标——在正确的时间按正确的数量得到所需的物料这一难题。MRP 是当今众所周知的 ERP 的雏形，与主生产计划一样处于 ERP 系统计划层次的计划层，由 MPS 驱动运行。

（一）物料需求计划的概念

MRP 是根据市场需求预测和顾客订单制定产品的生产计划，然后基于产品生成进度计划，组成产品的材料结构表和库存状况，通过计算机计算所需物料的需求量和需求时间，从而确定材料的加工进度和订货日程的一种实用技术。简言之，MRP 是对主生产计划的各个项目所需的全部制造件和采购件的数量需求计划和时间进度计划。其主要内容包括客户需求管理、产品生产计划、原材料计划以及库存记录。

物料需求计划是一种以计算机为基础的生产计划与控制系统，它根据总生产进度计划中规定的最终产品的交货日期，规定必须完成各项作业的时间，编制所构成最终产品的装配件、部件、零件的生产进度计划、对外的采购计划、对内的生产计划。它可以用来计算物料需求量和需求时间，从而降低库存量。一旦作业不能按计划完成时，MRP 系统可以对采购和生产进度的时间和数量加以调整，使各项作业的优先顺序符合实际情况。

作为 ERP 系统的重要组件，MRP 主要解决以下五个问题：

（1）生产什么？生产多少？何时生产？（来源于 MPS）

（2）要用到什么？用到多少？何时用到？（根据 BOM 展开可知）

（3）已经有了什么？有多少？何时使用？（根据物品库存信息、即将到货信息或产出信息获得）

（4）缺少什么？缺多少？何时需要？（计算出结果）

（5）何时安排？（计算出结果）

（二）物料需求计划的作用

物料需求计划是生产管理的核心，也是生产计划部分的核心，它将主生产计划排产的产品分解成各个零部件的生产计划和采购件的采购计划。MRP 既是一种较精确的生产计划系统，又是一种有效的物料控制系统，协调生产的物料需求和库存之间的差距，如图 3-6 所示。

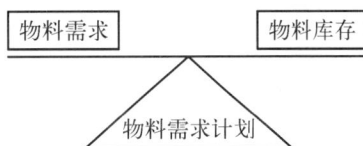

（三）物料需求计划的特点

1. 需求的相关性

在流通企业中，各种需求往往是独立的。而在生产

图 3-6　物料需求计划的作用

系统中,需求具有相关性。例如,根据订单确定了所需产品的数量之后,由新产品结构文件 BOM 即可推算出各种零部件和原材料的数量,这种根据逻辑关系推算出来的物料数量称为相关需求。不但品种数量有相关性,需求时间与生产工艺过程的决定也是相关的。

2. 需求的确定性

MRP 的需求都是根据主产品进度计划、产品结构文件和库存文件精确计算出来的,品种、数量和需求时间都有严格要求,不可改变。

3. 计划的复杂性

MRP 要根据主产品的生产计划、产品结构文件、库存文件、生产时间和采购时间,把主产品的所有零部件需要数量、时间、先后关系等准确计算出来。当产品结构复杂,零部件数量特别多时,其计算工作量非常庞大,人力根本不能胜任,必须依靠计算机实施这项工程。

(四) 目标

(1) 及时取得生产所需的原材料及零部件,保证按时供应用户产品。

(2) 保证尽可能低的库存水平。

(3) 计划企业的生产活动与采购活动,使各部门生产的零部件、采购的外购件与装配的要求在时间和数量上精确衔接。

MRP 主要用于生产“组装”型产品的制造业。在实施 MRP 时,与市场需求相适应的销售计划是 MRP 成功的最基本的要素。但 MRP 也存在局限性,即资源仅仅局限于企业内部、决策结构化的倾向明显。

二、与物料需求计划相关的概念

(一) 独立需求

决定库存量项目的企业外部需求称为独立需求,如产品、成品、样品、备品和备件等。

(二) 相关需求

由企业内部物料转化各环节之间所发生的需求称为相关需求,如半成品、零部件和原材料等。

(三) 产品结构或物料清单

产品结构或物料清单(bill of materials,简称 BOM),提供了产品全部构成项目以及这些项目的相互依赖的隶属关系,如图 3-7 所示。

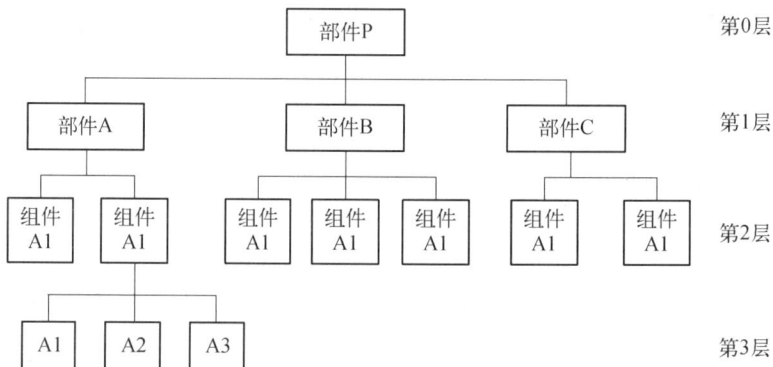

图 3-7　产品结构或物料清单

（四）时间分段

将连续的时间流划分成一些适当的时间单元。通常以工厂日历（或称计划日历）为依据。如表3-4的举例说明，在表中我们可以看到采用时间分段记录库存状态，不但清楚地表明了需求时间，也可大大降低库存。

表3-4　　　　　　　　　　　　物料需求展开表

订货批量＝50,订货提前期＝2周

时间分段（周）＼记录项目	0	1	2	3	4	5	6	7	8	9
需求量		40	0	0	70	0	0	0	35	
库存量	60									
计划入库		0	0	0	50	0	0	0	50	
可供货量		20	20	20	0	0	0	0	15	
计划订单下达							50			

（五）提前期

不同类型和类别的库存项目，其提前期的含义是不同的。如：外购件应定义采购提前期，指物料进货入库日期与订货日期之差；零件制造提前期，指各工艺阶段比成品出产要提前的时间。MRP对生产库存的计划与控制就是按各相关需求的提前期进行计算实现的。

三、物料需求计划的基本原理与关键信息

（一）基本原理

MRP是在产品结构与制造工艺的基础上，利用制造工程网络原理，根据产品结构各层次物料的从属与数量关系，以物料为对象，以产品完工日期为时间基准，按照反工艺顺序的原则，根据各物料的加工提前期确定物料的投入出产数量与日期。物料需求计划的逻辑关系如图3-8所示。

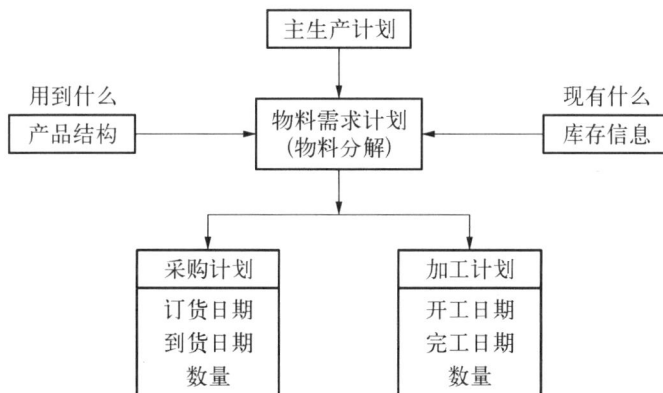

图3-8　物料需求计划逻辑原理

MRP的基本部分是一个记录有关原材料、装配件、制成品、在制品、其他必需品、提前期和各组装件之间关系的数据库。MRP定期运行，通常每周一次，以使最近的生产需求计划、

有关当前的库存状态和最新物料的到货趋于平衡。MRP 的基本思想就是按所需要的时间，在所需要的地点，按所需数量提供所需要的物料，围绕物料转化组织制造资源，实现按需准时生产。

（二）关键信息

制订物料需求计划前必须取得以下的关键信息：

第一项数据是主生产计划（MPS），它指明在某一计划时间段内应生产出的各种产品和备件，它是物料需求计划制订的一个最重要的数据来源。企业主生产作业计划，是根据需求订单、市场预测和生产能力等来确定的，它规定在计划时间内（年、月），每一生产周期（旬、周、日）最终产品的计划生产量。

第二项数据是物料清单（bill of materials，BOM），它指明了物料之间的结构关系，以及每种物料需求的数量，它是物料需求计划系统中最为基础的数据。BOM 在物料分解与产品计划过程中占有重要的地位，是物料计划的控制文件，也是制造企业的核心文件。

第三项数据是库存记录，它把每个物料品目的现有库存量和计划接受量的实际状态反映出来。其内容如下：当前库存量，计划入库量，提前期，订购（生产）批量，安全库存量。

第四项数据是提前期，决定着每种物料何时开工、何时完工。

应该说，这四项数据都是至关重要、缺一不可的，如图 3-9 所示。缺少其中任何一项或任何一项中的数据不完整，物料需求计划的制订都将是不准确的。因此，在制订物料需求计划之前，这四项数据都必须先完整地建立好，而且保证是绝对可靠的、可执行的数据。

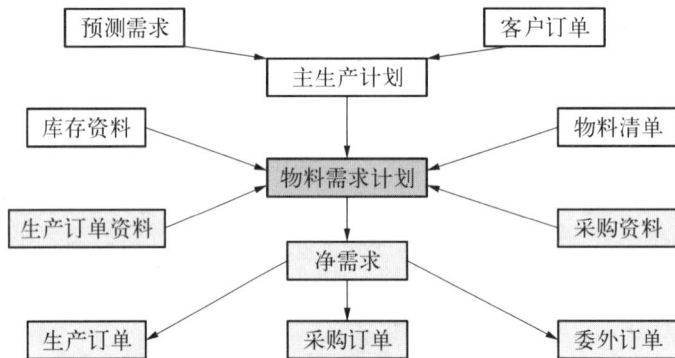

图 3-9　物料需求计划的输入和输出信息

四、计算过程

（一）涉及的基本数据

MRP 在运算过程中涉及许多数量数据，经常用到的基本数量概念包括描述库存信息的数量概念和描述需求信息的数量概念。描述库存信息的数量概念包括现有库存量、计划收到量、已分配量、安全库存量、可用库存量和预计库存量等。描述需求信息的数量概念包括总需求量、毛需求量、净需求量、计划产出量和计划投入量等。

毛需求量是物料需用量，它是基于最终产品项目的需求量，按照 BOM 进行层次分解计算得到的物料需求量。

已分配量是当前保存在仓库中但已经分配的物料数量。

总需求量(gross requirements)：如果是产品级物料，则总需求由 MPS 决定；如果是零件级物料，则总需求来自上层物料(父项)的计划发出订货量。计算公式如下：

$$总需求量＝毛需求量＋已分配量$$

现有库存量(projected on hand)，表示上期末结转到本期初可用的库存量。其计算公式如下：

$$现有库存量＝上期末现有库存量＋本期预计到货量－本期总需求量$$

可用库存量，是指当前在仓库中可以参加 MRP 计算的物料数量。其计算公式如下：

$$可用库存量＝现有库存量－已分配量－安全库存量$$
$$预计库存量(PAB)＝现有库存量＋计划收到量$$

净需求量(net requirements)，是指当现有库存量加上预计到货量不能满足需求时产生的净需求。其计算公式如下：

$$净需求量＝现有库存量＋预计到货量－总需求量$$

预计到货量(scheduled receipts)，有的系统称为在途量，即计划在某一时刻入库但尚在生产或采购中，可以作为 MRP 使用。

计划接收订货量(planned order receipts)，即当净需求为正时，就需要接收一个订货量，以弥补净需求。计划收货量取决于订货批量的考虑，如果采用逐批订货的方式，则计划收货量就是净需求量。

计划发出订货量(planned order release)。计划发出订货量与计划接收订货量相等，但是时间上提前一个时间段，即订货提前期。订货日期是按计划接收订货日期减去订货提前期确定的。

(二) 运算流程与运行方式

MRP 的运算逻辑基本上遵循如下过程：按照产品结构进行分解，确定不同层次物料的总需求量；根据产品最终交货期和生产工艺关系，反推各零部件的投入产出日期；根据库存状态，确定各物料的净需求量；根据订货批量与提前期最终确定订货日期与数量。

MRP 有两种运行方式，即重新生成与净改变方式。重新生成方式是每隔一定时期，从主生产计划开始，重新计算 MRP。这种方式适合于计划比较稳定、需求变化不大的 MTS (备货式生产)。净改变方式是当需求方式变化，只对发生变化的数据进行处理，计算那些受影响的零件的需求变化部分。净改变方式可以随时处理，或者每天结束后进行一次处理。

(三) 编制步骤

MRP 的编制步骤如下：

(1) 根据市场预测和客户订单，正确编制可靠的生产计划和生产作业计划，在计划中规定生产的品种、规格、数量和交货日期，同时，生产计划必须是同现有生产能力相适应的计划。

(2) 正确编制产品结构图和各种物料、零件的用料明细表。

(3) 正确掌握各种物料和零件的实际库存量。

(4) 正确规定各种物料和零件的采购交货日期，以及订货周期和订购批量。

(5) 通过 MRP 逻辑运算确定各种物料和零件的总需要量以及实际需要量。

（6）向采购部门发出采购通知单或向本企业生产车间发出生产指令。

（四）计算步骤

物料需求计划的制订是遵照先通过主生产计划导出有关物料的需求量与需求时间，然后，再根据物料的提前期确定投产或订货时间的计算思路。其基本计算步骤如下：

（1）计算物料的毛需求量。即根据主生产计划、物料清单得到第一层级物料品目的毛需求量，再通过第一层级物料品目计算出下一层级物料品目的毛需求量，依次一直往下展开计算，直到最低层级原材料毛坯或采购件为止。

（2）净需求量计算。即根据毛需求量、可用库存量、已分配量等计算出每种物料的净需求量。

（3）批量计算。即由相关计划人员对物料生产作出批量策略决定，不管采用何种批量规则或不采用批量规则，净需求量计算后都应该表明有否批量要求。

（4）安全库存量、废品率和损耗率等的计算。即由相关计划人员来规划是否要对每个物料的净需求量作这三项计算。

（5）下达计划订单。指通过以上计算后，根据提前期生成计划订单。物料需求计划所生成的计划订单，要通过能力资源平衡确认后，才能开始正式下达计划订单。

（6）再一次计算。物料需求计划的再次生成大致有两种方式，第一种是再生式 MRP，表示每次计算时会对库存信息重新计算，同时覆盖原来计算的数据，生成的是全新的物料需求计划；第二种是净改变式 MRP，表示只是在制定、生成物料需求计划的条件发生变化时，才相应地更新物料需求计划有关部分的记录。这两种生成方式都有实际应用的案例，至于选择哪一种要看企业实际的条件和状况。

第五节　能力需求计划

一、能力需求计划概述

（一）能力需求计划的概念

能力需求计划（capacity requirement planning，CRP），是对物料需求计划（MRP）所需能力进行核算的一种计划管理方法。具体地讲，CRP 就是对各生产阶段和各工作中心所需的各种资源进行精确计算，得出人力负荷、设备负荷等资源负荷情况，并做好生产能力负荷的平衡工作。

能力需求计划是帮助企业在分析物料需求计划后产生出一个切实可行的能力执行计划的功能模块。该模块帮助企业在生产能力的基础上，及早发现能力的瓶颈所在，提出切实可行的解决方案，从而为企业实现生产任务提供能力方面的保证。

能力需求计划是 MRP II 系统中的重要部分，是一个将生产计划和各种生产资源连接起来管理和计划的功能。能力需求计划是在物料需求计划下达到车间之前，用来检查车间执行生产作业计划的可行性的，即利用工作中心定义的能力，将物料需求计划和车间控制的生产需求分配到各个资源上，在检查了物料和能力可行的基础上可以调整生产计划或将生产计划下达给车间，车间按此计划进行生产。能力需求计划将所有订单按照确定的工艺路线展开，用工序的开始日期、完工日期及数量来审核时间和能力资源。

（二）能力需求计划的细分

广义的能力需求计划又可分为粗能力计划（RCCP，又称"产能负荷分析"）和细能力计划（CRP，又称"能力计划"）。

粗能力需求计划（RCCP）是指在闭环 MRP 设定完毕主生产计划后，通过对关键工作中心生产能力和计划生产量的对比，判断主生产计划是否可行。可用来检查主生产计划（MPS）的可行性，它将主生产计划转换成对关键工作中心的能力需求。

细能力需求计划（CRP）是指在闭环 MRP 通过 MRP 运算得出对各种物料的需求量后，计算各时段分配给工作中心的工作量，判断是否超出该工作中心的最大工作能力，并做出调整。可用来检查物料需求计划的可行性，它根据物料需求计划，工厂生产能力进行能力模拟，同时根据各工作中心能力负荷状况判断计划可行性。

能力需求计划中的细能力需求计划与粗能力需求计划的功能相似，都是为了平衡工作中心的能力负荷，从而保证计划的可行性与可靠性。但细能力需求计划与粗能力需求计划又有区别，这些区别分别如表 3-5 和表 3-6 所示。

表 3-5　粗能力需求计划与细能力需求计划的区别

对 比 项 目	粗能力需求计划	细能力需求计划
计划阶段	MPS	MRP 与生产作业计划
主要作业	校验 MPS 是否可行	校验生产作业计划是否可行
能力计划对象	关键工作中心	MRP 物料涉及的所有工作中心
负荷计算对象	最终产品和独立需求物料	相关需求物料
计算参照	资源清单	工艺路线
库存状况	不考虑	考虑
计划的订单类型	计划及确认的订单（不含已下达的计划订单）	所有订单（含已下达的计划订单）
使用的工作日历	工厂工作日历或工作中心日历	工作中心日历
计划提前期考虑	提前期偏置	物料的开始与完工时间，精确到天或小时

表 3-6　粗能力需求计划和细能力需求计划在计划层次上的区别

能力计划名称	对应的生产计划	计划展望期
粗能力需求计划	主生产计划	中长期
细能力需求计划	物料需求计划	中 期
生产能力控制	车间作业管理	短 期

（三）能力需求计划的作用

能力需求计划可以解决以下几个问题：

（1）MRP 涉及的物料经过哪些工作中心加工？

（2）这些工作中心的可用能力是多少？这些工作中心在计划展望期中各计划周期的可用能力是多少？

（3）MRP 涉及的物料在各工作中心的各个时段的可用能力和负荷是多少？

能力需求计划子系统能帮助企业平衡需求和能力之间的关系，制定出切实可行的生产计划，并能尽早发现生产活动的瓶颈所在，提出合理的解决方案，实现均衡生产与快捷生产。

二、能力需求计划的分类

ERP 的能力需求计划可分为无限能力需求计划和有限能力需求计划两种。前者不考虑能力需求的限制，而将各个工作中心负荷进行相加，找出超负荷和少负荷；后者则根据优先级分配给各个工作中心负荷。

（一）无限能力需求计划

无限能力需求计划是指不考虑生产能力的限制，而对各个工作中心的能力与负荷进行计算，得出工作中心的负荷情况，产生能力报告。当负荷大于能力时，对超负荷的工作中心进行负荷调整，采取的措施有加班、转移负荷工作中心、采用替代工序、外协加工或直接购买。若这些措施都无效，只有延长交货期或取消订单。

这里所说的无限能力只是暂时不考虑能力的约束，尽量去平衡与调整能力，发挥最大能力，或进行能力扩充，目的是满足市场的需求。

现行的多数 ERP 均采用这种方式，这也体现了企业以市场为中心的战略思想。

（二）有限能力需求计划

有限能力需求计划是指工作中心的能力是有限的，计划的安排按照优先级进行。先把能力分配给优先级高的物料，当工作中心负荷已满时，优先级低的物料被推迟加工，即订单被推迟。这种方法由于按优先级分配负荷不会产生超负荷，可以不进行负荷与能力平衡。

优先级是指物品加工的紧迫程度，优先级数字越小说明优先级越高。

三、能力需求计划的编制

制订能力需求计划的过程就是一个平衡企业各工作中心所要承担的资源负荷和实际具有的可用能力的过程，即根据各个工作中心的物料需求计划和各物料的工艺路线，对各生产工序和各工作中心所需的各种资源进行精确计算，得出人力负荷、设备负荷等资源负荷情况，然后根据工作中心各个时段的可用能力对各工作中心的能力与负荷进行平衡，以便实现企业的生产计划。

通常，编制能力需求计划的方式有无限能力负荷计划和有限能力负荷计划两种。无限能力负荷计算是指在不限制能力负荷情况下进行能力计算。即从订单交货期开始，采用倒排的方式根据各自的工艺路线中的工作中心安排及工时定额进行计算。这种计算只是暂时不考虑生产能力的限制，在实际执行计划过程中不管由于什么原因，如果企业不能按时完成订单，就必须采用顺排生产计划、加班、外协加工、替代工序等方式来保证交货期。有限能力负荷计算就是假定工作中心的能力是不变的，把拖期订单的当期日期剩下的工序作为首序，向前顺排，对后续工序在能力允许下采取连续顺排，不断地实现计划，以挽回订单交货期。

编制能力需求计划，首先要将物料需求计划的物料需求量转换成为能力需求，即转换为负荷。不但要考虑 MRP 的计划订单，还要结合工作中心和生产日历，同时还得考虑工作中心的停工及维修情况,最后确定各工作中心在各时间段的可用能力。

一般来说,编制能力需求计划遵照如下思路:首先,将 MRP 计划的各时间段内需要加工的所有制造件通过工艺路线文件进行编制,得到所需要的各工作中心的负荷;然后,再同各工作中心的额定能力进行比较,提出按时间段划分的各工作中心的负荷报告;最后,由企业根据报告提供的负荷情况及订单的优先级因素加以调整和平衡。

(一)收集数据

收集数据是能力需求计划计算过程的第一步,收集的相关数据包括:各种任务单(有关生产制造指令的单据,包含已下达生产订单、MRP 计划订单等)、工作中心数据(反应能力,包括每天班次、每班小时数、每班人数、每班设备数、效率、利用率及超额系数等)、工艺路线文件(主要提供物料加工的工序、工时定额等数据)、工作中心文件(能力数据、排队时间、运输时间)和工厂生产日历等。

能力需求计划计算的数据量相当大,通常在具体计算时,可根据 MRP 下达的计划订单中的数量及需求时间段,乘上各自的工艺路线中的定额工时时间,转换为需求资源清单,加上车间中尚未完成的订单中的工作中心工时,成为总需求资源。再根据实际能力建立起工作中心可用能力清单,有了这些数据,才能进行能力需求计划的计算与平衡。

(二)编制工作中心负荷报告

当收集了必要的数据之后,就进入编制工作中心负荷报告过程。这个过程分成两个步骤,即编制工序计划和对工作中心按时区累计负荷。

首先,以倒序排产的方法编制工序计划,即从订单交货期开始,减去传送、加工、准备和排队时间来确定工艺路线上各工序的开工日期。如果得到一个已过期的开工日期,那么为了按预定的交货期完工,则应重新计划订单并压缩提前期。如果这是不可能的,那就只好将交货期推迟。

然后,计算每道工序和每个工作中心的负荷,方法是用从订单中得到的生产数量乘以从工艺路线文件得到的单个零件每道工序的定额工时,对每道工序再加上标准准备时间。为了按时区累计工作中心负荷,要对每个工作中心将所有订单所需的全部负荷定额工时加在一起。工作中心的负荷报告多以直方图的形式输出,所以也称为负荷图。

(三)分析结果并反馈

负荷报告指出了工作中心的负荷情况(超负荷、负荷刚好和负荷不足)以及存在问题的时间和问题的程度。如果有很多工作中心表现为超负荷或负荷不足,那么能力就不平衡了。在进行校正之前,必须分析每个工作的负荷情况,确认导致各种具体问题的原因所在,以便正确地解决问题。

如果超负荷,则必须采取措施解决能力问题,否则不能实现能力计划;如果负荷不足,则作业费用增大。对于流程式工业来说,设备不易关闭,负荷不足则问题更为严重。因此,必须对负荷报告进行分析,并反馈信息,调整计划。

问题是多种多样的,有主生产计划阶段的问题,有 MRP 存在的问题,也有工作中心和工艺路线方面的问题。对每个工作中心都要进行具体的分析和检查,确认导致各种具体问题的原因,以便正确地解决问题。

(四)调整能力或负荷

能力需求计划中有两个要素:能力和负荷。解决负荷过小或超负荷能力问题的方法有

3 种：调整能力、调整负荷以及同时调整能力和负荷。在解决负荷过小或超负荷时,应视具体情况对能力和负荷进行调整。

调整能力的措施主要包括：

① 调整劳力。如果缺乏劳力,则根据需要增加工人。如果劳力超出当前需要,则可安排培训,提高工人技术水平,或重新分配劳力,把负荷不足的工作中心和劳力分配到超负荷的工作中心。

② 安排加班。加班只能是一种应急措施,经常加班绝不是一种好方法。

③ 重新安排工艺路线。一旦某个工作中心承担的任务超负荷,则可把一部分订单安排到负荷不足的替代工作中心上去,而且,可以使两个工作中心的负荷水平都得到改善。

④ 转包。如果在相当长的时间超负荷,可以考虑把某些瓶颈作业转包给供应商。

调整负荷的措施主要包括：

① 交叉作业。为了减少在工艺路线中两个相连工作中心的总加工时间,可以在第一个工作中心完成整个批量的加工任务之前,把部分已完成的零件传给第二个工作中心。

② 调整生产批量。将一份订单的批量细分成几个小批量,在同样的机器上同时安排生产。这种调度方法不能降低负荷,而是将负荷集中在更短的时间内。

③ 减少准备提前期。将准备过程规范化,可以减少准备时间,从而降低负荷,于是可以把节省下来的能力用于实际的加工过程。

④ 调整订单。考虑可否把一份订单提前和拖后安排,或者可否先完成一份订单的一部分,其余部分拖后安排,有些订单是否可以取消等。

（五）确认能力需求计划

在经过分析和调整后,将已修改的数据重新输入到相关的文件记录中,通过多次调整,在能力和负荷达到平衡时,即可确认能力需求计划,正式下达任务单。

第六节　采购管理

采购管理(procurement management)是指对企业的采购计划进行制定和管理,为企业提供及时准确的采购计划和执行路线。采购计划包括定期采购计划(如周、月度、季度、年度)、非定期采购任务计划(如系统根据销售和生产需求产生的)。

一、采购管理的概念

采购管理是指为了向企业提供满足生产和管理所需要的各种物料而必须采取的各种管理性和事务性的活动,是根据企业的内外环境的特点而制定的有关采购作业活动的详细时间安排。

采购管理是计划下达、采购单生成、采购单执行、到货接收、检验入库、采购发票的收集到采购结算的采购活动的全过程,对采购过程中物流运行的各个环节状态进行严密的跟踪、监督,实现对企业采购活动执行过程的科学管理。通过对多对象、多元素的采购计划的编制、分解,将企业的采购需求变为直接的采购任务,系统支持企业以销定购、以销定产、以产定购的多种采购应用模式,支持多种设置灵活的采购单生成流程。

采购管理是企业生产经营管理的主要组成部分,是企业按照计划组织生产活动的始点,采取有效的采购管理方式是降低企业经营成本的重要环节。

二、采购管理的职能

（一）保障供应

采购管理最首要的职能,就是要实现对整个企业的物资供应,保障企业生产和生活的正常进行。企业生产需要原材料、零配件、机器设备和工具,生产线一开动,这些东西必须样样到位,缺少任何一样,生产线就开动不起来。

（二）供需链管理

在市场竞争越来越激烈的当今社会,企业之间的竞争实际上就是供需链之间的竞争。企业为了有效地进行生产和销售,需要一大批供应商企业的鼎力相助和支持,以及相互之间最好的协调配合。一方面,只有把供应商组织起来,建立起一个供需链系统,才能够形成一个友好的协调配合采购环境,保证采购供应工作的高效顺利进行;另一方面,在企业中只有采购管理部门具有最多与供应商打交道的机会,只有他们最有可能通过自己耐心细致的工作,通过与供应商的沟通、协调和采购供应操作,才能建立起友好协调的供应商关系,从而建立起供需链,并进行供需链运作和管理。

（三）信息管理

在企业中,只有采购管理部门天天和资源市场打交道,除了是企业和资源市场的物资输入窗口之外,同时也是企业和资源市场的信息接口。所以采购管理除了保障物资供应、建立起友好的供应商关系之外,还要随时掌握资源市场信息,并反馈到企业管理层,为企业的经营决策提供及时有力的支持。

三、采购运作流程

（一）建立供应商资源

供应商处于企业供需链的供应端,从这种意义上说,供应商也是企业资源之一。采购部门掌握越多的供应商,企业的供应来源就越丰富。供应商量多并不一定优,企业在选择供应商的时候要考虑三个要素:价格、质量和交货期。一般来说,企业对每种物料的供应至少保持两家供应商较为合适。

应该建立供应商档案,并对首选、次选等供应商加以分类,并建立供应商的供应物品明细(品种、价格、供应期、运输方式等),资料最终必须进行确认才有效。供应商资料是采购子系统的基本资料。

（二）生成采购计划

根据MRP的物料需求计划即库存子系统生成的物料需求来生成采购计划或采购建议订单,也可以人工修改和制定。对于采购提前期很长的原材料,采购计划的制定应该经过销售、财务等部门综合讨论与评估来确定所需的数量和时间,然后制定所需材料的中期或长期采购计划。

采购作业计划的主要属性包括采购物料编码、名称、采购批次、采购数量、技术性能要求、采购作业开始日期、物料到货日期等。采购作业计划应该遵循近期详细且确认,远期粗略且未确认的特点。

（三）询价和洽谈

询价和洽谈的过程是落实采购订单的采购供应商。当采购作业计划生成之后,采购人员应该按照作业计划的要求,按照供应商供货选择目录,根据供货商的资历和供货档案,选择和联系供应商,并且针对采购作业计划中物料的具体要求洽谈物料的价格、质量、技术性能要求和供货日期等。一般情况下,这种询价和洽谈的过程比较复杂,可以通过询价单和报价单的方式完成。

(四)生成用款计划

采购计划生成后,系统会自动生成用款计划,并根据询价结果进行维护,由财务部门对用款计划进行确认,之后反馈意见给采购部门。

(五)下达采购订单

根据订货批量、采购提前期、库存量、运输方式、用款计划以及计划外的物料申请进行物料合并,生成采购订单,并经过确认后即可进行订单输出,最后下达给供应商,也可以网上发布订单。

当根据采购计划选择好供应商时,要求采购人员将所需材料的质量要求、数量要求及交货时间要求准确无误地下达给供应商。一般情况下,采购作业计划的具体实施通过采购订单工具完成,采购作业的执行表现为采购订单状态的改变。根据采购订单的生成、下达、执行和完成的过程,可以把采购订单划分为多个不同的状态。常用的采购订单的状态是:生成、生成确认、下达、下达确认、取消、完成、超量完成和欠量完成等。根据采购订单的不同状态,可以对采购订单进行不同的处理。

(六)订单跟踪

订单跟踪是指通过 ERP 系统随时查看已经下达的采购订单到达的位置和被供应商处理的状态。订单跟踪的主要目的是确认供应商接收到订单,了解采购订单是否能被按时处理和传递采购订单的变化信息。

采购订单管理以采购单为源头,对从供应商确认订单、发货、到货、检验、入库等采购订单流转的各个环节进行准确的跟踪,实现全过程管理。通过流程配置,可进行多种采购流程选择,如订单直接入库,或经过到货质检环节后检验入库等,在整个过程中,可以实现对采购存货的计划状态、订单在途状态、到货待检状态等的监控和管理。

(七)到货验收

到货验收是指所采购的物料到达物料送交地点时采取的验收作业和对验收结果的处理措施。物料到达以后,应该通知有关人员进行物料到货登记,开始验收物料。不同的物料可以采取不同的物料验收方式。

(八)结账与费用核算

结账付款工作应由采购部门配合财务部门来完成,并根据物料的采购结算单据和对采购各种费用的分摊,计算出物料的采购成本。

(九)采购订单结清

在采购订单交货、收货、入库、付款和考核后,要及时结清采购订单,也可以进行强制结清。

第七节　车间作业控制

一、车间作业控制概述

(一)车间作业控制的概念

车间作业控制(shop floor control,SFC)处于 ERP 的计划执行与控制层,其管理目标是按物料需求计划(MRP)的要求,按时、按质、按量与低成本地完成加工制造任务。车间作业控制是指对加工环节多、加工过程长的生产任务的每道工序进行细致的管理。车间作业控制对每一道工序提供全过程的管理,过程包括生产任务的下达、工序计划,第一道工序的领料、加工后结果汇报、检验、将物料移转到下道工序、加工、汇报和移转……直至完成最后一道加工工序,检验、加工结果汇报至成品入库。车间作业控制进一步生成以零件为对象的加工单和以工作中心为对象的派工单。这是执行计划的两项主要文件。

(二)车间作业控制的特点

车间作业控制只是执行计划,不生成新的计划;只控制工序的优先级不改变车间作业单的优先顺序;只是妥善地利用已有的资源,不能再得到新的资源;作为分析和改进计划的依据,信息反馈非常重要。

(三)车间作业控制的主要内容

车间作业控制的主要内容有:按 MRP(或 FAS)计划生成车间任务;生成各工作中心的加工任务(派工单)与进行作业排序;下达生产指令、进行生产调度、生产进度控制、生产作业控制;能力的投入产出控制;登记加工信息;在制品管理;统计分析。

(四)车间作业控制的主要功能

车间作业控制的主要功能有:提供工序计划、工序派工、工序领料、工序排程、工序汇报和工序移转等工序管理功能,来满足生产过程中多步骤、多工序的要求;提供计时计件工资的处理;支持串行、并行作业工序排产;支持替代工序的定义和执行;支持工序外协的业务处理;支持工序质检;支持废品返工处理;支持计时、计件工资计算,并与工资系统、成本系统集成;提供基于部门、工作中心、设备、操作工的工时、产量统计。

二、车间作业控制流程

车间作业流程是多个生产作业活动的序列。车间作业控制流程如图 3 - 10 所示。

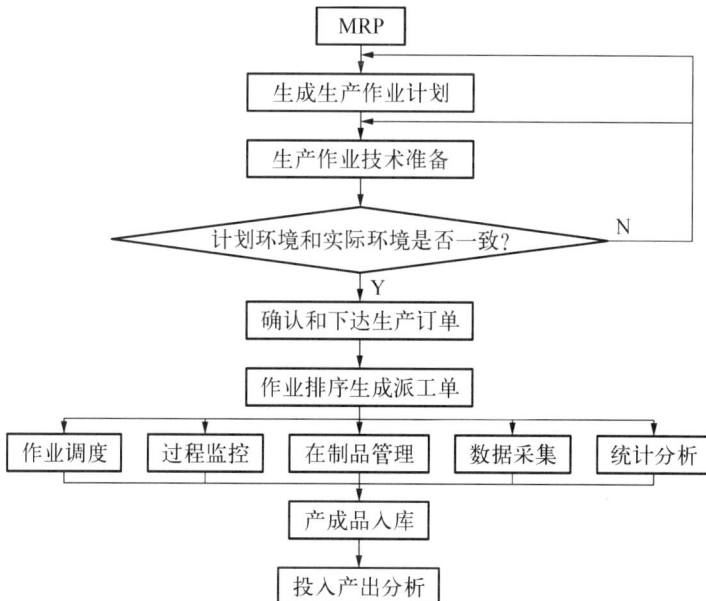

图 3 - 10　车间作业控制流程图

在车间作业控制流程里面,主要介绍车间工作任务、加工单、作业排序生成派工单、投入产出分析。

（一）车间工作任务

MRP 生成并确认后,就进入了计划控制层。需要把 MRP 中的物料制造任务下达给车间即建立车间任务。一般来说,企业里面不同的车间可能会有不同的加工工艺路线,而且不同的车间也可以完成相同的加工任务,因此必须把物料需求计划明确下达给某个车间加工,也可以把同一个物料需求计划分配给不同的车间。车间任务可以由 MRP 自动生成,也可以由手工建立。

（二）加工单

车间任务建立后,系统会生成该任务的工序作业计划,即面向物料的加工说明文件,又可称为加工单（work order）或车间订单（shop order）。用来说明某任务（加工某物料）的加工工序、工作中心、工作进度及使用工装设备等。

（三）作业排序生成派工单

生成物料的加工单后,根据各个工作中心的当前正加工任务与排队任务等生产情况,进行各个工序的作业安排,即下达派工单,派工单（dispatch list）是面向工作中心（工序）的任务说明文件,说明某时段（如周、月）工作中心的加工任务与各任务优先级别的文件。其作用是安排加工任务。

在下达的派工单中,各任务之间存在顺序关系,决定这些加工顺序的规则为任务分派规则（dispatch rule）,使用这些分派规则对车间作业进行排序。作业排序的目的:将作业任务按优先级编排;按能力（设备、人工）分配任务;保证任务如期完成;完成任务时间最短。

车间作业排序方法有:① 最早到达的作业最先安排（first come first served,FCFS）;② 最早交货的最先安排（earliest due date,EDD）;③ 处理时间最短的作业最先安排（shortest processing time,SPT）;④ 处理时间最长的作业最先安排（longest processing time,LPT）;⑤ 松弛时间最短的最先安排（slack time,SLACK）;⑥ 工序数最少作业优先安排（fewest operation remaining,FOPR）;⑦ 松弛时间与剩余加工工序数的比值最小的最先安排（least slack per operation,LSPO）;⑧（需用日期—今日日期）/剩余的计划提前期（critical ratio,CR）,CR 值越小,优先级越高。

计划员进行派工时,应充分考虑各个任务物料的优先级、工序能力（工作中心能力）、任务用料物料的分配等情况,进行作业排序与派工。

优先级别,说明加工物料的加工优先顺序,数字越小一般说明加工级别越高。

（四）投入产出分析

投入产出控制（或称为输入、输出控制,input/output control,I/O）是衡量能力执行情况的一种方法。投入产出报告即 I/O 报告,是一个计划与实际投入以及计划与实际产出的控制报告,主要计算生成某一时间段内各工作中心的计划投入工时（台时、能力标准）、计划产出工时（台时、能力标准）等信息。

投入产出分析的结果反映了下列情况:

计划投入＞实际投入,加工件推迟到达

计划投入＝实际投入,加工件按计划到达

计划投入＜实际投入,加工件提前到达

实际投入＞实际产出,在制品增加

实际投入＝实际产出,在制品维持不变

实际投入＜实际产出,在制品减少

计划产出＞实际产出,工作中心落后计划

计划产出＝实际产出,工作中心按计划

计划产出＜实际产出,工作中心超前计划

本章小结

1. ERP 生产计划主要包括经营规划、销售与运作规划、主生产计划、物料需求计划和能力需求计划、采购管理和车间作业控制 5 个计划层次。

2. 经营规划是指企业在一定周期内为了一定目的而制定的比较全面、长远的发展计划。

3. 销售与运作规划是通过对市场、研发、采购、生产和财务等部门的沟通和协调,作出对市场变化具有快速响应的决策,以适应市场需求变化和供需平衡,实现一个可执行的出货计划的一个业务过程。

4. 主生产计划是根据销售计划预先建立的一份计划,是确定每一个具体的产品在每一个具体的时间段内生产数量的计划。

复习思考题

1. 什么是 ERP 生产计划管理?

2. ERP 生产计划管理的包括的主要功能和模块有哪些?

3. 如何制定有效的生产计划? 请列举制定生产计划的步骤和关键要素。

第二篇

应用实训

第四章　用友 ERP 手工沙盘实训

在军事题材的电影、电视作品中，我们常常看到指挥员们站在一个地形模型前研究作战方案。这种根据地形图、航空相片或实地地形，按一定的比例关系，用泥沙、兵棋和其他材料堆制的模型就是沙盘。沙盘分为简易沙盘和永久性沙盘。简易沙盘是用泥沙和兵棋在场地上临时堆制的；永久性沙盘是用泡沫塑料板（或三合板）、石膏粉、纸浆等材料制作的，能长期保存。沙盘具有立体感强、形象直观、制作简便、经济实用等特点。沙盘的用途广泛，能形象地显示作战地区的地形，表示敌我阵地组成、兵力部署和兵器配置等情况。军事指挥员常用以研究地形、敌情、作战方案，组织协同动作，实施战术演练，研究战例和总结作战经验等。沙盘还常用来制作经济发展规划和大型工程建设的模型，其形象直观，颇受计划决策者和工程技术人员的青睐。

第一节　用友 ERP 手工沙盘简介

一、ERP 沙盘模拟简介

"ERP 沙盘模拟"是基于传统教学不够形象直观，在充分调研 ERP 课程内容需要、汲取国内外咨询公司和培训机构的管理训练课程精髓的前提下设计的企业经营管理实训课程。该课程采用哈佛大学常用的沙盘情境教学模式，通过情景模拟展示企业经营和管理的过程，把该模拟企业运营的关键环节：战略规划、资金筹集、市场营销、产品研发、生产组织、物料采购、设备投资与改造、财务核算与管理等几个部分设计为 ERP 沙盘模拟课程的主题内容，把企业运营所处的内外部环境抽象为一系列规则，由受训同学按 4 人或 5 人组成一个小组，分别担任总经理、财务总监、市场总监、生产总监、销售总监等职务，真实模拟一个企业的经营，分组对抗模拟整个市场的竞争环境，通过一定年限的运营，使受训同学在分析市场、制定战略、营销策划、组织生产、财务管理等一系列活动中，达到企业以销定产、以产定料，以料的需求来驱动资金的良性循环，从而不断地压缩企业投资规模，加快企业资金周转，修正日常运作中的偏差，从而参悟科学的管理规律，全面提升管理能力。

ERP 模拟对抗课程的基础背景设定为已经经营若干年的生产型企业，每个企业都拥有相同的资金、设备和固定资产。各企业从市场中取得订单，然后用现金购买原材料，投入生产，最后完工交货，从客户手中获得现金，可用现金为企业投放广告，开发新的产品，支付员工工资及福利，支付国家税收等，当资金短缺时可向银行申请贷款或变卖固定资产（以上各个阶段的任务要严格按照本书后面的各年任务清单进行）。虽然都有相同的起始资金，都遵守相同的规则，但通过不同的手段，连续从事一定年度的经营活动，竞争企业运营之后会产生不一样的结果。面对同行的竞争、产品老化、市场单一化，公司要如何保持成功以及不断的成长是每位成员面临的重大挑战。

企业管理沙盘模拟将企业的主要部门和工作对象制作成类似的实务模型，将企业运营过程设计为运作规则，进而模拟企业的经营过程。企业管理模拟一般将学员按 3～5 人分成学习小组，将其假定为一家公司，然后在指定的模拟性管理情境与条件下，演习各种管理活动。因此，企业管理模拟是一种理解和领悟的教学方式，这种教学方式可以让学员在模拟的竞争环境中，亲身实践，体验企业经营管理的过程，极大地激发学员的兴趣。IBM、Motorola 等公司经常采用这种新颖的培训方式。每次培训首先由两位专家讲授理论，涉及企业管理的主要内容，如市场营销、财务管理、信息技术、人力资源管理、战略管理。培训后期，则把学员分成若干组，利用计算机进行企业模拟竞争。20 世纪 80 年代初，这种方法在我国管理教学中开始采用。1996 年的国际企业管理挑战赛在中国内地赛区的比赛吸引了 96 个队参加，包含了大多数提供 MBA 学位教育的国内著名的管理学院。比赛从美国、加拿大、德国、日本等国家引进一些模拟软件，然而，英文界面的企业竞争模拟软件在中国应用有很大的局限性。中文界面的企业竞争模拟软件最早由北京大学从 1995 年开始研发，后来几经改进，在 2003 年全国 MBA 培养院校企业竞争模拟比赛中使用了此软件，有 112 个队报名参加。

该课程将企业经营决策的理论和方法与实际模拟操作紧密结合在一起，使接受培训的学员在"游戏"般的操作中感受到完整的决策体验，进而深刻地体会到"决策"在企业经营成败中的关键作用，以及企业进行信息化建设的重要性和紧迫性。

目前，ERP 沙盘分为 ERP 手工沙盘和 ERP 电子沙盘。

（1）ERP 手工沙盘，是带有沙盘平面图与筹码等物件的教具。ERP 手工沙盘又分工业企业经营模拟沙盘和商业企业经营模拟沙盘。ERP 手工沙盘同时会配套有沙盘软件，即把手工沙盘通过筹码摆放的数据可以在软件上记录，并自动可以出报表并进行分析排名。

（2）ERP 电子沙盘，是可以模拟企业经营的软件，其优势在于可以把企业的各个部门通过三维动画形式显示出来。目前，运用较多的是用友创业者电子沙盘和金蝶的经营之道、创业之星等。

二、用友 ERP 手工沙盘设计

沙盘作为企业经营管理的道具，需要系统和概略性地体现企业的主要业务流程和组织架构。一般的企业管理沙盘包括企业生产设施和生产过程、财务资金运转过程、市场营销和产品销售、原材料供应、产品开发等主要内容，如图 4-1 所示。

ERP 沙盘设计了营销与规划中心、财务中心、生产中心、物流中心。（职位）角色可以配备首席执行官、营销总监、财务总监、采购总监、运营总监，如图 4-2 所示。

（一）财务中心

财务中心模拟企业资金运转过程，包括资金筹措、资金运用和资金核算，如图 4-3 所示。

资金使用灰币来表示，1 个灰币表示 1M（100 万元，下同）的资金。财务中心包括贷款、应收款和现金三部分。灰币所在的位置标示资金要运转的时间。长期贷款 20M 已经贷 1

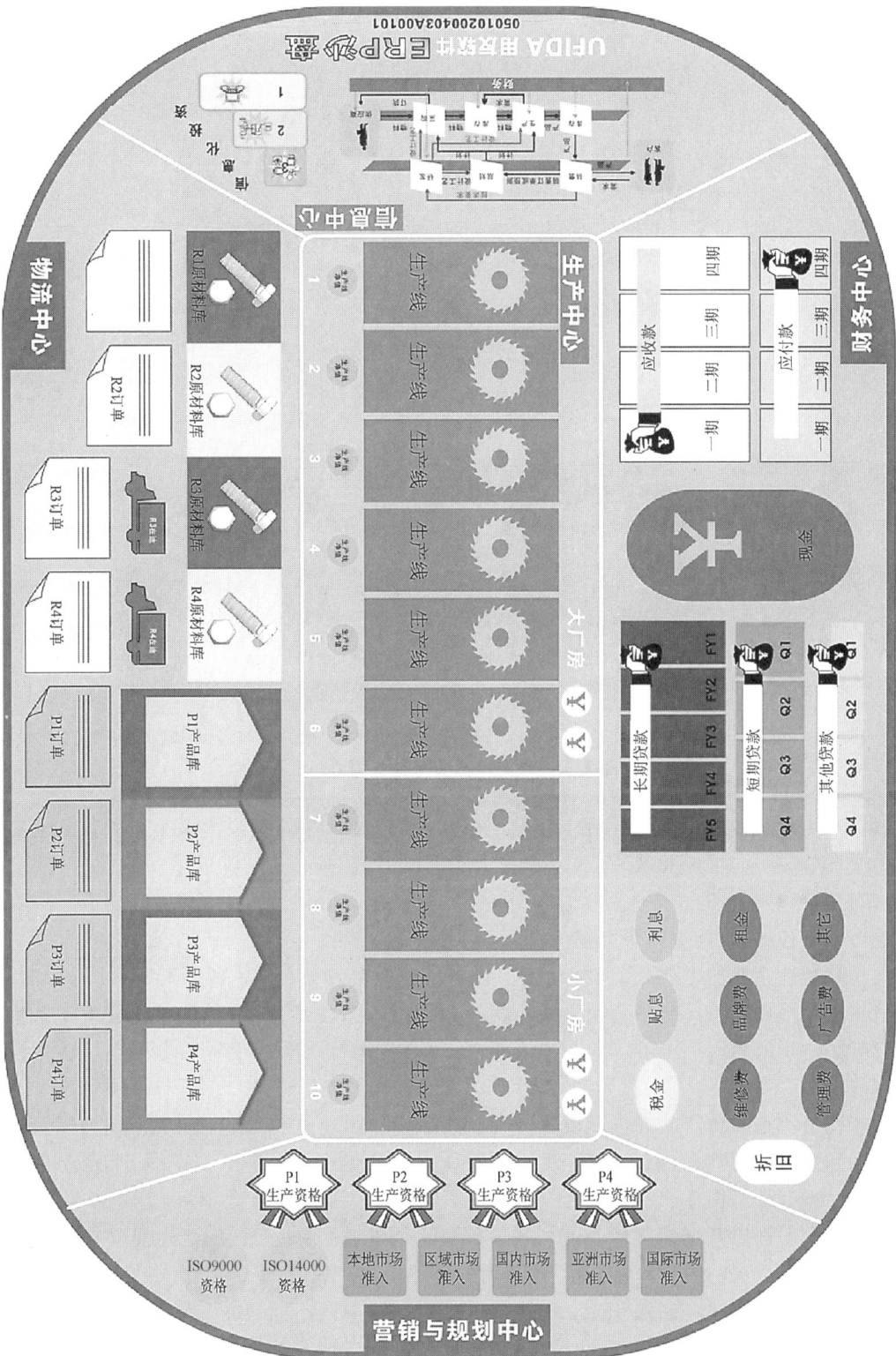

图 4-1 用友 ERP 沙盘盘面

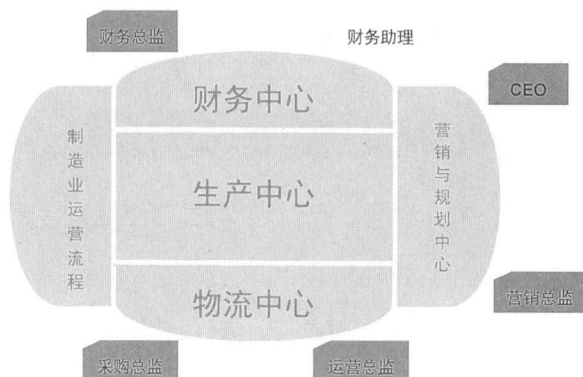

图 4-2　ERP 沙盘角色设置

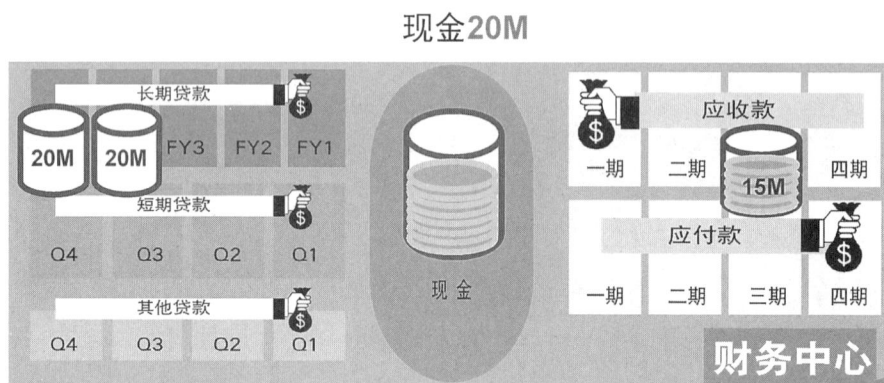

图 4-3　沙盘道具——财务中心

年,20M 是当年贷款,需要过 4 年或 5 年偿还(假设长期贷款最长期限为 5 年);应收款还需要 3 个季度(账期)才可以兑现。

(二)生产中心

生产中心包括厂房、生产线和在产品。

厂房是制造企业的主要建筑物,是生产设备的放置场所,是产品制造场所。用友 ERP 沙盘设置了大厂房和小厂房各一个。大厂房可以容纳 6 条生产线,小厂房可以容纳 4 条生产线,如图 4-4 所示。厂房可以购买或者租赁,只有先进行购买或租赁后方可在厂房内设置生产线。

生产线是制造具体产品的生产设备,沙盘考虑到不同的生产设备投资、生产能力以及规模经济点和生产线转产时间的不同,设计了四种类型的生产线:手工生产线、半自动生产线、全自动生产线、柔性生产线,如图 4-5 所示。各种生产线的投资大小、建造时间、生产时间、产能、转产时间以及维护费用、折旧、残值都是不同的,并且生产线的建造需要在生产厂房的容量范围内,也就是在厂房内有空位置时才能建造生产线。

产品由不同的原材料制造而成,由于产品的结构复杂性不同,加工产品的人工费用不同,产品的功能和售价也不同。在此假定无论生产何种产品,人工费用均为 1M。用友 ERP 沙盘设计了四种产品:P1、P2、P3、P4。这四种产品的原材料分别为 R1、R2、R3、R4,产品组

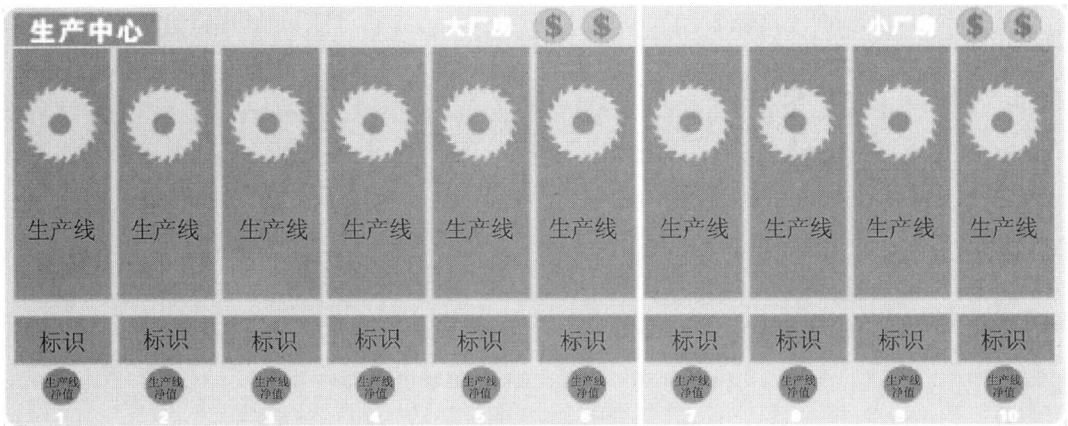

图 4-4 沙盘道具——厂房

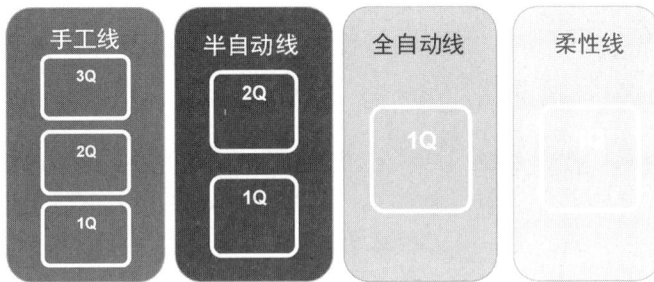

图 4-5 沙盘道具——生产线

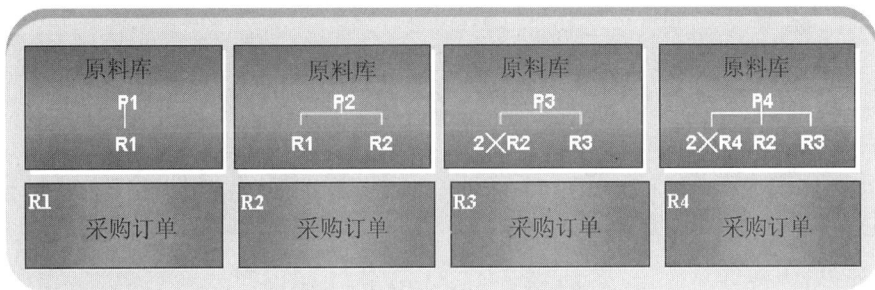

图 4-6 模拟沙盘产品结构图

成结构如图 4-6 所示。

（三）物流中心

物流中心主要模拟企业的物流采购储存过程。ERP 沙盘设计的物流中心如图 4-7 所示。物流中心包括产品 P1、P2、P3、P4 的原料订单、在途物资、原料仓库、产成品仓库、产成品需求订单。产品原材料需要预先订购，并且可能存在运输时间，形成在途物资。各种原材料的价格不同，且可能随采购量的变化而变化。在此假定原材料价格固定为 1M。

（四）营销与规划中心

营销与规划中心主要完成市场营销和产品开发运作过程模拟。四种产品都需要投入资

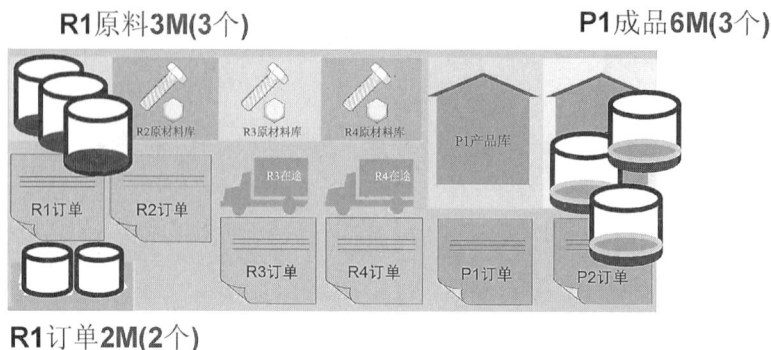

R1原料3M(3个)　　　　　　　　　　　P1成品6M(3个)

R1订单2M(2个)

图 4 - 7　沙盘道具——物流中心

金和时间进行研究开发,开发完成,取得该产品的生产资格,才能用于生产。开发每个产品的时间和资金投入都是不同的。

ERP 沙盘将市场划分为本地市场、区域市场、国内市场、亚洲市场和国际市场,如图 4 - 8 所示。产品进入某个市场销售以前,均需要进行市场开发推广,表现为资金和时间的投入,市场开发以后还要进行市场维护。

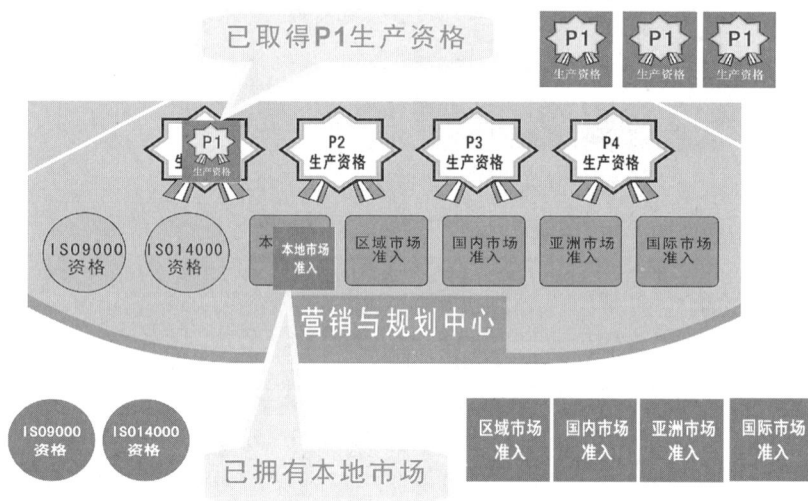

图 4 - 8　沙盘道具——营销与规划中心

为了显示企业在质量管理和环境保护方面的水平,用友 ERP 沙盘设计了 ISO 9000 质量认证和 ISO 14000 环境认证资格,分别代表企业在质量和环保方面的能力。沙盘设计了获得这两项认证需要的时间和费用,以表示企业在这方面的努力和投入。

三、模拟企业简介

模拟企业是一个典型的制造型企业,生产制造的产品是虚拟的产品,即 P 系列产品:P1、P2、P3、P4。该企业创建已有 3 年,长期专注于某行业 P 系列产品的生产与经营。目前企业拥有一个大厂房,安装了 3 条手工生产线,其中 1 条为新建生产线和 1 条为半自动生产线,运行状态良好。所有生产设备全部生产 P1 产品,几年以来一直只在本地市场进行销售,有一定的知名度,客户也很满意。

企业上一年盈利 300 万元,增长已经放缓。生产设备陈旧,产品、市场单一,企业管理层长期以来墨守成规,导致企业已经缺乏必要的活力,目前虽尚未衰败,但也近乎停滞不前。鉴于此,公司董事会以及全体股东决定将企业交给一批优秀的新人去发展(模拟经营者),他们希望新的管理层能够把握时机,抓住机遇,投资新产品开发,使公司的市场地位得到进一步提升;在全球市场广泛开发之际,积极开发本地市场以外的其他新市场,进一步扩展市场领域;扩大生产规模,采用现代化生产手段,努力提高生产效率;研究在信息时代如何借助先进的管理工具提高企业管理水平;增强企业凝聚力,形成鲜明的企业文化;加强团队建设,提高组织效率,全面带领企业进入快速发展阶段。

任何一个企业都要建立与其企业类型相适应的组织机构。模拟企业采用了简化企业组织机构的方式,企业组织有几个主要角色代表,包括首席执行官、财务总监、营销总监、生产总监、采购总监。下面对每个角色的岗位职责作简单描述,以便模拟经营者根据自身情况选择相应职位。

(一)首席执行官

企业所有的重要决策均由首席执行官(CEO)带领团队成员共同决定,如果大家意见相左,由 CEO 拍板决定。每年制订全年计划,所有人可由 CEO 调动。

(二)财务总监和财务助理

在企业中,财务与会计的职能常常是分离的,有着不同的目标和工作内容。会计主要负责日常现金收支管理,定期核查企业的经营状况,核算企业的经营成果,制定预算及对成本数据的分类和分析。财务的职责主要负责资金的筹集、管理,做好现金预算,管好、用好资金。在模拟中,我们将其职能归并到财务总监(CFO),其主要任务是管好现金流,按需求支付各项费用、核算成本,按时报送财务报表并做好财务分析;进行现金预算、采用经济有效的方式筹集资金,将资金成本控制到较低水平。为分担财务总监的工作,也可设财务助理(人数较多时设 2 人)。

(三)营销总监

企业的利润是由销售收入带来的,销售实现是企业生存和发展的关键,营销总监主要负责开拓市场、实现销售。一方面稳定企业现有市场,另一方面要积极开拓新市场,争取更大的市场空间;销售应结合市场预测及客户需求制订销售计划,有选择地进行广告投放,取得与企业生产能力相匹配的客户订单,与生产部门做好沟通,保证按时交货给客户,监督货款的回收,进行客户关系的管理。在企业运营过程中,做到知己知彼至关重要。

(四)生产总监

生产总监是企业生产部门的核心人物,对企业的一切生产活动进行管理,并对企业的一切生产活动及产品负最终的责任。主要任务包括负责公司生产、安全、仓储、现场管理等方面的工作,协调完成生产计划,维持生产低成本稳定运行,并处理好有关的外部工作管理;生产计划的制订落实及生产和资源的调度控制,保持生产正常运行,及时交货;组织新产品研发,扩充并改进生产设备,不断降低生产成本。

(五)采购总监

采购是企业生产的首要环节。采购总监要编制并实施采购供应计划,确保在合适的时间点,采购合适的品种及数量的物资,为企业生产做好后勤保障。

四、企业模拟的经营环境

模拟企业的社会经济状况发展良好,消费者消费能力稳步提高,P 行业快速发展。模拟企业生产的产品目前只在本地销售,要发展就应在本地市场外开发其他市场。产品 P1 在本地市场知名度很高,客户很满意,然而要保持市场地位,特别是进一步提升市场地位,企业必须投资新产品开发,目前已存在三个新产品项目。生产设施方面,状态良好,但是在发展目标的驱使下,必须加大投资。

行业发展情况为,P1 产品由于技术水平低,起初几年需求较大,但未来市场需求量会逐渐下降。P2 产品是 P1 的改进版,虽然技术优势会给需求带来一定增长,但随着科技的发展,需求最终会下降。P3、P4 为全新产品,发展潜力大。模拟环境告诉我们,P1 产品是目前市场上的主流产品;P2 作为对 P1 的改进版产品,也比较容易获得认可;P3 和 P4 产品作为 P 系列产品里的高端产品,各个市场上对它们的认可度不尽相同,需求量与价格会有较大差异。下面是不同市场的详细分析。

(一)本地市场分析

本地市场将会有持续发展,客户对低端产品的需求可能要下滑。伴随着需求的减少,低端产品的价格很有可能会逐步走低。随后几年,随着高端产品的成熟,市场对 P3、P4 产品的需求将会逐渐增大,同时随着时间的推移,客户的质量意识将不断提高,后几年可能会对企业是否通过 ISO 9000 认证和 ISO 14000 认证产生更多的要求。本地市场预测图,如图 4-9 所示。

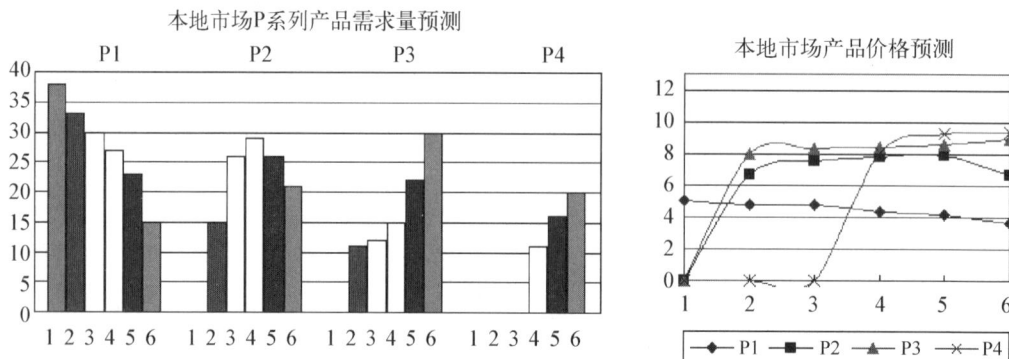

图 4-9　本地市场预测图

(二)区域市场分析

区域市场的消费者对 P 系列产品的喜好相对稳定,因此,市场需求量的波动也相对会比较稳定。区域市场和本地市场相邻,产品需求量的走势与本地市场相似,价格趋势也大致一样。该市场的客户比较乐于接受新的事物,因此对高端产品会有较大兴趣。但由于受地域限制,该市场的需求总量非常有限。并且这个市场上的消费者相对比较挑剔,因此,消费者对企业是否通过 ISO 9000 认证和 ISO 14000 认证有较高的要求。区域市场预测图,如图 4-10 所示。

(三)国内市场分析

国内市场上 P1 产品由于带有较浓的地域色彩,国内市场对 P1 产品不会有持久的需求。

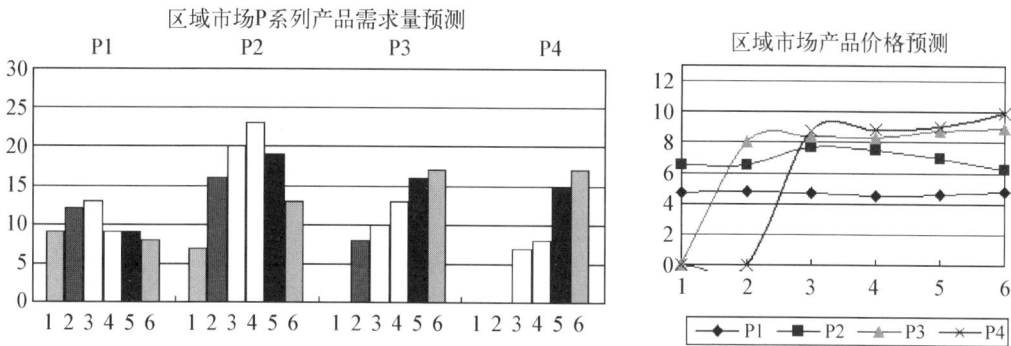

图 4 - 10 区域市场预测图

P2 产品适合于国内市场,估计需求会一直比较平稳。随着对 P 系列产品新技术的逐渐认同,估计对 P3 产品的需求会发展较快,但这个市场上的客户对 P4 产品却并不是十分认同。国内市场预测图,如图 4 - 11 所示。

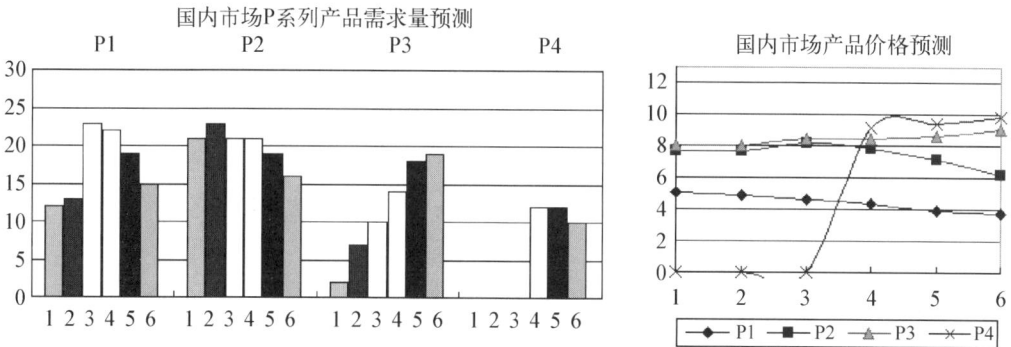

图 4 - 11 国内市场预测图

(四)亚洲市场分析

亚洲市场上的客户喜好一向波动较大,不易把握,所以对 P1 产品的需求可能起伏较大,P2 产品的需求走势和 P1 相似。但该市场对新产品很敏感,因此估计对 P3、P4 产品的需求会发展较快,价格也可能较高。另外,消费者很看重产品质量,所以后几年,如果企业没有通过 ISO 9000 和 ISO 14000 的认证,其产品将很难销售。亚洲市场预测图,如图 4 - 12 所示。

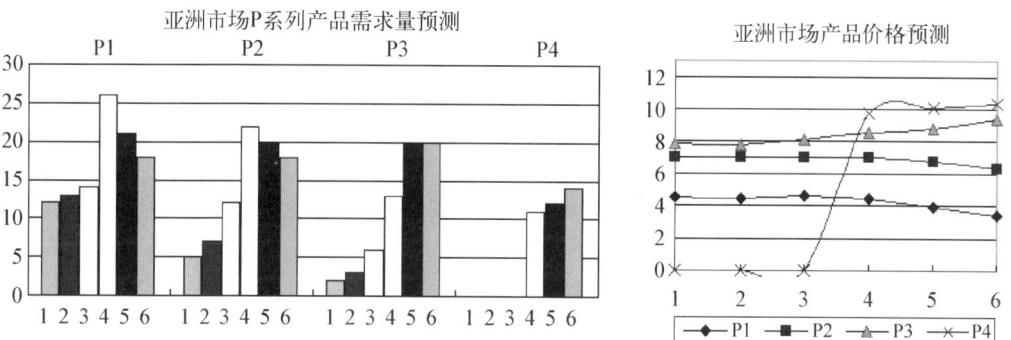

图 4 - 12 亚洲市场预测图

（五）国际市场分析

企业进入国际市场可能需要一个较长的时期。目前这一市场上的客户对 P1 产品已有所认可，需求也比较大。对 P2 产品，消费者比较谨慎，但仍需要一段时间才能被市场接受。对新兴高端产品，这一市场的消费者会持观望态度，因此 P3 和 P4 产品的需求将会发展极慢。因为产品需求主要还是集中在低端产品。消费者对企业是否通过 ISO 国际认证的要求并不如其他市场那么高，但也有些消费者在后期会有这方面的要求。国际市场预测状况如图 4 – 13 所示。

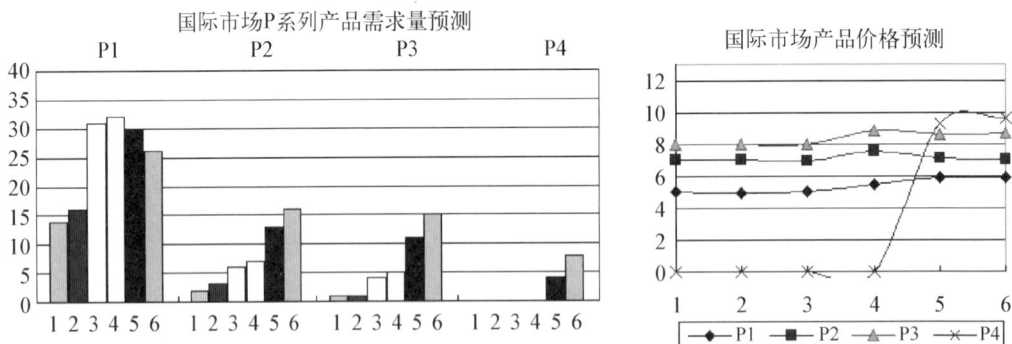

图 4 – 13　国际市场预测图

第二节　模拟企业初始状态

模拟经营者不是以创建企业开始，而是接手一个已经营三年的企业。模拟企业总资产为 1.05 亿元，为了使学生深刻地感受到财务数据与企业业务的相关性，理解财务数据是对企业运营情况的一种总结提炼，为做到透过财务看经营，下面按照步骤来设置我们的企业初始状态。首先我们来认识初始状态设置需要的一些要素。

一、要素

（一）生产原材料

原材料分别为 R1、R2、R3、R4 四种原材料，并用不同颜色区别，每一单位原材料代表 1M 价值。

（二）资金

资金由灰色钱币代替，每一个钱币代表 1M。

（三）成品和在制品

产品由不同的原材料和加工费构成，其中任意一个币代表 1M，原材料订单和贷款都用一个空桶表示：一个空桶可表示一个原料订单，也可表示 20M 贷款。

二、流动资产

流动资产是企业在一年或一个营业周期内变现或者耗用的资产，主要包括货币资金、短期投资、应收款项和存货等。在模拟企业，流动资产如下。

（一）现金 20M

请财务总监领取一桶灰币（共计 20M）放置于现金库位置。

（二）应收账款 15M

为获得尽可能多的客户，企业一般采用赊销策略，即允许客户在一定期限内交清货款而不是货到立即付款。应收账款是分账期的，请财务总监领取 15 个灰币，置于应收账期 3 账期位置（账期的单位为季度，灰币为现金，彩币为原料）。

（三）在制品 8M

在制品是指处于加工过程中，尚未完工入库的产品。大厂房中有 3 条手工生产线、1 条半自动生产线，每条生产线上各有 1 个 P1 产品。手工生产线有 3 个生产周期，靠近原料库的为第一周期，3 条手工生产线上的 3 个 P1 在制品分别位于第一、二、三周期。半自动生产线有两个周期，P1 在制品位于第一周期。

每个 P1 产品由两部分构成：R1 原材料 1M 和人工费 1M，取一个空桶放置 1 个 R1 原料（红色彩币）和 1 个人工费（灰币）构成 1 个 P1 产品。由生产总监、采购总监与财务总监配合制作 4 个 P1 在制品并摆放到生产线上的相应位置。

（四）成品 6M

P1 成品库中有 3 个成品，每个成品同样由 1 个 R1 原材料 1M 和人工费 1M 构成。由生产总监、采购总监配合制作 3 个 P1 成品并摆放到 P1 成品库中。

（五）原料 3M

R1 原料库中有 3 个原材料，每个价值是 1M。由采购总监取 3 个空桶，每个空桶中分别放置 1 个 R1 原料，并摆放到 R1 原材料库。

除以上需要明确表示的价值之外，还有已向供应商发出的采购订单，预定 R1 原料两个，采购总监将两个空桶放置到 R1 原料订单处。

三、固定资产

固定资产是指使用期限较长、单位价值较高，并且在使用过程中保持原有实物形态的资产，主要包括房屋、建筑物、机器设备和运输设备等。模拟企业共有固定资产 53M，固定资产包括如下。

（一）大厂房 40M

企业拥有自主厂房——大厂房，价值 40M。请财务总监将等值资金用空桶装好放置于大厂房价值处。

（二）设备价值 13M

企业创办 3 年以来，已购置了 3 条手工生产线，其中 1 条为新建生产线和 1 条为半自动生产线，扣除折旧，目前手工生产线账面价值为 3M，半自动生产线账面价值 4M。请财务总监取出 4 个空桶，分别装入 3M、3M、3M、4M，并分别置于生产线下方的"生产线净值"处。

（三）在建工程

模拟企业目前没有在建工程，也就是说没有新生产线的投入或改建。

四、负债

企业负债可分为流动负债和长期负债。流动负债是指在一年内或超过一年的一个营业周期内需要流动资产或其他流动负债进行清偿的债务。而长期负债是指偿还期限在一年或者超过一年的一个营业周期以上的债务。模拟企业共负债41M,分布如下。

（一）长期负债 40M

企业有 40M 长期借款,分别于长期借款第四年和第五年到期,分别为 20M。每个空桶代表 20M,请财务总监将两个空桶分别置于第四年和第五年位置。

对于长期借款来说,沙盘上的纵列代表年度,离现金库最近的为第 1 年,以此类推。对短期借款来说,沙盘上的纵列代表季度,离现金库最近的为第一季度。如果以高利贷的方式融资,可以用倒置的空桶表示,于短期借款处放置。

（二）短期负债

模拟企业目前没有短期负债。

（三）应付账款

模拟企业目前没有应付账款。

（四）应付税金 1M

企业上一年税前利润 4M,按规定需交纳 1M 税金。税金是下一年度交纳,此时没有操作。

五、所有者权益

所有者权益是指企业投资者对企业资产的所有权,在数量上表现为企业资产减去负债后的差额。所有者权益表明企业的所有权关系。在模拟企业所有者权益如下。

（一）股东资本

模拟企业股东资本为 50M。

（二）利润留存

模拟企业利润留存为 11M。

（三）年度净利润

本年度,模拟企业净利润为 3M。

至此,企业初始状态设定完成。

六、企业财务状况

企业的财务状况,是指企业资产、负债、所有者权益的构成情况及相互关系。企业的财务状况由企业对外提供的财务报告——资产负债表(表 4 - 1)和利润表(表 4 - 2)来表述。

资产负债表是根据资产、负债和所有者权益之间的相互关系,即"资产＝负债＋所有者权益"的恒等关系,按照一定的分类标准和一定的次序,把企业特定日期的资产、负债、所有者权益三项会计要素所属项目予以适当排列,并对日常会计工作中形成的会计数据进行加工、整理后编制而成的,其主要目的是反映企业在某一特定日期的财务状况。通过资产负债表,可以了解企业所掌握的经济资源及其分布情况;了解企业的资本结构;分析、评价、预测企业的短期偿债能力和长期偿债能力;正确评估企业的经营业绩。

利润表是用来反映收入与费用相抵后确定的企业经营成果的会计报表。主要表现为企业在该期间所取得的利润,用来说明企业在一定期间内的经营成果。利润表的项目主要分为收入和费用两大类。

表 4-1

资产负债表

××××年××月××日

单位：百万元

资 产	期 末 数	负债和所有者权益	期 末 数
流动资产：		负债：	
现金	20	长期负债	40
应收账款	15	短期负债	
在制品	8	应付账款	
成品	6	应交税费	1
原料	3	一年内到期的长期负债	
流动资产合计	52	负债合计	41
固定资产：		所有者权益：	
土地和建筑	40	股东资本	50
机器与设备	13	利润留存	11
在建工程		年度净利	3
固定资产合计	53	所有者权益合计	64
资产总计	105	负债和所有者权益总计	105

表 4-2

利润表

项 目	算 符	金额/百万元
销售收入	+	35
直接成本	−	12
毛利	=	23
综合费用	−	11
折旧前利润	=	12
折旧	−	4
支付利息前利润	=	8
财务收入（支出）	+/−	(4)
额外收入（支出）	+/−	
税前利润	=	4
所得税	−	1
净利润	=	3

在"ERP沙盘模拟"课程中，根据课程设计所涉及的业务对资产负债表和利润表中的项目进行了适当的简化，形成了如表4-1和表4-2所示的简易结构。

第三节　用友 ERP 手工沙盘运营规则

企业在运营过程中受资金、生产、营销等各个方面条件的制约。在模拟运营前,必须熟悉和了解这些条件,才能做到在符合规则的条件下正常运营,并不断提高自己的竞争实力。

一、筹资

企业要进行生产、经营以及投资活动,就需要一定数量的资金。资金是企业进行一系列经济活动的前提和基础。在市场经济环境下,企业可以从不同的渠道取得所需资金,而不同的筹资渠道和不同的筹资方式组合都存在一定的资金成本,将给企业带来不同的预期收益,也将使企业承担不同的税负水平。在合适的时间利用合适的负债工具,有助于企业在有效降低税负水平的同时,实现企业所有者权益最大化的目标。

资金按筹资来源渠道可分为自有资金和借入资金,下面主要介绍借入资金,即负债。筹资按目的可分为中长期筹资和短期筹资。中长期筹资指企业向银行和非银行的金融机构以及其他单位借入、期限在一年以上的借款,主要用于固定资产、无形资产、长期占用的流动资产的购买。短期筹资指为满足企业临时波动的流动资金需要,期限在一年以内的借款。

具体的筹资方式如表 4-3 所示。

表 4-3　　　　　　　　　　　　　　　筹资方式

贷款类型	贷款时间	贷 款 额 度	年　息	还 款 方 式
长期贷款	每年年末	所有者权益的 2 倍	10%	每年付息,到期还本
短期贷款	每季季初	所有者权益的 2 倍	5%	到期一次还本付息
高利贷	每季度初	所有者与银行协商	20%	到期一次还本付息
资金贴现	任何时间	应收款/7×6	一期和二期 1：10 三期和四期 1：8	变现时贴息

(一) 长期贷款

长期贷款每年只有一次,发生在每年年末。

长期贷款每年必须支付利息,到期还本;当年的新长期贷款当年不支付利息,从下年开始支付利息;当年偿还的长期贷款当年仍要支付利息。

长期贷款的额度为上年所有者权益总计的 2 倍,必须以 10 的倍数申请贷款;新申请贷款的总额度为长期贷款最大额度减去已贷款数。

长期贷款最多可贷 5 年,可以在每年末偿还贷款。运营结束后,不要求归还还没有到期的长期贷款。

(二) 短期贷款

短期贷款在每季度初贷款,即在运行过程的每季度初都可以申请。

短期贷款借款周期为一年,即 4Q;到期时还本并支付利息。

短期贷款的额度为上年所有者权益总计的 2 倍,必须以 20 的倍数申请贷款;新申请贷款的总额度为短贷总额度减去已贷款数。每季初须先归还到期贷款后方可进行新贷款。

（三）高利贷

高利贷使用期限为一年,利息为 20％/年,到期还本付息。

高利贷可随时申请。高利贷计息时间为运行当季的短期贷款申请时间,并随短期贷款的更新时间更新。

（四）贴现

提前使用应收款,按应收款账期的不同,提取贴现费用(利息)不同,一期和二期贴现支付利息是 1：10;三期和四期贴现支付利息是 1：8。

只要企业有应收款,可以随时贴现。

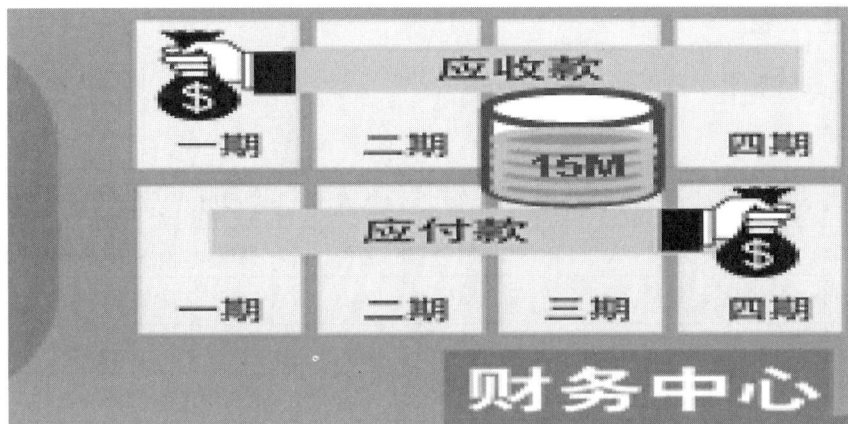

图 4 - 14　财务中心——应收款

在图 4 - 14 中我们可以看到,应收账期为三期,则该应收款贴息费用为 2M $\left(15 \times \frac{1}{8} = 1.875\right)$,可使用现金为 13M(15−2)。

二、运营厂房

企业面对竞争激烈的市场,要不断提升综合竞争能力。提升竞争能力,必须扩大投资。投资包括对固定资产和无形资产的投资。模拟企业环境中,固定资产投资主要是购买厂房、购买生产线,无形资产投资主要是开拓市场、产品研发和认证开发。

厂房的购买、出租与租赁规则如表 4 - 4 所示。

表 4 - 4　　　　　　　　　　　厂房购买、出售与租赁

厂　房	买　价	售　价	租　金	生产线容量
大厂房	40M	40M(4Q)	5M/年	6 条生产线
小厂房	30M	30M(4Q)	3M/年	4 条生产线

（一）购买厂房

购买厂房只能在每年规定的时间进行,购买时应将等值资金放在厂房价值位置。如果现用厂房是租赁的,在购买时可不支付当年的厂房租金。

（二）出售厂房

厂房可以在运行的每个季度规定的时间进行变卖。变卖时,需要财务总监携带进行记录本、应收款登记表和厂房价值到交易处进行交易。经核准运作时间后,由交易处收回厂房价值,发放 4Q 的应收款,并在应收款登记表中登记。

（三）租赁厂房

租赁厂房后,如果厂房中有生产线,不管在什么时间投资,也不管厂房是否是当年出售,都需要支付租金。

如果当年使用过厂房,但在最后一个季度将生产线出售了,在"租金"部分,由于厂房中已没有生产线,则当年不需要支付租金。

三、运营生产线

生产线投资规则如表 4-5 所示。

表 4-5 　　　　　　　　　　　　生产线购买、转产与维护、出售

生产线	购买价格	安装周期	维护费用	残值	生产周期	转产周期	转产费用
手工线	5M	无	1M	1M	3Q	无	无
半自动线	10M	2Q	1M	2M	2Q	1Q	1M
全自动线	15M	3Q	1M	3M	1Q	1Q	2M
柔性线	20M	4Q	1M	4M	1Q	无	无

（一）购买新生产线

购买新生产线时,按安装周期平均支付资金,全部投资到位的下一季度领取产品标识,开始生产。资金短缺时,可以随时中断投资。

（二）转产生产线

转产生产线指生产线转而生产其他产品。转产时可能需要一定的转产周期,并支付一定的转产费用,转产周期完成后才可更换产品标识。转产时,生产线不能有正在生产的产品。

（三）维护生产线

每个生产线的维护费都为 1M/年。当年在建的和当年出售的生产线不用支付维护费。

生产线安装完成的当年,不论是否开工生产,都必须交维护费;正在进行转产的生产线也必须支付维护费。

（四）出售生产线

生产线只能按残值出售。出售生产线时,如果生产线净值等于或小于残值,将净值转化为现金;如果生产线净值大于残值,相当于残值的部分转化为现金,将差额部分作为费用处理。

（五）生产线折旧

折旧规则是按平均年限法,具体计提数额如表 4-6 所示。

当年建成的生产线不计提折旧,当净值等于残值时不再计提折旧,但可以继续使用。

计提折旧时,根据计算的折旧额从生产线的"价值"处取出相应的金额放置在综合费用旁的"折旧"处。

表 4 - 6　　　　　　　　　　　　　　　　　生产线折旧

生产线	购置费	残值	建成第1年	建成第2年	建成第3年	建成第4年	建成第5年
手工线	5M	1M	0	1M	1M	1M	1M
半自动线	10M	2M	0	2M	2M	2M	2M
全自动线	15M	3M	0	3M	3M	3M	3M
柔性线	20M	4M	0	4M	4M	4M	4M

四、ISO认证

ISO 9000系列标准是国际标准化组织于1987年颁布的在全世界范围内通用的关于质量管理和质量保证方面的系列标准。ISO 14000系列标准是一种完整的、操作性很强的体系标准,包括为制定、实施、实现、评审和保持环境方针所需的组织结构、策划活动、职责、惯例、程序过程和资源。

ISO投资方式如表 4 - 7所示。

表 4 - 7　　　　　　　　　　　　　　　　ISO投资方式

ISO类型	总投资费用	投资周期	年投资额
ISO 9000 (质量管理体系)	2M	2年	1M
ISO 14000 (环境管理体系)	3M	3年	1M

说明:

(1)每项ISO开发每年最多投入1M,不允许超前投资。

(2)ISO 9000与ISO 14000分别独立存在,需要分别投入,以获得相应的ISO资格。

(3)ISO的投资可同时进行,也可选其一进行投资。

(4)ISO的投资在资金短缺时可随时中断或停止。

(5)只有获得ISO资格认证后,才能在市场中投入ISO的广告费,才有资格获取具有ISO认证要求的特殊订单。

本地市场P1产品普通销售订单和特殊销售订单如图 4 - 15所示。

第3年　本地市场　P1-1/2
产品数量:2P1 产品单价:5M/个 总金额:10M 账期:2Q

（a）P1产品普通订单

第3年　本地市场　P1-2/2
产品数量:4P1 产品单价:7.5M/个 总金额:30M 账期:1Q
ISO 9000

（b）P1产品特殊订单

图 4 - 15　本地市场 P1 产品普通销售订单和特殊销售订单

ISO 资格适用于投入广告费的市场的所有产品,且只需投入 1M 即可。

五、产品研发

产品研发投资规则如表 4 - 8 所示。

表 4 - 8　　　　　　　　　　　　　　产品研发

产　　品	研发投入	研发周期	每季度研发投入
P2	6M	6Q	1M
P3	12M	6Q	2M
P4	18M	6Q	3M

说明:

(1) 每个产品研发必须按研发周期分别投入,不允许一次性投入。

(2) 各个产品的研发都独立存在,需在不同产品上分别投入研发费用,以获得相应的生产资格。

(3) 各个产品的研发可同时进行。

(4) 产品研发可随时中断或停止。

(5) 拿到产品生产资格才能生产相应的产品,但不影响参加相应产品的订货会。

六、市场开拓

市场准入规则如表 4 - 9 所示。

表 4 - 9　　　　　　　　　　　　　　市场准入

市　　场	开发费用	投资周期	年投资额
本地市场	无	无	无
区域市场	1M	1 年	1M
国内市场	2M	2 年	1M
亚洲市场	3M	3 年	1M
国际市场	4M	4 年	1M

说明:

(1) 每个市场开发每年最多投入 1M,不允许超前投资。

(2) 各市场都独立存在,需要在不同市场上投入开发费用,以获得相应的准入资格。

(3) 各市场的开发可同期进行。

(4) 市场开发可随时中断或停止。

(5) 拿到市场准入许可证后才能参加相应市场的订货会。

七、市场营销

（一）广告投放

（1）订货会为年初召开，一年只召开一次。

（2）广告费分市场、分产品投放，订单按市场、按产品发放。

（3）广告费每投入 1M，可获得一次拿单机会，另外要获得下一张订单的机会，还需要再投入 2M，以此类推，每多投 2M 就拥有多拿一张订单的机会。

（二）销售排名及市场老大规则

每年竞单完成后，根据某个市场的总订单销售额排出销售排名，排名第一的为市场老大（如果总订单销售额最大的企业因生产能力不足或其他原因没能按时交货，该企业将失去市场老大地位，该市场将没有市场老大），下年可以不参加该市场的选单排名而优先选单；其余公司仍按选单排名方式确定选单顺序。

（三）选单排名顺序和竞单流程

第一次以投入某个产品广告费用的多少产生该产品的选单顺序；如果该产品投入相同，按本次市场的广告总投入量（包括 ISO 的投入）进行排名；如果市场广告总投入量相同，按上年的该市场排名顺序排名；如果上年排名相同，采用竞标方式选单，即把某一订单的销售价、账期去掉，按竞标公司所出的销售价和账期决定谁获得该订单。

（1）订单种类。第一类为普通订单，在一年之内任何交货期均可交货，如图 4-16(a)所示。

第 3 年　本地市场　P1-1/2	第 3 年　本地市场　P1-1/2
产品数量：2P1 产品单价：5M/个 总金额：10M 账期：2Q	产品数量：2P1 产品单价：5M/个 总金额：10M 账期：2Q
	加急！！！
（a）普通订单	（b）加急订单

图 4-16　本地市场 P1 产品普通订单和加急订单

第二类为加急订单，第一季度必须交货，若不按期交货，会受到相应的处罚，如图 4-16(b)所示。

第三类为 ISO 9000 或 ISO 14000 订单，要求具有 ISO 9000 或 ISO 14000 资格，并且在市场广告商投放了 ISO 9000 或 ISO 14000 广告的公司，才可以拿订单，且对该市场上的所有产品均有效。

（2）交货规则：必须按照订单规定的数量整单交货。

（3）违规处罚规则。所有订单必须在规定的期限内完成（按订单上的产品数量交货），即加急订单必须在第一季度交货，普通订单必须在本年度交货等；如果订单没有完成，按下列条款加以处罚。

① 第一类订单，下年市场地位下降一级（如果是市场老大的，则该市场老大空缺，所有公司均没有优先选单的资格）。

② 第二类订单，下年必须先交上违约的订单后，才允许交下年正常的订单。

③ 第三类订单,交货时扣除订单额 25%(取整)作为违约金。

八、生产

(一) 产品生产

目前只能生产 P1 产品,在研发了新产品后可以生产 P2、P3、P4 产品,开始生产时将原料放在生产线上并支付加工费,每条生产线同一时刻只能生产一个产品。

每个产品所需要的原料如图 4-17 所示。

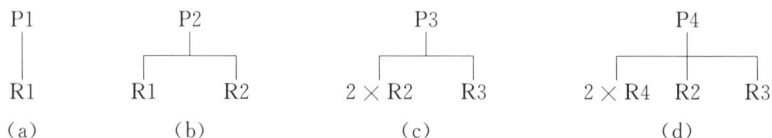

```
      P1              P2                   P3                      P4
      |            ___|___            _____|_____            ____|____
      |           |       |          |         |           |    |    |
      R1          R1      R2        2×R2       R3         2×R4   R2   R3
      (a)            (b)               (c)                     (d)
```

图 4-17　产品 BOM

(二) 原材料采购

原材料采购需经过下原料订单和采购入库两个步骤。下原料订单要注意订货提前期。各种材料的订货提前期如表 4-10 所示。

表 4-10　　　　　　　　各种原材料订货提前期

原　材　料	订料提前期	原　材　料	订料提前期
R1	1Q	R3	2Q
R2	1Q	R4	2Q

九、管理费用和税费规则

(一) 管理费

每季度支付 1M。

(二) 税费规则说明

所得税税率为 25%,税费取整计算,不足 1 以 1 取整,如计算的所得税为 0.66,则取 1,交纳所得税;超过 1,向下取整,如计算出的所得税为 2.31,则取 2,交纳所得税。

当上年的所有者权益小于 66(初始状态)时,税费的计算为:

税费=(上年所有者权益+本年税前利润-第 0 年末所有者权益)×25%(取整)

例如,上年所有者权益为 53,本年税前利润为 15,则:

税费=(53+15-66)×25%=(68-66)×25%(取整)=1

当上年的所有者权益大于 66(初始状态)时,税费的计算为:

税费=本年税前利润×25%(取整)

例如,上年所有者权益为 68,本年的税前利润为 15,则:

税费=15×25%(取整)=4

第四节 企业经营模拟

在沙盘模拟经营中,企业是按照任务清单的顺序开展工作的。任务清单代表了企业简化的工作流程,也是企业竞争模拟中各项工作需要严格遵守的工作顺序,分为年初工作、按季度执行的工作和年末工作等。在模拟运营时,由CEO主持,指挥团队各成员各司其职,按照任务清单的流程执行任务,每执行完一项任务,各成员应在任务清单对应的方格内进行详细的记录。

一、模拟企业年初工作

在一年之初,企业应当谋划全年的经营,预测可能出现的问题和情况,分析可能面临的问题和困难,寻找解决问题的途径和方法,使企业未来的经营活动处于掌控之中。为此,企业首先应当召集各位业务主管召开新年度规划会议,初步制定企业本年度的投资规划,接着,营销总监参加一年一度的产品订货会,竞争本年度的销售订单;然后根据销售订单情况,调整企业本年度的投资计划,制订本年度的工作计划,开始本年度的各项工作。

(一)新年度规划会议

常言道:"凡事预则立,不预则废。"在开始新的一年经营之前,CEO应当召集各位业务主管召开年度规划会议,根据各位主管掌握的信息和企业的实际情况,初步提出企业在新一年的各项投资规划,包括市场和认证开发、产品研发、设备投资、生产经营等规划。同时,为了能准确地在一年一度的产品订货会上争取销售订单,还应当根据规划精确地计算出企业在该年的产品完工数量,确定企业的可接订单数量。

1. 新年度全面规划

新年度规划涉及企业在新的一年如何开展各项工作的问题。通过制定新年度规划,可以使各位业务主管做到在经营过程中胸有成竹,知道自己在什么时候该干什么,可以有效预防经营过程中决策的随意性和盲目性,减少经营失误;同时,在制定新年度规划时,各业务主管已经就各项投资达成了共识,可以使各项经营活动有条不紊地进行,可以有效提高团队的合作精神,鼓舞士气,提高团队的战斗力和向心力,使团队成员之间更加团结、协调、和谐。

新年度全面规划内容涉及企业的发展战略规划、投资规划、生产规划和资金筹集规划等。要作出科学合理的规划,企业应当结合目前和未来的市场需求、竞争对手可能的策略以及本企业的实际情况进行。在进行规划时,企业首先应当对市场进行准确的预测,包括预测各个市场产品的需求状况和价格水平,预测竞争对手可能的目标市场和产能情况,预测各个竞争对手在新的一年的资金状况(资金的丰裕或不足将极大地影响企业的投资和生产),在此基础上,各业务主管提出年度规划的初步设想,大家就此进行论证,最后,在权衡各方利弊得失后,作出企业新年度的初步规划。企业在进行新年度规划时,可以从以下几个方面展开:

(1)市场开拓规划。企业只有开拓了市场才能在该市场销售产品。企业拥有的市场决定了企业产品的销售渠道。开拓市场投入资金会导致企业当期现金的流出,增加企业当期的开拓费用,减少当期的利润。因此,企业在制定市场开拓规划时,应当考虑当期的资金情况和所有者权益情况。只有在资金有保证、减少的利润不会对企业造成严重后果（比如，由于开拓市场增加费用而减少的利润使企业所有者权益为负数）时才能进行。在进行市场开拓规划时，企业主要应当明确以下几个问题：

① 企业的销售策略是什么？企业可能会考虑哪个市场产品价格高就进入哪个市场，也可能是哪个市场需求大就进入哪个市场，也可能两个因素都会考虑。企业应当根据销售策略明确需要开拓什么市场、开拓几个市场。

② 企业的目标是什么？企业应当根据销售策略和各个市场产品的需求状况、价格水平、竞争对手的情况等明确企业的目标市场。

③ 什么时候开拓目标市场？在明确了目标市场后，还涉及什么时候进入目标市场的问题，企业应当结合资金状况和产品生产情况明确企业目标市场的开拓时间。

（2）ISO 认证开发规划。企业只有取得 ISO 认证资格，才能在竞单时取得标有 ISO 条件的订单。不同的市场、不同的产品、不同的时期，对 ISO 认证的要求是不同的，不是所有的市场在任何时候对任何产品都有 ISO 认证要求。因此，企业应当对是否进行 ISO 认证开发进行决策。同样，要进行 ISO 认证，需要投入资金。如果企业决定进行 ISO 认证开发，也应当考虑对资金和所有者权益的影响。由于 ISO 认证开发是分期投入的，为此，在进行开发规划时，应当考虑以下几个问题：

① 开发何种认证？ISO 认证包括 ISO 9000 认证和 ISO 14000 认证。企业可以只开发其中的一种或者两种都开发。到底开发哪种，取决于企业的资金状况。

② 什么时候开发？认证开发可以配合市场对认证要求的时间来进行。企业可以从有关市场预测的资料中了解市场对认证的要求情况。一般而言，时间越靠后，市场对认证的要求会越高。企业如果决定进行认证开发，在资金和所有者权益许可的情况下，可以适当提前开发。

（3）产品研发投资规划。企业在经营前期，产品品种单一，销售收入增长缓慢。企业如果要增加收入，就必须多销售产品。而要多销售产品，除了销售市场要足够多之外，还必须要有多样化的产品，因为每个市场对单一产品的需求总是有限的。为此，企业需要作出是否进行新产品研发的决策。企业如果要进行新产品的研发，就需要投入资金，同样会影响当期现金流量和所有者权益。因此，企业在进行产品研发投资规划时，应当注意以下几个问题：

① 企业的产品策略是什么？由于企业可以研发的产品品种多样，企业需要作出研发哪几种产品的决策。由于资金、产能的原因，企业一般不同时研发所有的产品，而是根据市场的需求和竞争对手的情况，选择其中的一种或两种进行研发。

② 企业从什么时候开始研发哪些产品？企业决定要研发产品的品种后，需要考虑什么时候开始研发以及研发什么产品的问题。不同的产品可以同时研发，也可以分别研发。企业可以根据市场、资金、产能、竞争对手的情况等方面来确定。

（4）设备投资规划。企业生产设备的数量和效率影响产品的生产能力。企业要提高生产能力，就必须对落后的生产设备进行更新，补充现代化的生产设备。要更新设备，需要用现金支付设备款，支付的设备款计入当期的在建工程，设备安装完成后，增加固定资产。因此，设备投资支付的现金不影响当期的所有者权益，但会影响当期的现金流量。正是因为设备投资会影响现金流量，所以在设备投资时，应当重点考虑资金的问题，防止出现由于资金问题而使投资中断，或者投资完成后由于没有资金不得不停工待料等情况。企业在进行设备投资规划时，应当考虑以下几个问题：

① 新的一年，企业是否要进行设备投资？应当说，每个企业都希望扩大产能、扩充新生产线、改造落后的生产线，但是，要扩充或更新生产线涉及时机的问题。一般而言，企业如果资金充裕，未来市场容量大，企业就应当考虑进行设备投资，扩大产能。反之，就应当暂缓或不进行设备投资。

② 扩建或更新什么生产线？由于生产线有手工线、半自动线、全自动线和柔性线四种，这就涉及该选择什么生产线的问题，一般情况下，企业应当根据资金状况和生产线是否需要转产等作出决策。

③ 扩建或更新几条生产线？如果企业决定扩建或更新生产线，还涉及具体的数量问题。扩建或更新生产线的数量，一般根据企业的资金状况、厂房内生产线位置的空置数量、新研发产品的完工时间等来确定。

④ 什么时候扩建或更新生产线？如果不考虑其他因素，生产线可以在流程规定的每个季度进行扩建或更新，但是，实际运作时，企业不得不考虑当时的资金状况、生产线完工后上线的产品品种、新产品研发完工的时间等因素。一般而言，如果企业有新产品研发，生产线建成的时间最好与其一致（柔性线和手工线除外），这样可以减少转产和空置的时间。从折旧的角度看，生产线的完工时间最好在某年的第一季度，这样可以相对减少折旧费用和维修费用。

2. 确定可接订单的数量

在新年度规划会议以后，企业要参加一年一度的产品订货会。企业只有参加产品订货会，才能争取到当年的产品销售订单。在产品订货会上，企业要准确拿单，就必须准确计算出当年的产品完工数量，据此确定企业当年甚至每个季度的可接订单数量。企业某年某产品可接订单数量的计算公式为：

$$某年某产品可接订单数量＝年初该产品的库存量＋本年该产品的完工数量$$

公式中，年初产品的库存量可以从沙盘盘面的仓库中找到，也可以从营销总监的营运记录中找到（实际工作中从有关账簿中找到）。这里，最关键的是确定本年产品的完工数量及交货期。

完工产品数量是生产部门通过排产来确定的。在沙盘企业中，生产总监根据企业现有生产线的生产能力，结合企业当期的资金状况确定产品上线时间，再根据产品的生产周期推算产品的下线时间，从而确定出每个季度、每条生产线产品的完工情况。为了准确测算产品的完工时间和数量，沙盘企业可以通过编制"产品生产计划表"来进行。当然，企业也可以根据产品上线情况同时确定原材料的需求数量，两者结合，既可确定产品的完工时间和完工数量，同时又可以确定每个季度原材料的需求量。这里，我们将这两者结合的表格称为"产品生产及材料需求计划表"（表4－11）。下面举例介绍该表的编制方法。

【例4－1】 企业某年年初有手工生产线、半自动生产线和全自动生产线各一条（全部空置），预计从第一季度开始在手工生产线上投产 P1 产品，在半自动和全自动生产线上投产 P2 产品（假设产品均已开发完成，可以上下生产；原材料能满足生产需要）。我们可以根据各生产线的生产周期编制产品生产及材料需求计划，如表4－11所示。

表 4-11 产品生产及材料需求计划表

生产线		第一年				第二年			
		一季度	二季度	三季度	四季度	一季度	二季度	三季度	四季度
手工线	产品				→P1			→P1	
	材料	1R1			1R1				
半自动线	产品			→P2		→P2		→P2	
	材料	1R1+1R2		1R1+1R2					
全自动线	产品		→P2	→P2	→P2	→P2	→P2		
	材料	1R1+1R2	1R1+1R2	1R1+1R2	1R1+1R2	1R1+1R2			
合计	完工产品 P1				1			1	
	P2		1	2	1	2	1	1	
	P3								
	P4								
	投入材料 R1	3	1	2	2	2			
	R2	2	1	2	1	2			
	R3								
	R4								

从表 4-11 可以看出,企业从第一季度开始连续投产加工产品,第一年第一季度没有完工产品,第二季度完工 1 个 P2 产品,在第三季度完工 2 个 P2 产品,第四季度完工 1 个 P1 产品和 1 个 P2 产品。同时,我们还可以看出企业在每个季度原材料的需求数量。根据表 4-11 提供的信息,营销总监可以据此确定可接订单数量,采购总监可以据此作为企业材料采购的依据。

需要注意的是,在编制"产品生产及材料需求计划表"时,企业首先应明确产品在各条生产线上的投产时间,然后根据各生产线的生产周期推算每条生产线投产产品的完工时间,最后,将各条生产线完工产品的数量加总,得出企业在某一时期每种产品的完工数量。同样,在表 4-11 中,企业根据产品的投产数量可以推算出各种产品投产时需要投入的原材料数量,然后将各条生产线上需要的原材料加总,可以得到企业在每个季度所需要的原材料数量。采购总监可以根据该信息确定企业需要采购什么、什么时间采购、采购多少等。

3. 市场营销

市场营销包括订货会、支付广告费、登记销售订单。

销售产品必须要有销售渠道。对于沙盘企业而言,销售产品的唯一途径就是参加产品订货会,争取销售订单。参加产品订货会需要在目标市场投放广告费,只有投放了广告费,企业才有资格在该市场争取订单。

在参加订货会之前,企业需要分市场、分产品在"竞单表"上登记投放的广告费金额。竞单表是企业争取订单的唯一依据,也是企业当期支付广告费的依据,应当采取科学的态度,认真对待。

一般情况下,营销总监代表企业参加订货会,争取销售订单。但为了从容应对竞单过程中可能出现的各种复杂情况,企业也可由营销总监与 CEO 或采购总监一起参加订货会。竞单时,应当根据企业的可接订单数量选择订单,尽可能按企业的产能争取订单,使企业生产的产品在当年全部销售。应当注意的是,企业争取的订单一定不能突破企业的最大产能,否则,如果不能按期交单,将给企业带来巨大的损失。

实际工作中,广告费一般是在广告呈现给竞争者之前支付的。沙盘企业中,广告费一般在参加订货会后一次性支付。因此,企业在投放广告时,应当充分考虑企业的支付能力。也就是说,投放的广告费一般不能突破企业年初未经营前现金库中的现金金额。

支付广告费时,由财务总监从现金库中取出"竞单表"中登记的广告费数额,放在综合费用的"广告费"中,并在运营任务清单对应的方格内记录支付的现金数。

为了准确掌握销售情况,科学制订本年度工作计划,企业应将参加订货会争取的销售订单进行登记。拿回订单后,财务总监和营销总监分别在任务清单的"订货登记表"中逐一对订单进行登记。为了将已经销售和尚未销售的订单进行区分,营销总监在登记订单时,只登记订单号、销售数量、账期,暂时不登记销售额、成本和毛利,当产品销售时,再登记。

4. 制订新年度计划

企业参加订货会取得销售订单后,已经明确了当年的销售任务。企业应当根据销售订单对前期制定的新年度规划进行调整,制订新年度工作计划。新年度工作计划是企业在新的一年为了开展各项经营活动而事先进行的工作安排,它是企业执行各项任务的基本依据。新年度工作计划一般包括投资计划、生产计划、销售计划、采购计划、资金筹集计划等。沙盘企业中,当企业取得销售订单后,企业的销售任务基本明确,已经不需要制订销售计划了。这样,企业的新年度计划主要围绕生产计划、采购计划和资金的筹集计划来进行。

为了使新年度计划更具有针对性和科学性,计划一般是围绕预算来制定的。预算可以将企业的经营目标分解为一系列具体的经济指标,使生产经营目标进一步具体化,并落实到企业的各个部门,这样企业的全体员工就有了共同努力的方向。沙盘企业中,通过编制预算,特别是现金预算,可以在企业经营之前预见经营过程中可能出现的现金短缺或盈余,便于企业资金的筹集和使用;同时,通过预算可以对企业的规划及时进行调整,防止出现由于现金断流而破产的情况。

现金预算,首先需要预计现金收入和现金支出。实际工作中,现金收入和支出只能进行合理的预计,很难进行准确的预算。沙盘企业中,现金收入相对比较单一,主要是销售产品收到的现金,可以根据企业的销售订单和预计交单时间准确地估算。现金支出主要包括投资支出、生产支出、采购材料支出、综合费用支出和日常管理费用支出等。这些支出可以进一步分为固定支出和变动支出两部分。固定支出主要是投资支出、综合费用支出、管理费用支出等,企业可以根据规则和企业的规划准确计算。变动支出是随产品生产数量的变化而变化的支出,主要是生产支出和材料采购支出。企业可以根据当年的生产线和销售订单情况安排生产,在此基础上通过编制"产品生产与材料需求计划",准确地测算出每个季度投产所需要的加工费。同时,根据材料需求计划确定材料采购计划,准确确定企业在每个季度采购材料所需的采购费用。这样,通过预计现金收入和现金支出,可以比较准确地预计企业现金的短缺或盈余。如果出现短缺,就应当想办法筹集资金,如果不能筹集资金,就必须调整规划或计划,减少现金支出。反之,如果现金有比较多的盈余,可以调整规划或计划,增加长期资产的投资,增强企业的后续发展实力。

实际工作中,企业要准确编制预算,首先应预计预算期产品的销售量,在此基础上编制销售预算,预计现金收入。之后,编制生产预算和费用预算,预计预算期的现金支出,最后编制现金预算。沙盘企业中,预算编制的程序与实际工作基本相同,但由于业务简化,可以采用简化的程序,即根据销售订单,先编制产品生产计划,再编制材料采购计划,最后编制现金预算。

(1)生产计划。沙盘企业中,编制生产计划的主要目的是为了确定产品投产的时间和投产的品种(当然也可以预计产品完工的时间),从而预计产品投产需要的加工费和原材料。生产计划主要包括产品生产及材料需求计划、开工计划、原材料需求计划等。

前面已经介绍过,企业在参加订货会之前,为了准确计算下一年产品的完工数量,已经根据自己的生产线情况编制了"产品生产及材料需求计划"。但是,由于取得的销售订单可能与预计有差异,企业有时需要根据取得的销售订单对产品生产计划进行调整,为此,就需要重新编制该计划。然后,企业根据确定的"产品生产及材料需求计划",编制"开工计划"和"材料需求计划"。

"开工计划"是生产总监根据"产品生产及材料需求计划"编制的,它将各条生产线产品投产数量按产品加总,将分散的信息集中在一起,可以直观看出企业在每个季度投产了哪些产品、分别有多少。同时,根据产品的投产数量,能准确确定出每个季度投产产品所需要的加工费。财务总监根据该计划提供的加工费信息,作为编制现金预算的依据之一。

【例 4-2】　接【例 4-1】,根据"产品生产及材料需求计划"编制该企业的"开工计划"。

从"产品生产及材料需求计划"可以看出,企业在第一季度投产 1 个 P1,2 个 P2,共计投产 3 个产品。根据规则,每个产品上线需投入加工费 1M,第一季度投产 3 个产品,需要 3M 的加工费。同样,企业根据产品投产数量可以推算出第二、三、四季度需要的加工费。该企业编制的"生产计划"如表 4-12 所示。

表 4-12　　　　　　　　　　　　　生产计划

产　　品	第一季度	第二季度	第三季度	第四季度
P1	1			1
P2	2	1	2	1
P3				
P4				
人工费(M)	3	1	2	2

生产产品必须要有原材料,没有原材料,就无法进行产品生产。企业要保证材料的供应,就必须事先知道企业在什么时候需要什么材料、需要多少。企业可以根据"产品生产及材料需求计划"编制"材料需求计划",确定企业在每季度所需要的材料。"材料需求计划"可以直观反映企业在某一季度所需要的原材料数量,采购总监可以根据此订购所需要的原材料,保证原材料的供应。

【例4-3】 接【例4-1】,根据"产品生产及材料需求计划",生产总监编制该企业的"材料需求计划",如表4-13所示。

表4-13 材料需求计划

产　品	第一季度	第二季度	第三季度	第四季度	第五季度
R1	3	1	2	2	8
R2	2	1	2	1	6
R3					
R4					

(2)材料采购计划。企业要保证材料的供应,必须提前订购材料。实际工作中,采购材料可能是现款采购,也可能是赊购。沙盘企业中,一般采用的是现款采购的规则。也就是说,订购的材料到达企业时,必须支付现金。

材料采购计划相当于实际工作中企业编制的"直接材料预算",它是以生产需求计划为基础编制的。在编制材料采购计划时,主要应当注意以下几个问题:

① 订购的数量。订购材料的目的是保证生产的需要,如果订购过多,占用了资金,造成资金使用效率的下降;订购过少,不能满足生产的需要。因此,材料的订购数量应当以既能满足生产需要,又不造成资金的积压为原则,尽可能做到材料零库存。为此,应当根据原材料的需要量和原材料的库存数量来确定企业材料的订购数量。

② 订购的时间。一般情况下,企业订购的材料当季度不能入库,要在下一季度或下两季度才能到达企业,为此,企业在订购材料时,应当考虑材料运输途中的时间,即材料提前订货期。

③ 采购材料付款的时间和金额。采购的材料一般在入库时付款,付款的金额就是材料入库应支付的金额,如果订购了材料,就必须按期购买。当期订购的材料不需要支付现金。

企业编制材料采购计划,可以明确企业订购材料的时间,采购总监可以根据该计划订购材料,防止多订、少订、漏订材料,保证生产的需要。同时,财务总监根据该计划可以了解企业采购材料的资金需要情况,及时纳入现金预算,保证资金的供应。

【例4-4】 接【例4-3】,根据"材料需求计划",采购总监编制该企业的材料采购计划。

从材料需求计划表可以看出,企业在每个季度都需要一定数量的R1和R2原材料,根据规则,R1和R2材料的提前订货期均为一个季度,也就是说,企业需要提前一个季度订购原材料。例如,企业在本年第一季度需要3个R1和2个R2,则必须在上年的第四季度订购。当上年第四季度订购的材料在本年第一季度入库时,需要支付材料款5M。同样,企业可以推算在每个季度需要订购的原材料以及付款的金额。据此,采购总监编制材料采购计划,如表 4 - 14 所示。

表 4 - 14　　　　　　　　　　　　　　材料采购计划

材料	上年第四季度		第一季度		第二季度		第三季度		第四季度	
	订购	入库	订购	入库	订购	入库	订购	入库	订购	入库
R1	3		1	3	2	1	2	2		2
R2	2		1	2	2	1	1	2		1
R3										
R4										
材料款			5		2		4		3	

(3) 现金预算。企业在经营过程中,常常出现现金短缺的"意外"情况,正常经营不得不中断,使经营者焦头烂额。其实,仔细分析就会发现,这种"意外"情况的发生不外乎两方面的原因:第一,企业没有正确编制预算,导致预算与实际严重脱节;第二,企业没有严格按计划进行经营,导致实际严重脱离预算。为了合理安排和筹集资金,企业在经营之前应当根据新年度计划编制现金预算。

现金预算是有关预算的汇总,由现金收入、现金支出、现金多余或不足、资金的筹集和运用四个部分组成。现金收入部分包括期初现金余额和预算期现金收入两部分。现金支出部分包括预算的各项现金支出;现金多余或不足是现金收入合计与现金支出的差额。差额为正,说明收入大于支出,现金有多余,可用于偿还借款或用于投资;差额为负,说明支出大于收入,现金不足,需要筹集资金或调整规划或计划,减少现金支出。资金的筹集和运用部分是当企业现金不足或富裕时,筹集或使用的资金。

沙盘企业中,企业取得销售订单后,现金收入基本确定。企业当年的投资和生产基本确定后,企业的现金支出也基本确定,所以企业应该能够通过编制现金预算准确预计企业经营期的现金多余或不足,可以有效预防"意外"情况的发生。如果企业通过编制现金预算发现资金短缺,而且通过筹资仍不能解决,则应当修订企业当年的投资和经营计划,最终使企业的资金满足需要。

"现金预算表"的格式有多种,可以根据实际需要自己设计。这里介绍其中一种,这种格式是根据沙盘企业的经营规则设计的。下面简要举例介绍"现金预算表"的编制。

【例 4 - 5】　承前例,根据【例 4 - 1】~【例 4 - 4】以及下面的资料,编制该企业该年的现金预算表。

假设该企业有关现金预算资料如下:

年初现金:18M。

上年应交税费:0M。

支付广告费:8M。

应收款到期:第一季度 15M,第二季度 8M,第三季度 8M,第四季度 18M。

年末偿还长期贷款利息:4M。

年末支付设备维护费：2M。

投资规划：从第一季度开始连续开发 P2 和 P3 产品，开发国内和亚洲市场，同时进行 ISO 9000 和 ISO 14000 认证，从第三季度开始购买安装两条全自动生产线。

产品生产及材料采购需要的资金见前面的"开工计划"和"材料采购计划"。

我们可以根据该规划，并结合生产和材料采购计划，编制该企业的现金预算表，如表 4-15 所示。

表 4-15　　　　　　　　　　现金预算表

项　目	第一季度	第二季度	第三季度	第四季度
期初库存现金	18	13	14	4
支付上年应交税				
市场广告投入	8			
支付短期贷款利息				
支付到期短期贷款本金				
支付到期的应付款				
支付原材料采购现金	5	2	4	3
支付生产线投资			8	8
支付转产费用				
支付产品加工费	3	1	2	2
收到现金前的所有支出	16	3	14	13
应收款到期收到现金	15	8	8	18
支付产品研发投资	3	3	3	3
支付管理费用	1	1	1	1
支付长期贷款利息				4
偿还到期的长期贷款				
支付设备维护费用				2
支付租金				
支付购买厂房款				
支付市场开拓投资				2
支付 ISO 认证投资				2
其他				
现金收入合计	15	8	8	18

续　表

项　　目	第一季度	第二季度	第三季度	第四季度
现金支出合计	20	7	18	27
现金多余或不足(一)	13	14		−5
向银行贷款				20
贴现收到现金				
期末现金余额	13	14	4	15

从上面编制的现金预算表可以看出,企业在第一、二、三季度收到现金前的支付都小于或等于期初的现金,而且期末现金都大于零,说明现金能满足需要。第三季度末,企业现金余额为4,也就是说,第四季度期初库存现金为4,但是,第四季度在收到现金前的现金支出为13,小于可使用的资金,这样,企业必须在第三或第四季度初筹集资金。因为企业可以在每季度初借入短期借款,所以企业应当在第四季度初贷入20M的短期贷款。

综上所述,企业为了合理组织安排生产,在年初首先应当编制"产品生产及材料需求计划",明确企业在计划期内根据产能所能生产的产品数量,营销总监可以根据年初库存的产品数量和计划年度的完工产品数量确定可接订单数量,并根据确定的可接订单数量参加产品订货会。订货会结束后,企业根据确定的计划年度产品销售数量安排生产。为了保证材料的供应,生产总监根据确定的生产计划编制"材料需求计划",采购总监根据生产总监编制的"材料需求计划"编制"材料采购计划"。财务总监根据企业规划确定的费用预算、生产预算和材料需求编制现金预算,明确企业在计划期内资金的使用和筹集。企业年初计划的制定程序如图4-18所示。

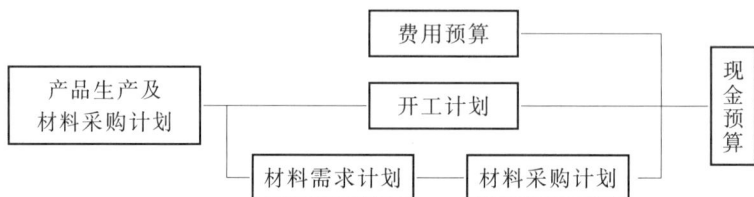

图 4-18　新年度计划制定流程图

(4)支付税金。企业在年初应支付上年应交的税金。企业按照上年资产负债表中"应交税费"项目的数值交纳税金。交纳税金时,财务总监从现金库中拿出相应现金放在沙盘"综合费用"的"税金"处,并在运营任务清单对应的方格内记录现金的减少数。

二、模拟企业日常运营

制订新年度计划后,企业就可以按照运营规则和工作计划进行经营。沙盘企业日常运营应当按照一定的流程来进行,这个流程就是任务清单。任务清单反映了企业在运行过程中的先后顺序,必须按照这个顺序进行。

为了对沙盘企业的日常运营有一个详细的了解,这里我们按照任务清单的顺序,对日常运营过程中的操作要点进行介绍。

（一）季初盘点

为了保证账实相符,企业应当定期对企业的资产进行盘点。沙盘企业中,企业的资产主要包括现金、应收账款、原材料、在产品、产成品等流动资产,以及在建工程、生产线、厂房等固定资产。盘点的方法主要采用实地盘点法,就是对沙盘盘面的资产逐一清点,确定出实有数,然后将任务清单上记录的余额与其核对,最终确定出余额。

盘点时,CEO指挥、监督团队成员各司其职,认真进行。如果盘点的余额与账面数一致,各成员就将结果准确无误地填写在任务清单的对应位置。季初余额等于上一季度末余额,由于上一季度末刚盘点完毕,所以可以直接根据上季度的季末余额填入。

（1）财务总监:根据上季度末的现金余额填写本季度初的现金余额。第一季度现金账面余额的计算公式为:

$$\text{年初现金余额} = \text{上期期末库存现金} - \text{支付的本年广告费} - \text{支付上年应交的税金} + \text{其他收到的现金}$$

（2）采购总监:根据上季度末库存原材料数填写本季度初库存原材料。

（3）生产总监:根据上季度末库存在产品数量填写本季度初在产品数量。

（4）销售总监:根据上季度末产品数量填写本季度初产成品数量。

（5）CEO:在监督各成员正确完成以上操作后,在运营任务清单对应的方格内打"√"。

（二）短期贷款

企业要发展,资金是保证。在经营过程中,如果缺乏资金,正常的经营可能都无法进行,更谈不上扩大生产和进行无形资产投资了。如果企业的经营活动正常,从长远发展的角度来看,应适度举债,"借鸡生蛋"。

沙盘企业中,企业筹集资金的方式主要是长期贷款和短期贷款。长期贷款主要是用于长期资产投资,如购买生产线、产品研发等,短期贷款主要解决流动资金不足的问题,两者应结合起来使用。短期贷款的借入、利息的支付和本金的归还都是在每个季度初进行的。其余时间要筹集资金,只能采取其他方式,不能贷入短期贷款。其操作要点如下:

1. 财务总监

（1）更新短期贷款。将短期借款向现金库方向推进一格,表示短期贷款离还款时间更近。如果短期借款已经推进现金库,则表示该贷款到期,应还本付息。

（2）还本付息。财务总监从现金库中拿出利息放在沙盘"综合费用"的"利息"处;拿出相当于应归还借款本金的现金到交易处偿还短期借款。

（3）申请短期贷款。如果企业需要借入短期借款,则财务总监填写"公司贷款申请表"到交易处借款。短期借款借入后,放置一个空桶在短期借款的第四账期处,在空桶内放置一张借入该短期借款信息的纸条,并将现金放在现金库中。

（4）记录。在"公司贷款登记表"上登记归还的本金金额;在任务清单对应的方格内记录偿还的本金、支付利息的现金减少数;登记借入短期借款增加的现金数。

2. CEO

在监督财务总监正确完成以上操作后,在运营任务清单对应的方格内打"√"。

（三）更新应付款/归还应付款

企业如果采用赊购方式购买原材料,就涉及应付账款。如果应付账款到期,必须支付货款。企业应在每个季度对应付款进行更新。其操作要点如下:

1. 财务总监

（1）更新应付款。将应付款向现金库方向推进一格,当应付款到达现金库时,表示应付款到期,必须用现金偿还,不能延期。

（2）归还应付款。从现金库中取出现金付清应付款。

（3）记录:在任务清单对应的方格内登记现金的减少数。

2. CEO

在监督财务总监正确完成以上操作后,在任务清单对应的方格内打"√"。

（四）原材料入库/更新原料订单

企业只有在前期订购了原材料,且在交易处登记了原材料采购数量的,才能购买原材料。每个季度,企业应将沙盘中的"原材料订单"向原材料仓库推进一格,表示更新原料订单。如果原材料订单本期已经推到原材料库,表示原材料已经到达企业,企业应验收入库材料,并支付相应的材料款。其操作要点如下:

1. 采购总监

（1）购买原材料。持现金和"采购登记表"在交易处买回原材料后,放在沙盘对应的原材料库中。

（2）记录。在"采购登记表"中登记购买的原材料数量,同时在任务清单对应的方格内登记入库的原材料数量。

（3）如果企业订购的原材料尚未到期,则采购总监在任务清单对应的方格内打"√"。

2. 财务总监

（1）支付材料款。从现金库中拿出购买原材料需要的现金交给采购总监。

（2）记录。在运营任务清单对应的方格内填上现金的减少数。

3. CEO

在监督财务总监和采购总监正确完成以上操作后,在任务清单对应的方格内打"√"。

原材料采购入库程序如图 4-19 所示。

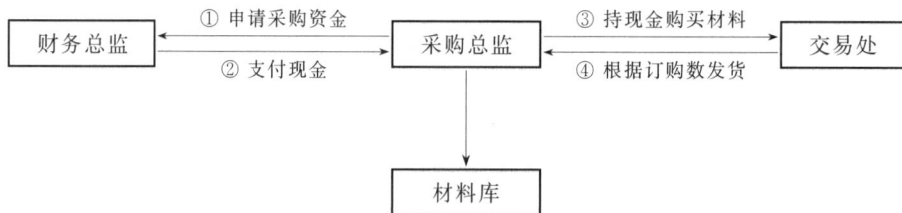

图 4-19　原材料采购入库程序图

（五）下原料订单

企业购买原材料必须提前在交易处下原料订单,否则不能购买。下原料订单不需要支付现金。其操作要点如下:

1. 采购总监

（1）下原料订单。在"采购登记表"上登记订购的原材料品种和数量,在交易处办理订货手续,将从交易处取得的原材料采购订单放在沙盘的"原材料订单"处。

(2)记录。在任务清单对应的方格内记录订单的原材料数量。

2. CEO

在监督采购总监正确完成以上操作后,在任务清单对应的方格内打"√"。

(六)更新生产/完工入库

一般情况下,企业应在每个季度更新生产。当产品完工后,应及时下线入库。操作要点如下:

1. 生产总监

(1)更新生产。将生产线上的在制品向前推一格。如果产品已经推到生产线以外,表示产品完工下线,将该产品放在产品库对应的位置。

(2)记录。在任务清单对应的方格内记录完工产品的数量。如果产品没有完工,则在运营任务清单对应的方格内打"√"。

2. CEO

在监督生产总监正确完成以上操作后,在任务清单对应的方格内打"√"。

(七)生产线

企业要提高产能,必须对生产线进行改造,包括新购、变卖和转产等。新购的生产线安置在厂房空置的生产线位置;如果没有空置的位置,必须先变卖生产线。变卖生产线的目的主要是出于战略的考虑,如手工线换成全自动生产线等。如果生产线要转产,应当考虑转产周期和转产费。其操作要点如下:

在投资新生产线时,各职能人员的操作要点为:

1. 生产总监

(1)领取标识,将标识翻转放置在某厂房空置的生产线位置,并在标识上面放置与该生产线安装周期数相同的空桶,代表安装周期。

(2)支付安装费。每个季度向财务总监申请建设资金,放置在其中的一个空桶内,每个空桶内都放置了建设资金,表明费用全部支付完毕,生产线在下一季度建设完成。在全部投资完成后的下一季度,将生产线标识翻转过来,领取产品标识,可以投入使用。

生产线投资程序如图 4-20 所示。

图 4-20　生产线投资程序图

2. 财务总监

(1)支付生产线建设费。从现金库取出现金交给生产总监用于生产线的投资。

(2)记录。在运营任务清单对应的方格内填上现金的减少数。

在变卖生产线时,各职能人员的操作要点为:

1. 生产总监

(1)变卖。生产线只能按残值变卖。变卖时,将生产线及其产品生产标识交换给交易处,并将生产线的净值从"价值"处取出,将等同于变卖的生产线的残值部分交给财务总监,相当于变卖收到的现金。

（2）净值与残值差额的处理。如果生产线净值大于残值，则将净值大于残值的差额部分放在"综合费用"的"其他"处，表示出售生产线的净损失。

2. 财务总监

（1）收现金。将变卖生产线收到的现金放在现金库。

（2）记录。在运营任务清单对应的方格内记录现金的增加数。

在生产线转产时，各职能人员的操作要点为：

1. 生产总监

（1）更换标识。持原产品标识在交易处更换新的产品标识，并将新的产品生产标识反扣在生产线的"产品标识"处，待该生产线转产期满可以生产产品时，再将该产品标识正面放置在"标识"处。

（2）支付转产费。如果转产需要支付转产费，还应向财务总监申请转产费，将转产费放在"综合费用"的"转产费"处。

（3）记录。正确完成以上全部操作步骤后，在运营任务清单对应的方格内打"√"。

2. 财务总监

（1）支付转产费。如果转产需要转产费，将现金交给生产总监。

（2）记录。在运营任务清单对应的方格内登记支付转产费而导致的现金减少数。

3. CEO

在监督生产总监正确完成以上操作后，在运营任务清单对应的方格内打"√"。

（八）开始下一批生产

企业如果有闲置的生产线，尽量安排生产。因为闲置的生产线仍然需要支付设备维护费、计提折旧，企业只有生产产品，并将这些产品销售出去，这些固定费用才能得到弥补。其操作要点如下：

1. 生产总监

（1）领用原材料。从采购总监处申请领取生产产品需要的原材料。

（2）加工费。从财务总监处申请取得生产产品需要的加工费。

（3）上线生产。将生产产品所需要的原材料和加工费放置在生产线中（一个桶代表一个产品），表示开始投入产品生产。

（4）记录。在任务清单对应的方格内，登记投产产品数量。

2. 财务总监

（1）支付现金。审核生产总监提出的产品加工费申请后，将现金交给生产总监。

（2）记录。在任务清单对应的方格内登记现金的减少数。

3. 采购总监

（1）发放原材料。根据生产总监的申请，发放生产产品所需要的原材料。

（2）记录。在运营任务清单对应的方格内登记生产领用原材料导致原材料的减少数。

4. CEO

在监督正确完成以上操作后，在任务清单对应的方格内打"√"。

（九）产品研发投资

企业要研发新产品，必须投入研发费用。每个季度的研发费用在季末一次性支付。当

新产品研发完成,企业在下一季度可以投入生产。其操作要点如下:

1. 营销总监

(1)研发投资。企业如果需要研发新产品,则从财务总监处申请取得研发所需要的现金,放置在产品研发对应位置的空桶内。如果产品研发投资完成,则从交易处领取相应产品的生产资格证放置在"生产资格"处。企业取得生产资格后,从下一季度开始,可以生产该产品。

(2)记录。在运营任务清单对应的方格内打"√"。

2. 财务总监

(1)支付研发费用。根据营销总监提出的申请,审核后,用现金支付。

(2)记录。如果支付了研发费用,则在运营任务清单对应的方格内登记现金的减少数。

3. CEO

在监督完成以上操作后,在运营任务清单对应的方格内打"√"。

(十)更新应收款/应收款收现

沙盘企业中,企业销售产品一般收到的是"欠条"——应收款。每个季度,企业应将应收款向现金库方向推进一格,表示应收款账期的减少。当应收款被推进到现金库时,表示应收款到期,企业应持应收款凭条到交易处领取现金。其操作要点如下:

1. 财务总监

(1)更新应收款。将应收款向现金库方向推进一格。当应收款推进现金库时,表示应收款到期。

(2)应收款收现。如果应收款到期,持"应收款登记表"、任务清单和应收款凭条到交易处领回相应现金。

(3)记录。在运营任务清单对应的方格内登记应收款到期收到的现金数。

2. CEO

在监督以上操作正确完成后,在运营任务清单对应的方格内打"√"。

(十一)向其他企业购买成品/出售成品

企业参加产品订货会时,如果取得的销售订单超过了企业最大生产能力,当年不能按订单交货,则构成违约,按规则将受到严厉惩罚。为此,企业可以从其他企业购买产品来交单。当然,如果企业有库存积压的产品,也可以向其他企业出售。

向其他企业购买产品的操作要点如下:

1. 营销总监

(1)谈判。在进行组间的产品买卖时,首先双方要谈妥产品的交易价格,并采取一手交钱一手交货的交易方式进行交易。

(2)购买。从财务总监处申请取得购买产品所需要的现金,买进产品后,将产品放置在对应的产品库。注意:购进的产品成本应当是购进时支付的价款,在计算产品销售成本时应当按该成本计算。

(3)记录。在任务清单对应的方格内记录购入的产品数量。

2. 财务总监

(1)付款。根据营销总监的申请,审核后,支付购买材料需要的现金。

(2)记录。将购买产品支付的现金数记录在运营任务清单对应的方格内。

向其他企业出售产品的操作要点如下：

1. 营销总监

（1）出售。从产品库取出产品，从对方取得现金后将产品交给购买方，并将现金交给财务总监。

（2）记录。由于出售导致产品的减少，因此，营销总监应在运营任务清单对应的方格内填上因出售而减少的产品数量。

2. 财务总监

（1）收到现金。将出售产品收到的现金放进现金库。

（2）出售收益的处理。如果出售产品多收到了现金，即组间交易出售产品价格高于购进产品的成本，表示和企业取得了交易收益，应当在编制利润表时将该收益记录在利润表的"其他收入/支出"栏。

（3）记录。将出售产品收到的现金数记录在任务清单的对应方格内。

3. CEO

在监督营销总监和财务总监正确完成以上操作后，在运营任务清单对应的方格内打"√"。

（十二）按订单交货

企业只有将产品销售出去才能实现收入，也才能收回垫支的成本。产品生产出来后，企业应按销售订单交货。其操作要点如下：

1. 营销总监

（1）销售。销售产品前，首先在"订单登记表"中登记销售订单的销售额，计算出销售成本和毛利之后，将销售订单和相应数量的产品拿到交易处销售。销售后，将收到的应收款凭条或现金交给财务总监。

（2）记录。在完成上述操作后，在运营任务清单对应的方格内打"√"。

2. 财务总监

（1）收到销货款。将取得的现金放进现金库。

（2）在任务清单对应的方格内登记现金的增加数。

3. CEO

在监督营销总监和财务总监正确完成以上操作后，在运营任务清单对应的方格内打"√"。

（十三）支付行政管理费

企业在生产经营过程中会发生诸如办公费、人员工资等管理费用。沙盘企业中，行政管理费在每个季度末一次性支付 1M，无论企业经营情况好坏、业务量多少，都是固定不变的，这是与实际工作的差异之处。其操作要点如下：

1. 财务总监

（1）支付管理费。每个季度从现金库中取出 1M 现金放置在综合费用的"管理费"处。

（2）记录。在监督完成以上操作后，在运营任务清单对应的方格内打"√"。

2. CEO

在监督营销总监和财务总监正确完成以上操作后，在运营任务清单对应的方格内打"√"。

三、模拟企业年末工作

企业日常经营活动结束后,企业还应当进行年末账项的计算和结转,编制各种报表,计算当年的经营成果,反映当年的财务状况,并对当年的经营情况进行分析总结。

(一) 长期贷款

企业为了发展,可能需要借入长期贷款。长期贷款主要是用于长期资产投资,如购买生产线、产品研发等。沙盘企业中,长期贷款只能在每年年末进行,贷款期限在一年以上,每年年末付息一次,到期还本。本年借入的长期借款下年末支付利息。其操作要点如下:

1. 财务总监

(1) 支付利息。根据企业已经借入的长期借款计算本年应支付的利息,之后,从现金库中取出相应的利息放置在综合费用的"利息"处。

(2) 更新长期借款。将长期借款向现金库推进一格,表示偿还期的缩短。如果长期借款已经被推至现金库中,表示长期借款到期,应持相应的现金和"贷款登记表"到交易处归还该借款。

(3) 申请长期贷款。持上年报表和"贷款申请表"到交易处,经交易处审核后发放贷款。收到贷款后,将现金放进现金库中;同时,放一个空桶在长期贷款对应的账期处,空桶内写一张注明贷款金额、账期和贷款时间的长期贷款凭条。如果长期贷款续贷,财务总监持上年报表和"贷款申请表"到交易处办理续贷手续。之后,同样放一个空桶在长期贷款对应的账期处,空桶内写一张注明贷款金额、账期和贷款时间的凭条。

(4) 记录。在任务清单的对应方格内登记因支付利息、归还本金导致的现金减少数,以及借入长期借款增加的现金数。

申请长期贷款的程序如图 4-21 所示。

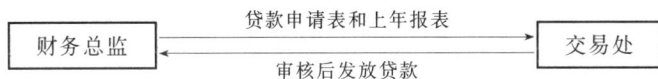

图 4-21　申请长期贷款程序

2. CEO

在监督财务总监完成以上操作后,在运营任务清单对应的方格内打"√"。

(二) 设备维护费

设备使用过程中会发生磨损,需要保证设备正常运转,就需要进行维护。设备维护会发生诸如材料费、人工费等维护费用。沙盘企业中,只有生产线需要支付维护费。年末,只要有生产线,无论是否生产,都应支付维护费。尚未安装完工的生产线不支付维护费。设备维护费每年年末用现金一次性集中支付。其操作要点如下:

1. 财务总监

(1) 支付维护费。根据期末现有完工的生产线支付设备维护费。支付设备维护费时,从现金库中取出现金放在综合费用的"维护费"处。

(2) 记录。在任务清单对应的方格内登记现金的减少数。

2. CEO

在监督财务总监完成以上操作后,在运营任务清单对应的方格内打"√"。

(三)租金/购买厂房

企业要生产产品,必须要有厂房。厂房可以购买,也可以租用。年末,企业如果在使用没有购买的厂房,则必须支付租金;如果不支付租金,则必须购买。其操作要点如下:

1. 财务总监

(1)支付租金。从现金库中取出现金放在综合费用的"租金"处。

(2)购买厂房。从现金库中取出购买厂房的现金放在厂房的"价值"处。

(3)记录。在任务清单对应的方格内登记支付租金或购买厂房减少的现金数。

2. CEO

在监督财务总监完成以上操作后,在运营任务清单的对应方格内打"√"。

(四)计提折旧

固定资产在使用过程中会发生损耗,导致价值降低,应对固定资产计提折旧。沙盘企业中,固定资产计提折旧的时间、范围和方法可以与实际工作一致,也可以采用简化的方法。本书中沙盘采用了简化的处理方法,与实际工作中有一些差异。这些差异主要表现在:折旧在每年年末计提一次,计提折旧的范围仅仅限于生产线,折旧的方法采用直线法取整计算。在会计处理上,折旧费全部作为当期的期间费用,没有计入产品成本。其操作要点如下:

1. 财务总监

(1)计提折旧。根据规则对生产线计提折旧。本书采用的折旧规则是平均年限法。具体计提数额如表 4 - 16 所示。

表 4 - 16　　　　　　　　　　　　　　　　　生产线折旧

生产线	购置费	残值	建成第 1 年	建成第 2 年	建成第 3 年	建成第 4 年	建成第 5 年
手工线	5M	1M	0	1M	1M	1M	1M
半自动线	10M	2M	0	2M	2M	2M	2M
全自动线	15M	3M	0	3M	3M	3M	3M
柔性线	20M	4M	0	4M	4M	4M	4M

当年建成生产线不计提折旧,当净值等于残值时生产线不再计提折旧,但可以继续使用。

计提折旧时,根据计算的折旧额从生产线的"价值"处取出相应的金额放置在综合费用旁的"折旧"处。

(2)记录。在运营任务清单对应的方格内登记折旧的金额。注意:在计算现金支出时,折旧不能计算在内,因为折旧并没有减少现金。

2. CEO

在监督财务总监完成以上操作后,在运营任务清单对应的方格内打"√"。

(五)市场开拓/ISO 资格认证

企业要扩大产品的销路必须开发新市场。不同的市场开拓所需要的时间和费用是不相同的。同时，有的市场对产品有 ISO 资格认证要求，企业需要进行 ISO 资格认证投资。沙盘企业中，每年开拓市场和 ISO 资格认证的费用在年末一次性支付，计入当期的综合费用。其操作要点如下：

1. 营销总监

（1）新市场开拓。从财务总监处申请开拓市场所需要的现金，放置在沙盘所开拓市场对应的位置。当市场开拓完成，年末持开拓市场费用到交易处领取"市场准入"的标识，放置在对应市场的位置上。

（2）ISO 资格认证投资。从财务总监处申请 ISO 资格认证所需要的现金，放置在 ISO 资格认证对应的位置。当认证完成，年末持认证投资的费用到交易处领取"ISO 资格认证"标识，放置在沙盘对应的位置。

（3）记录。进行市场开拓或 ISO 认证投资后，在运营任务清单对应的方格内打"√"。

2. 财务总监

（1）支付费用。根据营销总监的申请，审核后，将市场开拓和 ISO 资格认证所需要的现金支付给营销总监。

（2）记录。在任务清单对应的方格内记录现金的减少数。

3. CEO

在监督营销总监和财务总监完成以上操作后，在运营任务清单对应的方格内打"√"。

（六）关账

一年经营结束，年终要进行一次"盘点"，一经关账，本年度的经营即结束，本年度所有的经营数据不能随意更改。关账后，在运营任务清单的对应方格内打"√"。

附录 1　实训成绩的评定

课程结束后，每个组都会有一个实训成绩，但这个成绩并不能充分反映学生的真实情况，有的组虽然破产了，但运营过程中，组员可能一直积极参与，而且积累了很多宝贵的经验，下面给出一种较为科学的成绩评定方式为：

$$实训课成绩 = 实训成果（40\%）+ 成员表现（30\%）+ 总结（30\%）$$

实训成果：此次课程把参加训练的学员分成一定的小组，每组代表不同的虚拟公司，每个小组的成员分别担任公司中的重要职位（CEO、财务总监、市场总监、生产总监等）。几家公司是同行业中的竞争对手，他们从先前的管理团队中接手同样的企业，大家要在模拟的 6 年中，在客户、市场、资源及利润等方面进行一番真正的较量。最后根据各企业的所有者权益、综合发展系数等对各个企业进行综合排名，这就是实训成果。初训成果评定方式为：

$$实训成果 = 权益 \times（1 + 企业综合发展系数/100\%）$$

企业综合发展系数的计算方法如附表 1-1 所示。

成员表现：岗位分工明确，各司其职，制订计划，合作愉快，组间公平竞争，各个企业的团结程度、每个成员的参与程度以及各种表格如运营表、利润表、现金预算表、采购计划表、贷款登记表、资产负债表的填写等都列为企业成员的综合表现评价。

附表 1-1 综合发展系数计算方法

项 目	计算方法/分	项 目	计算方法/分
大厂房	+15	P2 产品研发	+10
小厂房	+10	P3 产品研发	+10
手工生产线	+5/条	P4 产品研发	+15
半自动生产线	+10/条	本地市场地位(第五年市场第一)	+15
全自动生产线/柔性生产线	+15/条	区域市场地位(第五年市场第一)	+15
区域市场开发	+10	国内市场地位(第五年市场第一)	+15
国内市场开发	+15	亚洲市场地位(第五年市场第一)	+15
亚洲市场开发	+20	国际市场地位(第五年市场第一)	+15
国际市场开发	+20	高利贷扣分	
ISO 9000	+10	其他扣分	
ISO 14000	+10		

总结：包括个人总结和团体总结。个人总结是课程结束后每个同学上交一份实训报告，是对自己几天的体会、经验以及在实践中应用的理论知识进行的总结与归纳。团体总结就是以团队的形式上交一份 PPT，在全班总结时各个企业要站在团队全局的角度上利用多媒体向全班同学边展示边讲解，这也是经验共享的一个过程：包括本企业的企业文化、成员构成、整体战略、广告策略、市场定位、企业运营得失等。

附录 2 用友 ERP 手工沙盘实战演练

一、教学年流程

企业经营，请按顺序操作。

附表 2-1 任务清单

支付应付税(根据上年度结果)	☐			
准备好新的一年	☐			
准备好与客户见面/登记销售订单	☐			
更新短期贷款/还本付息/申请短期贷款	☐	☐	☐	☐
更新应付款/归还应付款	☐	☐	☐	☐
原材料入库/更新原料订单	☐	☐	☐	☐
下原料订单	☐	☐	☐	☐
更新生产/完工入库	☐	☐	☐	☐

续　表

投资新生产线/变卖生产线/生产线转产	☐	☐	☐	☐
开始下一批生产	☐	☐	☐	☐
按订单交货	☐	☐	☐	☐
更新应收款/应收款收现	☐	☐	☐	☐
出售厂房	☐	☐	☐	☐
产品研发投资	☐	☐	☐	☐
支付行政管理费用	☐	☐	☐	☐
更新长期贷款/支付利息/申请长期贷款				☐
支付设备维修费				☐
支付租金(或购买建筑)				☐
折旧				☐
新市场开拓投资/ISO 资格认证投资				☐
关账				☐

附表 2-2　　　　　　　　　　　　广告投放表(1)

教学年本地市场				教学年区域市场			
产品	广告	ISO 9000	ISO 14000	产品	广告	ISO 9000	ISO 14000
P1				P1			
P2				P2			
P3				P3			
P4				P4			
合　计							
签字确认							

附表 2-3　　　　　　　　　　　　广告投放表(2)

教学年国内市场				教学年亚洲市场				教学年国际市场			
产品	广告	ISO 9000	ISO 14000	产品	广告	ISO 9000	ISO 14000	产品	广告	ISO 9000	ISO 14000
P1				P1				P1			
P2				P2				P2			
P3				P3				P3			
P4				P4				P4			
合　计											
签字确认											

附表 2－4　　　　　　　　　　　　　　　　订单登记表

订　单　号							总数
市　　场							
产　　品							
数　　量							
账　　期							
订单销售额							
成　　本							
毛　　利							

附表 2－5　　　　　　　　　　　　　　　　现金预算表

项　　目	1	2	3	4
期初库存现金				
支付上年应交税				
市场营销投入				
折现费用				
利息（短期贷款）				
支付到期短期贷款				
原料采购支付现金				
变更费用				
生产线投资				
工人工资				
应收款到期				
收到现金前的所有支出				
出售厂房				
产品研发投资				
支付管理费用				
利息（长期贷款）				
支付到期长期贷款				
设备维护费用				
租金				
购买新建筑				
市场开拓投资				
ISO 认证投资				
其他				
库存现金余额				

附表 2-6 供财务人员记录每期的现金收入和支出情况，便于进行现金流量的管理。

附表 2-6　　　　　　　　　　　　　现金明细表

项　　　目	1	2	3	4
支付上年应交税				
市场营销				
折现费用				
短期及贷款利息				
原料采购支付现金				
成品采购支付现金				
变更费用				
生产线投资				
变卖生产线（＋）				
工人工资				
应收款到期（＋）				
出售厂房				
产品研发				
管理费用				
变卖原料（＋）				
长期贷款及利息				
设备维护费				
租金				
购买新建筑				
市场开拓投资				
ISO 认证投资				
其他				
收入总计				
支出总计				
现金流量				

附表 2-7　　　　　　　　　　　　　贷款记录表

上年末权益			项　　　目						
年	季	偿还贷款	还高利贷	偿还长贷	短贷余额	高贷余额	长贷余额	申请短贷	申请高贷	申请长贷
第一年	1								
	2								
	3								
	4								

附表 2-8 综合管理费用明细表

项　目	金　额	备　注
管理费		
广告费		
维修费		
租金		
转产费		
市场准入开拓		□区域 □国内 □亚洲 □国际
ISO 资格认证		□ISO 9000 □ISO 14000
产品开发		□P2 □P3 □P4
其他		

附表 2-9 利润表

项　目	算　符	上　年　数	本　年　数
销售收入	+		
直接成本	-		
毛利	=		
综合费用	-		
折旧前利润	=		
折旧	-		
支付利息前利润	=		
财务收入/支出	+/-		
其他收入/支出	+/-		
税前利润	=		
所得税	-		
净利润	=		

附表 2-10 资产负债表

资　产	期初数	期末数	负债和所有者权益	期初数	期末数
流动资产：			负债：		
现金			长期负债		

续　表

资　　产	期初数	期末数	负债和所有者权益	期初数	期末数
应收款			短期负债		
在制品			应付账款		
成品			应交税费		
原料			一年内到期的长期负债		
流动资产合计			负债合计		
固定资产：			所有者权益：		
土地和建筑			股东资本		
机器与设备			利润留存		
在建工程			年度净利		
固定资产合计			所有者权益合计		
资产合计			负债和所有者权益合计		

二、教学年计划预测

附表 2–11　　　　　　　　　　　　开工计划表

产　　品	第一季度	第二季度	第三季度	第四季度
P1				
P2				
P3				
P4				
人工费（M）				

附表 2–12　　　　　　　　　　产品生产及材料需求计划

生　产　线		教　　学　　年			
		第一季度	第二季度	第三季度	第四季度
1	产　品				
	材　料				
2	产　品				
	材　料				
3	产　品				
	材　料				

续　表

生　产　线		教　学　年			
		第一季度	第二季度	第三季度	第四季度
4	产　品				
	材　料				
5	产　品				
	材　料				
6	产　品				
	材　料				
7	产　品				
	材　料				
8	产　品				
	材　料				
9	产　品				
	材　料				
10	产　品				
	材　料				
合　　计	产　品	P1			
		P2			
		P3			
		P4			
	材　料	P1			
		P2			
		P3			
		P4			

附表 2－13　　　　　　　　　　　　采购及材料付款计划表

产　品	教　学　年			
	第一季度	第二季度	第三季度	第四季度
R1				
R2				
R3				
R4				
材料付款				

本地市场P系列产品需求量预测

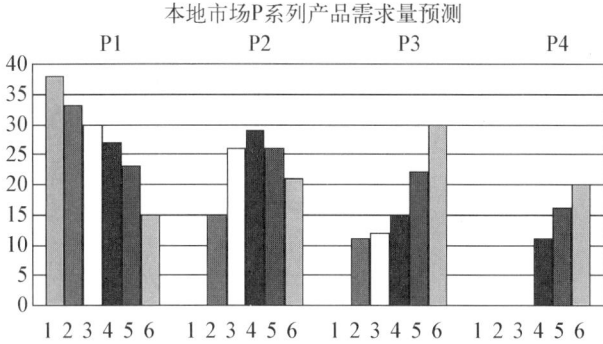

本地市场产品价格预测

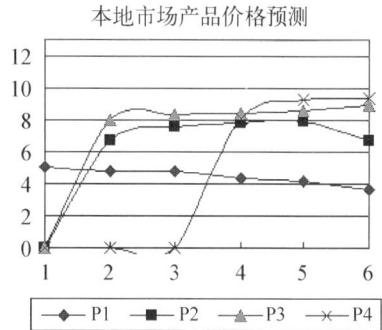

本地市场将会持续发展,对低端产品的需求可能要下滑。随着需求的减少,低端产品的价格很有可能走低。后几年,随着高端产品的成熟,市场对P3、P4产品的需求将会逐渐增大。由于客户对质量意识的不断提高,后两年可能对产品的 ISO 9000 和 ISO 14000 认证有更多的需求。

（a）本地市场产品需求量预测

区域市场P系列产品需求量预测

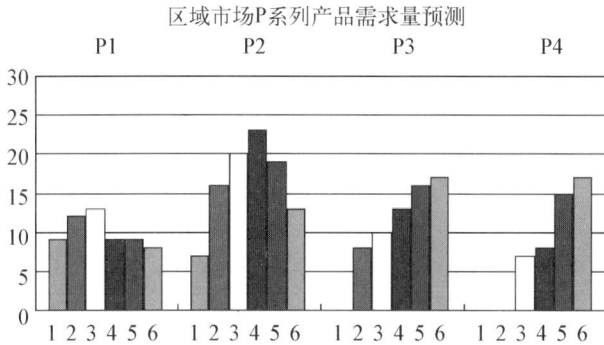

区域市场产品价格预测

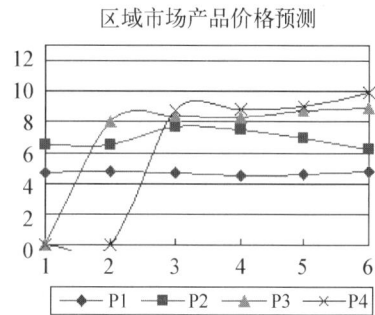

区域市场的客户相对稳定,对P系列产品需求的变化很有可能比较平衡。因紧邻本地市场,所以产品需求量的走势可能与本地市场相似,价格趋势也应大致一样。该市场容量有限,对高端产品的需求也可能相对较小,但客户会对产品的 ISO 9000 和 ISO 14000 认证有较高的要求。

（b）区域市场产品需求量预测

国内市场P系列产品需求量预测

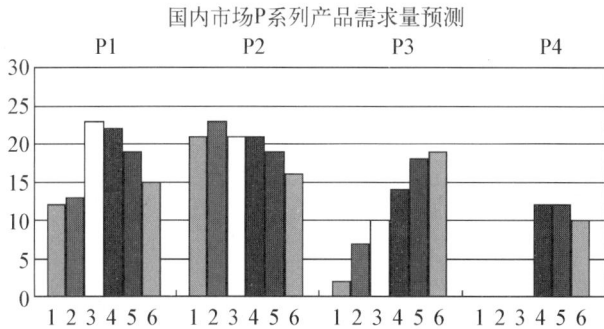

国内市场产品价格预测

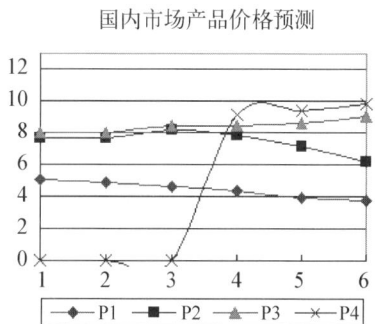

因P1产品带有较浓的地域色彩,估计国内市场对P1产品不会有持久的需求。但P2产品因更适合于国内市场,估计需求一直比较平稳。随着P系列产品的逐渐认同,估计对P3产品的需求会发展较快。但对P4产品的需求就不一定如P3产品那样旺了。当然,对高价值的产品来说,客户一定会更注重产品的质量认证。

（c）国内市场产品需求量预测

亚洲市场P系列产品需求量预测

亚洲市场产品价格预测

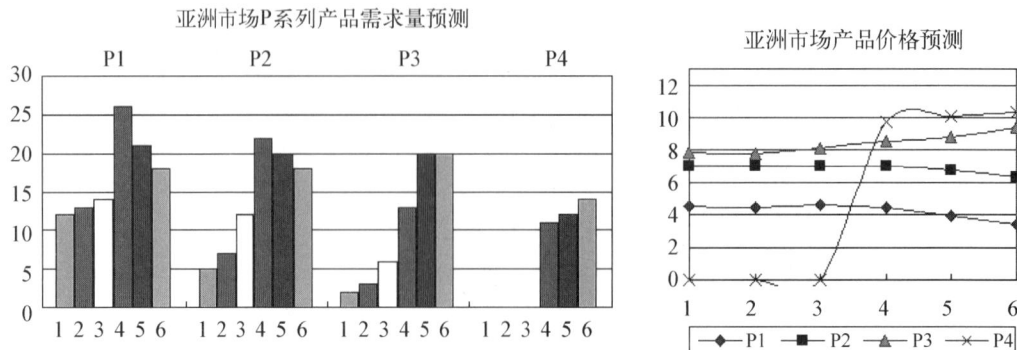

这个市场一向波动较大,所以对 P1 产品的需求可能起伏较大,估计对 P2 产品的需求走势与 P1 相似。但该市场对新产品很敏感,因此估计对 P3、P4 产品的需求量会发展较快,价格也可能不菲。另外,这个市场的消费者很看重产品的质量,所以没有 ISO 9000 和 ISO 14000 认证的产品可能很难销售。

(d) 亚洲市场产品需求量预测

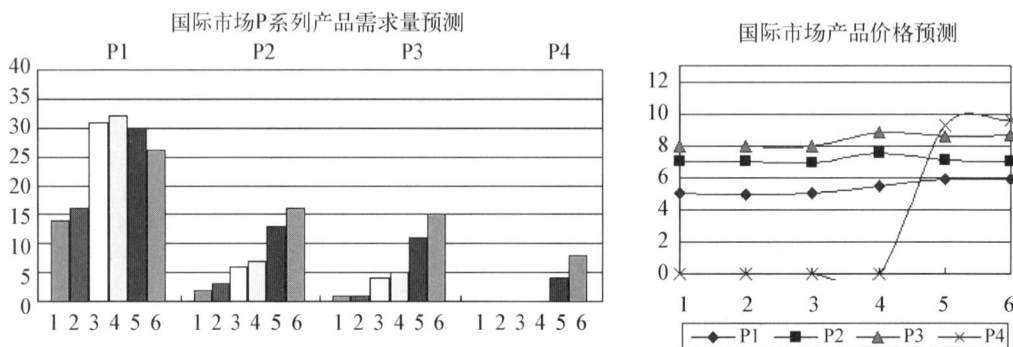

国际市场P系列产品需求量预测

国际市场产品价格预测

P 系列产品进入国际市场可能需要一个较长的时期。有迹象表明,对 P1 产品已经有所认同,但还需要一段时间才能被市场接受。同样,对 P2、P3 和 P4 产品也会很谨慎地接受。需求增长较慢。当然,国际市场的客户也会关注具有 ISO 认证的产品。

(e) 国际市场产品需求量预测

附图 2-1 市场预测

三、学生经营六年流程

第一年

附表 2-14　　　　　　　　　　　　　任务清单

支付应付税(根据上年度结果)	☐			
准备好新的一年	☐			
准备好与客户见面/登记销售订单	☐			
更新短期贷款/还本付息/申请短期贷款	☐	☐	☐	☐
更新应付款/归还应付款	☐	☐	☐	☐
原材料入库/更新原料订单	☐	☐	☐	☐

下原料订单	☐	☐	☐	☐
更新生产/完工入库	☐	☐	☐	☐
投资新生产线/变卖生产线/生产线转产	☐	☐	☐	☐
开始下一批生产	☐	☐	☐	☐
按订单交货	☐	☐	☐	☐
更新应收款/应收款收现	☐	☐	☐	☐
出售厂房	☐	☐	☐	☐
产品研发投资	☐	☐	☐	☐
支付行政管理费用	☐	☐	☐	☐
更新长期贷款/支付利息/申请长期贷款				☐
支付设备维修费				☐
支付租金(或购买建筑)				☐
折旧				☐
新市场开拓投资/ISO 资格认证投资				☐
关账				☐

附表 2-15　　　　　　　　　　广告投放表(a)

第一年本地市场				第一年区域市场			
产品	广告	ISO 9000	ISO 14000	产品	广告	ISO 9000	ISO 14000
P1				P1			
P2				P2			
P3				P3			
P4				P4			
合　　计							
签字确认							

附表 2-16　　　　　　　　　　广告投放表(b)

第一年国内市场				第一年亚洲市场				第一年国际市场			
产品	广告	ISO 9000	ISO 14000	产品	广告	ISO 9000	ISO 14000	产品	广告	ISO 9000	ISO 14000
P1				P1				P1			
P2				P2				P2			
P3				P3				P3			
P4				P4				P4			
合　　计											
签字确认											

附表 2 - 17　　　　　　　　　　　订单登记表

订 单 号								总数
市　　场								
产　　品								
数　　量								
账　　期								
订单销售额								
成　　本								
毛　　利								

附表 2 - 18　　　　　　　　　　　现金预算表

项　　目	1	2	3	4
期初库存现金				
支付上年应交税				
市场营销投入				
折现费用				
利息(短期贷款)				
支付到期短期贷款				
原料采购支付现金				
变更费用				
生产线投资				
工人工资				
应收款到期				
收到现金前的所有支出				
出售厂房				
产品研发投资				
支付管理费用				
利息(长期贷款)				
支付到期长期贷款				
设备维护费用				
租金				
购买新建筑				
市场开拓投资				
ISO 认证投资				
其他				
库存现金余额				

附表 2-19 供财务人员记录每期的现金收入和支出情况,便于进行现金流量的管理。

附表 2-19 现金明细表

项　目	1	2	3	4
支付上年应交税				
市场营销				
折现费用				
短期及贷款利息				
原料采购支付现金				
成品采购支付现金				
变更费用				
生产线投资				
变卖生产线（＋）				
工人工资				
应收款到期（＋）				
出售厂房				
产品研发				
管理费用				
变卖原料（＋）				
长期贷款及利息				
设备维护费				
租金				
购买新建筑				
市场开拓投资				
ISO 认证投资				
其他				
收入总计				
支出总计				
现金流量				

附表 2-20 贷款记录表

上　年　末　权　益			项　　目						
年	季	偿还贷款	还高利贷	偿还长贷	短贷余额	高贷余额	长贷余额	申请短贷	申请高贷	申请长贷
第一年	1									
	2									
	3									
	4									

附表 2–21 综合管理费用明细表

项　目	金　额	备　　注
管理费		
广告费		
维修费		
租金		
转产费		
市场准入开拓		□区域 　□国内 　□亚洲 　□国际
ISO 资格认证		□ISO 9000 　　　□ISO 14000
产品开发		□P2 　　　□P3 　　　□P4
其他		

附表 2–22 利润表

项　目	算　符	上　年　数	本　年　数
销售收入	+		
直接成本	−		
毛利	=		
综合费用	−		
折旧前利润	=		
折旧	−		
支付利息前利润	=		
财务收入/支出	+/−		
其他收入/支出	+/−		
税前利润	=		
所得税	−		
净利润	=		

附表 2–23 资产负债表

资　产	期初数	期末数	负债和所有者权益	期初数	期末数
流动资产：			负债：		
现金			长期负债		
应收款			短期负债		
在制品			应付账款		
成品			应交税费		

续　表

资　　产	期初数	期末数	负债和所有者权益	期初数	期末数
原料			一年内到期的长期负债		
流动资产合计			负债合计		
固定资产:			所有者权益:		
土地和建筑			股东资本		
机器与设备			利润留存		
在建工程			年度净利		
固定资产合计			所有者权益合计		
资产合计			负债和所有者权益合计		

第一年

附表 2-24　　　　　　　　　　　　　开工计划表

产　　品	第一季度	第二季度	第三季度	第四季度
P1				
P2				
P3				
P4				
人工费(M)				

附表 2-25　　　　　　　　　　　产品生产及材料需求计划

生　产　线		第　一　年			
		第一季度	第二季度	第三季度	第四季度
1	产　品				
	材　料				
2	产　品				
	材　料				
3	产　品				
	材　料				
4	产　品				
	材　料				
5	产　品				
	材　料				
6	产　品				
	材　料				

生　产　线			第　一　年			
			第一季度	第二季度	第三季度	第四季度
7	产　品					
	材　料					
8	产　品					
	材　料					
9	产　品					
	材　料					
10	产　品					
	材　料					
合 计	产 品	P1				
		P2				
		P3				
		P4				
	材 料	P1				
		P2				
		P3				
		P4				

附表 2－26　　　　　　　　　　　采购及材料付款计划表

产　品	第　一　年			
	第一季度	第二季度	第三季度	第四季度
R1				
R2				
R3				
R4				
材料付款				

第二年

附表 2－27　　　　　　　　　　　任务清单

支付应付税（根据上年度结果）	☐			
准备好新的一年	☐			
准备好与客户见面/登记销售订单	☐			
更新短期贷款/还本付息/申请短期贷款	☐	☐	☐	☐

续　表

更新应付款/归还应付款	☐	☐	☐	☐
原材料入库/更新原料订单	☐	☐	☐	☐
下原料订单	☐	☐	☐	☐
更新生产/完工入库	☐	☐	☐	☐
投资新生产线/变卖生产线/生产线转产	☐	☐	☐	☐
开始下一批生产	☐	☐	☐	☐
按订单交货	☐	☐	☐	☐
更新应收款/应收款收现	☐	☐	☐	☐
出售厂房	☐	☐	☐	☐
产品研发投资	☐	☐	☐	☐
支付行政管理费用	☐	☐	☐	☐
更新长期贷款/支付利息/申请长期贷款				☐
支付设备维修费				☐
支付租金(或购买建筑)				☐
折旧				☐
新市场开拓投资/ISO 资格认证投资				☐
关账				☐

附表 2 - 28　　　　　　　　　　　　广告投放表(a)

第二年本地市场				第二年区域市场			
产品	广告	ISO 9000	ISO 14000	产品	广告	ISO 9000	ISO 14000
P1				P1			
P2				P2			
P3				P3			
P4				P4			
合　　计							
签字确认							

附表 2 - 29　　　　　　　　　　　　广告投放表(b)

第二年国内市场				第二年亚洲市场				第二年国际市场			
产品	广告	ISO 9000	ISO 14000	产品	广告	ISO 9000	ISO 14000	产品	广告	ISO 9000	ISO 14000
P1				P1				P1			
P2				P2				P2			
P3				P3				P3			
P4				P4				P4			
合　　计											
签字确认											

121

附表 2-30   订单登记表

订单号								总数
市　　场								
产　　品								
数　　量								
账　　期								
订单销售额								
成　　本								
毛　　利								

附表 2-31   现金预算表

项　　目	1	2	3	4
期初库存现金				
支付上年应交税				
市场营销投入				
折现费用				
利息（短期贷款）				
支付到期短期贷款				
原料采购支付现金				
变更费用				
生产线投资				
工人工资				
应收款到期				
收到现金前的所有支出				
出售厂房				
产品研发投资				
支付管理费用				
利息（长期贷款）				
支付到期长期贷款				
设备维护费用				
租金				
购买新建筑				
市场开拓投资				
ISO 认证投资				
其他				
库存现金余额				

附表 2-32 供财务人员记录每期的现金收入和支出情况,便于进行现金流量的管理。

附表 2-32　　　　　　　　　　　　现金明细表

项　　目	1	2	3	4
支付上年应交税				
市场营销				
折现费用				
短期及贷款利息				
原料采购支付现金				
成品采购支付现金				
变更费用				
生产线投资				
变卖生产线(+)				
工人工资				
应收款到期(+)				
出售厂房				
产品研发				
管理费用				
变卖原料(+)				
长期贷款及利息				
设备维护费				
租金				
购买新建筑				
市场开拓投资				
ISO 认证投资				
其他				
收入总计				
支出总计				
现金流量				

附表 2-33　　　　　　　　　　　　贷款记录表

上　年　末　权　益			项　　　　　　目						
年	季	偿还贷款	还高利贷	偿还长贷	短贷余额	高贷余额	长贷余额	申请短贷	申请高贷	申请长贷
第年	1									
	2									
	3									
	4									

附表 2 - 34 综合管理费用明细表

项 目	金 额	备 注
管理费		
广告费		
维修费		
租金		
转产费		
市场准入开拓		□区域 □国内 □亚洲 □国际
ISO 资格认证		□ISO 9000　　　□ISO 14000
产品开发		□P2　　　□P3　　　□P4
其他		

附表 2 - 35 利润表

项 目	算 符	上 年 数	本 年 数
销售收入	+		
直接成本	−		
毛利	=		
综合费用	−		
折旧前利润	=		
折旧	−		
支付利息前利润	=		
财务收入/支出	+/−		
其他收入/支出	+/−		
税前利润	=		
所得税	−		
净利润	=		

附表 2 - 36 资产负债表

资 产	期初数	期末数	负债和所有者权益	期初数	期末数
流动资产：			负债：		
现金			长期负债		
应收款			短期负债		
在制品			应付账款		
成品			应交税费		
原料			一年内到期的长期负债		

资　　产	期初数	期末数	负债和所有者权益	期初数	期末数
流动资产合计			负债合计		
固定资产：			所有者权益：		
土地和建筑			股东资本		
机器与设备			利润留存		
在建工程			年度净利		
固定资产合计			所有者权益合计		
资产合计			负债和所有者权益合计		

第二年

附表 2－37　　　　　　　　　　开工计划表

产　　品	第一季度	第二季度	第三季度	第四季度
P1				
P2				
P3				
P4				
人工费（M）				

附表 2－38　　　　　　　　　　产品生产及材料需求计划

生　产　线		第　二　年			
		第一季度	第二季度	第三季度	第四季度
1	产　品				
	材　料				
2	产　品				
	材　料				
3	产　品				
	材　料				
4	产　品				
	材　料				
5	产　品				
	材　料				
6	产　品				
	材　料				

续　表

生　产　线		第　二　年			
		第一季度	第二季度	第三季度	第四季度
7	产　品				
	材　料				
8	产　品				
	材　料				
9	产　品				
	材　料				
10	产　品				
	材　料				
合 计	产 品	P1			
		P2			
		P3			
		P4			
	材 料	P1			
		P2			
		P3			
		P4			

附表 2-39　　　　　　　　　　　采购及材料付款计划表

产　品	第　二　年			
	第一季度	第二季度	第三季度	第四季度
R1				
R2				
R3				
R4				
材料付款				

第三年

附表 2-40　　　　　　　　　　　任务清单

支付应付税(根据上年度结果)	☐			
准备好新的一年	☐			
准备好与客户见面/登记销售订单	☐			
更新短期贷款/还本付息/申请短期贷款	☐	☐	☐	☐

续　表

更新应付款/归还应付款	☐	☐	☐	☐
原材料入库/更新原料订单	☐	☐	☐	☐
下原料订单	☐	☐	☐	☐
更新生产/完工入库	☐	☐	☐	☐
投资新生产线/变卖生产线/生产线转产	☐	☐	☐	☐
开始下一批生产	☐	☐	☐	☐
按订单交货	☐	☐	☐	☐
更新应收款/应收款收现	☐	☐	☐	☐
出售厂房	☐	☐	☐	☐
产品研发投资	☐	☐	☐	☐
支付行政管理费用	☐	☐	☐	☐
更新长期贷款/支付利息/申请长期贷款				☐
支付设备维修费				☐
支付租金(或购买建筑)				☐
折旧				☐
新市场开拓投资/ISO 资格认证投资				☐
关账				☐

附表 2－41　　　　　　　　　　　广告投放表(a)

第三年本地市场				第三年区域市场			
产品	广告	ISO 9000	ISO 14000	产品	广告	ISO 9000	ISO 14000
P1				P1			
P2				P2			
P3				P3			
P4				P4			
合　　计							
签字确认							

附表 2－42　　　　　　　　　　　广告投放表(b)

第三年国内市场				第三年亚洲市场				第三年国际市场			
产品	广告	ISO 9000	ISO 14000	产品	广告	ISO 9000	ISO 14000	产品	广告	ISO 9000	ISO 14000
P1				P1				P1			
P2				P2				P2			
P3				P3				P3			
P4				P4				P4			
合　　计											
签字确认											

附表 2-43　　　　　　　　　　　订单登记表

订 单 号								总数
市　　场								
产　　品								
数　　量								
账　　期								
订单销售额								
成　　本								
毛　　利								

附表 2-44　　　　　　　　　　　现金预算表

项　　目	1	2	3	4
期初库存现金				
支付上年应交税				
市场营销投入				
折现费用				
利息（短期贷款）				
支付到期短期贷款				
原料采购支付现金				
变更费用				
生产线投资				
工人工资				
应收款到期				
收到现金前的所有支出				
出售厂房				
产品研发投资				
支付管理费用				
利息（长期贷款）				
支付到期长期贷款				
设备维护费用				
租金				
购买新建筑				
市场开拓投资				
ISO 认证投资				
其他				
库存现金余额				

附表 2-45 供财务人员记录每期的现金收入和支出情况，便于进行现金流量的管理。

附表 2　45　　　　　　　　　　　　　　　现金明细表

项　　目	1	2	3	4
支付上年应交税				
市场营销				
折现费用				
短期及贷款利息				
原料采购支付现金				
成品采购支付现金				
变更费用				
生产线投资				
变卖生产线（＋）				
工人工资				
应收款到期（＋）				
出售厂房				
产品研发				
管理费用				
变卖原料（＋）				
长期贷款及利息				
设备维护费				
租金				
购买新建筑				
市场开拓投资				
ISO 认证投资				
其他				
收入总计				
支出总计				
现金流量				

附表 2-46　　　　　　　　　　　　　　　贷款记录表

上　年　末　权　益			项　　　　目						
年	季	偿还贷款	还高利贷	偿还长贷	短贷余额	高贷余额	长贷余额	申请短贷	申请高贷	申请长贷
第 一 年	1									
	2									
	3									
	4									

附表 2－47　　　　　　　　　　　　　综合管理费用明细表

项　　目	金　额	备　　　注
管理费		
广告费		
维修费		
租金		
转产费		
市场准入开拓		□区域　□国内　□亚洲　□国际
ISO 资格认证		□ISO 9000　　　□ISO 14000
产品开发		□P2　　　□P3　　　□P4
其他		

附表 2－48　　　　　　　　　　　　　利润表

项　　目	算　符	上　年　数	本　年　数
销售收入	＋		
直接成本	－		
毛利	＝		
综合费用	－		
折旧前利润	＝		
折旧	－		
支付利息前利润	＝		
财务收入/支出	＋/－		
其他收入/支出	＋/－		
税前利润	＝		
所得税	－		
净利润	＝		

附表 2－49　　　　　　　　　　　　　资产负债表

资　　产	期初数	期末数	负债和所有者权益	期初数	期末数
流动资产：			负债：		
现金			长期负债		
应收款			短期负债		
在制品			应付账款		
成品			应交税费		
原料			一年内到期的长期负债		

续 表

资 产	期初数	期末数	负债和所有者权益	期初数	期末数
流动资产合计			负债合计		
固定资产：			所有者权益：		
土地和建筑			股东资本		
机器与设备			利润留存		
在建工程			年度净利		
固定资产合计			所有者权益合计		
资产合计			负债和所有者权益合计		

第三年

附表 2-50　　　　　　　　　　　　　　开工计划表

产 品	第一季度	第二季度	第三季度	第四季度
P1				
P2				
P3				
P4				
人工费（M）				

附表 2-51　　　　　　　　　　　　　产品生产及材料需求计划

生 产 线		第 三 年			
		第一季度	第二季度	第三季度	第四季度
1	产 品				
	材 料				
2	产 品				
	材 料				
3	产 品				
	材 料				
4	产 品				
	材 料				
5	产 品				
	材 料				
6	产 品				
	材 料				

续　表

生　产　线		第　三　年			
		第一季度	第二季度	第三季度	第四季度
7	产　品				
	材　料				
8	产　品				
	材　料				
9	产　品				
	材　料				
10	产　品				
	材　料				
合 计	产 品	P1				
		P2				
		P3				
		P4				
	材 料	P1				
		P2				
		P3				
		P4				

附表 2-52　　　　　　　　　　采购及材料付款计划表

产　品	第　三　年			
	第一季度	第二季度	第三季度	第四季度
R1				
R2				
R3				
R4				
材料付款				

第四年

附表 2-53　　　　　　　　　　任务清单

支付应付税(根据上年度结果)	☐			
准备好新的一年	☐			
准备好与客户见面/登记销售订单	☐			
更新短期贷款/还本付息/申请短期贷款	☐	☐	☐	☐

续　表

更新应付款/归还应付款	☐	☐	☐	☐
原材料入库/更新原料订单	☐	☐	☐	☐
下原料订单	☐	☐	☐	☐
更新生产/完工入库	☐	☐	☐	☐
投资新生产线/变卖生产线/生产线转产	☐	☐	☐	☐
开始下一批生产	☐	☐	☐	☐
按订单交货	☐	☐	☐	☐
更新应收款/应收款收现	☐	☐	☐	☐
出售厂房	☐	☐	☐	☐
产品研发投资	☐	☐	☐	☐
支付行政管理费用	☐	☐	☐	☐
更新长期贷款/支付利息/申请长期贷款				☐
支付设备维修费				☐
支付租金(或购买建筑)				☐
折旧				☐
新市场开拓投资/ISO 资格认证投资				☐
关账				☐

附表 2-54　　　　　　　　　　　广告投放表(a)

第四年本地市场				第四年区域市场			
产品	广告	ISO 9000	ISO 14000	产品	广告	ISO 9000	ISO 14000
P1				P1			
P2				P2			
P3				P3			
P4				P4			
合　计							
签字确认							

附表 2-55　　　　　　　　　　　广告投放表(b)

第四年国内市场				第四年亚洲市场				第四年国际市场			
产品	广告	ISO 9000	ISO 14000	产品	广告	ISO 9000	ISO 14000	产品	广告	ISO 9000	ISO 14000
P1				P1				P1			
P2				P2				P2			
P3				P3				P3			
P4				P4				P4			
合　计											
签字确认											

附表 2 - 56 订单登记表

订单号							总数
市　场							
产　品							
数　量							
账　期							
订单销售额							
成　本							
毛　利							

附表 2 - 57 现金预算表

项　目	1	2	3	4
期初库存现金				
支付上年应交税				
市场营销投入				
折现费用				
利息(短期贷款)				
支付到期短期贷款				
原料采购支付现金				
变更费用				
生产线投资				
工人工资				
应收款到期				
收到现金前的所有支出				
出售厂房				
产品研发投资				
支付管理费用				
利息(长期贷款)				
支付到期长期贷款				
设备维护费用				
租金				
购买新建筑				
市场开拓投资				
ISO 认证投资				
其他				
库存现金余额				

附表 2-58 供财务人员记录每期的现金收入和支出情况,便于进行现金流量的管理。

附表 2-58　　　　　　　　　　　　　　现金明细表

项　目	1	2	3	4
支付上年应交税				
市场营销				
折现费用				
短期及贷款利息				
原料采购支付现金				
成品采购支付现金				
变更费用				
生产线投资				
变卖生产线(+)				
工人工资				
应收款到期(+)				
出售厂房				
产品研发				
管理费用				
变卖原料(+)				
长期贷款及利息				
设备维护费				
租金				
购买新建筑				
市场开拓投资				
ISO 认证投资				
其他				
收入总计				
支出总计				
现金流量				

附表 2-59　　　　　　　　　　　　　　贷款记录表

上 年 末 权 益			项　　目						
年	季	偿还贷款	还高利贷	偿还长贷	短贷余额	高贷余额	长贷余额	申请短贷	申请高贷	申请长贷
第一年	1									
	2									
	3									
	4									

附表 2-60　　　　　　　　　　　综合管理费用明细表

项　　目	金　额	备　　　　注
管理费		
广告费		
维修费		
租金		
转产费		
市场准入开拓		□区域　□国内　□亚洲　□国际
ISO 资格认证		□ISO 9000　　　　□ISO 14000
产品开发		□P2　　　□P3　　　□P4
其他		

附表 2-61　　　　　　　　　　　利润表

项　　目	算　符	上　年　数	本　年　数
销售收入	+		
直接成本	−		
毛利	=		
综合费用	−		
折旧前利润	=		
折旧	−		
支付利息前利润	=		
财务收入/支出	+/−		
其他收入/支出	+/−		
税前利润	=		
所得税	−		
净利润	=		

附表 2-62　　　　　　　　　　　资产负债表

资　　产	期初数	期末数	负债和所有者权益	期初数	期末数
流动资产：			负债：		
现金			长期负债		
应收款			短期负债		
在制品			应付账款		
成品			应交税费		
原料			一年内到期的长期负债		

续　表

资　产	期初数	期末数	负债和所有者权益	期初数	期末数
流动资产合计			负债合计		
固定资产：			所有者权益：		
土地和建筑			股东资本		
机器与设备			利润留存		
在建工程			年度净利		
固定资产合计			所有者权益合计		
资产合计			负债和所有者权益合计		

第四年

附表 2-63　　　　　　　　　　　　　开工计划表

产　品	第一季度	第二季度	第三季度	第四季度
P1				
P2				
P3				
P4				
人工费（M）				

附表 2-64　　　　　　　　　　　　产品生产及材料需求计划

生　产　线		第　四　年			
		第一季度	第二季度	第三季度	第四季度
1	产　品				
	材　料				
2	产　品				
	材　料				
3	产　品				
	材　料				
4	产　品				
	材　料				
5	产　品				
	材　料				
6	产　品				
	材　料				

续 表

生 产 线		第 四 年			
		第一季度	第二季度	第三季度	第四季度
7	产 品				
	材 料				
8	产 品				
	材 料				
9	产 品				
	材 料				
10	产 品				
	材 料				
合 计	产 品 P1				
	产品 P2				
	P3				
	P4				
	材 料 P1				
	P2				
	材料 P3				
	P4				

附表 2－65　　　　　　　　　　　　采购及材料付款计划表

产 品	第 四 年			
	第一季度	第二季度	第三季度	第四季度
R1				
R2				
R3				
R4				
材料付款				

第五年

附表 2－66　　　　　　　　　　　　任务清单

支付应付税（根据上年度结果）	☐			
准备好新的一年	☐			
准备好与客户见面/登记销售订单	☐			
更新短期贷款/还本付息/申请短期贷款	☐	☐	☐	☐

续　表

更新应付款/归还应付款	☐	☐	☐	☐
原材料入库/更新原料订单	☐	☐	☐	☐
下原料订单	☐	☐	☐	☐
更新生产/完工入库	☐	☐	☐	☐
投资新生产线/变卖生产线/生产线转产	☐	☐	☐	☐
开始下一批生产	☐	☐	☐	☐
按订单交货	☐	☐	☐	☐
更新应收款/应收款收现	☐	☐	☐	☐
出售厂房	☐	☐	☐	☐
产品研发投资	☐	☐	☐	☐
支付行政管理费用	☐	☐	☐	☐
更新长期贷款/支付利息/申请长期贷款				☐
支付设备维修费				☐
支付租金(或购买建筑)				☐
折旧				☐
新市场开拓投资/ISO 资格认证投资				☐
关账				☐

附表 2-67　　　　　　　　　　　广告投放表(a)

第五年本地市场				第五年区域市场			
产品	广告	ISO 9000	ISO 14000	产品	广告	ISO 9000	ISO 14000
P1				P1			
P2				P2			
P3				P3			
P4				P4			
合　计							
签字确认							

附表 2-68　　　　　　　　　　　广告投放表(b)

第五年国内市场				第五年亚洲市场				第五年国际市场			
产品	广告	ISO 9000	ISO 14000	产品	广告	ISO 9000	ISO 14000	产品	广告	ISO 9000	ISO 14000
P1				P1				P1			
P2				P2				P2			
P3				P3				P3			
P4				P4				P4			
合　计											
签字确认											

附表 2 - 69 　　　　　　　　　　　　订单登记表

订 单 号								总数
市　　场								
产　　品								
数　　量								
账　　期								
订单销售额								
成　　本								
毛　　利								

附表 2 - 70 　　　　　　　　　　　　现金预算表

项　　　目	1	2	3	4
期初库存现金				
支付上年应交税				
市场营销投入				
折现费用				
利息（短期贷款）				
支付到期短期贷款				
原料采购支付现金				
变更费用				
生产线投资				
工人工资				
应收款到期				
收到现金前的所有支出				
出售厂房				
产品研发投资				
支付管理费用				
利息（长期贷款）				
支付到期长期贷款				
设备维护费用				
租金				
购买新建筑				
市场开拓投资				
ISO 认证投资				
其他				
库存现金余额				

附表 2-71 供财务人员记录每期的现金收入和支出情况,便于进行现金流量的管理。

附表 2-71　　　　　　　　　　　　　现金明细表

项　目	1	2	3	4
支付上年应交税				
市场营销				
折现费用				
短期及贷款利息				
原料采购支付现金				
成品采购支付现金				
变更费用				
生产线投资				
变卖生产线(+)				
工人工资				
应收款到期(+)				
出售厂房				
产品研发				
管理费用				
变卖原料(+)				
长期贷款及利息				
设备维护费				
租金				
购买新建筑				
市场开拓投资				
ISO 认证投资				
其他				
收入总计				
支出总计				
现金流量				

附表 2-72　　　　　　　　　　　　　贷款记录表

上　年　末　权　益			项　　　　　目						
年	季	偿还贷款	还高利贷	偿还长贷	短贷余额	高贷余额	长贷余额	申请短贷	申请高贷	申请长贷
第年	1									
	2									
	3									
	4									

附表 2－73 综合管理费用明细表

项 目	金 额	备 注
管理费		
广告费		
维修费		
租金		
转产费		
市场准入开拓		□区域　□国内　□亚洲　□国际
ISO 资格认证		□ISO 9000　　　□ISO 14000
产品开发		□P2　　□P3　　□P4
其他		

附表 2－74 利润表

项 目	算 符	上 年 数	本 年 数
销售收入	＋		
直接成本	－		
毛利	＝		
综合费用	－		
折旧前利润	＝		
折旧	－		
支付利息前利润	＝		
财务收入/支出	＋/－		
其他收入/支出	＋/－		
税前利润	＝		
所得税	－		
净利润	＝		

附表 2－75 资产负债表

资 产	期初数	期末数	负债和所有者权益	期初数	期末数
流动资产：			负债：		
现金			长期负债		
应收款			短期负债		
在制品			应付账款		
成品			应交税费		
原料			一年内到期的长期负债		

资　　产	期初数	期末数	负债和所有者权益	期初数	期末数
流动资产合计			负债合计		
固定资产：			所有者权益：		
土地和建筑			股东资本		
机器与设备			利润留存		
在建工程			年度净利		
固定资产合计			所有者权益合计		
资产合计			负债和所有者权益合计		

第五年

附表 2-76　　　　　　　　　　　　　开工计划表

产　　品	第一季度	第二季度	第三季度	第四季度
P1				
P2				
P3				
P4				
人工费（M）				

附表 2-77　　　　　　　　　　　　产品生产及材料需求计划

生　产　线		第　　五　　年			
		第一季度	第二季度	第三季度	第四季度
1	产　　品				
	材　　料				
2	产　　品				
	材　　料				
3	产　　品				
	材　　料				
4	产　　品				
	材　　料				
5	产　　品				
	材　　料				
6	产　　品				
	材　　料				

生 产 线			第 五 年			
			第一季度	第二季度	第三季度	第四季度
7	产 品					
	材 料					
8	产 品					
	材 料					
9	产 品					
	材 料					
10	产 品					
	材 料					
合 计	产 品	P1				
		P2				
		P3				
		P4				
	材 料	P1				
		P2				
		P3				
		P4				

附表 2-78　　　　　　　　　　　　　采购及材料付款计划表

产 品	第 五 年			
	第一季度	第二季度	第三季度	第四季度
R1				
R2				
R3				
R4				
材料付款				

第六年

附表 2-79　　　　　　　　　　　　　任务清单

支付应付税(根据上年度结果)	☐			
准备好新的一年	☐			
准备好与客户见面/登记销售订单	☐			
更新短期贷款/还本付息/申请短期贷款	☐	☐	☐	☐

更新应付款/归还应付款	☐	☐	☐	☐
原材料入库/更新原料订单	☐	☐	☐	☐
下原料订单	☐	☐	☐	☐
更新生产/完工入库	☐	☐	☐	☐
投资新生产线/变卖生产线/生产线转产	☐	☐	☐	☐
开始下一批生产	☐	☐	☐	☐
按订单交货	☐	☐	☐	☐
更新应收款/应收款收现	☐	☐	☐	☐
出售厂房	☐	☐	☐	☐
产品研发投资	☐	☐	☐	☐
支付行政管理费用	☐	☐	☐	☐
更新长期贷款/支付利息/申请长期贷款				☐
支付设备维修费				☐
支付租金(或购买建筑)				☐
折旧				☐
新市场开拓投资/ISO 资格认证投资				☐
关账				☐

附表 2-80　　　　　　　　　　　广告投放表(a)

第六年本地市场				第六年区域市场			
产品	广告	ISO 9000	ISO 14000	产品	广告	ISO 9000	ISO 14000
P1				P1			
P2				P2			
P3				P3			
P4				P4			
合　　计							
签字确认							

附表 2-81　　　　　　　　　　　广告投放表(b)

第六年国内市场				第六年亚洲市场				第六年国际市场			
产品	广告	ISO 9000	ISO 14000	产品	广告	ISO 9000	ISO 14000	产品	广告	ISO 9000	ISO 14000
P1				P1				P1			
P2				P2				P2			
P3				P3				P3			
P4				P4				P4			
合　　计											
签字确认											

附表 2-82 订单登记表

订单号							总数
市 场							
产 品							
数 量							
账 期							
订单销售额							
成 本							
毛 利							

附表 2-83 现金预算表

项 目	1	2	3	4
期初库存现金				
支付上年应交税				
市场营销投入				
折现费用				
利息（短期贷款）				
支付到期短期贷款				
原料采购支付现金				
变更费用				
生产线投资				
工人工资				
应收款到期				
收到现金前的所有支出				
出售厂房				
产品研发投资				
支付管理费用				
利息（长期贷款）				
支付到期长期贷款				
设备维护费用				
租金				
购买新建筑				
市场开拓投资				
ISO 认证投资				
其他				
库存现金余额				

附表 2 - 84 供财务人员记录每期的现金收入和支出情况，便于进行现金流量的管理。

附表 2 - 84　　　　　　　　　　　　　　现金明细表

项　目	1	2	3	4
支付上年应交税				
市场营销				
折现费用				
短期及贷款利息				
原料采购支付现金				
成品采购支付现金				
变更费用				
生产线投资				
变卖生产线（＋）				
工人工资				
应收款到期（＋）				
出售厂房				
产品研发				
管理费用				
变卖原料（＋）				
长期贷款及利息				
设备维护费				
租金				
购买新建筑				
市场开拓投资				
ISO 认证投资				
其他				
收入总计				
支出总计				
现金流量				

附表 2 - 85　　　　　　　　　　　　　　贷款记录表

上 年 末 权 益			项　　目						
年	季	偿还贷款	还高利贷	偿还长贷	短贷余额	高贷余额	长贷余额	申请短贷	申请高贷	申请长贷
第 年	1									
	2									
	3									
	4									

附表 2－86　　　　　　　　　　　综合管理费用明细表

项　　目	金　额	备　　　　　注
管理费		
广告费		
维修费		
租金		
转产费		
市场准入开拓		□区域　　□国内　　□亚洲　　□国际
ISO 资格认证		□ISO 9000　　　　　□ISO 14000
产品开发		□P2　　　　□P3　　　　□P4
其他		

附表 2－87　　　　　　　　　　　利润表

项　　目	算　　符	上　年　数	本　年　数
销售收入	＋		
直接成本	－		
毛利	＝		
综合费用	－		
折旧前利润	＝		
折旧	－		
支付利息前利润	＝		
财务收入/支出	＋/－		
其他收入/支出	＋/－		
税前利润	＝		
所得税	－		
净利润	＝		

附表 2－88　　　　　　　　　　　资产负债表

资　　产	期初数	期末数	负债和所有者权益	期初数	期末数
流动资产：			负债：		
现金			长期负债		
应收款			短期负债		
在制品			应付账款		
成品			应交税费		
原料			一年内到期的长期负债		

续　表

资　　产	期初数	期末数	负债和所有者权益	期初数	期末数
流动资产合计			负债合计		
固定资产：			所有者权益：		
土地和建筑			股东资本		
机器与设备			利润留存		
在建工程			年度净利		
固定资产合计			所有者权益合计		
资产合计			负债和所有者权益合计		

第六年

附表 2 - 89　　　　　　　　　　　　　　开工计划表

产　　品	第一季度	第二季度	第三季度	第四季度
P1				
P2				
P3				
P4				
人工费（M）				

附表 2 - 90　　　　　　　　　　　　产品生产及材料需求计划

生　产　线		第　　六　　年			
		第一季度	第二季度	第三季度	第四季度
1	产　品				
	材　料				
2	产　品				
	材　料				
3	产　品				
	材　料				
4	产　品				
	材　料				
5	产　品				
	材　料				
6	产　品				
	材　料				

续　表

生　产　线		第　六　年			
		第一季度	第二季度	第三季度	第四季度
7	产　品				
	材　料				
8	产　品				
	材　料				
9	产　品				
	材　料				
10	产　品				
	材　料				
合　计	产　品 P1				
	P2				
	P3				
	P4				
	材　料 P1				
	P2				
	P3				
	P4				

附表 2－91　　　　　　　　　　　采购及材料付款计划表

产　品	第　六　年			
	第一季度	第二季度	第三季度	第四季度
R1				
R2				
R3				
R4				
材料付款				

本章小结

1. 用友 ERP 沙盘设计了营销与规划中心、财务中心、生产中心、物流中心以及信息中心。(职位)角色可以配备首席执行官、营销总监、财务总监、采购总监、运营总监。

2. 在模拟运营用友 ERP 沙盘前,要熟悉筹资、生产、营销、ISO 认证等方面的规则。

第五章　金蝶 ERP 手工沙盘实训

第一节　金蝶 ERP 手工沙盘简介

沙盘作为企业经营管理过程的道具,需要系统和概略性地体现企业的主要业务流程和组织架构。一般的企业管理沙盘包括企业生产设施和生产过程、财务资金运转过程、市场营销和产品销售、原材料供应、产品开发等主要内容。

一、金蝶 ERP 手工沙盘设计

金蝶软件公司开发的 ERP 沙盘是比较典型的企业管理模拟沙盘,它设计了营销与规划中心、物流中心、生产中心、财务中心。(职位)角色可以配备首席执行官、营销总监、财务总监、采购总监、生产总监,如图 5-1 所示。下面结合金蝶 ERP 企业经营沙盘道具对企业管理模拟沙盘进行介绍。

(一)营销与规划中心

在盘面上,营销与规划中心主要包括三个区域:市场开拓规划区域、产品研发规划区域和 ISO 认证规划区域。

1. 市场开拓规划区域

在市场开拓规划区域,主要用来确定企业需要开发哪些市场。各公司早已经进入了本地市场,可供企业选择开拓的市场有四个,分别是区域市场、国内市场、亚洲市场和国际市场。

2. 产品研发规划区域

在产品研发规划区域,研发总监需要确定企业需要研发哪些产品。各公司早已经生产了 Beryl 产品,可供企业选择开发的产品还有三种,分别是 Crystal 产品、Ruby 产品和 Sapphire 产品。产品技术含量由低到高,Sapphire 产品技术含量最高,所以研发成本最高,售价也最高。

3. ISO 认证规划区域

在 ISO 认证规划区域,主要用来确定企业需要争取获得哪些国际认证。可供企业选择的认证有两个,分别是 ISO 9000 质量认证和 ISO 14000 环境认证。在模拟经营里面,前三年市场对 ISO 认证没有特别要求,从第四年开始,市场对认证要求较为严格,要求企业必须全部完成 ISO 9000 质量认证和 ISO 14000 环境认证。

(二)物流中心

在盘面上,物流中心主要体现在原材料订单、在途原材料、原材料库、产品订单和产品库五个区域。

151

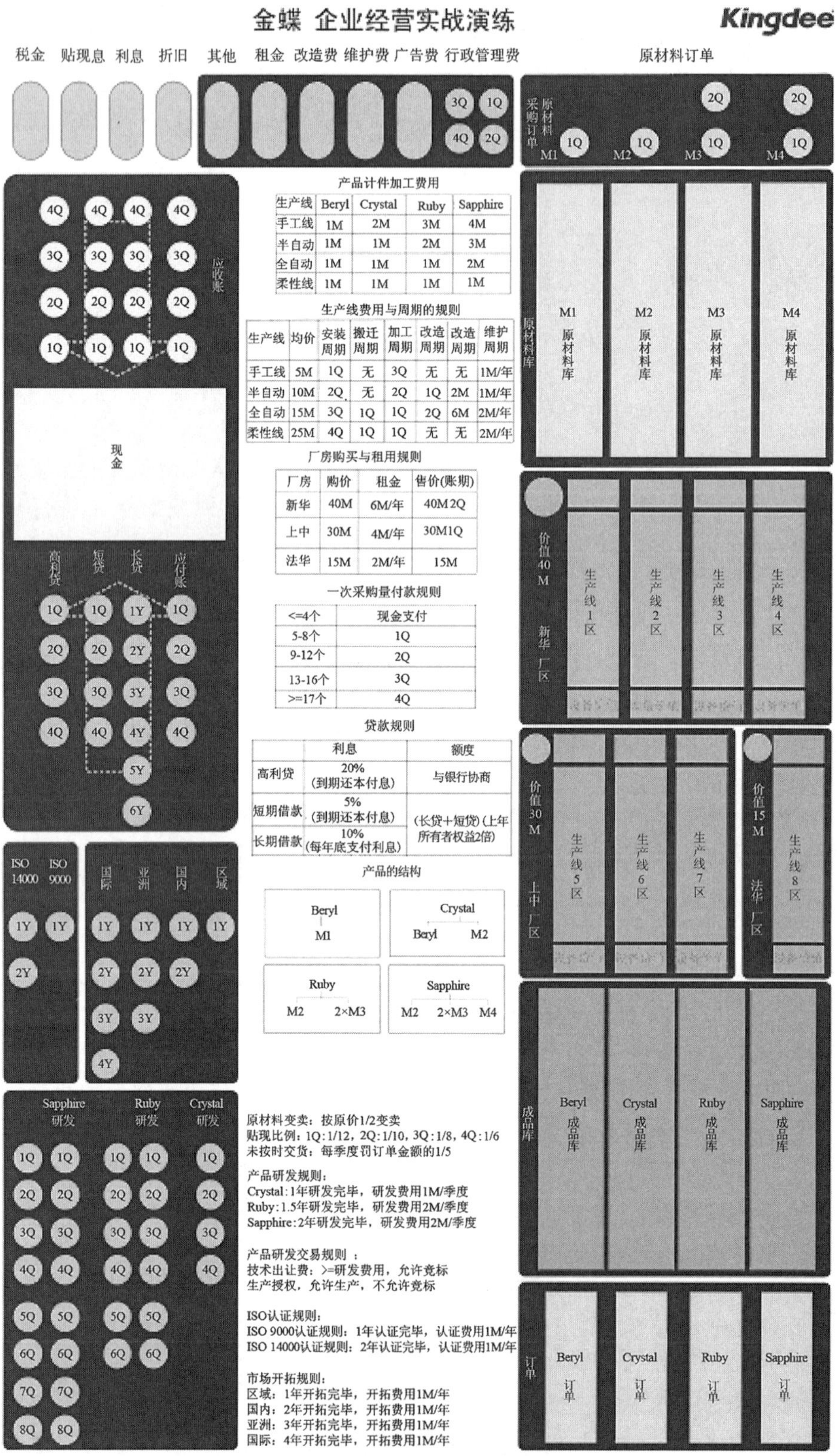

图 5-1　金蝶的手工沙盘盘面

1. 原材料订单区域

原材料订单区域代表模拟企业与供应商签订的订货合同,订货数量用黄币表示,一个蓝币代表一个价值 1M(即 100 万元)的原材料。原材料订单按 M1、M2、M3 和 M4 品种分别列示。

2. 在途原材料区域

M1、M2 原材料的采购提前期为一个季度;M3、M4 原材料的采购提前期为两个季度,这就导致 M3、M4 原材料有一个季度为在途原材料。

3. 原材料库区域

原材料库区域用来存放企业已经购买在库的原材料,分别按照原材料品种列示,用于存放 M1、M2、M3、M4 原材料。原材料用蓝币表示,每个价值 1M(即 100 万元)。

4. 产成品库区域

产成品库区域用来存放企业已经完成加工可以销售的产品,分别按照产品品种列示,用于存放 Beryl、Crystal、Ruby、Sapphire 产成品。

5. 产品订单区域

产品订单区域表示模拟企业与采购商签订的销售合同,分别按照 Beryl、Crystal、Ruby、Sapphire 产品的品种列示,用于放置企业取得的产品订单。产品订单是指销售产品的订单。

(三)财务中心

在盘面上,财务中心涵盖的内容更为广泛,这里将其分为五个大的区域:费用区域、贷款区域、现金区域、应收款项区域、应付款项区域。

1. 费用区域

费用区域主要包括折旧、税金、贴现息、利息、维护费、改造费、租金、行政管理费、广告费和其他企业经营期间发生的各项费用。当企业发生上述费用时,财务总监将同等费用金额的灰币放置在相对应的费用名称处。

2. 贷款区域

贷款区域用于体现企业的贷款情况,主要包括长期贷款、短期贷款和其他贷款。当企业发生贷款时,按照贷款的性质,用红币表示相应的贷款金额放置在相应的位置上。长期贷款按年分期,最长为 4 年。

3. 现金区域

现金区域用于存放现金,现金用灰币表示,每个价值 100 万元(one million,简写作 1M)。

4. 应付款项区域

应付账款区域在长期贷款的旁边。当企业因为批量采购原材料等原因产生应付账款时,按照双方协定的应付账款的金额和账期,用一空桶,在里面放置和应付账款金额等同的红币,放置在盘面上相应的应付账款账期的位置。

5. 应收款项区域

应收账款区域在费用区域的下边,沙盘盘面提供了四个应收账款。当企业因为销售产品或卖厂房等原因产生应收账款时,按照双方协定的应收账款的金额和账期,用一空桶,在里面放置和应收账款金额等同的灰币,放置在盘面上相应的应收账款账期的位置。

（四）生产中心

在盘面上,生产中心主要由厂房、生产线、产品标识和价值区构成。

1. 厂房

沙盘盘面上提供了大、中、小三种厂房,分别为新华厂区、上中厂区、法华厂区。不同的厂房容纳的生产线数量不同。新华厂区可以容纳生产线 1～4 四条生产线,上中厂区可以容纳生产线 5～7 三条生产线,法华厂区仅可以容纳生产线 8 一条生产线。

2. 产品标识

企业可供选择生产或研发后生产的产品的种类有四种,分别为 Beryl、Crystal、Ruby、Sapphire 产品,企业的生产线生产哪种产品,就将相应的产品标识放置在生产线上方的产品标识处。在沙盘盘面上,产品标识在生产线的上方,是蓝色的长方形空白区域。

3. 价值区

在产品标识的下方,有标有"设备价值"的区域,代表的是生产线的价值区。将企业拥有的生产线价值放置在其对应的产品标识下方的设备价值处。

二、模拟企业简介

该企业是一家典型的制造型企业,生产制造的是虚拟的产品,即 Beryl、Crystal、Ruby、Sapphire。该企业已经连续经营若干年了,经营状况良好,长期专注于 Beryl 产品的生产与经营。目前企业拥有一间大厂房——新华厂房,建有三条手工生产线和一条半自动生产线,运行状态良好。所有的生产设备全部生产 Beryl 产品,且一直只在本地市场销售,质量受到客户肯定。

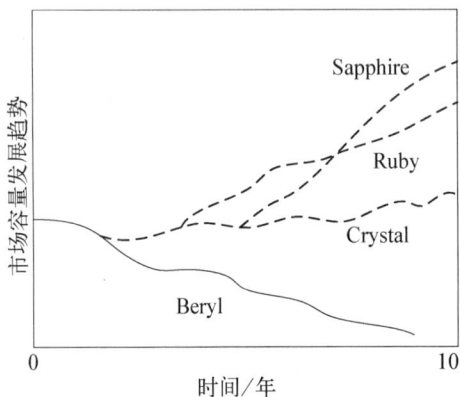

图 5－2　市场需求预测图

该企业上年盈利 700 万元,但是增长已经放缓。该企业生产设备较为陈旧,产品、市场单一。然而根据权威市场咨询机构提供的市场预测信息,在未来几年,该企业的主力产品 Beryl 的市场需求量将持续下降(见图 5-2),而且,目前企业主要销售的本地市场容量有限,缺乏成长性。市场上即将推出的 Crystal 产品是 Beryl 产品的技术改进版,虽然技术优势会带来一定的销售增长,但随着新兴技术出现,需求最终会下降。科研人员已经研发成功的 Ruby 和 Sapphire 为全新技术产品,预计市场发展潜力很大。

企业董事会认为,在日益变化的市场环境下,现有的管理层管理风格过于保守,导致企业已经缺乏必要的活力,目前虽尚未衰败,但也近乎停滞不前。故董事会决定调整现有高层管理人员,在座的各位被选中组成未来几年的企业管理团队。

在本次沙盘模拟中,我们将一个企业复杂的组织机构简化为几个主要的角色,各管理团队的成员可根据自己的情况选中适合自己的角色。下面介绍一下所设定的各个角色所代表的岗位:

（一）首席执行官(CEO)

首席执行官负责企业整体战略的制定。企业所有的重要决策均由首席执行官带领团队成员共同决定,如果大家意见相左,由 CEO 协调团队成员之间的不同意见,并最终拍板决定。每年制订全年计划,所有人可由 CEO 调动。

(二)财务总监(CFO)

在企业中,财务与会计的职能常常是分离的,它们有着不同的目标和工作内容。会计主要负责日常现金收支管理,定期核查企业的经营状况,核算企业的经营成果,制定预算及对成本数据的分类和分析。财务的职责主要负责资金的筹集、管理,做好现金预算,管好、用好资金。在沙盘模拟中,我们将其职能归并到财务总监,其主要任务是负责资金的运作,特别需要关注企业现金流,按需求支付各项费用、核算成本,每次现金的变动都需要登记入账,按时报送财务报表并做好财务分析;进行现金预算、采用经济有效的方式筹集资金,将资金成本控制到较低水平。

财务总监的任务比较多,可以适当地配备 1~2 名财务总监助理。

(三)营销总监

企业的利润是由销售收入带来的,销售实现是企业生存和发展的关键,营销总监主要负责开拓市场、实现销售。一方面稳定企业现有市场,另一方面要积极开拓新市场,争取更大的市场空间;销售应结合市场预测及客户需求制订销售计划,有选择地进行广告投放,取得与企业生产能力相匹配的客户订单,与生产部门做好沟通,保证按时交货给客户,监督货款的回收,进行客户关系的管理。在企业运营过程中,做到知己知彼至关重要。

营销总监的主要工作包括"抢单"和向其他竞争对手销售产品,同时关注 ISO 认证工作的进行以及产品的研发和市场投入的时机。营销总监要能够洞悉市场变化,销售尽可能多的产品,争取更有利于本企业发展的市场环境。

(四)生产总监

生产总监是企业生产部门的核心人物,对企业的一切生产活动进行管理,并对企业的一切生产活动及产品负最终的责任。主要任务有:负责公司生产、安全、仓储、现场管理等方面的工作,协调完成生产计划,维持生产低成本稳定运行,并处理好有关的外部工作管理;生产计划的制定落实及生产和能源的调度控制,保持生产正常运行,及时交货;组织新产品研发,扩充并改进生产设备,不断降低生产成本。

生产总监的工作目标就是要低成本、高效率地按时完成生产任务。主要工作是要按照销售订单按时制造出所需的成品数量,并由此制定相应的生产计划,同时控制库存和在制品的数量,并有计划地进行生产线的改建、转产等协调管理。

(五)采购总监

采购是企业生产的首要环节。采购总监负责企业生产所需原材料的采购,要编制并实施采购供应计划,确保在合适的时间点,采购合适的品种及数量的物资,为企业生产做好后勤保障。

采购总监的工作目标是要保质、保量地按时完成采购计划,控制采购成本。

三、模拟企业的经营环境

模拟企业的社会经济状况发展良好,消费者消费能力稳步提高。模拟企业生产的产品只有 Beryl 产品,也只在本地销售,要发展就应在本地市场外开发其他市场。产品 Beryl 在本地市场知名度很高,客户很满意,然而要保持市场地位,特别是进一步提升市场地位,企业必须投资新产品开发。

Beryl 产品由于技术水平低,起初几年需求较大,但未来市场会逐渐下降。Crystal 产品是 Beryl 产品的改进版,虽然技术优势会带来一定增长,但随着科技的发展,需求最终会下降。Ruby 和 Sapphire 产品为全新产品,发展潜力大。通过模拟运营的市场预测可知,Beryl 产品是目前市场上的主流产品,Crystal 产品作为 Beryl 产品的改进版,也比较容易获得认可。Ruby 和 Sapphire 产品作为高端产品,各个市场上对它们的认可度不尽相同,需求量与价格会有较大差异。下面是不同市场的详细分析:

（一）本地市场分析

本地市场将会有持续发展,客户对低端产品的需求可能要下滑,如图 5-3 所示。伴随着需求的减少,低端产品的价格会逐步走低,如图 5-4 所示。后几年,随着高端产品的成熟,市场对 Crystal、Ruby 产品的需求将会逐渐增大,同时随着时间的推移,客户的质量意识将不断提高,从第四年开始会对企业是否通过 ISO 9000 认证和 ISO 14000 认证有要求。

产品	第1年	第2年	第3年	第4年	第5年	第6年
Beryl	27	25	24	23	16	10
Crystal	0	9	17	19	19	16
Ruby	0	7	7	8	13	21
Sapphire	0	0	4	4	7	9

图 5-3 本地市场容量预测图

产品	第1年	第2年	第3年	第4年	第5年	第6年
Beryl	5.5	5.0	4.5	4.0	3.5	3.5
Crystal	0.0	8.5	10.0	12.0	12.5	10.0
Ruby	0.0	8.5	8.5	8.5	9.0	10.0
Sapphire	0.0	0.0	10.5	11.0	11.5	12.0

图 5-4 本地市场价格预测图

（二）区域市场分析

区域市场的消费者对产品的喜好相对稳定,因此,市场需求量的波动也很有可能会比较稳定,如图 5-5 所示。区域市场和本地市场相邻,所以,产品需求量的走势可能与本地市场相似,价格趋势也大致一样,如图 5-6 所示。该市场的客户比较乐于接受新的事物,对 Beryl 产品的需求量明显减少,因此对高端产品会有较大兴趣。但由于受地域限制,该市场的需求总量非常有限。

产品	第1年	第2年	第3年	第4年	第5年	第6年
Beryl	0	5	5	5	5	4
Crystal	0	12	13	12	11	7
Ruby	0	0	7	8	9	9
Sapphire	0	0	5	5	5	9

图 5-5 区域市场容量预测图

产品	第1年	第2年	第3年	第4年	第5年	第6年
Beryl	0	5.0	4.5	4.5	4.0	5.0
Crystal	0	10.0	11.0	11.5	10.5	9.0
Ruby	0	0.0	10.0	10.0	10.0	10.5
Sapphire	0	0.0	10.0	10.5	11.0	12.0

图 5-6　区域市场价格预测图

（三）国内市场分析

国内市场上对 Beryl 产品的需求量持续减少，对于其他三种高端产品，估计需求会一直比较平稳。随着对 Ruby 产品新技术的逐渐认同，估计对 Ruby 产品的需求会发展较快，但这个市场上的客户对 Sapphire 产品却并不是那么认同，如图 5-7 所示。国内市场 Ruby 和 Sapphire 产品的价格稍有提高，其他两种产品的价格呈下降趋势，如图 5-8 所示。

产品	第1年	第2年	第3年	第4年	第5年	第6年
Beryl	0	0	17	19	12	8
Crystal	0	0	15	16	15	12
Ruby	0	0	7	8	9	13
Sapphire	0	0	3	4	4	5

图 5-7　国内市场容量预测图

产品	第1年	第2年	第3年	第4年	第5年	第6年
Beryl	0	0.0	5.0	5.5	4.5	4.0
Crystal	0	0.0	11.5	12.0	10.0	9.0
Ruby	0	0.0	9.0	9.0	8.0	10.0
Sapphire	0	0.0	10.0	10.0	11.0	11.0

图 5-8　国内市场价格预测图

（四）亚洲市场分析

这个市场上的客户喜好一向波动较大，不易把握，所以对 Beryl 产品的需求可能起伏较大，Crystal 产品的需求走势和 Beryl 产品相似，如图 5-9 所示。但该市场对新产品很敏感，因此估计对 Ruby、Sapphire 产品的需求会发展较快，价格也可能不菲，如图 5-10 所示。另

产品	第1年	第2年	第3年	第4年	第5年	第6年
Beryl	0	0	0	19	13	12
Crystal	0	0	0	17	15	12
Ruby	0	0	0	8	12	13
Sapphire	0	0	0	4	4	7

图 5-9　亚洲市场容量预测图

产品	第1年	第2年	第3年	第4年	第5年	第6年
Beryl	0	0	0.0	5.0	4.5	4.0
Crystal	0	0	0.0	10.0	9.5	10.0
Ruby	0	0	0.0	9.0	10.0	11.0
Sapphire	0	0	0.0	11.0	11.5	12.0

图 5 - 10　亚洲市场价格预测图

外,消费者很看重产品质量,所以从第四年开始,如果企业没有通过 ISO 9000 和 ISO 14000 的认证,在这个市场上将不能销售任何产品。

（五）国际市场分析

企业进入国际市场可能需要一个较长的时期。目前这一市场上的客户对 Beryl 产品已有所认可,需求也比较大。对 Crystal 产品,消费者比较谨慎,但仍需要一段时间才能被市场接受。对新兴高端产品,这一市场的消费者会处于观望,因此 Ruby 和 Sapphire 产品的需求将会发展极慢。因为产品需求主要还是集中在低端产品,如图 5 - 11 所示。国际市场对 Beryl 产品的需求量很大,而且价格也很高,如图 5 - 12 所示。

产品	第1年	第2年	第3年	第4年	第5年	第6年
Beryl	0	0	0	0	24	20
Crystal	0	0	0	0	11	12
Ruby	0	0	0	0	4	5
Sapphire	0	0	0	0	4	5

图 5 - 11　国际市场容量预测图

产品	第1年	第2年	第3年	第4年	第5年	第6年
Beryl	0	0	0	0.0	6.0	6.5
Crystal	0	0	0	0.0	9.5	10.0
Ruby	0	0	0	0.0	9.0	10.0
Sapphire	0	0	0	0.0	10.5	10.5

图 5 - 12　国际市场价格预测图

第二节　模拟企业初始状态

一、要素

从资产负债表和损益表这两张财务报表上,可以大致了解企业的财务状况。该企业已经连续经营了若干年,总资产为 1.04 亿元。我们将在沙盘上更加直观地展现企业所有经济资源的分布状况。

在沙盘模拟中,将为大家提供四种颜色的模拟币:灰币、红币、黄币、蓝币。这四种颜色的模拟币分别代表不同的含义:

灰币——灰色的币代表现金。一个灰色的模拟币代表 1M(100 万元)现金。

红币——红色的币代表负债,包括应付账款、长期贷款、短期贷款和高利贷等。分别有 1M(100 万元)和 10M(1 000 万元)两种。

黄币——黄色的币代表各种原材料的订单。黄色的模拟币上标有 M1、M2、M3、M4 字样,一个黄色的 M* 模拟币代表价值 1M(100 万元)的 M* 的订单。如一个黄色的 M1 代表价值 1M 的原材料 M1 的订单。

蓝币——蓝色的币代表各种原材料。蓝色的模拟币上标有 M1、M2、M3、M4 字样,一个蓝色的 M* 模拟币代表价值 1M(100 万元)的 M* 的原材料。如一个蓝色的 M1 代表价值 1M 的原材料 M1。

该模拟企业的经济资源分布状况具体如下:

二、流动资产(52M)

流动资产是指企业在一年或一个营业周期内变现或者耗用的资产,主要包括现金、应收账款、原材料、产成品和在制品等。该模拟企业的流动资产共有 52M。

(一)现金 24M

请财务总监将 24 个灰币放在"现金"区域内。

(二)应收账款 14M

应收账款主要是指客户依据合同将在一定期限内付清的货款。应收账款是分账期的,现有的 14M 的应收账款分别是 2 账期的 7M 和 3 账期的 7M。请财务总监在"应收账款"中的 2Q 和 3Q 的位置上分别放 7 个 1M 灰币。(账期的单位为季度)

(三)原材料 2M

在 M1 的原材料库中有 2 个 M1 原材料。请采购总监将两个标有"M1"的蓝币放在"M1 原材料库"中。

此外,企业还为下一期的生产向供应商发出了 2 个 M1 原材料订单,订单不需要立即支付现金,请采购总监将 2 个标有"M1"的黄币放在"原材料订单"中 M1 的位置上。

(四)产成品 6M

Beryl 的产品库中有 3 个成品。每个 Beryl 的成品由 1 个 M1 原材料(蓝币)和加工费 1M(灰币)表示。请生产总监将 3 个 M1 原材料(蓝币)和 3 个灰币分别放在 Beryl 的成品库中。

(五)在制品 6M

在制品是指尚处于生产过程中的未完工的产品。目前在生产的在制品共有 3 个,全部为 Beryl 产品,每个 Beryl 的在制品由 1 个 M1 原材料(蓝币)和加工费 1M(灰币)表示。第一条生产线(手工线)上的在制品处于第一个生产期中,第二条生产线(手工线)上的在制品处于第三个生产期中,第三条生产线(手工线)闲置,第四条生产线(半自动线)上的在制品处于第一个生产期中。请生产总监将 3 个在制品分别摆放在相应的位置上。

三、固定资产(52M)

固定资产指使用期限较长、单位价值较高,并且在使用过程中原有实物形态的资产,主要包括土地厂房和机器设备等。该模拟企业的固定资产共有 52M。

（一）厂房 40M

企业目前拥有一间大厂房——新华厂房，价值为 40M。请财务总监将 40 个灰币放在新华厂房的左上角。

（二）机器设备价值 12M

企业目前有三条手工生产线和一条半自动生产线，扣除折旧后，目前第一条生产线（手工线）的价值为 2M，第二条生产线（手工线）的价值为 3M，第三条生产线（手工线）的价值为 3M，第四条生产线（半自动线）的价值为 4M。

请财务总监分别将 2M、3M、3M、4M 的灰币分别摆放在生产线下方的"设备价值"处。

（三）在建工程

模拟企业目前没有在建工程，也就是说，没有新生产线的投入或改造。

四、负债（43M）

负债主要包括短期贷款、长期贷款、高利贷和各项应付款。该模拟企业共负债 43M。

（一）短期贷款 20M

企业目前向银行申请了 4 个账期（4Q）的 20M 万元的短期贷款。请财务总监将代表 20M 的红币放在"短贷"中的 4Q 的位置上。

（二）长期贷款 20M

企业目前向银行申请了 4 年（4Y）的 20M 万元的长期贷款。请财务总监将代表 20M 的红币放在"长贷"中的 4Y 的位置上。

（三）应交税费 3M

应交税金是在企业盈利时，首先弥补前几年的亏损，若仍有盈利，按 25% 的企业所得税率计算应付税费，下一年初交纳。

该模拟企业上一年的利润总额是 10M，按规定需交纳 3M 的税费。税金缴纳的时间为下一年度的开始，此时不需要做任何操作。

五、所有者权益（61M）

所有者权益是指企业投资者对企业净资产的所有权，在数量上表现为企业资产减去负债后的差额。模拟企业的所有者权益如下：

（一）股东资本 50M

模拟企业股东资本为 50M。无论企业在后续的模拟经营中是盈利还是亏损，股东不会撤资也不会增加投入，股东资本保持不变，始终为 50M。

（二）利润留存 4M

模拟企业利润留存为 4M。

（三）年度净利润 7M

根据表 5-2 可知在本年度模拟企业净利润为 7M。

六、企业财务状况

企业的财务状况是指企业资产、负债、所有者权益的构成情况及相互关系。企业的财务状况由企业对外提供的财务报告——资产负债表和利润表来表述。

　　资产负债表是根据资产、负债和所有者权益之间的相互关系，即"资产＝负债＋所有者权益"的恒等关系，按照一定的分类标准和一定的次序，把企业特定日期的资产、负债、所有者权益三项会计要素所属项目予以适当排列，并对日常会计工作中形成的会计数据进行加工、整理后编制而成的，其主要目的是反映企业在某一特定日期的财务状况。通过资产负债表，可以了解企业所掌握的经济资源及其分布情况；了解企业的资本结构；分析、评价、预测企业的短期偿债能力和长期偿债能力；正确评估企业的经营业绩。

　　利润表是用来反映收入与费用相抵后确定的企业经营成果的会计报表。主要表现为企业在该期间所取得的利润，用来说明企业在一定期间内的经营成果。利润表的项目主要分为收入和费用两大类。

　　在"ERP 沙盘模拟"课程中，根据课程设计所涉及的业务对资产负债表和利润表中的项目进行了适当的简化，形成了如表 5－1、表 5－2 所示的简易结构。

表 5－1　　　　　　　　　　　　　　　资产负债表　　　　　　　　　　　　单位：百万元

资　　产	期末数	负债和所有者权益	期末数
流动资产：		负债：	
现金	24	长期负债	20
应收款	14	短期负债	20
在制品	6	应付账款	
成品	6	应交税费	3
原料	2	一年内到期的长期负债	
流动资产合计	52	负债合计	43
固定资产：		所有者权益：	
土地和建筑	40	股东资本	50
机器与设备	12	利润留存	4
在建工程		年度净利	7
固定资产合计	52	所有者权益合计	61
资产总计	104	负债和所有者权益总计	104

　　由表 5－1 可知，该企业现在有 24 百万元的现金，14 百万元的应收账款，价值 6 百万元的在制品和价值 6 百万元的产成品，价值 2 百万元的原材料，合计 52 百万元的流动资产。有 20 百万元的短期贷款和 20 百万元的长期贷款。

表 5－2　　　　　　　　　　　　　　　　损益表

项　　　　　　目		金额（百万元）
一、销售收入		40
成本	—	17

续　表

项　　　目		金额(百万元)
二、毛利	=	23
综合费用	-	8
折旧	-	4
财务净损益	-	1
三、营业利润	=	10
营业外净收益	+	0
四、利润总额	=	10
所得税	-	3
五、净利润	=	7

由表 5-2 可知,该企业税前利润为 10 百万元,根据所得税率要缴纳 3 百万元的所得税,税后净利润为 7 百万元。

第三节　金蝶 ERP 手工沙盘运营规则

企业在运营过程中涉及资金、生产、营销等各个方面的制约。在模拟运营前,必须熟悉和了解这些规则,才能做到在符合规则的条件下正常运营,并不断提高企业的竞争实力。

一、资本市场运作规则

资金是企业进行一系列经济活动的前提和基础。企业要进行生产、经营以及投资活动,就需要一定数量的资金。在市场经济环境下,企业可以从不同的渠道取得所需资金,不同的筹资渠道和筹资方式组合都存在不同的资金成本。

在模拟运营时,企业的筹资渠道主要有短期贷款、长期贷款、高利贷、贴现四种。具体的筹资方式如表 5-3 所示。

表 5-3　　　　　　　　　　　　　　　　筹资方式

贷款类型	贷款时间	贷款额度	年息	还款方式
长期贷款	每年年末	权益的 2 倍	10%	每年付息,到期还本
短期贷款	每季季初	权益的 2 倍	5%	到期一次还本付息
高利贷	随时申请	与银行协商	20%	到期一次还本付息
贴现	任何时间	见贴现规则	见贴现规则	变现时贴息

下面将分别介绍不同筹资渠道的规则。

(一)长期贷款

长期贷款只能在每年年末的时候申请贷款,即每年只有一次长期贷款的机会。

长期贷款在每年年末的时候支付利息,到期还本。当年年末新申请的长期贷款不支付利息,从下年开始支付利息;当年偿还的长期贷款仍需要支付利息。

长期贷款的年息是10%,必须以10的倍数申请长期贷款。

长期贷款最多可贷4年,可以随时偿还长期贷款。运营结束后,不要求归还未到期的长期贷款。

(二)短期贷款

短期贷款在运营过程中的每个季度初都可以申请,即一年内可以有四次申请短期贷款的机会。

短期贷款的年息是5%,到期还本付息;短期贷款借款周期为1年,即4Q。短期贷款必须以20的倍数申请短期贷款。

短期贷款的贷款期限不足一年的,仍按一年支付利息。

其中,贷款总额度(长期贷款+短期贷款)不能超过上一年所有者权益的2倍。

(三)高利贷

高利贷可以随时申请,额度不限。高利贷的借款周期为1年,年息20%,到期还本付息。高利贷必须以5的倍数申请。

高利贷计息时间为运行当季的短期贷款申请时间,并随短期贷款的更新时间更新。

高利贷的贷款期限不足一年的,仍按一年支付利息。

(四)贴现

贴现就是提前使用应收账款,将应收账款转为现金。应收账款转为现金时,须按照不同的比率支付相应的贴现费用。只要企业有应收款,就可以随时贴现。贴息比例如表5-4所示。

表 5-4 贴现规则

项 目	季 度			
应收款账期	1Q	2Q	3Q	4Q
贴现比率	1/12	1/10	1/8	1/6

如企业有一笔22M的应收账款,账期为2Q,企业由于生产经营需要将这笔应收款提前收回,根据贴现规则,账期为2Q的应收款贴现比率为1/10,也就是说,这笔22M的应收账款不能全部变现,可以贴现的只有20M,剩下的2M依旧放在盘面上应收账款2Q的位置。企业用20M的应收账款贴现,需要再支付2M的贴现息,现金实际增加是18M。

二、投资规则

企业面对竞争激烈的市场,要想不断提升综合竞争能力,必须扩大投资。投资包括对固定资产和无形资产的投资。模拟企业运营环境中,固定资产投资主要是购买厂房、购买生产线,无形资产投资主要是开拓市场、产品研发和认证开发。

(一)厂房

除企业目前拥有的自主厂房——新华厂房外,另有中上厂房和法华厂房可供企业租用或购买。各厂房的购买、出售与租赁规则如表5-5所示。

表 5－5　　　　　　　　　　　　　　　厂房购买、出售与租赁

厂房	买价	售价	租金	生产线容量
新华厂房	40M	40M(2Q)	6M/年	4 条生产线
中上厂房	30M	30M(1Q)	4M/年	3 条生产线
法华厂房	15M	15M(现金)	2M/年	1 条生产线

1. 购买厂房

购买厂房只能在每年规定的时间进行,购买时应将等值资金放在厂房价值位置。如果先用厂房是租赁的,在购买时可不支付当年的厂房租金。

2. 租赁厂房

厂房的租金从使用之日开始计算,不足一年按一年计算,于每年年末一次性支付。如果当年使用过厂房,但在最后一个季度将生产线出售了,再转到"租金"时,厂房中没有生产线,则当年不需要支付租金。

3. 出售厂房

厂房可以在运行的每个季度规定的时间进行变卖。厂房只能按照售价出售,出售时,请财务总监收回厂房价值,放在相应的应收款账期的位置,当应收款到期后,记入现金流量表里面的应收款到期。

厂房不计提折旧。

（二）生产线

企业目前拥有手工生产线和半自动生产线,我们还提供全自动生产线和柔性生产线。四种生产线的主要区别在于生产效率、生产成本和转产成本。不同的生产线生产相同的产品所需的生产周期和加工费用不同,生产不同产品的转产周期和转产费用也不同。各种生产线的购买、改造和维护规则如表 5－6 所示。

表 5－6　　　　　　　　　　　　生产线购买、改造与维护、出售

生产线	购买价格	安装周期	维护费用	残值	生产周期	改造周期	改造费用
手工线	5M	1Q	1M	0M	3Q	无	无
半自动线	10M	2Q	1M	0M	2Q	1Q	2M
全自动线	15M	3Q	2M	0M	1Q	2Q	6M
柔性线	25M	4Q	2M	0M	1Q	无	无

1. 购买新生产线

购建新生产线时,先申领需要的生产线,然后按安装周期平均支付资金(手工线一次性付完,柔性线前 3 个季度每季度投入 6M,最后一个季度投入 7M),不允许加速投资。全部投资到位安装完成后,在下一个季度将投入的现金全部放到生产线下方的"设备价值"处,并领取产品标识,生产线可以开始生产。

在资金短缺时,生产线的构建可以随时中断或终止投资。安装周期顺延,已投入资金不能收回,下一季度继续时不能补投。

2. 转产生产线

转产生产线指生产线转而生产其他产品。转产时可能需要一定的转产周期,并支付一定的转产费用,经过一定的转产周期后才可更换产品标识。转产时,生产线不能有正在生产的产品。

手工线和柔性线可以在一种产品生产完成后任意开始生产其他已经研发成功的产品。而半自动线和全自动线如要生产另一种产品,必须进行转产,要对设备进行转产改造,并支付相应的改造费用(改造费用按改造周期平均支付)。

转产时生产线必须是闲置的,生产线上不能有在制品。

3. 维护生产线

手工线和半自动线的维护费是 1M/年,全自动线和柔性线的维护费是 2M/年。

当年在建的和当年出售的生产线不用支付维护费。

生产线安装完成的当年,只要开工生产,都须交维护费;正在进行转产的生产线也必须支付维护费。

4. 出售生产线

生产线出售时,先提折旧,后出售。如果生产线已提到残值,则按残值出售。

生产线上有在制品时不允许出售。

5. 生产线折旧

折旧规则是按平均年限法,即按购买价格分 5 年平均折旧。具体计提数额如表 5-7 所示。

表 5-7 生产线折旧

生产线	购置费	残值	建成第 1 年	建成第 2 年	建成第 3 年	建成第 4 年	建成第 5 年	建成第 6 年
手工线	5M	0M	0	1M	1M	1M	1M	1M
半自动线	10M	0M	0	2M	2M	2M	2M	2M
全自动线	15M	0M	0	3M	3M	3M	3M	3M
柔性线	25M	0M	0	5M	5M	5M	5M	5M

当年建成生产线不计提折旧。生产线不留残值,折到零为止。折到零时,该生产线仍可使用,只需要每年支付维护费。

计提折旧时,根据计算的折旧额从生产线的"设备价值"处取出相应的金额放置在综合费用旁的"折旧"处。

(三) ISO 认证

ISO 认证体系是一个国际公认的认证体系。ISO 9000 主要是针对产品质量认证的,ISO 14000 则是针对企业管理体系的认证。

ISO 9000 系列标准是国际标准化组织(ISO)于 1987 年颁布的在全世界范围内通用的关于质量管理和质量保证方面的系列标准。ISO 14000 系列标准是一种完整的、操作性很强的体系标准,包括为制定、实施、实现、评审和保持环境方针所需的组织结构、策划活动、职责、惯例、程序过程和资源。

企业通过这两项认证所需的时间和资金投入如表 5-8 所示。

表 5-8　　　　　　　　　　　　　　　　ISO 投资方式

ISO 类型	总投资费用	投资周期	年投资额
ISO 9000	1M	1 年	1M
ISO 14000	2M	2 年	1M

（1）每项 ISO 开发每年最多投入 1M,不允许超前投资。

（2）ISO 9000 与 ISO 14000 都独立存在,需要分别投入,以获得相应的 ISO 资格。

（3）ISO 的两项认证可同时进行,也可选其一进行。

（4）ISO 的认证在资金短缺时可随时中断或停止。

（5）最迟在第三年末必须完成 ISO 的两项认证,否则从第四年开始就拿不到产品订单。

（四）产品研发

目前企业的主要产品只有 Beryl,有待研发的产品有 Crystal、Ruby、Sapphire,它们的技术含量不同,所需的研发时间和资金投入也不同。产品研发投入及研发时间如表 5-9 所示。

表 5-9　　　　　　　　　　　　　　　　产品研发

产品	研发投入	研发时间	每季度研发投入
Crystal	4M	4Q	1M
Ruby	12M	6Q	2M
Sapphire	16M	8Q	2M

（1）每个产品的研发费用必须按研发时间平均支付,不允许一次性投入。

（2）各个产品的研发都独立存在,需在不同产品上分别投入研发费用,以获得相应的生产资格。

（3）各个产品的研发可同时进行。

（4）在资金短缺时,产品研发可以随时中断或停止,研发时间顺延。

（5）研发投入完成后,才能取得该种产品的生产资格。拿到产品生产资格才能生产相应的产品,才能投该产品的广告。

三、营销和生产规则

（一）市场准入规则

各市场的开发费用、投资周期、年投资额如表 5-10 所示。

表 5-10　　　　　　　　　　　　市场开发费用、投资周期、年投资额

市场	开发费用	投资周期	年投资额
本地	无	无	无
区域	1M	1 年	1M
国内	2M	2 年	1M

续　表

市场	开发费用	投资周期	年投资额
亚洲	3M	3 年	1M
国际	4M	4 年	1M

（1）每个市场开发每年最多投入 1M，不允许超前投资。

（2）各个市场都独立存在，需要在不同市场上投入开发费用，以获得相应的准入资格。

（3）各个市场的开发可同期进行。

（4）市场开发可随时中断或停止。

（5）拿到市场准入许可证后才能参加相应市场的订货会，才能在该市场上投放广告费。

（二）竞单规则

1. 广告的投放

（1）广告费分市场、分产品投放，订单按市场、按产品发放。

（2）广告费至少投入 1M，不投广告视为放弃某产品的销售，则没有订单。

（3）广告费投入 1M，可获得一次选定单机会。要想获得下一张选订单的机会，还需要再投入 2M，以此类推，每多投入 2M 就多拥有一张选订单的机会（前提条件是有剩余订单）。

2. 订单的选取

综合企业的市场地位、广告投入、企业竞争状况及市场需求量等因素，排定各企业挑选订单的顺序。具体的选单次序规定如下：

（1）新开放的市场或进入市场的新产品，第一年按照广告投入排名进行选单。

（2）从第二年起，上一年度销售额第一名（即为该市场该种产品的市场老大，取得市场领先资格）先选该市场该产品的订单，其他企业仍然按该市场该种产品广告投放的多少依次选单。

（3）当几个企业本年度该市场该产品广告投放相同（即广告费用相同）时，上一年有订单违约情况的企业后选。

（4）当几个企业本年度该市场该产品广告投放相同，都没有违约情况，则按企业在该市场的广告总投入排名选单。

（5）当几个企业本年度该市场该产品广告投放相同，都没有违约情况，且广告总投放也相同时，则按该产品的销售额进行排名依次选单。

另外，订单允许转让，转让价格由双方协定，但不能修改订单条件。

3. 订单的交货

（1）订单种类。

第一类为普通订单，按照订单上的交货期交货，不允许提前交货，如图 5-13 所示。

Beryl　（Y1,本地）
2×4.2M＝8M
账期：2Q　交货：Q2

图 5-13　Beryl 产品普通订单

Beryl　（Y2,本地）加急!!!
2×4.5M＝9M
账期：0Q　交货：Q1

图 5-14　Beryl 产品加急订单

Beryl　（Y5,国内）
4×4.0M＝16M　ISO 9000
账期：1Q　交货：Q4

图 5-15　Beryl 产品 ISO 订单

第二类为加急订单，第一季度必须交货，若不按期交货，会受到相应的处罚，如图 5-14 所示。

第三类为 ISO 9000 或 ISO 14000 订单，要求具有 ISO 9000 或 ISO 14000 资格，才可以

拿订单,且对该市场上的所有产品均有效,如图 5－15 所示。

（2）交货规则。

必须按照订单规定的数量整单交货,不允许提前交货,交货时按订单上的账期放入应收账款的对应账期。

（3）延迟交货处罚规则。

所有订单必须在规定的期限内完成(按订单上的产品数量交货),即加急订单必须在第一季度交货,普通订单必须在本年度交货等;如果订单没有完成,要支付违约金,交货时扣除订单额 20％作为违约金,直接从销售收入中扣除。

订单在一年内有效,超过一年自动作废。

（三）产品生产和原材料采购规则

1. 产品生产规则

目前只能生产 Beryl 产品,在研发了新产品后可以生产 Crystal、Ruby、Sapphire。开始生产时将所需原材料放在生产线上并支付加工费,每条生产线上同一时刻只能生产一个产品,即每条生产线上只能有一个在制品。

每个产品所需要的原料如图 5－16 所示。

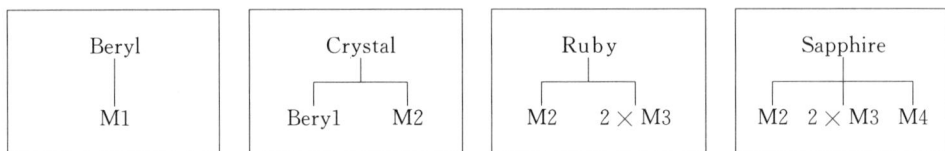

Beryl	Crystal	Ruby	Sapphire
M1	Beryl　M2	M2　2×M3	M2　2×M3　M4

图 5－16　产品 BOM 结构图

2. 原材料采购规则

原材料采购需经过下原料订单和采购入库两个步骤。下原料订单要注意订货提前期。各种材料的订货提前期如表 5－11 所示。

表 5－11　　　　　　　　　　各种原材料订货提前期

原　材　料	订货提前期	采购费用
M1	1Q	1M
M2	1Q	1M
M3	2Q	1M
M4	2Q	1M

采购原材料必须先下订单,才能入库。

原材料批量采购时,入库时可以作为应付款,具体的批量采购规则如表 5－12 所示。

表 5－12　　　　　　　　　　批量采购原材料付款规则

原材料采购数量	应付款账期	原材料采购数量	应付款账期
<=4 个	现金	13～16 个	3Q
5～8 个	1Q	>=17 个	4Q
9～12 个	2Q		

原材料可变卖给银行，按原值的 1/2 变卖，2 个原材料起卖。

四、综合费用和税金规则

（一）综合费用规则

（1）行政管理费：每季度支付 1M。

（2）管理费、广告投入、生产线转产改造费、设备维护、厂房租金、市场开拓、ISO 认证、产品研发等计入综合费用。

（二）税金规则

所得税税率为 25%，税金取整，不足 1 以 1 取整，如计算的所得税为 0.66，则取 1 交纳所得税；超过 1 向下取整，如计算出的所得税为 2.31，则取 2 交纳所得税。

应缴税金是在企业盈利时，首先弥补前几年的亏损，若仍有盈利，再按所得税率支付相应的所得税，在下一年年初交纳。

第四节　企业经营模拟

企业模拟运营应当严格遵守运营规则，按照一定的运营流程进行。为了经营好企业，管理者应当做好预测、决策、预算、计划、控制、核算、分析等工作。预测、决策、预算、计划等工作应当在每年经营结束后、下年运营之前进行，目的是使经营活动有序进行，防止出现意外情况的发生。控制主要是在运营过程中，根据运营流程进行生产经营。核算是在经营结束后对当年的经营情况进行的盘点，编制各种报表，反映当期的经营情况和年末的财务状况。分析主要是在经营结束后，根据核实的结果与预算进行比较，找出差异，并对差异进行分析，以便以后更好地开展工作。

在沙盘模拟经营中，企业是按照任务清单（见附表 5-1）的顺序开展工作的。任务清单代表了企业简化的工作流程，也是企业竞争模拟中各项工作需要严格遵守的工作顺序。分为年初工作、季度工作和年末工作等。在模拟运营时，由 CEO 主持，指挥团队各成员各司其职，按照任务清单的流程执行任务，每执行完一项任务，各成员应在任务清单对应的方格内进行详细的记录。本节以初始年为例介绍金蝶 ERP 手工沙盘比赛中的工作内容。

一、年初工作

企业首先应当召集各位业务主管召开新年度规划会议，初步制定企业本年度的投资规划；接着，营销总监参加一年一度的产品订货会，支付一定数量的广告费，开始竞争本年度的销售订单；然后，根据销售订单情况，调整企业本年度的投资计划，制定本年度的工作计划，开始本年度的各项工作。

在大家开始做第一年之前，先由指导老师带领学生练习教学年，即初始年，帮助大家更好地熟悉经营流程。

学生在电脑上先切换状态，如图 5-17 所示，点击向右的箭头，时间状态从"年初"变为"1 季度"。

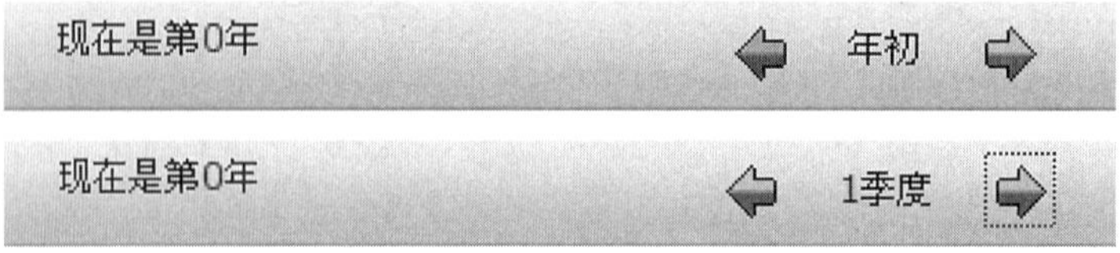

图 5 - 17　状态切换

(一) 支付应付税

企业在年初应支付上年应交的税金。企业按照上年资产负债表中"应交税费"项目的数值交纳税费。

交纳税费时,财务总监按照上年度损益表"所得税"项中的数值,取出 3M 元的现金放在沙盘"税费"处,并在"现金流量表"中记录现金的减少数。

同时,CEO 在系统里面也要做相应的记录。选择"经营分析—报表—现金流量表",在"支付上年应交税"中填写税费为 3M,并点击"保存",如图 5 - 18 所示。

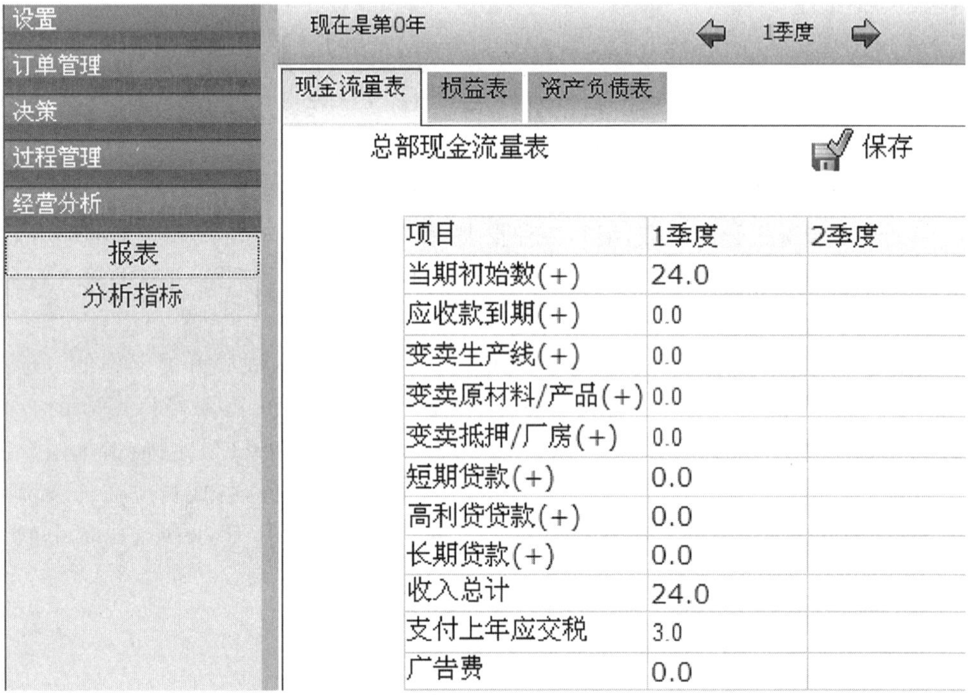

图 5 - 18　支付应付税图示

(二) 新年度规划会议

在开始新的一年经营之前,CEO 应当召集各位业务总监召开年度规划会议,根据各位总监掌握的信息和企业的实际情况,初步提出企业在新一年的各项投资规划,包括市场和认证开发、产品研发、设备投资、生产经营等规划。同时,为了能准确地在一年一度的产品订货会上争取销售订单,还应当根据规划精确地计算出企业在该年的产品完工数量,确定企业的可接订单数量。

（三）支付广告费

对于沙盘模拟企业而言,销售产品的唯一途径就是参加产品订货会,争取销售订单。参加产品订货会需要在目标市场投放广告费,只有投放了广告费,企业才有资格在该市场争取订单。初始年暂不投广告费。

在参加订货会之前,企业需要分市场、分产品在"设置—市场投入"中录入投放的广告费金额。"市场投入"是企业争取订单的唯一依据,也是企业当期支付广告费的依据,应当认真对待。

选择订单时,应当根据企业的可接订单数量选择订单,尽可能按企业的产能争取订单,使企业生产的产品在当年全部销售。企业选择的订单一定不能突破企业的最大产能,否则,如果不能按期交单,将给企业带来巨大的损失。

在沙盘模拟中,广告费在参加订货会后一次性支付。所以,企业在投放广告时,投放的广告费不能超过年初企业支付过应缴税金之后的现金库中的现金数。

支付广告费时,由财务总监从现金库中取出在"市场投入"中录入的广告费数额,放在综合费用的"广告费"中,并在"现金流量表"中记录支付的现金数。

（四）登记销售订单

登记销售订单(图 5 - 19):选择"订单管理—订单查看",可以看到起始年有一个销售订单,要求 3 季度交货 6 个 Beryl,应收款账期是 1 个季度。

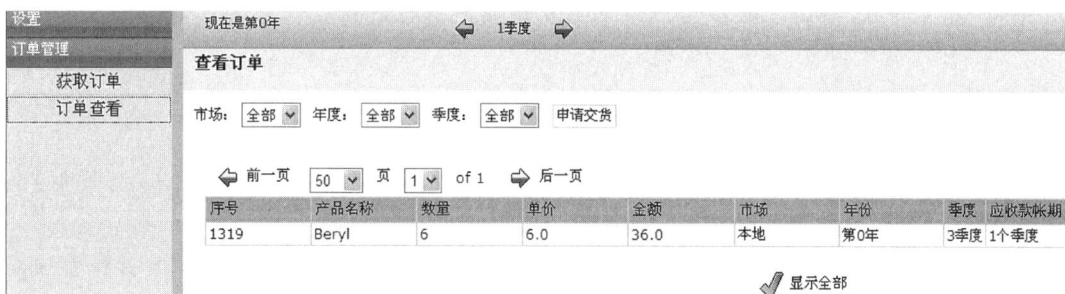

图 5 - 19　登记销售订单

营销总监在登记订单时,只登记订单号、销售数量、应收款账期和销售额(销售额不是整数时,四舍五入),暂不登记成本和毛利,当产品销售时,再进行登记。

二、季度工作

企业制定新年度计划后,企业就可以按照运营规则和工作计划进行经营了。沙盘企业日常运营应当按照一定的流程进行,这个流程就是任务清单。任务清单反映了企业在运行过程中的先后顺序,必须按照这个顺序进行。

为了对沙盘企业的日常运营有一个详细的了解,这里,带领大家做一个教学年,我们按照任务清单的顺序,对日常运营过程中的操作要点进行一一介绍。

（一）第 1 季度工作

1. 更新短期贷款/还本付息/申请短期贷款

短期贷款主要解决流动资金不足的问题。短期贷款的借入、利息的支付和本金的归还都是在每个季度初进行的。其余时间要筹集资金,只能采取其他方式,不能贷入短期贷款。

（1）更新短期贷款。财务总监将盘面上处于 4Q 的 20M 短期贷款向着箭头的方向往前移动一格,移动到 3Q 位置。

（2）还本付息。当短期贷款更新到现金库时,要还本付息。

财务总监从现金库中拿出利息放在沙盘"综合费用"的"利息"处;同时从现金库中拿出应归还短期贷款的本金到交易处偿还短期借款。

（3）申请短期贷款。如果企业需要借入短期借款,则财务总监到指导老师端申请短期借款,并由指导老师审核贷款额度。短期借款借入后,放置一个空桶在短期借款的相应的账期处,在空桶内放置和贷款等额的红币,并将现金放在现金库中。

初始年不再申请短期贷款。

（4）记录。财务总监在"现金流量表"上记录归还的本金及利息金额;登记借入短期借款增加的现金数。

2. 更新应付款/归还应付款

企业如果采用赊购方式购买原材料,就涉及应付账款。如果应付账款到期,必须支付货款。企业应在每个季度对应付款进行更新。

（1）更新应付款。财务总监将应付款向现金库方向推进一格,当应付款到达现金库时,表示应付款到期,必须用现金偿还,不能延期。

（2）归还应付款。财务总监从现金库中取出现金支付应付款。

（3）记录。在"现金流量表"上记录支付的应付款的现金数。

初始年没有应付款,这一步略过。

3. 更新原料订单/原材料入库

（1）采购总监。包括:

① 更新原料订单。采购总监将代表原材料订单的 2 个 M1 的黄币向"原材料库"方向推进一格。

项目	1季度
当期初始数(+)	24.0
应收款到期(+)	0.0
变卖生产线(+)	0.0
变卖原材料/产品(+)	0.0
变卖抵押/厂房(+)	0.0
短期贷款(+)	0.0
高利贷贷款(+)	0.0
长期贷款(+)	0.0
收入总计	24.0
支付上年应交税	3.0
广告费	0.0
贴现费用	0.0
归还短贷及利息	0.0
归还高利贷及利息	0.0
原料采购支付现金	2.0
成品采购支付现金	0.0

图 5 - 20　填写"原料采购
支付现金"图示

② 原材料入库。当原材料订单推进到"原材料库"时,需要支付原材料采购费用。

采购总监向财务总监申请 2M 用于支付采购 2 个 M1原材料的原材料款。采购总监将代表原材料订单的黄币和代表原材料款的灰币一并交给指导老师,换取 2 个代表原材料 M1 的蓝币,并放到"原材料库"中"M1 原材料"区域。

③ 记录。在任务清单对应的方格内登记入库的原材料数量。

（2）财务总监。包括:

① 支付现金。审核采购总监提出的原材料采购费申请后,将现金 2M 交给采购总监。

② 记录。在任务清单对应的方格内登记现金的减少数。

（3）CEO。

选择"经营分析—报表—现金流量表",填写"原料采购支付现金"为 2M,并点击"保存",如图 5 - 20 所示。

企业只有在前期订购了原材料,下了原材料订单,才能购买原材料。每个季度,企业应将沙盘中的"原材料订单"向原材料仓库推进一格,表示更新原料订单。如果原材料订单本期已经推到原材料库,表示原材料已经到达企业,企业应验收入库,并支付相应的材料款。

原材料入库的时候,采购总监持现金和采购订单在交易处买回原材料,放在沙盘对应的原材料库中。

原材料采购入库程序如图 5 - 21 所示。

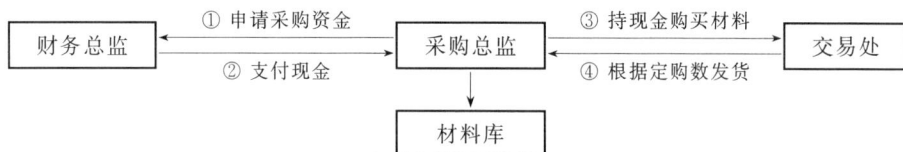

图 5 - 21　原材料采购入库程序图

4.下原料订单

初始年统一下 3 个 M1 订单,采购总监拿 3 个黄币放在盘面上相应的 M1 订单处的 1Q 的位置。

CEO 选择"过程管理—采购记录",点击"增加",按照图 5 - 22 添加采购记录。

图 5 - 22　添加采购记录

企业购买原材料必须提前在交易处下原料订单,没有下订单不能购买。下原料订单不需要支付现金。

5.更新生产/完工入库

生产总监将 1 号线、2 号线、4 号线上的在制品都往前推进一个格。

CEO 选择"过程管理—生产记录",查看决策规划时所编制的生产计划,2 号线有产品完工,将完工后的产品放入 Beryl 成品库,如图 5 - 23 所示。

一般情况下,企业应在每个季度更新生产。当产品完工后,应及时下线入库。

更新生产时,生产总监将生产线上的在制品向前推进一格。如果产品已经推到生产线以外,表示产品完工下线,将该产品放在产品库对应的位置。

173

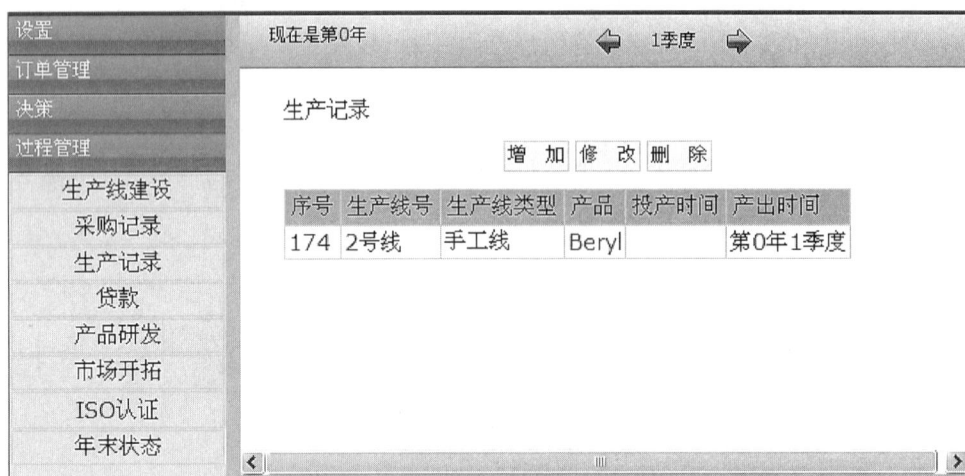

图 5‑23　更新生产/完工入库

6. 投资新生产线/生产线改造/变卖生产线

在初始年不建新生产线,也不用改造和变卖生产线。

在正常经营的过程中,具体的操作要点如下:

(1) 投资新生产线。

① 生产总监。

a. 领取标识,将标识翻转放置在某厂房空置的生产线位置,并在标识上面放置与该生产线安装周期数相同的空桶,代表安装周期。

b. 支付安装费。每个季度向财务总监申请建设资金,放置在其中的一个空桶内,每个空桶内都放置了建设资金,表明费用全部支付完毕,生产线在下一季度建设完成。在全部投资完成后的下一季度,将生产线标识翻转过来,领取产品标识,可以投入使用。

生产线投资程序如图 5‑24 所示。

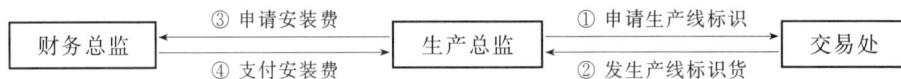

图 5‑24　生产线投资程序图

② 财务总监。

a. 支付生产线建设费。从现金库取出现金交给生产总监用于生产线的投资。

b. 记录。在现金流量表中对应的方格内填上现金的减少数。

③ CEO。

a. 选择"过程管理—生产线建设",增加新建设的生产线信息,并选择此条新线生产的产品种类。每季度生产总监支付相应的安装费后,CEO 选中该条新线,点击"投资",与采购总监支付的金额保持一致。

如果准备在 5 号线的位置建设一条全自动线,生产 Crystal 产品,则具体操作如图 5‑25～图 5‑27 所示。

增加完新建线的信息后,点击"确定",然后选中该条线,点击"投资"。

生产线建设

| 订单管理 |
| 决策 |
| 过程管理 |
| 生产线建设 |
| 采购记录 |
| 生产记录 |
| 贷款 |
| 产品研发 |
| 市场开拓 |
| ISO认证 |
| 年末状态 |

（增加）修改 删除/变卖 投资 撤资

生产线号	生产线类型	产品	开建时间	建成时间	来源	最后投资时间	已投资金	建设情况
1号线	手工线	Beryl			自建		5.0	已完成
2号线	手工线	Beryl			自建		5.0	已完成
3号线	手工线	Beryl			自建		5.0	已完成
4号线	半自动	Beryl			自建		10.0	已完成

生产线号：5号线　生产线类型：全自动

生产线来源：自建

产　品：Beryl

Beryl
Crystal
Ruby
Sapphire

预期开建：1 季度

✖ 取消

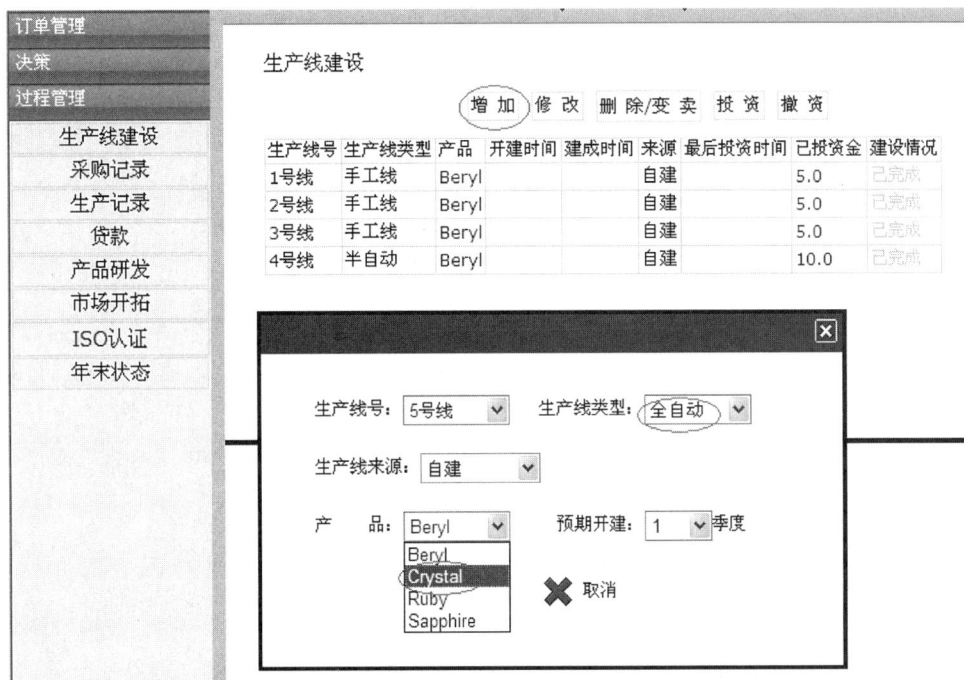

图 5 - 25　增加新生产线信息步骤图一

生产线建设

增 加　修 改　删 除/变 卖　（投 资）　撤 资

生产线号	生产线类型	产品	开建时间	建成时间	来源	最后投资时间	已投资金	建设情况
1号线	手工线	Beryl			自建		5.0	已完成
2号线	手工线	Beryl			自建		5.0	已完成
3号线	手工线	Beryl			自建		5.0	已完成
4号线	半自动	Beryl			自建		10.0	已完成
5号线	全自动	Crystal	第3年1季度	第3年4季度	自建			未完成

图 5 - 26　增加新生产线信息步骤图二

生产线建设

增 加　修 改　删 除/变 卖　投 资　撤 资

生产线号	生产线类型	产品	开建时间	建成时间	来源	最后投资时间	已投资金	建设情况
1号线	手工线	Beryl			自建		5.0	已完成
2号线	手工线	Beryl			自建		5.0	已完成
3号线	手工线	Beryl			自建		5.0	已完成
4号线	半自动	Beryl			自建		10.0	已完成
5号线	全自动	Crystal	第3年1季度	第3年4季度	自建	第3年1季度	5.0	未完成

图 5 - 27　增加新生产线信息步骤图三

点击"投资"之后，系统会将生产线的购买价格按照安装周期平均来支付建设费用。每个季度财务总监支付相应的生产线建设费用时，CEO都需要选择"过程管理—生产线建设"，再点击"投资"。当生产线建设完成后，建设情况会由"未完成"变为"已完成"，此时，表示生产线安装完成，可以投入使用。

b. 在"经营分析—报表—现金流量表"里，填写"生产线投资"为 5M，并点击"保存"，如图 5－28 所示。

成品采购支付现金	0.0
设备改造费	0.0
生产线投资	5.0
加工费用	0.0
产品研发	0.0
行政管理费	0.0

图 5－28　生产线建设图四

项目	1季度
当期初始数(+)	0.0
应收款到期(+)	0.0
变卖生产线(+)	0.0
变卖原材料/产品(+)	0.0
变卖抵押/厂房(+)	0.0
短期贷款(+)	0.0
高利贷贷款(+)	0.0
长期贷款(+)	0.0
收入总计	0.0

图 5－29　变卖生产线

（2）变卖生产线。

① 生产总监。

a. 变卖。生产线变卖时，先提折旧，按折旧后的净值出售。如果生产线的设备价值为零，则该条生产线变卖时不再提折旧，变卖该条生产线没有收入。如果生产线的设备价值和计提的折旧相等，则变卖该条生产线仍然没有收入。

b. 净值与折旧差额的处理。如果生产线净值大于计提的折旧，则将净值大于折旧的差额部分放在盘面上的现金库中，并告知 CEO 在"经营分析—报表—现金流量表"里，填写"变卖生产线"，录入净值与折旧的差额，点击"保存"，如图 5－29 所示。

② 财务总监。

a. 收现金。将变卖生产线收到的现金放在现金库。

b. 记录。在现金流量表里记录现金的增加数。

（3）生产线转产。

① 生产总监。

a. 更换标识。持原产品标识在交易处更换新的产品标识，并将新的产品生产标识反扣在生产线的"产品标识"处，待该生产线转产期满可以生产产品时，再将该产品标识正面放置在"标识"处。

b. 支付转产费。如果转产需要支付转产费，还应向财务总监申请转产费，将转产费放在"综合费用"的"转产费"处。

② 财务总监。

a. 支付转产费。如果转产需要转产费，将现金交给生产总监。

b. 记录。在现金流量表里登记支付转产费而导致的现金减少数。

③ CEO。

a. 选择"过程管理—生产线建设"，选中要转产的生产线，点击"修改"，选择拟准备生产的产品，点击"确定"。

如果准备将 4 号线转产,让之生产 Crystal 产品,则具体操作如图 5 - 30 所示。

生产线建设

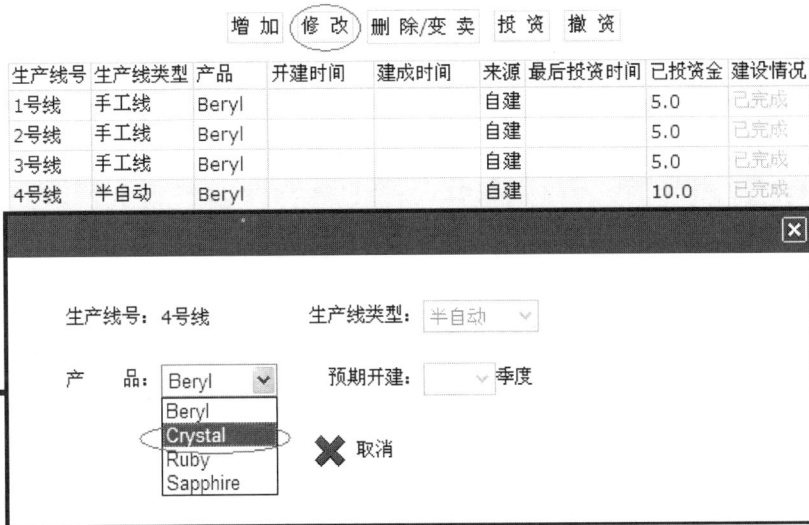

图 5 - 30　生产线转产图示一

选择 Crystal 产品后,点击"确定"。则 4 号线生产的产品类型已经由 Beryl 更改为 Crystal,半自动线改造周期为一个季度,所以建设情况显示"未完成",下一个季度改造完成,建设情况显示"已完成",则 4 号线可以投入使用,如图 5 - 31 所示。

生产线建设

生产线号	生产线类型	产品	开建时间	建成时间	来源	最后投资时间	已投资金	建设情况
1号线	手工线	Beryl			自建		5.0	已完成
2号线	手工线	Beryl			自建		5.0	已完成
3号线	手工线	Beryl			自建		5.0	已完成
4号线	半自动	Crystal		第3年2季度	自建		10.0	未完成

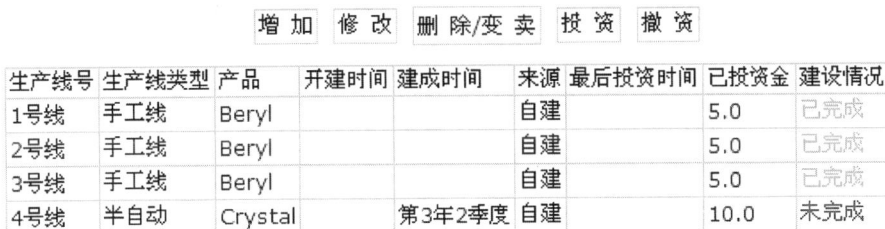

图 5 - 31　生产线转产图示二

b. 在"经营分析—报表—现金流量表"里,填写"设备改造费"2M(半自动线的改造费用为 2M),点击"保存",如图 5 - 32 所示。

7. 开始下一批生产

如果有闲置的生产线,企业应尽量安排生产。因为闲置的生产线仍然需要支付设备维护费、计提折旧。

现在,有两条闲置的生产线。在盘面上可以看到 2 号线、3 号线在 1 季度都可以安排生产。

成品采购支付现金	0.0
设备改造费	2.0
生产线投资	0.0
加工费用	0.0
产品研发	0.0
行政管理费	0.0

图 5 - 32　生产线转产图示三

(1) 生产总监。

① 领用原材料。从采购总监处申请领取生产两个 Beryl 产品需要的原材料 M1 两个。

② 加工费。从财务总监处申请生产两个 Beryl 产品需要的加工费 2M。

③ 上线生产。将生产产品所需要的原材料和加工费放置在 2 号线、3 号线上（一个桶代表一个产品），表示开始投入产品生产。

④ 记录。在任务清单对应的方格内登记投产产品数量。

（2）财务总监。

① 支付现金。审核生产总监提出的产品加工费申请后，将现金 2M 交给生产总监。

② 记录。在任务清单对应的方格内登记现金的减少数。

（3）采购总监。

① 发放原材料。根据生产总监的申请，发放生产两个 Beryl 产品所需要的原材料 M1 两个。

② 记录。在运营任务清单对应的方格内登记生产领用原材料导致原材料的减少数。

（4）CEO。

① 选择"过程管理—生产记录"，点击"增加"，按照图 5 - 33、图 5 - 34 增加 2 号线的生产记录。同样方法，增加 3 号线的生产记录。

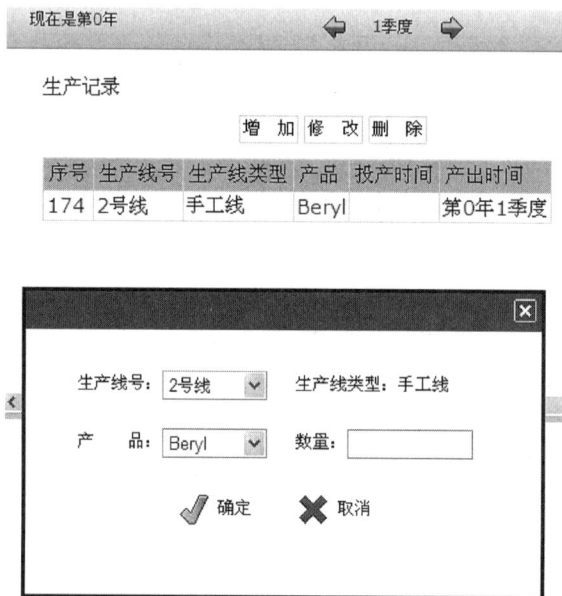

图 5 - 33　生产记录一

② 选择"经营分析—报表—现金流量表"，在"加工费用"输入 2M，如图 5 - 35 所示。添加生产记录之后，第 4 季度的预计入库量、预计库存量都发生变化。

8. *产品研发投资*

初始年不做，略过。

要研发新产品，企业必须投入研发费用。每个季度的研发费用在季末一次性支付。当新产品研发完成，企业在下一季度可以投入生产。具体操作如下：

（1）营销总监。

① 研发投资。企业如果需要研发新产品，则从财务总监处申请取得研发所需要的现

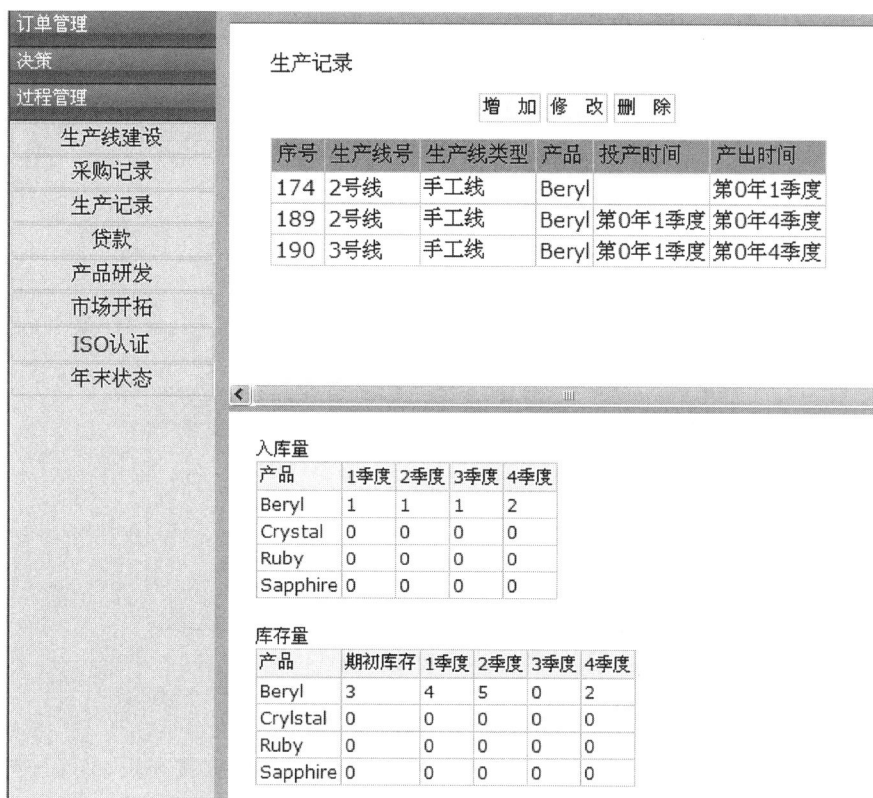

图 5-34　生产记录二

金,放置在盘面上产品研发对应位置的季度内。如果产品研发投资完成,则从交易处领取相应产品的生产标识。企业取得生产资格后,从下一季度开始,可以生产该产品。

生产线投资	0.0
加工费用	2.0
产品研发	0.0

图 5-35　加工费用修改

② 记录。在运营任务清单中记录研发的产品。

(2) 财务总监。

① 支付研发费用。根据营销总监提出的申请,审核后,用现金支付。

② 记录。如果支付了研发费用,则在运营任务清单对应的方格内登记现金的减少数。

(3) CEO。

① 选择"过程管理—产品研发",点击"增加",选择准备研发的产品,点击"确定",如图 5-36 所示。每个季度支付相应的研发费用后,均需在"过程管理—产品研发"里,增加每个季度投入的产品研发费用。

② 选择"经营分析—报表—现金流量表",在"产品研发"里输入投入的研发费用,如图 5-37 所示。

9. 更新应收款、应收款收现

沙盘企业中,销售产品一般收到的是应收款。每个季度,企业应将应收款向现金库方向推进一格,当应收款被推进现金库时,表示应收款到期,企业到交易处领取现金。

(1) 财务总监。

① 更新应收款。将应收款往现金库方向推进一格。当应收款推进现金库时,表示应收

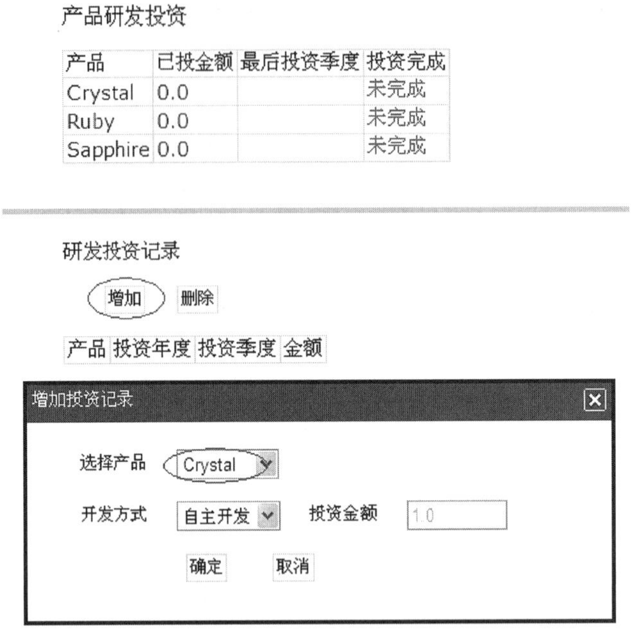

产品研发投资

产品	已投金额	最后投资季度	投资完成
Crystal	0.0		未完成
Ruby	0.0		未完成
Sapphire	0.0		未完成

研发投资记录

（ 增加 ） 删除

产品 投资年度 投资季度 金额

增加投资记录 ✕

选择产品 （ Crystal ▽ ）

开发方式 自主开发 ▽ 投资金额 1.0

确定 取消

图 5-36 产品研发

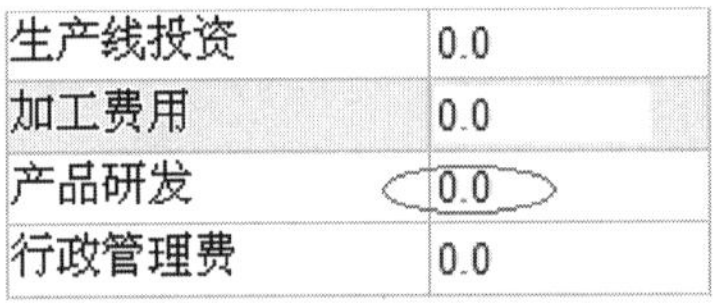

生产线投资	0.0
加工费用	0.0
产品研发	（ 0.0 ）
行政管理费	0.0

图 5-37 产品研发费用

款到期。

② 应收款收现。如果应收款到期，到交易处领回相应现金。

③ 记录。在现金流量表对应的方格内登记应收款到期收到的现金数。

（2）CEO。

选择"经营分析—报表—现金流量表"，在"应收款到期"里输入收到的现金数。

10. 按订单交货

企业只有将产品销售出去才能实现收入，也才能收回垫支的成本。产品生产出来后，企业应按销售订单交货。

企业必须按照订单的交货期交货，不允许提前交货，延期交货需支付相应的违约金。

（1）营销总监。

① 销售。销售产品前，首先在"订单登记表"中登记销售订单的销售额、销售数量、应收款账期、交货季度，计算出销售成本和毛利之后，将销售订单和相应数量的产品拿到交易处销售。销售后，将收到的应收款交给财务总监。

② 记录。在完成上述操作后，在该订单对应的方格内打"√"。

（2）财务总监。

① 收到销货款。将取得的应收款放在相应的应收款账期的位置，如果是现金，则直接放进现金库。

② 在现金流量表对应的方格内，登记现金的增加数。

（3）CEO。

如果收到的应收款账期为 0 季度，表示该笔应收款是现金，则 CEO 选择"经营分析—报表—现金流量表",在"应收款到期"里输入收到的现金数。

11. 支付行政管理费用

沙盘企业中,行政管理费在每个季度末一次性支付1M,无论企业经营情况好坏、业务量多少,都是固定不变的。

(1) 财务总监。

① 支付行政管理费。每个季度从现金库中取出1M现金放置在综合费用的"行政管理费"处。

② 记录。在监督完成以上操作后,在现金流量表对应的方格内记录现金的减少数。

(2) CEO。

选择"经营分析—报表—现金流量表",填写行政管理费为1M,如图5-38所示。

产品研发	0.0
行政管理费	1.0
长期贷款及利息	0.0
设备维护费	0.0

图5-38　行政管理费

(二) 第2季度工作

切换季度状态为"2季度",点击状态栏右箭头,如图5-39所示。

现在是第0年　　　　⇐　1季度　⇒

图5-39　状态栏

现金流量表自动将1季度末的资金余额结转到2季度,如图5-40所示。

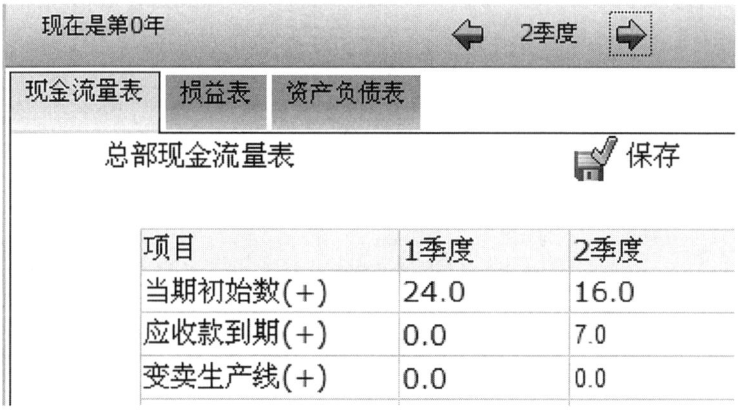

现在是第0年　　　　⇐　2季度　⇒

现金流量表　损益表　资产负债表

总部现金流量表　　　　　　保存

项目	1季度	2季度
当期初始数(+)	24.0	16.0
应收款到期(+)	0.0	7.0
变卖生产线(+)	0.0	0.0

图5-40　现金流量表

1. 更新短期贷款/还本付息/申请短期贷款

财务总监将盘面上处于3Q的20M的短期贷款向着箭头(现金库)的方向往前移动一格,移动到2Q位置。当短期贷款更新到现金库时,要还本付息。财务总监从现金库中拿出利息放在沙盘"综合费用"的"利息"处;同时从现金库中拿出应归还短期贷款的本金,到交易处偿还短期借款。

初始年不用申请短期贷款。

2. 更新应付款/归还应付款

财务总监将应付款向现金库方向推进一格,当应付款到达现金库时,表示应付款到期,必须用现金偿还,不能延期。

初始年没有应付款,略过。

3.更新原料订单/原材料入库

(1)采购总监。

① 更新原料订单。将代表原材料订单的 3 个 M1 的黄币向"原材料库"方向推进一格。

② 原材料入库。当原材料订单推进到"原材料库"时,需要支付原材料采购费用。向财务总监申请 3M 用于支付采购 3 个 M1 原材料的原材料款。采购总监将代表原材料订单的黄币和代表原材料款的灰币一并交给指导老师,换取 3 个代表原材料 M1 的蓝币,并放到"原材料库"中"M1 原材料"区域。

③ 记录。在任务清单对应的方格内登记入库的原材料数量。

(2)财务总监。

① 支付现金。审核采购总监提出的原材料采购费申请后,将 3M 现金交给采购总监。

归还高利贷及利息	0.0	0.0
原料采购支付现金	2.0	(3.0)
成品采购支付现金	0.0	0.0

图 5-41　填写原料采购支付现金

② 记录。在任务清单对应的方格内登记现金的减少数。

(3)CEO。

选择"经营分析—报表—现金流量表",填写"原料采购支付现金"为 3M,并点击"保存",如图 5-41 所示。

4.下原料订单

初始年第二季度下 1 个 M1 订单。CEO 选择"过程管理—采购记录",点击"增加",添加相应采购记录,如图 5-42 所示。

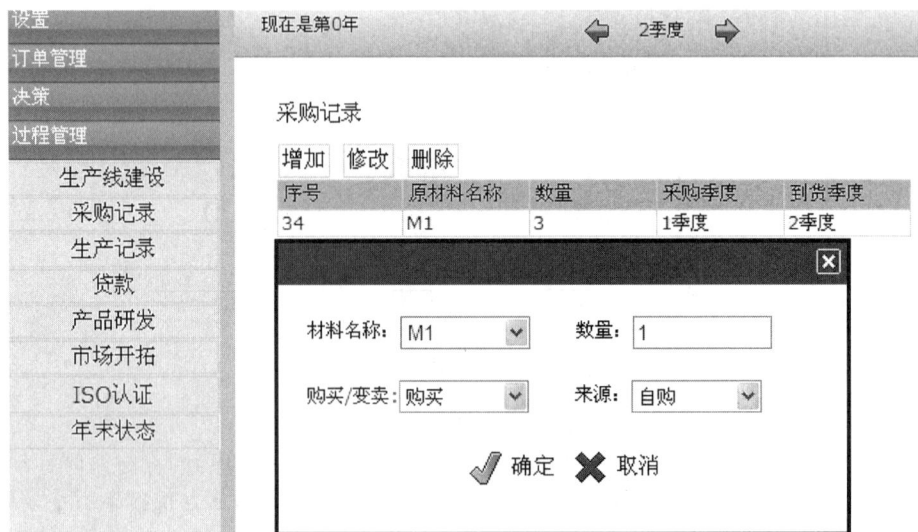

图 5-42　添加采购记录

5.更新生产/完工入库

生产总监:将 1 号线、2 号线、3 号线、4 号线上的在制品都往前推进一个格。在盘面上,我们看到 4 号线有产品完工,将完工后的产品放入 Beryl 成品库。

6．投资新生产线/生产线改造/变卖生产线

在初始年不建新生产线，也不用改造和变卖生产线。

7．开始下一批生产

现在，有一条闲置的生产线。在盘面上可以看到4号线可以安排生产。

（1）生产总监。

① 领用原材料。从采购总监处申请领取生产一个Beryl产品需要的原材料M1一个。

② 加工费。从财务总监处申请生产一个Beryl产品需要的加工费1M。

③ 上线生产。将生产产品所需要的原材料和加工费放置在4号线（一个桶代表一个产品），表示开始投入产品生产。

④ 记录。在任务清单对应的方格内登记投产产品数量。

（2）财务总监。

① 支付现金。审核生产总监提出的产品加工费申请后，将现金1M交给生产总监。

② 记录。在任务清单对应的方格内登记现金的减少数。

（3）采购总监。

① 发放原材料。根据生产总监的申请，发放生产一个Beryl产品所需要的原材料M1一个。

② 记录。在运营任务清单对应的方格内登记生产领用原材料导致原材料的减少数。

（4）CEO。

选择"过程管理—生产记录"，可以看到4号线在2季度都可以安排生产，点击"增加"，增加4号线的生产记录，如图5-43、图5-44所示。

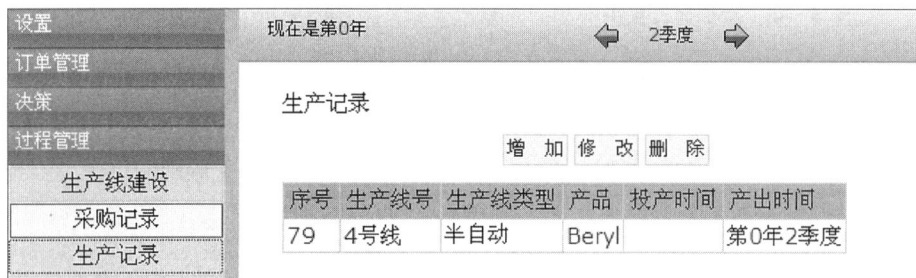

图5-43 添加生产记录图一

同时，选择"经营分析—报表—现金流量表"，在"加工费用"输入1M，如图5-45所示。

8．产品研发投资

初始年不做，略过。

9．更新应收款/应收款收现

沙盘企业中，企业销售产品一般收到的是应收款。每个季度，企业应将应收款向现金库方向推进一格，当应收款被推进现金库时，表示应收款到期，企业到交易处领取现金。

（1）财务总监。

① 更新应收款。将应收款往现金库方向推进一格。有7M的应收款更新到现金库，表示应收款到账。

② 应收款收现。财务总监到交易处领回7M的现金。

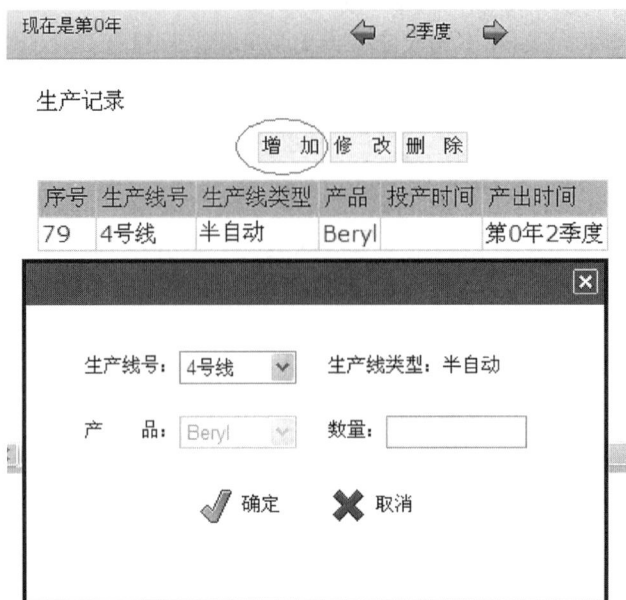

图 5-44　添加生产记录图二

生产线投资	0.0	0.0
加工费用	2.0	1.0
产品研发	0.0	0.0

图 5-45　添加加工费用

项目	1季度	2季度
当期初始数(+)	24.0	16.0
应收款到期(+)	0.0	7.0
变卖生产线(+)	0.0	0.0

图 5-46　应收款到期修改

③ 记录。在现金流量表对应的方格内登记应收款到期收到的现金 7M。

(2) CEO。

选择"经营分析—报表—现金流量表",在"应收款到期"里输入收到的现金数 7M,如图 5-46 所示。

10. 按订单交货

没有,略过。

11. 支付行政管理费用

沙盘企业中,行政管理费在每个季度末一次性支付 1M,无论企业经营情况好坏、业务量多少,都是固定不变的。

(1) 财务总监。

① 支付行政管理费。每个季度从现金库中取出 1M 现金放置在综合费用的"行政管理费"处。

② 记录。在监督完成以上操作后,在现金流量表中对应的方格内记录现金的减少数。

(2) CEO。

选择"经营分析—报表—现金流量表",填写行政管理费为 1M,如图 5-47 所示。

产品研发	0.0	0.0
行政管理费	1.0	1.0
长期贷款及利息	0.0	0.0

图 5-47　填写行政管理费

（三）第 3 季度工作

切换季度状态为"3 季度",点击状态栏右箭头,如图 5-48 所示。

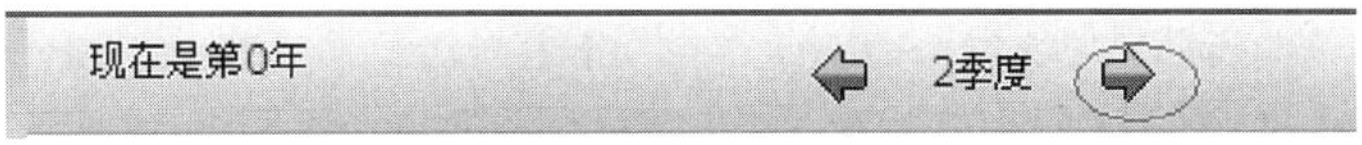

图 5-48 状态栏

现金流量表自动将 2 季度末的资金余额结转到 3 季度,如图 5-49 所示。

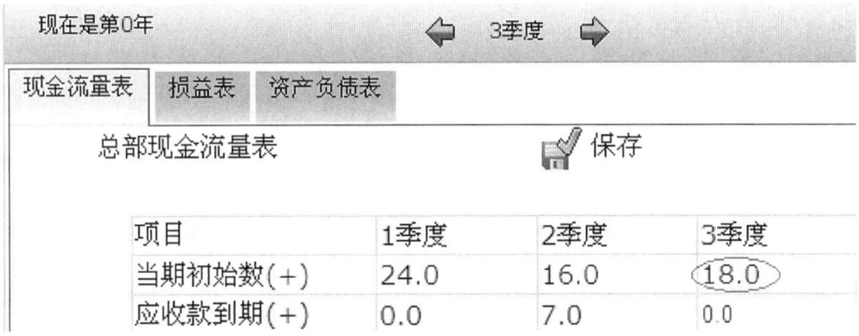

图 5-49 切换季度状态

1. 更新短期贷款/还本付息/申请短期贷款

财务总监将盘面上处于 2Q 的 20M 的短期贷款向着箭头(现金库)的方向往前移动一格,移动到 1Q 位置。当短期贷款更新到现金库时,要还本付息。财务总监从现金库中拿出利息放在沙盘"综合费用"的"利息"处;同时从现金库中拿出应归还短期贷款的本金到交易处偿还短期借款。不用申请短期贷款。

2. 更新应付款/归还应付款

财务总监将应付款向现金库方向推进一格,当应付款到达现金库时,表示应付款到期,必须用现金偿还,不能延期。初始年没有应付款,略过。

3. 更新原料订单/原材料入库

(1) 采购总监。

① 更新原料订单。采购总监将代表原材料订单的 1 个 M1 的黄币向"原材料库"方向推进一格。

② 原材料入库。当原材料订单推进到"原材料库"时,需要支付原材料采购费用。

采购总监向财务总监申请 1M 用于支付采购 1 个 M1 原材料的原材料款。采购总监将代表原材料订单的黄币和代表原材料款的灰币一并交给指导老师,换取 1 个代表原材料 M1 的蓝币,并放到"原材料库"中"M1 原材料"区域。

③ 记录。在任务清单的对应方格内,登记入库的原材料数量。

(2) 财务总监。

① 支付现金。审核采购总监提出的原材料采购费申请后,将现金 1M 交给采购总监。

② 记录。在任务清单对应的方格内登记现金的减少数。

(3) CEO。

选择"经营分析—报表—现金流量表",填写"原料采购支付现金"为 1M,并点击"保存",如图 5-50 所示。

185

归还高利贷及利息	0.0	0.0	0.0
原料采购支付现金	2.0	3.0	(1.0)
成品采购支付现金	0.0	0.0	0.0

图 5 - 50　填写"原料采购支付现金"图

4. 下原料订单

第三季度不下原材料订单。

5. 更新生产/完工入库

生产总监将 1 号线、2 号线、3 号线、4 号线上的在制品都往前推进一个格。将完工后的产品放入 Beryl 成品库。

6. 投资新生产线/生产线改造/变卖生产线

在初始年不建新生产线,也不用改造和变卖生产线。

7. 开始下一批生产

现在,有一条闲置的生产线。在盘面上可以看到 1 号线可以安排生产。

(1) 生产总监。

① 领用原材料。从采购总监处申请领取生产一个 Beryl 产品需要的原材料 M1 一个。

② 加工费。从财务总监处申请生产一个 Beryl 产品需要的加工费 1M。

③ 上线生产。将生产产品所需要的原材料和加工费放置在 1 号线(一个桶代表一个产品),表示开始投入产品生产。

④ 记录。在任务清单对应的方格内登记投产产品数量。

(2) 财务总监。

① 支付现金。审核生产总监提出的产品加工费申请后,将 1M 现金交给生产总监。

② 记录。在任务清单对应的方格内登记现金的减少数。

(3) 采购总监。

① 发放原材料。根据生产总监的申请,发放生产一个 Beryl 产品所需的原材料 M1 一个。

② 记录。在运营任务清单对应的方格内登记生产领用原材料导致原材料的减少数。

(4) CEO。

① 选择"过程管理—生产记录",可以看到 1 号线在 3 季度都可以安排生产,点击"增加",增加 1 号线的生产记录,如图 5 - 51、图 5 - 52 所示。

现在是第0年　　　　　　　　⬅　3季度　➡

生产记录

增 加　修 改　删 除

| 序号 | 生产线号 | 生产线类型 | 产品 | 投产时间 | 产出时间 |
| 77 | 1号线 | 手工线 | Beryl | | (第0年3季度) |

图 5 - 51　添加生产记录图示一

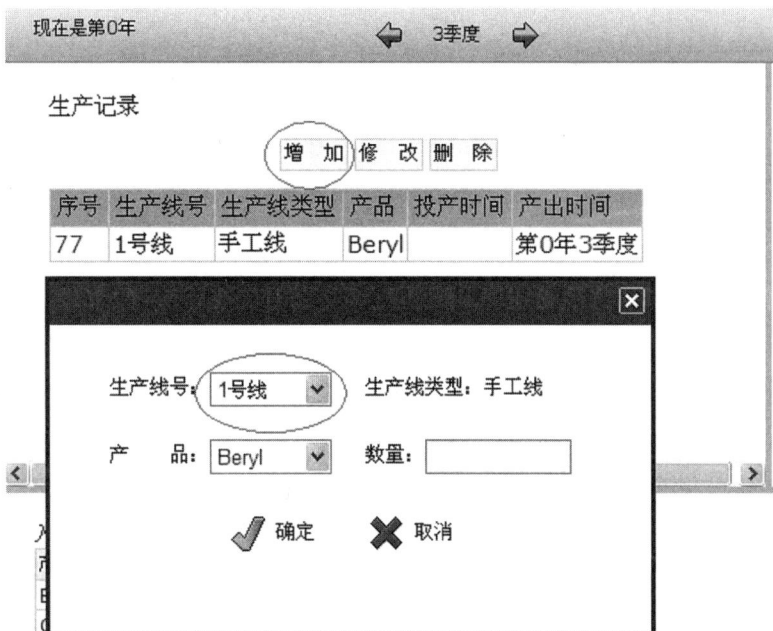

图 5-52 添加生产记录图示二

② 同时,选择"经营分析—报表—现金流量表",在"加工费用"输入 1M,如图 5-53 所示。

生产线投资	0.0	0.0	0.0
加工费用	2.0	1.0	1.0
产品研发	0.0	0.0	0.0

图 5-53 加工费用修改

8. 产品研发投资

初始年不做,略过。

9. 更新应收款、应收款收现

(1) 财务总监。

① 更新应收款。将应收款往现金库方向推进一格,有 7M 的应收款更新到现金库,表示应收款到账。

② 应收款收现。财务总监到交易处领回 7M 的现金。

③ 记录。在现金流量表对应的方格内登记应收款到期收到的现金 7M。

(2) CEO。

选择"经营分析—报表—现金流量表",在"应收款到期"中填写 7M,如图 5-54 所示。

10. 按订单交货

营销总监查看年初登记的订单,有在第三季度交货的订单。

CEO 选择"订单管理—订单查看",选中要交货的订单,点击"申请交货",如图 5-55 所示。

由指导老师确认交货之后,交货状态由"未完成"变为"已完成",如图 5-56 所示。

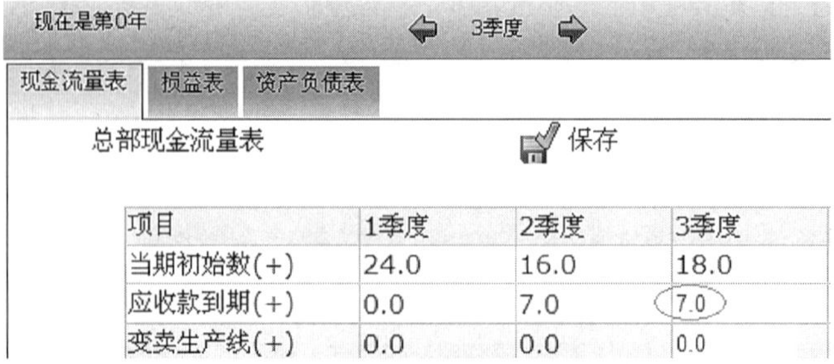

项目	1季度	2季度	3季度
当期初始数(+)	24.0	16.0	18.0
应收款到期(+)	0.0	7.0	7.0
变卖生产线(+)	0.0	0.0	0.0

图 5－54　填写应收款到期

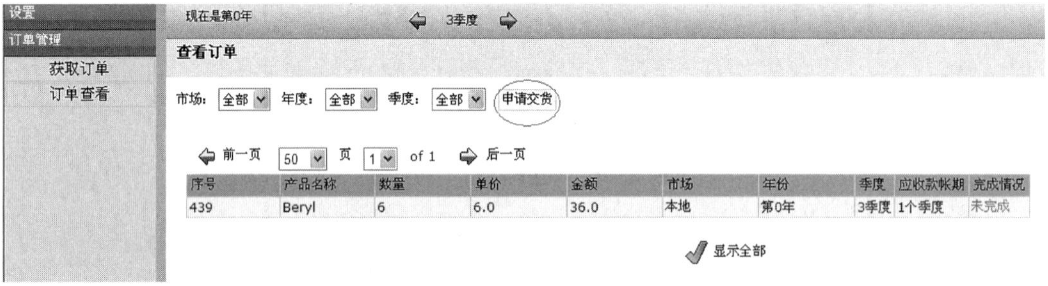

序号	产品名称	数量	单价	金额	市场	年份	季度	应收款帐期	完成情况
439	Beryl	6	6.0	36.0	本地	第0年	3季度	1个季度	未完成

图 5－55　订单交货图示一

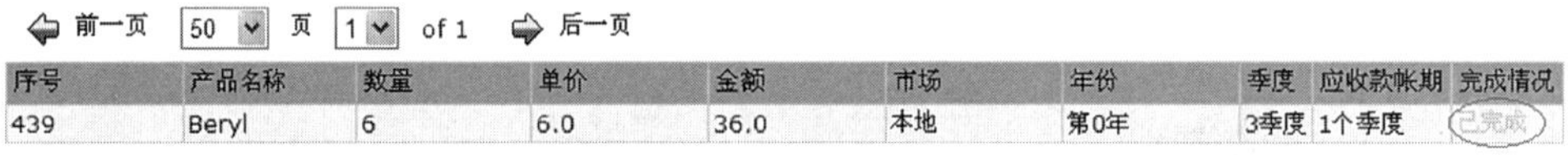

序号	产品名称	数量	单价	金额	市场	年份	季度	应收款帐期	完成情况
439	Beryl	6	6.0	36.0	本地	第0年	3季度	1个季度	已完成

图 5－56　订单交货图示二

营销总监从 Beryl 的成品库中拿出 6 个 Beryl，按照订单的交货数量交纳 6 个 Beryl，从交易处取回相应的货款，交给财务总监，由财务总监放在相应的应收款账期的位置。

11. 支付行政管理费用

沙盘企业中，行政管理费在每个季度末一次性支付 1M。

（1）财务总监。

① 支付行政管理费。每个季度从现金库中取出 1M 现金放置在综合费用的“行政管理费”处。

② 记录。在监督完成以上操作后，在现金流量表对应的方格内记录现金的减少数。

（2）CEO。

选择“经营分析—报表—现金流量表”，填写行政管理费为 1M，如图 5－57 所示。

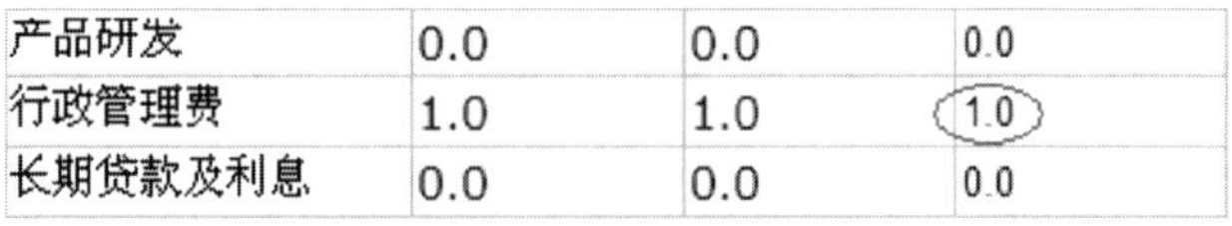

产品研发	0.0	0.0	0.0
行政管理费	1.0	1.0	1.0
长期贷款及利息	0.0	0.0	0.0

图 5－57　填写行政管理费

（四）第 4 季度工作

切换季度状态为“4 季度”，点击状态栏所示箭头，如图 5－58 所示。

图 5－58 状态栏

现金流量表自动将 3 季度末的资金余额结转到 4 季度，如图 5－59 所示。

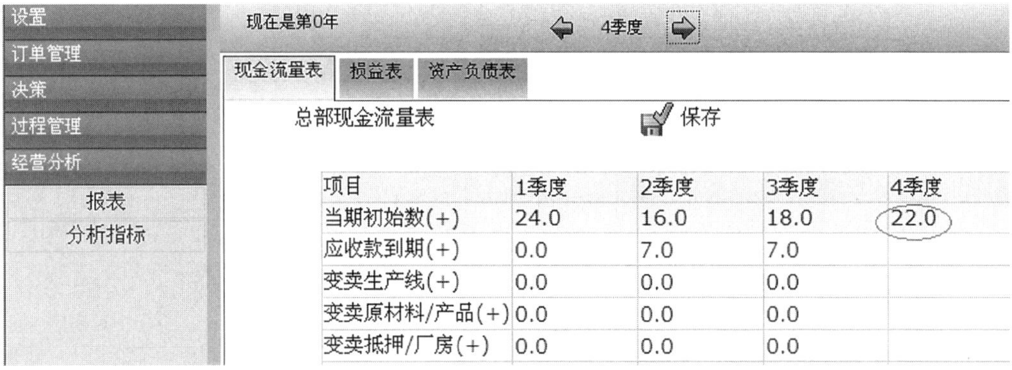

图 5－59 切换季度状态

1．更新短期贷款/还本付息/申请短期贷款

（1）更新短期贷款。

财务总监将盘面上处于 1Q 的 20M 短期贷款向着箭头的方向往前移动一格，移动到现金库，表示短期贷款到期，应归还短期贷款 20M。从现金库中拿出应归还短期贷款的本金到交易处偿还短期借款。

（2）还本付息

当短期贷款更新到现金库时，要还本付息，并支付短期贷款利息 1M。

财务总监从现金库中拿出利息放在沙盘"综合费用"的"利息"处。

CEO 选择"经营分析—报表—现金流量表"，填写"归还短贷及利息"为 21M，如图 5－60 所示。

图 5－60 填写"归还短贷及利息"

（3）申请短期贷款。

此时，现金余额为 1M，后续将支付生产费用 3M，现金已经不能支撑企业的正常运营。因此，必须借短期贷款。此处先借 20M 的短期贷款。每个小组的财务总监到指导老师处申请 20M 的短期贷款，并由指导老师审核贷款额度。短期借款借入后，放置一个空桶在短期借款的相应的账期 4Q 处，在空桶内放置和贷款等额的 20M 红币，并将现金放在现金库中。

（4）记录。

财务总监在"现金流量表"上记录归还的本金及利息金额；登记借入短期借款增加的现

189

金数。CEO 在学生界面选择"经营分析—报表",选择"现金流量表",点击"保存",就可以看到已经增加了短期贷款 20M,如图 5-61 所示。

项目	1季度	2季度	3季度	4季度
当期初始数(+)	24.0	16.0	18.0	22.0
应收款到期(+)	0.0	7.0	7.0	0.0
变卖生产线(+)	0.0	0.0	0.0	0.0
变卖原材料/产品(+)	0.0	0.0	0.0	0.0
变卖抵押/厂房(+)	0.0	0.0	0.0	0.0
短期贷款(+)	0.0	0.0	0.0	20.0
高利贷贷款(+)	0.0	0.0	0.0	0.0
长期贷款(+)	0.0	0.0	0.0	0.0
收入总计	24.0	23.0	25.0	22.0

图 5-61　记录

2.更新应付款/归还应付款

没有,略过。

3.更新原料订单/原材料入库

没有,略过。

4.下原料订单

(1)采购总监。

下 2 个 M1 的订单,将 2 个 M1 的黄币放在 M1 的订单处。

(2)CEO。

选择"过程管理—采购记录",点击"增加",添加相应采购记录,如图 5-62 所示。

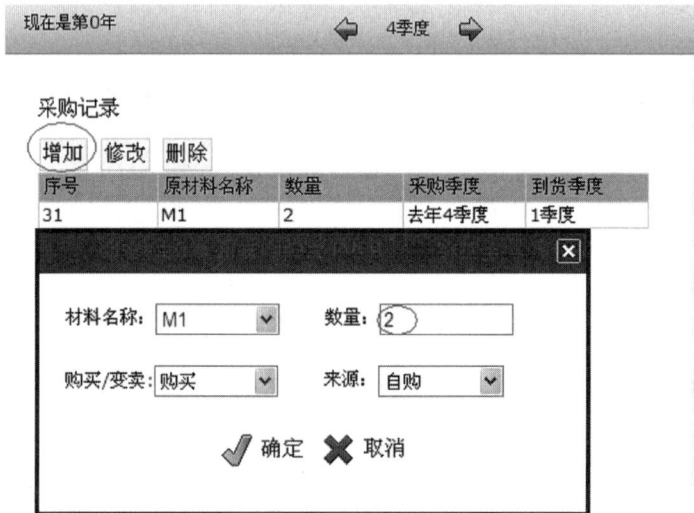

图 5-62　添加采购记录

5.更新生产/完工入库

生产总监将 1 号线、2 号线、3 号线、4 号线上的在制品都往前推进一个格。

CEO 选择"过程管理—生产记录",可以看到,2 号线、3 号线、4 号线有产品完工,将完工后的产品放入 Beryl 成品库,如图 5-63 所示。

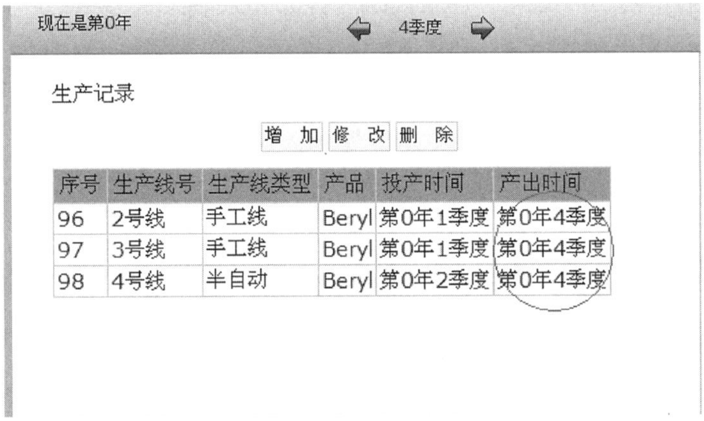

图 5-63　更新生产/完工入库

6. 投资新生产线/生产线改造/变卖生产线

在初始年不建新生产线,也不用改造和变卖生产线。

7. 开始下一批生产

现在有三条闲置的生产线。在盘面上可以看到 2 号线、3 号线、4 号线在 4 季度都可以安排生产。

(1) 生产总监。

① 领用原材料。从采购总监处申请领取生产三个 Beryl 产品需要的原材料 M1 三个。

② 加工费。从财务总监处申请生产三个 Beryl 产品需要的加工费 3M。

③ 上线生产。将生产产品所需要的原材料和加工费放置在 2 号线、3 号线、4 号线上(一个桶代表一个产品),表示开始投入产品生产。

④ 记录。在任务清单对应的方格内登记投产产品数量。

(2) 财务总监。

① 支付现金。审核生产总监提出的产品加工费申请后,将现金 3M 交给生产总监。

② 记录。在任务清单对应的方格内登记现金的减少数。

(3) 采购总监。

① 发放原材料。根据生产总监的申请,发放生产三个 Beryl 产品所需要的原材料 M1 三个。

② 记录。在运营任务清单对应的方格内登记生产领用原材料导致原材料的减少数。

(4) CEO。

选择"过程管理—生产记录",点击"增加",增加 2 号线的生产记录,如图 5-64 所示。

按照同样的方式,增加 3 号线、4 号线的生产记录。

增加生产记录后,可以看到预计入库量和预计库存量都没有发生变化,如图 5-65 所示。这是因为三条线的产出都在下一年度,对本年度没有影响。

同时,选择"经营分析—报表—现金流量表",在"加工费用"输入 3M,如图 5-66 所示。

8. 产品研发投资

初始年不做,略过。

现在是第0年   ◁   4季度   ▷

生产记录

增 加 修 改 删 除

序号	生产线号	生产线类型	产品	投产时间	产出时间
96	2号线	手工线	Beryl	第0年1季度	第0年4季度
97	3号线	手工线	Beryl	第0年1季度	第0年4季度
98	4号线	半自动	Beryl	第0年2季度	第0年4季度

生产线号：2号线 ▼   生产线类型：手工线

产　　品：Beryl ▼   数量：

✓ 确定   ✖ 取消

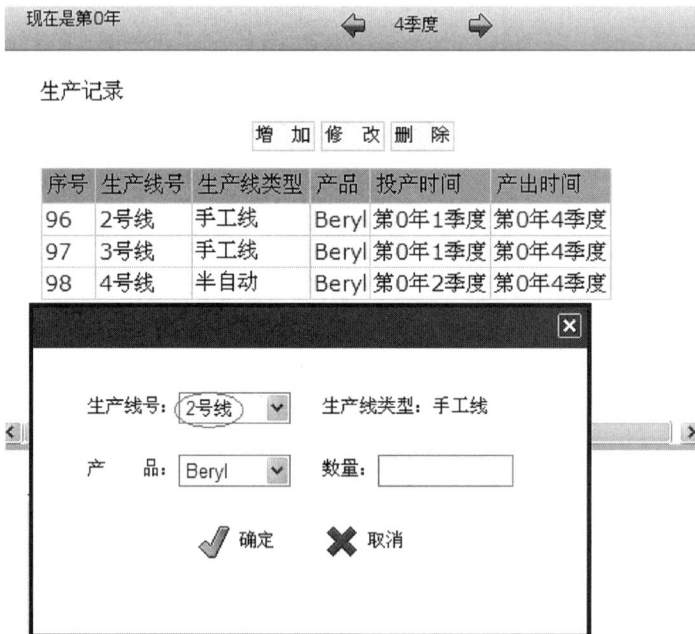

图 5-64 生产记录添加图示一

入库量

产品	1季度	2季度	3季度	4季度
Beryl	1	1	1	③
Crystal	0	0	0	0
Ruby	0	0	0	0
Sapphire	0	0	0	0

库存量

产品	期初库存	1季度	2季度	3季度	4季度
Beryl	3	4	5	0	③
Crylstal	0	0	0	0	0
Ruby	0	0	0	0	0
Sapphire	0	0	0	0	0

图 5-65 生产记录添加图示二

生产线投资	0.0	0.0	0.0	0.0
加工费用	2.0	1.0	1.0	3.0
产品研发	0.0	0.0	0.0	0.0
行政管理费	1.0	1.0	1.0	0.0

图 5-66 加工费用填写

9. 更新应收款/应收款收现

（1）财务总监。

① 更新应收款。将应收款往现金库方向推进一格。有 36M 的应收款更新到现金库,表

示应收款到账。

② 应收款收现。财务总监到交易处领回 36M 的现金。

③ 记录。在现金流量表对应的方格内登记应收款到期收到的现金 36M。

（2）CEO。

选择"经营分析—报表"选择"现金流量表"，在"应收款到期"中填写 36M，如图 5 - 67 所示。

项目	1季度	2季度	3季度	4季度
当期初始数(+)	24.0	16.0	18.0	22.0
应收款到期(+)	0.0	7.0	7.0	36.0
变卖生产线(+)	0.0	0.0	0.0	0.0

图 5 - 67　应收款到期填写

10. 按订单交货

没有，略过。

11. 支付行政管理费用

沙盘企业中，行政管理费在每个季度末一次性支付 1M。

（1）财务总监。

① 支付行政管理费。每个季度从现金库中取出 1M 现金放置在综合费用的"行政管理费"处。

② 记录。在监督完成以上操作后，在现金流量表对应的方格内记录现金的减少数。

（2）CEO。

选择"经营分析—报表—现金流量表"，填写行政管理费为 1M，如图 5 - 68 所示。

产品研发	0.0	0.0	0.0	0.0
行政管理费	1.0	1.0	1.0	1.0
长期贷款及利息	0.0	0.0	0.0	0.0

图 5 - 68　行政管理费填写

三、年末工作

在学生界面，点击状态栏中的箭头，将时间切换为年末，如图 5 - 69、图 5 - 70 所示。

现在是第0年	⇦	4季度	⇨

图 5 - 69　状态栏一

现在是第0年	⇦	年末	⇨

图 5 - 70　状态栏二

(一) 更新长期贷款/支付利息/申请长期贷款

沙盘企业中,长期贷款只能在每年年末进行,贷款期限在一年以上,每年年末付息一次,到期还本。本年借入的长期借款下年末支付利息。

1. 财务总监

(1) 更新长期贷款。财务总监将长期借款往现金库方向推进一格,表示偿还期的缩短。如果长期贷款已经被推至现金库中,表示长期借款到期,应持相应的现金到交易处归还该笔长期贷款。

(2) 支付利息。根据企业已经借入的长期借款计算本年应支付的利息 2M,之后,从现金库中取出相应的利息放置在综合费用的"利息"处。

(3) 申请长期贷款。根据上年的所有者权益到交易处,经交易处审核后发放贷款。收到贷款后,将现金放进现金库中;同时,放一个空桶在长期贷款对应的账期处,空桶内放置等额的红币。

(4) 记录。在现金流量表对应的方格内登记因支付利息、归还本金导致的现金减少数,以及借入长期借款增加的现金数。

2. CEO

选择"经营分析—报表—现金流量表",填写长期贷款及利息为 2M,如图 5 - 71 所示。

产品研发	0.0	0.0	0.0	0.0	0.0
行政管理费	1.0	1.0	1.0	1.0	0.0
长期贷款及利息	0.0	0.0	0.0	0.0	(2.0)

图 5 - 71　长期贷款及利息填写

(二) 支付设备维护费

设备使用过程中会发生磨损,需要保证设备正常运转,就需要进行维护。沙盘企业中,只有生产线需要支付维护费。年末,只要有生产线,无论是否生产,都应支付维护费。尚未安装完工的生产线不支付维护费。设备维护费每年年末用现金一次性集中支付。

1. 财务总监

(1) 支付维护费。根据期末现有完工的生产线支付设备维护费。支付设备维护费时,从现金库中取出现金,放在综合费用的"维护费"处。现有四条生产线,共需支付的设备维护费为 4M。

(2) 记录。在现金流量表对应的方格内登记现金的减少数。

2. CEO

选择"经营分析—报表—现金流量表",填写设备维护费为 4M,如图 5 - 72 所示。

长期贷款及利息	0.0	0.0	0.0	0.0	2.0
设备维护费	0.0	0.0	0.0	0.0	(4.0)
租金	0.0	0.0	0.0	0.0	0.0

图 5 - 72　设备维护费填写

(三) 支付租金/购买厂房

企业要生产产品,必须要有厂房。厂房可以购买,也可以租用。年末,企业如果在使用没有购买的厂房,则必须支付租金;如果不支付租金,则必须购买。

1. 财务总监

(1)支付租金。从现金库中取出现金放在综合费用的"租金"处。

(2)购买厂房。从现金库中取出购买厂房的现金放在厂房的"价值"处。

(3)记录。在现金流量表对应的方格内登记支付租金或购买厂房减少的现金数。

2. CEO

选择"经营分析—报表—现金流量表",填写支付的租金数或购买厂房支付的现金数。

(四)折旧

固定资产在使用过程中会发生损耗,导致价值降低,应对固定资产计提折旧。沙盘企业中,折旧在每年年末计提一次,计提折旧的范围仅仅限于生产线,折旧的方法采用直线法取整计算。在会计处理上,折旧费全部作为当期的期间费用,没有计入产品成本。

1. 财务总监

1 号线、2 号线、3 号线的折旧各为 1M,4 号线折旧为 2M,共 5M。财务总监从设备价值处计提相应的折旧,放在综合费用的"折旧"处。

2. CEO

选择"过程管理—年末状态",填写生产线折旧为 5M,点击"确认",如图 5-73 所示。

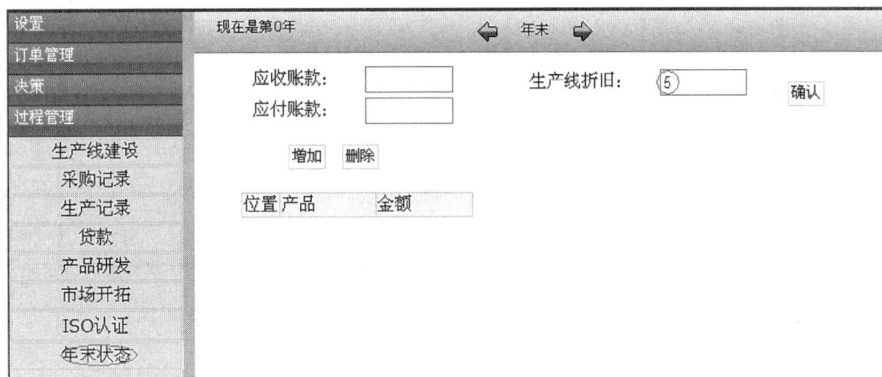

图 5-73 年末状态填写

(五)新市场开拓投资/ISO 资格认证投资

企业要扩大产品的销路必须开发新市场。不同的市场开拓所需要的时间和费用是不相同的。同时,有的市场对产品有 ISO 资格认证要求,企业需要进行 ISO 资格认证投资。沙盘企业中,每年开拓市场和 ISO 资格认证的费用在年末一次性支付,计入当期的综合费用。

1. 营销总监

(1)新市场开拓。从财务总监处申请开拓市场所需要的现金,放置在沙盘所开拓市场对应的位置。当市场开拓完成,下一年即可在该市场上销售产品。

(2)ISO 资格认证投资。从财务总监处申请 ISO 资格认证所需要的现金,放置在 ISO 资格认证对应的位置。最迟在第三年年末完成两项认证。

(3)记录。进行了市场开拓或 ISO 认证投资后,在运营清单对应的方格内打"√"。

2. 财务总监

(1)支付费用。根据营销总监的申请,审核后,将市场开拓和 ISO 资格认证所需要的现金支付给营销总监。

（2）记录。在现金流量表对应的方格内记录现金的减少数。

3. CEO

（1）在监督营销总监和财务总监完成以上操作后,选择"过程管理—市场开拓"和"过程管理—ISO 认证",分别增加进行开拓的市场和投入的 ISO 认证。

（2）选择"经营分析—报表—现金流量表",填写支付的市场开拓费和 ISO 认证费。

（六）关账

一年经营结束,年终要进行一次"盘点",一经关账后,本年度的经营也结束了,本年度所有的经营数据不能随意更改。

所有经营填写结束之后,再补充填写年末状态的信息。CEO 选择"过程管理—年末状态",点击"增加",按照图 5-74 填写年末状态。

注意:图 5-74 中填写的是金额,而不是数量。如 1 个 Beryl 产品的金额为 2M。

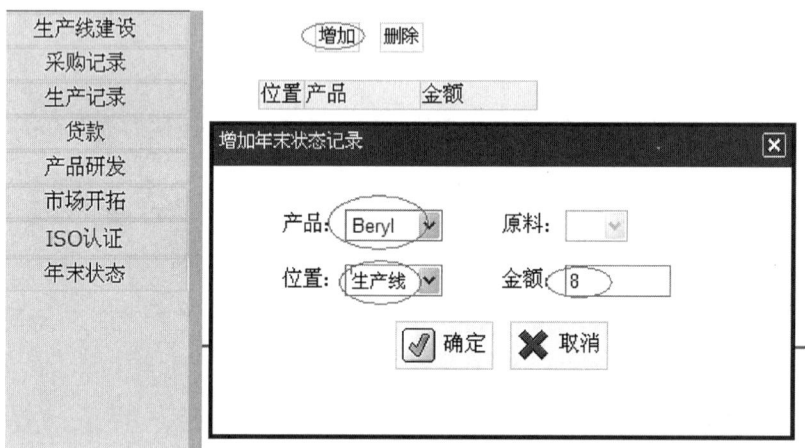

图 5-74　年末状态信息填写图示一

同样,填写产成品的金额为 6M,填写之后,得到如图 5-75 所示的记录。

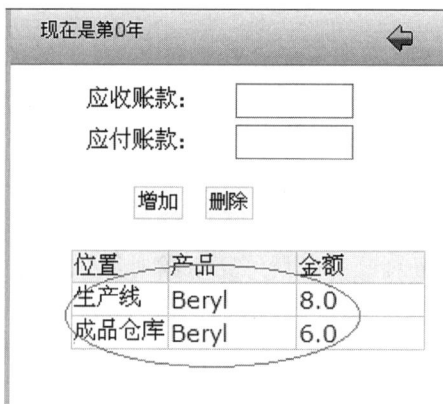

图 5-75　年末状态信息填写图示二

同样,填写原材料的金额为 1M,如图 5-76 所示,填写完之后,结果如图 5-77 所示。

增加　删除

位置	产品	金额
生产线	Beryl	8.0
成品仓库	Beryl	6.0

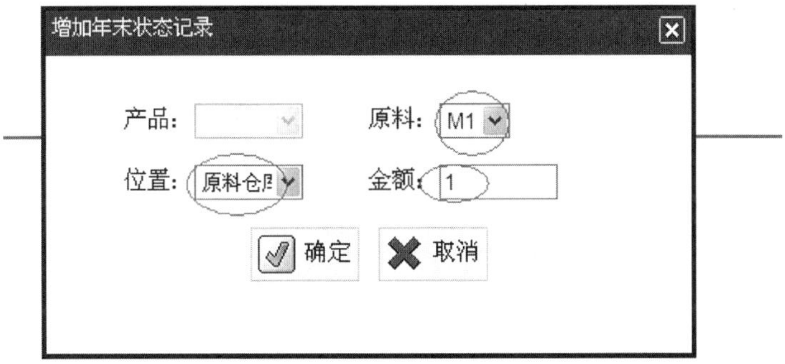

图 5 - 76　年末状态信息填写图示三

四、组间交易的记录

(一) 向其他企业购买成品

企业参加产品订货会时,如果取得的销售订单超过了企业最大生产能力,当年不能按订单交货,则构成违约,按规则将受到严厉惩罚。为此,企业可以从其他企业购买产品来交单。

增加　删除

位置	产品	金额
生产线	Beryl	8.0
成品仓库	Beryl	6.0
原料仓库	M1	1.0

图 5 - 77　年末状态信息填写图示四

1. 营销总监

(1) 谈判。在进行组间的产品买卖时,首先双方要谈妥产品的交易价格,并采取一手交钱一手交货的交易方式进行交易。

(2) 购买。从财务总监处申请取得购买产品所需要的现金,买进产品后,将产品放置在对应的产品库。注意:购进的产品成本应当是购进时支付的价款,在计算产品销售成本时应当按该成本计算。

(3) 记录。在任务清单对应的方格内记录购入的产品数量。

2. 财务总监

(1) 付款。根据营销总监的申请,审核后,支付购买材料需要的现金。

(2) 记录。将购买产品支付的现金数记录在现金流量表对应的方格内。

3. CEO

选择"经营分析—报表—现金流量表",在"成品采购"里填入采购成品时支付的现金数。

(二) 向其他企业出售成品

如果企业有库存积压的产品,可以向其他企业出售。

1. 营销总监

(1) 出售。从产品库取出产品,从对方取得现金后将产品交给购买方,并将现金交给财务总监。

(2) 记录。由于出售导致产品的减少,所以,营销总监应在运营任务清单对应的方格内填上因出售而减少的产品数量。

2. 财务总监

（1）收到现金。将出售产品收到的现金放进现金库。

（2）记录。将出售产品收到的现金数记录在任务清单对应的方格内。

3. CEO

选择"经营分析—报表—现金流量表"，在"变卖产品"里填入出售成品时收到的现金数。

五、报表填制

学生先在附表 3-3 上自己编制报表，编制完成后再由 CEO 在电脑上录入完成。

（一）填写现金流量表

CEO 选择"经营分析—报表—现金流量表"，根据财务总监每个季度的数据按季度录入。

录入完成后检查现金流量表的数据是否和沙盘盘面保持一致，具体现金变化如图 5-78 所示。

项目	一季度	二季度	三季度	四季度	年末
当期初始数(+)	24.0	16.0	18.0	22.0	53.0
应收款到期(+)	0.0	7.0	7.0	36.0	0.0
变卖生产线(+)	0.0	0.0	0.0	0.0	0.0
变卖原材料/产品(+)	0.0	0.0	0.0	0.0	0.0
变卖抵押/厂房(+)	0.0	0.0	0.0	0.0	0.0
短期贷款(+)	0.0	0.0	0.0	20.0	0.0
高利贷贷款(+)	0.0	0.0	0.0	0.0	0.0
长期贷款(+)	0.0	0.0	0.0	0.0	0.0
收入总计	24.0	23.0	25.0	78.0	53.0
支付上年应交税	3.0	0.0	0.0	0.0	0.0
广告费	0.0	0.0	0.0	0.0	0.0
贴现费用	0.0	0.0	0.0	0.0	0.0
归还短贷及利息	0.0	0.0	0.0	21.0	0.0
归还高利贷及利息	0.0	0.0	0.0	0.0	0.0
原料采购支付现金	2.0	3.0	1.0	0.0	0.0
成品采购支付现金	0.0	0.0	0.0	0.0	0.0
设备改造费	0.0	0.0	0.0	0.0	0.0
生产线投资	0.0	0.0	0.0	0.0	0.0
加工费用	2.0	1.0	1.0	3.0	0.0
产品研发	0.0	0.0	0.0	0.0	0.0
行政管理费	1.0	1.0	1.0	1.0	0.0
长期贷款及利息	0.0	0.0	0.0	0.0	2.0
设备维护费	0.0	0.0	0.0	0.0	4.0
租金	0.0	0.0	0.0	0.0	0.0
购买新建筑	0.0	0.0	0.0	0.0	0.0
市场开拓投资	0.0	0.0	0.0	0.0	0.0
ISO认证投资	0.0	0.0	0.0	0.0	0.0
其它	0.0	0.0	0.0	0.0	0.0
支出总计	8.0	5.0	3.0	25.0	6.0
现金余额	16.0	18.0	22.0	53.0	47.0

☑️ 保存

图 5-78 报表填制

（二）编制利润表

CEO选择"经营分析—报表—损益表"，点击"保存"，收入、成本、财务净损益需要手动输入，输入完成后点击保存系统自动计算出报表，如图5-79所示。

现金流量表	利润表	资产负债表

管理费用明细表（百万）		总部损益表（百万）		
项目	金额	项目	去年	今年
行政管理费	4.0	一、销售收入	40.0	36.0
广告费	0.0	减：成本	17.0	12.0
设备维护费	4.0	二、毛利	23.0	24.0
设备改造费	0.0	减：综合费用	8.0	8.0
租金	0.0	折旧	4.0	5.0
产品研发	0.0	财务净损益	1.0	3.0
市场开拓	0.0	三、营业利润	10.0	8.0
ISO认证	0.0	加：营业外净收益	0.0	0.0
其他	0.0	四、利润总额	10.0	8.0
合计	8.0	减：所得税	3.0	2.0
		五、净利润	7.0	6.0

保存

图5-79　编制利润表

（三）编制资产负债表

CEO选择"经营分析—报表—损益表"，点击"保存"后，系统会根据企业的相关记录自动生成有关流动资产、负债、盈利的相关数据，然后输入固定资产、股东资本，输入完成后点击"保存"系统自动计算出报表，如图5-80所示。

现金流量表	利润表	资产负债表

总部资产负债表

资产	年初数	期末数	负债及所有者权益	年初数	期末数
流动资产：			负债：		
现金	24.0	47.0	短期负债	20.0	20.0
应收账款	14.0	0.0	应付账款	0.0	0.0
原材料	2.0	1.0	应交税金	3.0	2.0
产成品	6.0	6.0	长期负债	20.0	20.0
在制品	6.0	8.0			
流动资产合计	52.0	62.0	负债合计	43.0	42.0
固定资产：			所有者权益：		
土地建筑原价	40.0	40.0	股东资本	50.0	50.0
设备净值	12.0	7.0	以前年度利润	4.0	11.0
在建工程	0.0	0.0	当年净利润	7.0	6.0
固定资产合计	52.0	47.0	所有者权益合计	61.0	67.0
资产总计	104.0	109.0	权益总计	104.0	109.0

保存

图5-80　编制资产负债表

附录 3　规则改造

本课程适用的范围很广,每次参与课程的学生可能来自不同的专业、不同年级,或者不同的企业、不同的行业、不同的岗位、不同的工作年限,那么这套 ERP 沙盘模拟实验给出的规则可能就会显得不适合,手工沙盘的优势这时就可充分发挥出来了,老师可以根据学员的情况灵活调整实验规则。下面就规则调整的经验与大家进行分享,大家可以参考。

一、原材料采购规则

如果要刺激原材料市场的竞争,加强对物料采购知识的运用,可将规则调整如下,具体如附表 3-1 所示。

附表 3-1　　　　　　　　　　　　批量采购原材料付款规则

原材料采购数量	需支付金额	应付款账期
<=4 个	全额	现金
5~8 个	全额-1	1Q
9~12 个	全额-2	2Q
13~16 个	全额-3	3Q
>=17 个	全额-4	4Q

另外,原材料订货提前期也可以稍作调整,原规则中各原材料订货提前期不同,M1 和 M2 为 1Q,M3 和 M4 为 2Q。实际操作中,学生批量采购原材料时容易出错,所以也可以简化规则,将 M1、M2、M、M4 这四种原材料的订货提前期均改为 1Q。

二、资本市场运作规则

如需加强对资金预算和筹资融资知识的运用,可将规则作如下调整:

(1) 各种贷款(包括高利贷)的利息在贷款发放时即全部扣除,到期后支付本金。

(2) 允许组间拆借资金,金额、借款期限和利率由企业自行约定,但借款利率不得高于 20%。

(3) 调高股东的投资总额,帮助企业获得更多的流动资金,同时取得更高的贷款额度。这个操作可以在教学年时进行,也可以在模拟运营的中间进行。在教学过程中发现,第三年可能会经营比较困难,面临较大的资金压力,因此,可以在第二年年末给各公司增加投资,缓解第三年资金不足的情况,便于学生更好地进行后续的模拟。

三、组织生产简易规则

产品的生产除需要原材料外,还需要支付相应的加工费,原规则中各种生产线的生产效率和自动化程度不同,所需支付的加工费也不同,在计算成本时较为复杂,可将规则作如下调整:手工线和半自动线生产所有产品的加工费都为 2M,全自动生产线和柔性生产线生产所有产品的加工费用都是 1M。

附录 4　实训成绩的评定

课程结束后,每个组都会有一个实训成绩,但这个成绩并不能充分反映学生的真实情况,有的组虽然破产了,但运营过程中,组员可能一直积极参与,而且积累了很多宝贵的经验,下面给出一种较为科学的成绩评定方式为:

实训课成绩＝实训成果(40％)＋成员表现(30％)＋总结(30％)

实训成果:此次课程把参加训练的学员分成一定的小组,每组代表不同的虚拟公司,每个小组的成员分别担任公司中的重要职位(CEO、财务总监、市场总监、生产总监等)。几个公司是同行业中的竞争对手,他们从先前的管理团队中接手同样的企业,大家要在模拟的 6 年中,在客户、市场、资源及利润等方面进行一番真正的较量。最后根据各企业的所有者权益、综合发展系数等对各个企业进行综合排名,这就是实训成果。实训成果评定方式为:

实训成果＝所有者权益×(1＋企业综合发展系数/100％)

企业综合发展系数的计算方法如附表 4-1 所示。

附表 4-1　　　　　　　　综合发展系数计算方法

项　　目	计算方法/分	项　　目	计算方法/分
大厂房	20	ISO 14000	10
中厂房	15	Crystal 产品研发	10
小厂房	10	Ruby 产品研发	10
手工线	5/条	Sapphire 产品研发	15
半自动线	10/条	本地市场地位(第六年市场第一)	15
全自动线	15/条	区域市场地位(第六年市场第一)	15
柔性线	20/条	国内市场地位(第六年市场第一)	15
区域市场开发	10	亚洲市场地位(第六年市场第一)	15
国内市场开发	15	国际市场地位(第六年市场第一)	15
亚洲市场开发	20	高利贷扣分	由指导老师酌情设置
国际市场开发	25		
ISO 9000	10		

成员表现:各岗位分工明确,每个成员各司其职,科学制订计划,合作愉快,组间公平竞争,各个企业的团结程度、每个成员的参与程度以及各种表格如现金流量表、损益表、资产负债表等的填写,以及现金流量预算、采购计划、生产计划等的撰写和记录等都可列为企业成员的综合表现评价。

总结:可以包括个人总结和团体总结。个人总结是课程结束后每个同学上交的实训报告,是对自己几天的体会、经验以及在实践中应用的理论知识进行的总结与归纳。团体总结可以以团队的形式上交 PPT 或者制作视频,对整个企业六年模拟情况进行总结。各个企业要站在团队全局的角度上利用信息技术向全班同学进行展示和讲解,总结本企业的企业文化、成员构成、整体战略、广告策略、市场定位、企业运营得失等,分享经验,进一步提高学生分析问题及解决问题的能力。

附录 5　金蝶 ERP 手工沙盘实战演练

一、初始年规划

附表 5-1　　　　　　　　　　　　　　　　　初始年任务清单

每年年初:(根据提示,完成部分打钩)

每年年初:(根据提示,完成部分打钩)
(1) 支付应付税(根据上年度结果)　　□(填现金流量表)
(2) 支付广告费　　□
(3) 登记销售订单　　□

每个季度:	一季度	二季度	三季度	四季度
(1) 更新短期贷款/还本付息/申请短期贷款	□	□	□	□
(2) 更新应付款/归还应付款	□	□	□	□
(3) 更新原料订单/原材料入库	□	□	□	□
(4) 下原料订单	□	□	□	□
(5) 更新生产/完工入库	□	□	□	□
(6) 投资新生产线/生产线改造/变卖生产线	□	□	□	□
(7) 开始下一批生产	□	□	□	□
(8) 产品研发投资	□	□	□	□
(9) 更新应收款/应收款收现	□	□	□	□
(10) 按订单交货	□	□	□	□
(11) 支付行政管理费用(填状态记录表)	□	□	□	□

每年年末:
(1) 更新长期贷款/支付利息/申请长期贷款　　□
(2) 支付设备维护费　　□
(3) 支付租金/购买厂房　　□
(4) 折旧　　□
(5) 新市场开拓投资/ISO 资格认证投资　　□
(6) 关账　　□

附表 5-2　　　　　　　　　　　　　　　　　　初始年订单

项　　目	1	2	3	4	5	6	合　计
市　　场							
产品名称							
账　　期							
交货期							
单　　价							

续　表

项　　目	1	2	3	4	5	6	合　计
订单数量							
订单销售额							
成　本							
毛　利							

附表 5-3　　　　　　　　　　　　初始年的现金流量表

项　　目	1	2	3	4
应收款到期（＋）				
变卖生产线（＋）				
变卖原料/产品（＋）				
变卖/抵押厂房（＋）				
短期贷款（＋）				
高利贷贷款（＋）				
长期贷款（＋）				
收入总计				
支付上年应交税				
广告费				
贴现费用				
归还短贷及利息				
归还高利贷及利息				
原料采购支付现金				
成品采购支付现金				
设备改造费				
生产线投资				
加工费用				
产品研发				
行政管理费				
长期贷款及利息				
设备维护费				
租金				

续 表

项 目	1	2	3	4
购买新建筑				
市场开拓投资				
ISO 认证投资				
其他				
支出总计				
现金余额				

二、初始年财务报表

附表 5－4　　　　　　　　　　　　　　　资产负债表　　　　　　　　　　　　　　　单位：百万元

资 产	年初数	期末数	负债及所有者权益	年初数	期末数
流动资产：			负债：		
现金	24		短期负债	20	
应收账款	14		应付账款	0	
原材料	2		应交税费	3	
产成品	6		长期负债	20	
在制品	6				
流动资产合计	52		负债合计	43	
固定资产：			所有者权益：		
土地建筑净值	40		股东资本	50	
机器设备净值	12		利润留存	4	
在建工程	0		当年净利润	7	
固定资产合计	52		所有者权益合计	61	
资产总计	104		权益总计	104	

附表 5－5　　　　　　　　　　　　　　　综合管理费用明细表　　　　　　　　　　　　　　　单位：万元

项 目	金 额	项 目	金 额
行政管理费		产品研发	
广告费		市场开拓	
设备维护费		ISO 认证	
设备改造费		其 他	
租 金		合 计	

附表 5－6　　　　　　　　　　　　　　　利润表　　　　　　　　　　　　　　单位：百万元

项　　　　目	上　年　数	本　　年
一、销售收入	40	
减：成本	17	
二、毛利	23	
减：综合费用	8	
折旧	4	
财务净损益	1	
三、营业利润	10	
加：营业外净收益	0	
四、利润总额	10	
减：所得税费用	3	
五、净利润	7	

附表 5－7　　　　　　　　　　　　　　状态记录表

填报说明：第＿＿小组第＿＿年

1Q末		2Q末		3Q末		4Q末		年末	
应收款		**应收款**		**应收款**		**应收款**		**ISO认证**	
账期	金额	账期	金额	账期	金额	账期	金额	类型	状态
4Q		4Q		4Q		4Q		ISO9000	
3Q		3Q		3Q		3Q		ISO14000	
2Q		2Q		2Q		2Q		**市场开拓**	
1Q		1Q		1Q		1Q		类型	状态
现金		现金		现金		现金		区域	
应付款		**应付款**		**应付款**		**应付款**		国内	
账期	金额	账期	金额	账期	金额	账期	金额	亚洲	
1Q		1Q		1Q		1Q		国际	
2Q		2Q		2Q		2Q		**长期贷款**	
3Q		3Q		3Q		3Q		账期	金额
4Q		4Q		4Q		4Q		1Y	
短期贷款		**短期贷款**		**短期贷款**		**短期贷款**		2Y	
账期	金额	账期	金额	账期	金额	账期	金额	3Y	
1Q		1Q		1Q		1Q		4Y	
2Q		2Q		2Q		2Q		**生产线净值**	
3Q		3Q		3Q		3Q		生产线	净值
4Q		4Q		4Q		4Q		生产线1	10
高利贷		**高利贷**		**高利贷**		**高利贷**		生产线2	
账期	金额	账期	金额	账期	金额	账期	金额	生产线3	
1Q		1Q		1Q		1Q		生产线4	
2Q		2Q		2Q		2Q		生产线5	
3Q		3Q		3Q		3Q		生产线6	
4Q		4Q		4Q		4Q		生产线7	
原料订单		**原料订单**		**原料订单**		**原料订单**		生产线8	
类型	数量，所在提前期	类型	数量，所在提前期	类型	数量，所在提前期	类型	数量，所在提前期	现金	
M1		M1		M1		M1			
M2		M2		M2		M2			
M3		M3		M3		M3			
M4		M4		M4		M4			
原料库存		**原料库存**		**原料库存**		**原料库存**			
类型	数量	类型	数量	类型	数量	类型	数量		
M1		M1		M1		M1			
M2		M2		M2		M2			
M3		M3		M3		M3			
M4		M4		M4		M4			

在制品状态		在制品状态		在制品状态		在制品状态	
生产线编号，类型	产品，在制状态	生产线编号，类型	产品，在制状态	生产线编号，类型	产品，在制状态	生产线编号，类型	产品，在制状态
生产线1，		生产线1，		生产线1，		生产线1，	
生产线2，		生产线2，		生产线2，		生产线2，	
生产线3，		生产线3，		生产线3，		生产线3，	
生产线4，		生产线4，		生产线4，		生产线4，	
生产线5，		生产线5，		生产线5，		生产线5，	
生产线6，		生产线6，		生产线6，		生产线6，	
生产线7，		生产线7，		生产线7，		生产线7，	
生产线8，		生产线8，		生产线8，		生产线8，	
产成品库存		产成品库存		产成品库存		产成品库存	
产品类型	数量	产品类型	数量	产品类型	数量	产品类型	数量
Beryl		Beryl		Beryl		Beryl	
Crystal		Crystal		Crystal		Crystal	
Ruby		Ruby		Ruby		Ruby	
Sapphire		Sapphire		Sapphire		Sapphire	
生产线新建/改造/搬迁		生产线新建/改造/搬迁		生产线新建/改造/搬迁		生产线新建/改造/搬迁	
生产线编号，类型 新建/改造/搬迁，状态		生产线编号，类型 新建/改造/搬迁，状态		生产线编号，类型 新建/改造/搬迁，状态		生产线编号，类型 新建/改造/搬迁，状态	
生产线1，		生产线1，		生产线1，		生产线1，	
生产线2，		生产线2，		生产线2，		生产线2，	
生产线3，		生产线3，		生产线3，		生产线3，	
生产线4，		生产线4，		生产线4，		生产线4，	
生产线5，		生产线5，		生产线5，		生产线5，	
生产线6，		生产线6，		生产线6，		生产线6，	
生产线7，		生产线7，		生产线7，		生产线7，	
生产线8，		生产线8，		生产线8，		生产线8，	
产品研发		产品研发		产品研发		产品研发	
产品类型	状态	产品类型	状态	产品类型	状态	产品类型	状态
Crystal		Crystal		Crystal		Crystal	
Ruby		Ruby		Ruby		Ruby	
Sapphire		Sapphire		Sapphire		Sapphire	

三、初始年市场预测

总体来看,根据企业的实际情况可以比较准确地预计第 1～3 年的销售情况,但由于市场存在很大的不确定性,第 4～7 年的预计只能作为一个参考,有很大的变化性。

附表 5-8　　　　　　　　　　　　　市场预测

分　　类	销　量　预　测	单　价　预　测
本地市场	Beryl 是一个成熟的产品,在未来 3 年内本地市场上需求较大,但随着时间的推移,需求可能迅速下降。Crystal 在本地市场的需求呈上升趋势。Ruby 和 Sapphire 的需求量不明确。不管哪种产品,未来可能会要求企业具有 ISO 认证资格	Beryl 的单价逐年下滑,利润空间越来越小。Ruby 和 Sapphire 随着产品的完善,价格会逐步提高
区域市场	区域市场的需求量相对本地市场来讲,容量不大,而且对客户的资质要求相对较严格,供应商可能只有具备 ISO 资格认证,包括 ISO 9000 和 ISO 14000 才可以允许接单	由于对供应商的资格要求较严,竞争的激烈性相对较低,价格普遍比本地市场高
国内市场	Beryl、Crystal 的需求逐年上升,第 4 年达到顶峰,之后开始下滑。Ruby、Sapphire 需求预计呈上升趋势。同时供应商也可能要求得到 ISO 9000 认证	与销售量相类似,Beryl、Crystal 的价格逐年上升,第 4 年达到顶峰,之后开始下滑。Ruby、Sapphire 单价逐年稳步上升
亚洲市场	所有产品几乎都供不应求	Beryl 在亚洲市场的价格相对于本地市场来说,没有竞争力
国际市场	Beryl 的需求量非常大,其他产品需求不甚明朗	受各种因素影响,价格变动风险大

(a) 本地市场销量预测图

(b) 本地市场单价预测图

(c) 区域市场销量预测图

(d) 区域市场单价预测图

(e) 国内市场销量预测图

(f) 国内市场单价预测图

(g) 亚洲市场销量预测图

(h) 亚洲市场单价预测图

(i) 国际市场销量预测图

(j) 国际市场单价预测图

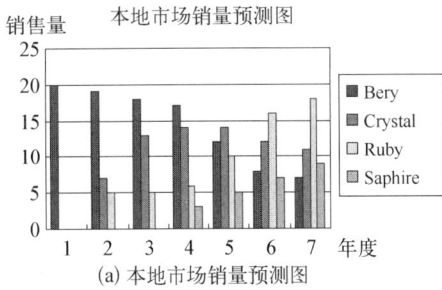

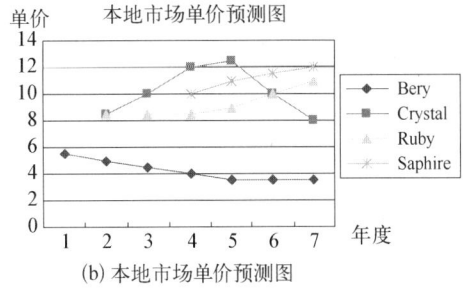

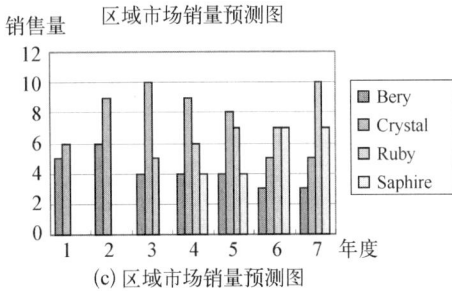

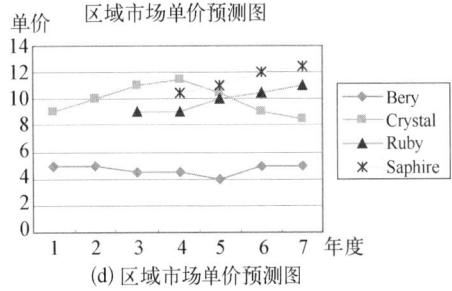

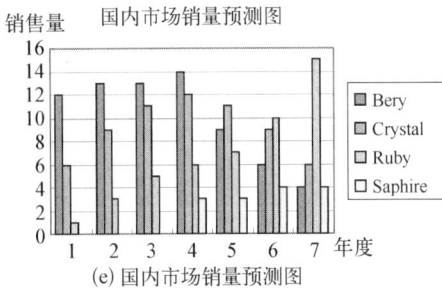

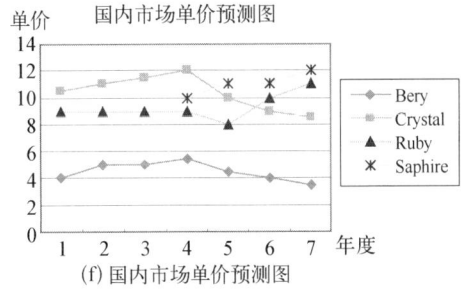

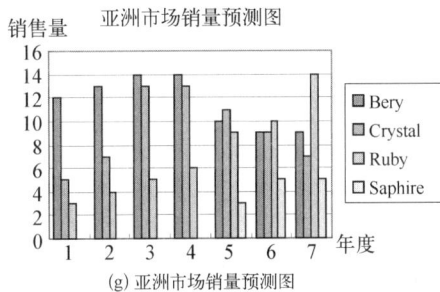

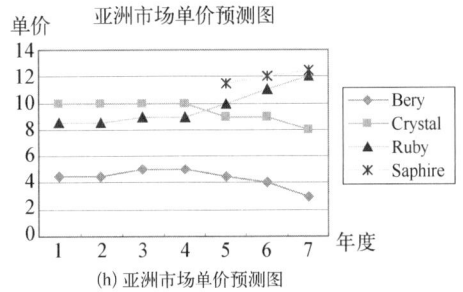

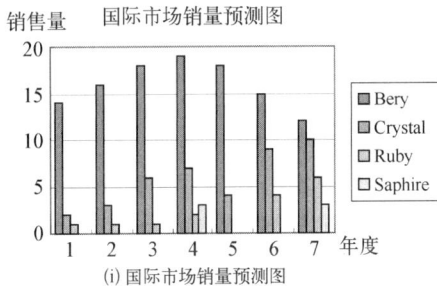

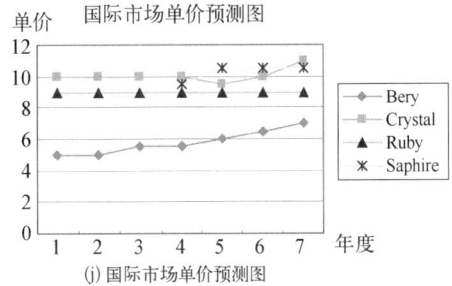

附图 5-1　五种市场销量和单价预测图

四、各年详细计划(六年)

附表 5 - 9　　　　　　　　　　　　　　第 1 年任务清单

年初:(根据提示,完成部分打钩)
(1) 支付应付税(根据上年度结果)　　　　□ (填现金流量表)
(2) 支付广告费　　　　　　　　　　　　□
(3) 登记销售订单　　　　　　　　　　　□

每个季度:	一季度	二季度	三季度	四季度
(1) 更新短期贷款/还本付息/申请短期贷款	□	□	□	□
(2) 更新应付款/归还应付款	□	□	□	□
(3) 更新原料订单/原材料入库	□	□	□	□
(4) 下原料订单	□	□	□	□
(5) 更新生产/完工入库	□	□	□	□
(6) 投资新生产线/生产线改造/变卖生产线	□	□	□	□
(7) 开始下一批生产	□	□	□	□
(8) 产品研发投资	□	□	□	□
(9) 更新应收款/应收款收现	□	□	□	□
(10) 按订单交货	□	□	□	□
(11) 支付行政管理费用(填状态记录表)	□	□	□	□

年末:
(1) 更新长期贷款/支付利息/申请长期贷款　　　　　　□
(2) 支付设备维护费　　　　　　　　　　　　　　　　□
(3) 支付租金/购买厂房　　　　　　　　　　　　　　□
(4) 新市场开拓投资/ISO 资格认证投资　　　　　　　□
(5) 折旧　　　　　　　　　　　　　　　　　　　　□
(6) 关账　　　　　　　　　　　　　　　　　　　　□

附表 5 - 10　　　　　　　　　　　　　　第 1 年订单

项　　目	1	2	3	4	5	6	合　计
市　　场							
产品名称							
账　　期							
交货期							
单　　价							
订单数量							
订单销售额							
成　　本							
毛　　利							

附表 5－11　　　　　　　　　　　第 1 年现金流量表

项　　目	1	2	3	4
应收款到期（＋）				
变卖生产线（＋）				
变卖原料/产品（＋）				
变卖/抵押厂房（＋）				
短期贷款（＋）				
高利贷贷款（＋）				
长期贷款（＋）				
收入总计				
支付上年应交税				
广告费				
贴现费用				
归还短贷及利息				
归还高利贷及利息				
原料采购支付现金				
成品采购支付现金				
设备改造费				
生产线投资				
加工费用				
产品研发				
行政管理费				
长期贷款及利息				
设备维护费				
租金				
购买新厂房				
市场开拓投资				
ISO 认证投资				
其他				
支出总计				
现金余额				

第 1 年财务报表

附表 5 - 12　　　　　　　　　　　　　资产负债表　　　　　　　　　　　　　单位：百万元

资　产	年初数	期末数	负债及所有者权益	年初数	期末数
流动资产：			负债：		
现金			短期负债		
应收账款			应付账款		
原材料			应交税费		
产成品			长期负债		
在制品					
流动资产合计			负债合计		
固定资产：			所有者权益：		
土地建筑原价			股东资本		
机器设备净值			利润留存		
在建工程			当年净利润		
固定资产合计			所有者权益合计		
资产总计			权益总计		

附表 5 - 13　　　　　　　　　　　　综合管理费用明细表　　　　　　　　　　　单位：百万元

项　　目	金　　额	项　　目	金　　额
行政管理费		产品研发	
广告费		市场开拓	
设备维护费		ISO 认证	
设备改造费		其　他	
租　金		合　计	

附表 5 - 14　　　　　　　　　　　　　　利润表　　　　　　　　　　　　　　单位：百万元

项　　目	去　年	今　年
一、销售收入		
减：成本		
二、毛利		
减：综合费用		
折旧		
财务净损益		

续　表

项　目	去　年	今　年
三、营业利润		
加：营业外净收益		
四、利润总额		
减：所得税费用		
五、净利润		

附表 5 - 15　　　　　　　　　　　　　状态记录表

填报说明：第＿＿＿小组第＿＿＿＿＿年

1Q末		2Q末		3Q末		4Q末		年末	
应收款		**应收款**		**应收款**		**应收款**		**ISO认证**	
账期	金额	账期	金额	账期	金额	账期	金额	类型	状态
4Q		4Q		4Q		4Q		ISO9000	
3Q		3Q		3Q		3Q		ISO14000	
2Q		2Q		2Q		2Q		**市场开拓**	
1Q		1Q		1Q		1Q		类型	状态
现金		现金		现金		现金		区域	
应付款		**应付款**		**应付款**		**应付款**		国内	
账期	金额	账期	金额	账期	金额	账期	金额	亚洲	
1Q		1Q		1Q		1Q		国际	
2Q		2Q		2Q		2Q		**长期贷款**	
3Q		3Q		3Q		3Q		账期	金额
4Q		4Q		4Q		4Q		1Y	
短期贷款		**短期贷款**		**短期贷款**		**短期贷款**		2Y	
账期	金额	账期	金额	账期	金额	账期	金额	3Y	
1Q		1Q		1Q		1Q		4Y	
2Q		2Q		2Q		2Q		**生产线净值**	
3Q		3Q		3Q		3Q		生产线	净值
4Q		4Q		4Q		4Q		生产线1	10
高利贷		**高利贷**		**高利贷**		**高利贷**		生产线2	
账期	金额	账期	金额	账期	金额	账期	金额	生产线3	
1Q		1Q		1Q		1Q		生产线4	
2Q		2Q		2Q		2Q		生产线5	
3Q		3Q		3Q		3Q		生产线6	
4Q		4Q		4Q		4Q		生产线7	
原料订单		**原料订单**		**原料订单**		**原料订单**		生产线8	
类型	数量, 所在提前期	类型	数量, 所在提前期	类型	数量, 所在提前期	类型	数量, 所在提前期	现金	
M1		M1		M1		M1			
M2		M2		M2		M2			
M3		M3		M3		M3			
M4		M4		M4		M4			
原料库存		**原料库存**		**原料库存**		**原料库存**			
类型	数量	类型	数量	类型	数量	类型	数量		
M1		M1		M1		M1			
M2		M2		M2		M2			
M3		M3		M3		M3			
M4		M4		M4		M4			
在制品状态		**在制品状态**		**在制品状态**		**在制品状态**			
生产线编号, 类型	产品, 在制状态	生产线编号, 类型	产品, 在制状态	生产线编号, 类型	产品, 在制状态	生产线编号, 类型	产品, 在制状态		
生产线1,		生产线1,		生产线1,		生产线1,			
生产线2,		生产线2,		生产线2,		生产线2,			
生产线3,		生产线3,		生产线3,		生产线3,			
生产线4,		生产线4,		生产线4,		生产线4,			
生产线5,		生产线5,		生产线5,		生产线5,			
生产线6,		生产线6,		生产线6,		生产线6,			
生产线7,		生产线7,		生产线7,		生产线7,			
生产线8,		生产线8,		生产线8,		生产线8,			
产成品库存		**产成品库存**		**产成品库存**		**产成品库存**			
产品类型	数量	产品类型	数量	产品类型	数量	产品类型	数量		
Beryl		Beryl		Beryl		Beryl			
Crystal		Crystal		Crystal		Crystal			
Ruby		Ruby		Ruby		Ruby			
Sapphire		Sapphire		Sapphire		Sapphire			

生产线新建/改造/搬迁			生产线新建/改造/搬迁			生产线新建/改造/搬迁			生产线新建/改造/搬迁		
生产线编号，类型	新建/改造/搬迁,状态		生产线编号，类型	新建/改造/搬迁,状态		生产线编号，类型	新建/改造/搬迁,状态		生产线编号，类型	新建/改造/搬迁,状态	
生产线1,			生产线1,			生产线1,			生产线1,		
生产线2,			生产线2,			生产线2,			生产线2,		
生产线3,			生产线3,			生产线3,			生产线3,		
生产线4,			生产线4,			生产线4,			生产线4,		
生产线5,			生产线5,			生产线5,			生产线5,		
生产线6,			生产线6,			生产线6,			生产线6,		
生产线7,			生产线7,			生产线7,			生产线7,		
生产线8,			生产线8,			生产线8,			生产线8,		
产品研发			产品研发			产品研发			产品研发		
产品类型	状态		产品类型	状态		产品类型	状态		产品类型	状态	
Crystal			Crystal			Crystal			Crystal		
Ruby			Ruby			Ruby			Ruby		
Sapphire			Sapphire			Sapphire			Sapphire		

附表 5－16　　　　　　　　　　第 2 年重要决策

第一季度	第二季度	第三季度	第四季度	年　底

附表 5－17　　　　　　　　　　第 2 年现金预算表

项　　　目	1	2	3	4
期初现金（＋）				
变卖生产线（＋）				
变卖原料/产品（＋）				
变卖/抵押厂房（＋）				
应收款到期（＋）				
支付上年应交税				
广告费投入				
贴现费用				
利息（短期贷款）				
支付到期短期贷款				
原料采购支付现金				
设备改造费				
生产线投资				
生产费用				
产品研发投资				
支付行政管理费用				
利息（长期贷款）				
支付到期长期贷款				
设备维护费费用				

续　表

项　　目	1	2	3	4
租金				
购买新建筑				
市场开拓投资				
ISO 认证投资				
其他				
现金余额				
需要新贷款				

附表 5-18　　　　　　　　　　　第 2 年任务清单

年初：（根据提示，完成部分打钩）
(1) 支付应付税（根据上年度结果）　　　　□（填现金流量表）
(2) 支付广告费　　　　　　　　　　　　□
(3) 登记销售订单　　　　　　　　　　　□

每个季度：	一季度	二季度	三季度	四季度
(1) 更新短期贷款/还本付息/申请短期贷款	□	□	□	□
(2) 更新应付款/归还应付款	□	□	□	□
(3) 更新原料订单/原材料入库	□	□	□	□
(4) 下原料订单	□	□	□	□
(5) 更新生产/完工入库	□	□	□	□
(6) 投资新生产线/生产线改造/变卖生产线	□	□	□	□
(7) 开始下一批生产	□	□	□	□
(8) 产品研发投资	□	□	□	□
(9) 更新应收款/应收款收现	□	□	□	□
(10) 按订单交货	□	□	□	□
(11) 支付行政管理费用（填状态记录表）	□	□	□	□

年末：
(1) 更新长期贷款/支付利息/申请长期贷款　　□
(2) 支付设备维护费　　　　　　　　　　　　□
(3) 支付租金/购买厂房　　　　　　　　　　□
(4) 新市场开拓投资/ISO 资格认证投资　　　□
(5) 折旧　　　　　　　　　　　　　　　　□
(6) 关账　　　　　　　　　　　　　　　　□

附表 5-19　　　　　　　　　　　第 2 年订单

项　　目						合　计
市　场						
产品名称						

续 表

项 目						合 计
账 期						
交货期						
单 价						
订单数量						
订单销售额						
成 本						
毛 利						

附表 5－20　　　　　　　　　　　第 2 年的现金流量表

项 目	1	2	3	4
应收款到期（＋）				
变卖生产线（＋）				
变卖原料/产品（＋）				
变卖/抵押厂房（＋）				
短期贷款（＋）				
高利贷贷款（＋）				
长期贷款（＋）				
收入总计				
支付上年应交税				
广告费				
贴现费用				
归还短贷及利息				
归还高利贷及利息				
原料采购支付现金				
成品采购支付现金				
设备改造费				
生产线投资				
加工费用				
产品研发				
行政管理费				
长期贷款及利息				
设备维护费				

续 表

项 目	1	2	3	4
租金				
购买新厂房				
市场开拓投资				
ISO 认证投资				
其他				
支出总计				
现金余额				

第 2 年财务报表

附表 5-21　　　　　　　　　　　　资产负债表　　　　　　　　　　单位：百万元

资　　产	年初数	期末数	负债及所有者权益	年初数	期末数
流动资产：			负债：		
现金			短期负债		
应收账款			应付账款		
原材料			应交税费		
产成品			长期负债		
在制品					
流动资产合计			负债合计		
固定资产：			所有者权益：		
土地建筑原价			股东资本		
机器设备净值			利润留存		
在建工程			当年净利润		
固定资产合计			所有者权益合计		
资产总计			权益总计		

附表 5-22　　　　　　　　　　　综合管理费用明细表　　　　　　　　单位：百万元

项　　目	金　　额	项　　目	金　　额
行政管理费		产品研发	
广告费		市场开拓	
设备维护费		ISO 认证	
设备改造费		其　他	
租　金		合　计	

附表 5－23　　　　　　　　　　　　利润表　　　　　　　　　　　单位：百万元

项　　目	去　　年	今　　年
一、销售收入		
减：成本		
二、毛利		
减：综合费用		
折旧		
财务净损益		
三、营业利润		
加：营业外净收益		
四、利润总额		
减：所得税		
五、净利润		

附表 5－24　　　　　　　　　　　　状态记录表

填报说明：第＿＿＿小组第＿＿＿＿年

1Q末		2Q末		3Q末		4Q末		年末	
应收款		**应收款**		**应收款**		**应收款**		**ISO认证**	
账期	金额	账期	金额	账期	金额	账期	金额	类型	状态
4Q		4Q		4Q		4Q		ISO9000	
3Q		3Q		3Q		3Q		ISO14000	
2Q		2Q		2Q		2Q		**市场开拓**	
1Q		1Q		1Q		1Q		类型	状态
现金		**现金**		**现金**		**现金**		**区域**	
应付款		**应付款**		**应付款**		**应付款**		国内	
账期	金额	账期	金额	账期	金额	账期	金额	亚洲	
1Q		1Q		1Q		1Q		国际	
2Q		2Q		2Q		2Q		**长期贷款**	
3Q		3Q		3Q		3Q		账期	金额
4Q		4Q		4Q		4Q		1Y	
短期贷款		**短期贷款**		**短期贷款**		**短期贷款**		2Y	
账期	金额	账期	金额	账期	金额	账期	金额	3Y	
1Q		1Q		1Q		1Q		4Y	
2Q		2Q		2Q		2Q		**生产线净值**	
3Q		3Q		3Q		3Q		生产线	净值
4Q		4Q		4Q		4Q		生产线1	10
高利贷		**高利贷**		**高利贷**		**高利贷**		生产线2	
账期	金额	账期	金额	账期	金额	账期	金额	生产线3	
1Q		1Q		1Q		1Q		生产线4	
2Q		2Q		2Q		2Q		生产线5	
3Q		3Q		3Q		3Q		生产线6	
4Q		4Q		4Q		4Q		生产线7	
原料订单		**原料订单**		**原料订单**		**原料订单**		生产线8	
类型	数量，所在提前期	类型	数量，所在提前期	类型	数量，所在提前期	类型	数量，所在提前期	现金	
M1		M1		M1		M1			
M2		M2		M2		M2			
M3		M3		M3		M3			
M4		M4		M4		M4			
原料库存		**原料库存**		**原料库存**		**原料库存**			
类型	数量	类型	数量	类型	数量	类型	数量		
M1		M1		M1		M1			
M2		M2		M2		M2			
M3		M3		M3		M3			
M4		M4		M4		M4			

在制品状态		在制品状态		在制品状态		在制品状态	
生产线编号，类型	产品，在制状态	生产线编号，类型	产品，在制状态	生产线编号，类型	产品，在制状态	生产线编号，类型	产品，在制状态
生产线1，		生产线1，		生产线1，		生产线1，	
生产线2，		生产线2，		生产线2，		生产线2，	
生产线3，		生产线3，		生产线3，		生产线3，	
生产线4，		生产线4，		生产线4，		生产线4，	
生产线5，		生产线5，		生产线5，		生产线5，	
生产线6，		生产线6，		生产线6，		生产线6，	
生产线7，		生产线7，		生产线7，		生产线7，	
生产线8，		生产线8，		生产线8，		生产线8，	
产成品库存		产成品库存		产成品库存		产成品库存	
产品类型	数量	产品类型	数量	产品类型	数量	产品类型	数量
Beryl		Beryl		Beryl		Beryl	
Crystal		Crystal		Crystal		Crystal	
Ruby		Ruby		Ruby		Ruby	
Sapphire		Sapphire		Sapphire		Sapphire	
生产线新建/改造/搬迁		生产线新建/改造/搬迁		生产线新建/改造/搬迁		生产线新建/改造/搬迁	
生产线编号，类型	新建/改造/搬迁,状态	生产线编号，类型	新建/改造/搬迁,状态	生产线编号，类型	新建/改造/搬迁,状态	生产线编号，类型	新建/改造/搬迁,状态
生产线1，		生产线1，		生产线1，		生产线1，	
生产线2，		生产线2，		生产线2，		生产线2，	
生产线3，		生产线3，		生产线3，		生产线3，	
生产线4，		生产线4，		生产线4，		生产线4，	
生产线5，		生产线5，		生产线5，		生产线5，	
生产线6，		生产线6，		生产线6，		生产线6，	
生产线7，		生产线7，		生产线7，		生产线7，	
生产线8，		生产线8，		生产线8，		生产线8，	
产品研发		产品研发		产品研发		产品研发	
产品类型	状态	产品类型	状态	产品类型	状态	产品类型	状态
Crystal		Crystal		Crystal		Crystal	
Ruby		Ruby		Ruby		Ruby	
Sapphire		Sapphire		Sapphire		Sapphire	

附表 5－25　　　　　　　　　　　第 3 年重要决策

第一季度	第二季度	第三季度	第四季度	年　底

附表 5－26　　　　　　　　　　　第 3 年现金预算表

项　　目	1	2	3	4
期初现金（＋）				
变卖生产线（＋）				
变卖原料/产品（＋）				
变卖/抵押厂房（＋）				
应收款到期（＋）				
支付上年应交税				
广告费投入				
贴现费用				
利息（短期贷款）				
支付到期短期贷款				
原料采购支付现金				
设备改造费				
生产线投资				

项　　目	1	2	3	4
生产费用				
产品研发投资				
支付行政管理费用				
利息(长期贷款)				
支付到期长期贷款				
设备维护费费用				
租金				
购买新厂房				
市场开拓投资				
ISO 认证投资				
其他				
现金余额				
需要新贷款				

附表 5 - 27　　　　　　　　　　　产能预估

		第一季度	第二季度	第三季度	第四季度
生产线 1	产品:				
生产线 2	产品:				
生产线 3	产品:				
生产线 4	产品:				
生产线 5	产品:				
生产线 6	产品:				
生产线 7	产品:				
生产线 8	产品:				

附表 5 - 28　　　　　　　　　　生产计划与物料需求计划

产品:　　　　　　　　　　　　　　　　生产线类型:

项　　目	去　　年				今　　年			
	第一季度	第二季度	第三季度	第四季度	第一季度	第二季度	第三季度	第四季度
产出计划								
投产计划								
原材料需求								
原材料采购								

附表 5－29　　　　　　　　　　　　　采购计划汇总

原材料	第一季度	第二季度	第三季度	第四季度
M1				
M2				
M3				
M4				

附表 5－30　　　　　　　　　　　　　第 3 年任务清单

年初：（根据提示,完成部分打钩）
(1) 支付应付税（根据上年度结果）　　　　　□（填现金流量表）
(2) 支付广告费　　　　　　　　　　　　　　□
(3) 登记销售订单　　　　　　　　　　　　　□

　　每个季度：　　　　　　　　　　　　　一季度　　二季度　　三季度　　四季度
　　(1) 更新短期贷款/还本付息/申请短期贷款　□　　　　□　　　　□　　　　□
　　(2) 更新应付款/归还应付款　　　　　　　□　　　　□　　　　□　　　　□
　　(3) 更新原料订单/原材料入库　　　　　　□　　　　□　　　　□　　　　□
　　(4) 下原料订单　　　　　　　　　　　　□　　　　□　　　　□　　　　□
　　(5) 更新生产/完工入库　　　　　　　　　□　　　　□　　　　□　　　　□
　　(6) 投资新生产线/生产线改造/变卖生产线　□　　　　□　　　　□　　　　□
　　(7) 开始下一批生产　　　　　　　　　　□　　　　□　　　　□　　　　□
　　(8) 产品研发投资　　　　　　　　　　　□　　　　□　　　　□　　　　□
　　(9) 更新应收款/应收款收现　　　　　　　□　　　　□　　　　□　　　　□
　　(10) 按订单交货　　　　　　　　　　　□　　　　□　　　　□　　　　□
　　(11) 支付行政管理费用（填状态记录表）　□　　　　□　　　　□　　　　□

　　　　　　　　　　年末：
　　　　　　　　　　(1) 更新长期贷款/支付利息/申请长期贷款　　　　□
　　　　　　　　　　(2) 支付设备维护费　　　　　　　　　　　　　□
　　　　　　　　　　(3) 支付租金/购买厂房　　　　　　　　　　　□
　　　　　　　　　　(4) 折旧　　　　　　　　　　　　　　　　　□
　　　　　　　　　　(5) 新市场开拓投资/ISO 资格认证投资　　　　□
　　　　　　　　　　(6) 关账　　　　　　　　　　　　　　　　　□

附表 5－31　　　　　　　　　　　　　第 3 年订单

项　　目						合　计
市　　场						
产品名称						
账　　期						
交货期						

续 表

项 目							合 计
单 价							
订单数量							
订单销售额							
成 本							
毛 利							

附表 5－32   第 3 年现金流量表

项 目	1	2	3	4
应收款到期（＋）				
变卖生产线（＋）				
变卖原料/产品（＋）				
变卖/抵押厂房（＋）				
短期贷款（＋）				
高利贷贷款（＋）				
长期贷款（＋）				
收入总计				
支付上年应交税				
广告费				
贴现费用				
归还短贷及利息				
归还高利贷及利息				
原料采购支付现金				
成品采购支付现金				
设备改造费				
生产线投资				
加工费用				
产品研发				
行政管理费				
长期贷款及利息				
设备维护费				

续　表

项　　目	1	2	3	4
租金				
购买新厂房				
市场开拓投资				
ISO 认证投资				
其他				
支出总计				
现金余额				

第 3 年财务报表

附表 5－33　　　　　　　　　　　　　资产负债表　　　　　　　　　　　单位：百万元

资　　产	年初数	期末数	负债及所有者权益	年初数	期末数
流动资产：			负债：		
现金			短期负债		
应收账款			应付账款		
原材料			应交税费		
产成品			长期负债		
在制品					
流动资产合计			负债合计		
固定资产：			所有者权益：		
土地建筑原价			股东资本		
机器设备净值			利润留存		
在建工程			当年净利润		
固定资产合计			所有者权益合计		
资产总计			权益总计		

附表 5－34　　　　　　　　　　　　综合管理费用明细表

项　　目	金额/百万元	项　　目	金额/百万元
行政管理费		产品研发	
广告费		市场开拓	
设备维护费		ISO 认证	
设备改造费		其　他	
租　金		合　计	

附表 5－35　　　　　　　　　　　　　　　　　利润表　　　　　　　　　　　　　　　　　单位：百万元

项　　　目	去　年	今　年
一、销售收入		
减：成本		
二、毛利		
减：综合费用		
折旧		
财务净损益		
三、营业利润		
加：营业外净收益		
四、利润总额		
减：所得税费用		
五、净利润		

附表 5－36　　　　　　　　　　　　　　　状态记录表

填报说明：第＿＿小组第＿＿＿年

1Q末		2Q末		3Q末		4Q末		年末	
应收款		应收款		应收款		应收款		ISO认证	
账期	金额	账期	金额	账期	金额	账期	金额	类型	状态
4Q		4Q		4Q		4Q		ISO9000	
3Q		3Q		3Q		3Q		ISO14000	
2Q		2Q		2Q		2Q		市场开拓	
1Q		1Q		1Q		1Q		类型	状态
现金		现金		现金		现金		区域	
应付款		应付款		应付款		应付款		国内	
账期	金额	账期	金额	账期	金额	账期	金额	亚洲	
1Q		1Q		1Q		1Q		长期贷款	
2Q		2Q		2Q		2Q		账期	金额
3Q		3Q		3Q		3Q		1Y	
4Q		4Q		4Q		4Q		2Y	
短期贷款		短期贷款		短期贷款		短期贷款		3Y	
账期	金额	账期	金额	账期	金额	账期	金额	4Y	
1Q		1Q		1Q		1Q		生产线净值	
2Q		2Q		2Q		2Q		生产线	净值
3Q		3Q		3Q		3Q		生产线1	10
4Q		4Q		4Q		4Q		生产线2	
高利贷		高利贷		高利贷		高利贷		生产线3	
账期	金额	账期	金额	账期	金额	账期	金额	生产线4	
1Q		1Q		1Q		1Q		生产线5	
2Q		2Q		2Q		2Q		生产线6	
3Q		3Q		3Q		3Q		生产线7	
4Q		4Q		4Q		4Q		生产线8	
原料订单		原料订单		原料订单		原料订单		现金	
类型	数量，所在提前期	类型	数量，所在提前期	类型	数量，所在提前期	类型	数量，所在提前期		
M1		M1		M1		M1			
M2		M2		M2		M2			
M3		M3		M3		M3			
M4		M4		M4		M4			
原料库存		原料库存		原料库存		原料库存			
类型	数量	类型	数量	类型	数量	类型	数量		
M1		M1		M1		M1			
M2		M2		M2		M2			
M3		M3		M3		M3			
M4		M4		M4		M4			

在制品状态		在制品状态		在制品状态		在制品状态	
生产线编号，类型	产品，在制状态	生产线编号，类型	产品，在制状态	生产线编号，类型	产品，在制状态	生产线编号，类型	产品，在制状态
生产线1，		生产线1，		生产线1，		生产线1，	
生产线2，		生产线2，		生产线2，		生产线2，	
生产线3，		生产线3，		生产线3，		生产线3，	
生产线4，		生产线4，		生产线4，		生产线4，	
生产线5，		生产线5，		生产线5，		生产线5，	
生产线6，		生产线6，		生产线6，		生产线6，	
生产线7，		生产线7，		生产线7，		生产线7，	
生产线8，		生产线8，		生产线8，		生产线8，	
产成品库存		产成品库存		产成品库存		产成品库存	
产品类型	数量	产品类型	数量	产品类型	数量	产品类型	数量
Beryl		Beryl		Beryl		Beryl	
Crystal		Crystal		Crystal		Crystal	
Ruby		Ruby		Ruby		Ruby	
Sapphire		Sapphire		Sapphire		Sapphire	
生产线新建/改造/搬迁		生产线新建/改造/搬迁		生产线新建/改造/搬迁		生产线新建/改造/搬迁	
生产线编号，类型	新建/改造/搬迁,状态	生产线编号，类型	新建/改造/搬迁,状态	生产线编号，类型	新建/改造/搬迁,状态	生产线编号，类型	新建/改造/搬迁,状态
生产线1，		生产线1，		生产线1，		生产线1，	
生产线2，		生产线2，		生产线2，		生产线2，	
生产线3，		生产线3，		生产线3，		生产线3，	
生产线4，		生产线4，		生产线4，		生产线4，	
生产线5，		生产线5，		生产线5，		生产线5，	
生产线6，		生产线6，		生产线6，		生产线6，	
生产线7，		生产线7，		生产线7，		生产线7，	
生产线8，		生产线8，		生产线8，		生产线8，	
产品研发		产品研发		产品研发		产品研发	
产品类型	状态	产品类型	状态	产品类型	状态	产品类型	状态
Crystal		Crystal		Crystal		Crystal	
Ruby		Ruby		Ruby		Ruby	
Sapphire		Sapphire		Sapphire		Sapphire	

附表 5－37　　　　　　　　　　　　　第 4 年重要决策

第一季度	第二季度	第三季度	第四季度	年　　底

附表 5－38　　　　　　　　　　　　　第 4 年现金预算表

项　　目	1	2	3	4
期初现金（＋）				
变卖生产线（＋）				
变卖原料/产品（＋）				
变卖/抵押厂房（＋）				
应收款到期（＋）				
支付上年应交税				
广告费投入				
贴现费用				
利息（短期贷款）				
支付到期短期贷款				
原料采购支付现金				
设备改造费				
生产线投资				

续　表

项　　目	1	2	3	4
生产费用				
产品研发投资				
支付行政管理费用				
利息（长期贷款）				
支付到期长期贷款				
设备维护费费用				
租金				
购买新厂房				
市场开拓投资				
ISO 认证投资				
其他				
现金余额				
需要新贷款				

附表 5－39　　　　　　　　　　　　　　产能预估

		第一季度	第二季度	第三季度	第四季度
生产线 1	产品：				
生产线 2	产品：				
生产线 3	产品：				
生产线 4	产品：				
生产线 5	产品：				
生产线 6	产品：				
生产线 7	产品：				
生产线 8	产品：				

附表 5－40　　　　　　　　　　　生产计划与物料需求计划

产品：　　　　　　　　　　　　　　　　生产线类型：

项　　目	去　　年				今　　年			
	第一季度	第二季度	第三季度	第四季度	第一季度	第二季度	第三季度	第四季度
产出计划								
投产计划								
原材料需求								
原材料采购								

附表 5 - 41　　　　　　　　　　　　　　　采购计划汇总

原材料	第一季度	第二季度	第三季度	第四季度
M1				
M2				
M3				
M4				

附表 5 - 42　　　　　　　　　　　　　　　第 4 年任务清单

年初：（根据提示，完成部分打钩）
（1）支付应付税（根据上年度结果）　　　　□（填现金流量表）
（2）支付广告费　　　　　　　　　　　　　□
（3）登记销售订单　　　　　　　　　　　　□

每个季度：　　　　　　　　　　一季度　　二季度　　三季度　　四季度
（1）更新短期贷款/还本付息/申请短期贷款　□　　　　□　　　　□　　　　□
（2）更新应付款/归还应付款　　　　　　　□　　　　□　　　　□　　　　□
（3）更新原料订单/原材料入库　　　　　　□　　　　□　　　　□　　　　□
（4）下原料订单　　　　　　　　　　　　　□　　　　□　　　　□　　　　□
（5）更新生产/完工入库　　　　　　　　　□　　　　□　　　　□　　　　□
（6）投资新生产线/生产线改造/变卖生产线　□　　　　□　　　　□　　　　□
（7）开始下一批生产　　　　　　　　　　　□　　　　□　　　　□　　　　□
（8）产品研发投资　　　　　　　　　　　　□　　　　□　　　　□　　　　□
（9）更新应收款/应收款收现　　　　　　　□　　　　□　　　　□　　　　□
（10）按订单交货　　　　　　　　　　　　□　　　　□　　　　□　　　　□
（11）支付行政管理费用（填状态记录表）　□　　　　□　　　　□　　　　□

　　　　　　　　　　年末：
　　　　　　　　　　（1）更新长期贷款/支付利息/申请长期贷款　　　　□
　　　　　　　　　　（2）支付设备维护费　　　　　　　　　　　　　　□
　　　　　　　　　　（3）支付租金/购买厂房　　　　　　　　　　　　□
　　　　　　　　　　（4）折旧　　　　　　　　　　　　　　　　　　　□
　　　　　　　　　　（5）新市场开拓投资/ISO 资格认证投资　　　　　□
　　　　　　　　　　（6）关账　　　　　　　　　　　　　　　　　　　□

附表 5 - 43　　　　　　　　　　　　　　　第 4 年订单

项　　目							合　计
市　　场							
产品名称							
账　　期							
交货期							

续　表

项　目						合　计
单　价						
订单数量						
订单销售额						
成　本						
毛　利						

附表 5-44　　　　　　　　　第 4 年现金流量表

项　目	1	2	3	4
应收款到期(+)				
变卖生产线(+)				
变卖原料/产品(+)				
变卖/抵押厂房(+)				
短期贷款(+)				
高利贷贷款(+)				
长期贷款(+)				
收入总计				
支付上年应交税				
广告费				
贴现费用				
归还短贷及利息				
归还高利贷及利息				
原料采购支付现金				
成品采购支付现金				
设备改造费				
生产线投资				
加工费用				
产品研发				
行政管理费				
长期贷款及利息				
设备维护费				

续　表

项　目	1	2	3	4
租金				
购买新建筑				
市场开拓投资				
ISO 认证投资				
其他				
支出总计				
现金余额				

第 4 年财务报表

附表 5－45　　　　　　　　　　资产负债表　　　　　　　　　单位：百万元

资　　产	年初数	期末数	负债及所有者权益	年初数	期末数
流动资产：			负债：		
现金			短期负债		
应收账款			应付账款		
原材料			应交税费		
产成品			长期负债		
在制品					
流动资产合计			负债合计		
固定资产：			所有者权益：		
土地建筑原价			股东资本		
机器设备净值			利润留存		
在建工程			当年净利润		
固定资产合计			所有者权益合计		
资产总计			权益总计		

附表 5－46　　　　　　　　　　综合管理费用明细表

项　　目	金　　额	项　　目	金　　额
行政管理费		产品研发	
广告费		市场开拓	
设备维护费		ISO 认证	
设备改造费		其　他	
租　金		合　计	

附表 5-47　　　　　　　　　　　　　利润表　　　　　　　　　　　　单位：百万元

项　　目	去　　年	今　　年
一、销售收入		
减：成本		
二、毛利		
减：综合费用		
折旧		
财务净损益		
三、营业利润		
加：营业外净收益		
四、利润总额		
减：所得税费用		
五、净利润		

附表 5-48　　　　　　　　　　　　　状态记录表

填报说明：第____小组第_____年

1Q末		2Q末		3Q末		4Q末		年末	
应收款		应收款		应收款		应收款		ISO认证	
账期	金额	账期	金额	账期	金额	账期	金额	类型	状态
4Q		4Q		4Q		4Q		ISO9000	
3Q		3Q		3Q		3Q		ISO14000	
2Q		2Q		2Q		2Q		市场开拓	
1Q		1Q		1Q		1Q		类型	状态
现金		现金		现金		现金		区域	
应付款		应付款		应付款		应付款		国内	
账期	金额	账期	金额	账期	金额	账期	金额	亚洲	
1Q		1Q		1Q		1Q		国际	
2Q		2Q		2Q		2Q		长期贷款	
3Q		3Q		3Q		3Q		账期	金额
4Q		4Q		4Q		4Q		1Y	
短期贷款		短期贷款		短期贷款		短期贷款		2Y	
账期	金额	账期	金额	账期	金额	账期	金额	3Y	
1Q		1Q		1Q		1Q		4Y	
2Q		2Q		2Q		2Q		生产线净值	
3Q		3Q		3Q		3Q		生产线	净值
4Q		4Q		4Q		4Q		生产线1	10
高利贷		高利贷		高利贷		高利贷		生产线2	
账期	金额	账期	金额	账期	金额	账期	金额	生产线3	
1Q		1Q		1Q		1Q		生产线4	
2Q		2Q		2Q		2Q		生产线5	
3Q		3Q		3Q		3Q		生产线6	
4Q		4Q		4Q		4Q		生产线7	
原料订单		原料订单		原料订单		原料订单		生产线8	
类型	数量，所在提前期	类型	数量，所在提前期	类型	数量，所在提前期	类型	数量，所在提前期	现金	
M1		M1		M1		M1			
M2		M2		M2		M2			
M3		M3		M3		M3			
M4		M4		M4		M4			
原料库存		原料库存		原料库存		原料库存			
类型	数量	类型	数量	类型	数量	类型	数量		
M1		M1		M1		M1			
M2		M2		M2		M2			
M3		M3		M3		M3			
M4		M4		M4		M4			

续　表

在制品状态		在制品状态		在制品状态		在制品状态	
生产线编号，类型	产品, 在制状态	生产线编号，类型	产品, 在制状态	生产线编号，类型	产品, 在制状态	生产线编号，类型	产品,在制状态
生产线1,		生产线1,		生产线1,		生产线1,	
生产线2,		生产线2,		生产线2,		生产线2,	
生产线3,		生产线3,		生产线3,		生产线3,	
生产线4,		生产线4,		生产线4,		生产线4,	
生产线5,		生产线5,		生产线5,		生产线5,	
生产线6,		生产线6,		生产线6,		生产线6,	
生产线7,		生产线7,		生产线7,		生产线7,	
生产线8,		生产线8,		生产线8,		生产线8,	
产成品库存		产成品库存		产成品库存		产成品库存	
产品类型	数量	产品类型	数量	产品类型	数量	产品类型	数量
Beryl		Beryl		Beryl		Beryl	
Crystal		Crystal		Crystal		Crystal	
Ruby		Ruby		Ruby		Ruby	
Sapphire		Sapphire		Sapphire		Sapphire	
生产线新建/改造/搬迁		生产线新建/改造/搬迁		生产线新建/改造/搬迁		生产线新建/改造/搬迁	
生产线编号，类型	新建/改造/搬迁,状态	生产线编号，类型	新建/改造/搬迁,状态	生产线编号，类型	新建/改造/搬迁,状态	生产线编号，类型	新建/改造/搬迁,状态
生产线1,		生产线1,		生产线1,		生产线1,	
生产线2,		生产线2,		生产线2,		生产线2,	
生产线3,		生产线3,		生产线3,		生产线3,	
生产线4,		生产线4,		生产线4,		生产线4,	
生产线5,		生产线5,		生产线5,		生产线5,	
生产线6,		生产线6,		生产线6,		生产线6,	
生产线7,		生产线7,		生产线7,		生产线7,	
生产线8,		生产线8,		生产线8,		生产线8,	
产品研发		产品研发		产品研发		产品研发	
产品类型	状态	产品类型	状态	产品类型	状态	产品类型	状态
Crystal		Crystal		Crystal		Crystal	
Ruby		Ruby		Ruby		Ruby	
Sapphire		Sapphire		Sapphire		Sapphire	

附表 5 - 49　　　　　　　　　　　　第 5 年重要决策

第一季度	第二季度	第三季度	第四季度	年　　底

附表 5 - 50　　　　　　　　　　　　现金预算表

项　　目	1	2	3	4
期初现金（＋）				
变卖生产线（＋）				
变卖原料/产品（＋）				
变卖/抵押厂房（＋）				
应收款到期（＋）				
支付上年应交税				
广告费投入				
贴现费用				
利息（短期贷款）				
支付到期短期贷款				
原料采购支付现金				
设备改造费				
生产线投资				

续 表

项 目	1	2	3	4
生产费用				
产品研发投资				
支付行政管理费用				
利息(长期贷款)				
支付到期长期贷款				
设备维护费费用				
租金				
购买新厂房				
市场开拓投资				
ISO 认证投资				
其他				
现金余额				
需要新贷款				

附表 5-51　　　　　　　　　　　　产能预估

		第一季度	第二季度	第三季度	第四季度
生产线 1	产品:				
生产线 2	产品:				
生产线 3	产品:				
生产线 4	产品:				
生产线 5	产品:				
生产线 6	产品:				
生产线 7	产品:				
生产线 8	产品:				

附表 5-52　　　　　　　　　　　生产计划与物料需求计划

产品:　　　　　　　　　　　　　　　　生产线类型:

项 目	去 年				今 年			
	第一季度	第二季度	第三季度	第四季度	第一季度	第二季度	第三季度	第四季度
产出计划								
投产计划								
原材料需求								
原材料采购								

附表 5－53   采购计划汇总

原材料	第一季度	第二季度	第三季度	第四季度
M1				
M2				
M3				
M4				

附表 5－54   第 5 年任务清单

年初：（根据提示，完成部分打钩）

（1）支付应付税（根据上年度结果）　　　　□（填现金流量表）

（2）支付广告费　　　　　　　　　　　　　□

（3）登记销售订单　　　　　　　　　　　　□

每个季度：	一季度	二季度	三季度	四季度
（1）更新短期贷款/还本付息/申请短期贷款	□	□	□	□
（2）更新应付款/归还应付款	□	□	□	□
（3）更新原料订单/原材料入库	□	□	□	□
（4）下原料订单	□	□	□	□
（5）更新生产/完工入库	□	□	□	□
（6）投资新生产线/生产线改造/变卖生产线	□	□	□	□
（7）开始下一批生产	□	□	□	□
（8）产品研发投资	□	□	□	□
（9）更新应收款/应收款收现	□	□	□	□
（10）按订单交货	□	□	□	□
（11）支付行政管理费用（填状态记录表）	□	□	□	□

年末：

（1）更新长期贷款/支付利息/申请长期贷款　　　　　　　□

（2）支付设备维护费　　　　　　　　　　　　　　　　　□

（3）支付租金/购买厂房　　　　　　　　　　　　　　　　□

（4）折旧　　　　　　　　　　　　　　　　　　　　　　□

（5）新市场开拓投资/ISO 资格认证投资　　　　　　　　　□

（6）关账　　　　　　　　　　　　　　　　　　　　　　□

附表 5－55   第 5 年订单

项　　目					合　　计
市　　场					
产品名称					
账　　期					
交货期					

续　表

项　　目						合　计
单　价						
订单数量						
订单销售额						
成　本						
毛　利						

附表 5－56　　　　　　　　　　第 5 年现金流量表

项　　目	1	2	3	4
应收款到期（＋）				
变卖生产线（＋）				
变卖原料/产品（＋）				
变卖/抵押厂房（＋）				
短期贷款（＋）				
高利贷贷款（＋）				
长期贷款（＋）				
收入总计				
支付上年应交税				
广告费				
贴现费用				
归还短贷及利息				
归还高利贷及利息				
原料采购支付现金				
成品采购支付现金				
设备改造费				
生产线投资				
加工费用				
产品研发				
行政管理费				
长期贷款及利息				
设备维护费				

续　表

项　目	1	2	3	4
租金				
购买新厂房				
市场开拓投资				
ISO 认证投资				
其他				
支出总计				
现金余额				

第 5 年财务报表

附表 5－57　　　　　　　　　　　资产负债表　　　　　　　　　单位：百万元

资　　产	年初数	期末数	负债及所有者权益	年初数	期末数
流动资产：			负债：		
现金			短期负债		
应收账款			应付账款		
原材料			应交税费		
产成品			长期负债		
在制品					
流动资产合计			负债合计		
固定资产：			所有者权益：		
土地建筑原价			股东资本		
机器设备净值			利润留存		
在建工程			当年净利润		
固定资产合计			所有者权益合计		
资产总计			权益总计		

附表 5－58　　　　　　　　　　综合管理费用明细表

项　　目	金额/百万元	项　　目	金额/百万元
行政管理费		产品研发	
广告费		市场开拓	
设备维护费		ISO 认证	
设备改造费		其　他	
租　金		合　计	

附表 5-59　　　　　　　　　　　　　　　利润表　　　　　　　　　　　　　　　单位：百万元

项　　目	去　　年	今　　年
一、销售收入		
减：成本		
二、毛利		
减：综合费用		
折旧		
财务净损益		
三、营业利润		
加：营业外净收益		
四、利润总额		
减：所得税费用		
五、净利润		

附表 5-60　　　　　　　　　　　　　　　状态记录表

填报说明：第＿＿＿小组第＿＿＿年

1Q末 应收款		2Q末 应收款		3Q末 应收款		4Q末 应收款		年末 ISO认证	
账期	金额	账期	金额	账期	金额	账期	金额	类型	状态
4Q		4Q		4Q		4Q		ISO9000	
3Q		3Q		3Q		3Q		ISO14000	
2Q		2Q		2Q		2Q		市场开拓	
1Q		1Q		1Q		1Q		类型	状态
现金		现金		现金		现金		区域	
应付款		应付款		应付款		应付款		国内	
账期	金额	账期	金额	账期	金额	账期	金额	亚洲	
1Q		1Q		1Q		1Q		国际	
2Q		2Q		2Q		2Q		长期贷款	
3Q		3Q		3Q		3Q		账期	金额
4Q		4Q		4Q		4Q		1Y	
短期贷款		短期贷款		短期贷款		短期贷款		2Y	
账期	金额	账期	金额	账期	金额	账期	金额	3Y	
1Q		1Q		1Q		1Q		4Y	
2Q		2Q		2Q		2Q		生产线净值	
3Q		3Q		3Q		3Q		账期	净值
4Q		4Q		4Q		4Q		生产线1	10
高利贷		高利贷		高利贷		高利贷		生产线2	
账期	金额	账期	金额	账期	金额	账期	金额	生产线3	
1Q		1Q		1Q		1Q		生产线4	
2Q		2Q		2Q		2Q		生产线5	
3Q		3Q		3Q		3Q		生产线6	
4Q		4Q		4Q		4Q		生产线7	
原料订单		原料订单		原料订单		原料订单		生产线8	
类型	数量，所在提前期	类型	数量，所在提前期	类型	数量，所在提前期	类型	数量，所在提前期	现金	
M1		M1		M1		M1			
M2		M2		M2		M2			
M3		M3		M3		M3			
M4		M4		M4		M4			
原料库存		原料库存		原料库存		原料库存			
类型	数量	类型	数量	类型	数量	类型	数量		
M1		M1		M1		M1			
M2		M2		M2		M2			
M3		M3		M3		M3			
M4		M4		M4		M4			

续　表

在制品状态		在制品状态		在制品状态		在制品状态	
生产线编号,类型	产品,在制状态	生产线编号,类型	产品,在制状态	生产线编号,类型	产品,在制状态	生产线编号,类型	产品,在制状态
生产线1,		生产线1,		生产线1,		生产线1,	
生产线2,		生产线2,		生产线2,		生产线2,	
生产线3,		生产线3,		生产线3,		生产线3,	
生产线4,		生产线4,		生产线4,		生产线4,	
生产线5,		生产线5,		生产线5,		生产线5,	
生产线6,		生产线6,		生产线6,		生产线6,	
生产线7,		生产线7,		生产线7,		生产线7,	
生产线8,		生产线8,		生产线8,		生产线8,	
产成品库存		产成品库存		产成品库存		产成品库存	
产品类型	数量	产品类型	数量	产品类型	数量	产品类型	数量
Beryl		Beryl		Beryl		Beryl	
Crystal		Crystal		Crystal		Crystal	
Ruby		Ruby		Ruby		Ruby	
Sapphire		Sapphire		Sapphire		Sapphire	
生产线新建/改造/搬迁		生产线新建/改造/搬迁		生产线新建/改造/搬迁		生产线新建/改造/搬迁	
生产线编号,类型	新建/改造/搬迁,状态	生产线编号,类型	新建/改造/搬迁,状态	生产线编号,类型	新建/改造/搬迁,状态	生产线编号,类型	新建/改造/搬迁,状态
生产线1,		生产线1,		生产线1,		生产线1,	
生产线2,		生产线2,		生产线2,		生产线2,	
生产线3,		生产线3,		生产线3,		生产线3,	
生产线4,		生产线4,		生产线4,		生产线4,	
生产线5,		生产线5,		生产线5,		生产线5,	
生产线6,		生产线6,		生产线6,		生产线6,	
生产线7,		生产线7,		生产线7,		生产线7,	
生产线8,		生产线8,		生产线8,		生产线8,	
产品研发		产品研发		产品研发		产品研发	
产品类型	状态	产品类型	状态	产品类型	状态	产品类型	状态
Crystal		Crystal		Crystal		Crystal	
Ruby		Ruby		Ruby		Ruby	
Sapphire		Sapphire		Sapphire		Sapphire	

附表 5－61　　　　　　　　　　第 6 年重要决策

第一季度	第二季度	第三季度	第四季度	年　底

附表 5－62　　　　　　　　　　第 6 年现金预算表

项　目	1	2	3	4
期初现金（＋）				
变卖生产线（＋）				
变卖原料/产品（＋）				
变卖/抵押厂房（＋）				
应收款到期（＋）				
支付上年应交税				
广告费投入				
贴现费用				
利息（短期贷款）				
支付到期短期贷款				
原料采购支付现金				
设备改造费				
生产线投资				

续　表

项　　目	1	2	3	4
生产费用				
产品研发投资				
支付行政管理费用				
利息（长期贷款）				
支付到期长期贷款				
设备维护费费用				
租金				
购买新建筑				
市场开拓投资				
ISO 认证投资				
其他				
现金余额				
需要新贷款				

附表 5－63　　　　　　　　　　　　　产能预估

		第一季度	第二季度	第三季度	第四季度
生产线 1	产品：				
生产线 2	产品：				
生产线 3	产品：				
生产线 4	产品：				
生产线 5	产品：				
生产线 6	产品：				
生产线 7	产品：				
生产线 8	产品：				

附表 5－64　　　　　　　　　　　生产计划与物料需求计划

产品：　　　　　　　　　　　　　　　　　　　生产线类型：

项　　目	去　　年				今　　年			
	第一季度	第二季度	第三季度	第四季度	第一季度	第二季度	第三季度	第四季度
产出计划								
投产计划								
原材料需求								
原材料采购								

附表 5－65   采购计划汇总

原材料	第一季度	第二季度	第三季度	第四季度
M1				
M2				
M3				
M4				

附表 5－66   第 6 年任务清单

年初：（根据提示，完成部分打钩）
（1）支付应付税（根据上年度结果）   □（填现金流量表）
（2）支付广告费   □
（3）登记销售订单   □

每个季度：	一季度	二季度	三季度	四季度
（1）更新短期贷款/还本付息/申请短期贷款	□	□	□	□
（2）更新应付款/归还应付款	□	□	□	□
（3）更新原料订单/原材料入库	□	□	□	□
（4）下原料订单	□	□	□	□
（5）更新生产/完工入库	□	□	□	□
（6）投资新生产线/生产线改造/变卖生产线	□	□	□	□
（7）开始下一批生产	□	□	□	□
（8）产品研发投资	□	□	□	□
（9）更新应收款/应收款收现	□	□	□	□
（10）按订单交货	□	□	□	□
（11）支付行政管理费用（填状态记录表）	□	□	□	□

年末：
（1）更新长期贷款/支付利息/申请长期贷款   □
（2）支付设备维护费   □
（3）支付租金/购买厂房   □
（4）折旧   □
（5）新市场开拓投资/ISO 资格认证投资   □
（6）关账   □

附表 5－67   第 6 年订单

项 目						合 计
市 场						
产品名称						
账 期						
交货期						

续 表

项 目						合 计
单 价						
订单数量						
订单销售额						
成 本						
毛 利						

附表 5-68 第 6 年现金流量表

项 目	1	2	3	4
应收款到期（＋）				
变卖生产线（＋）				
变卖原料/产品（＋）				
变卖/抵押厂房（＋）				
短期贷款（＋）				
高利贷贷款（＋）				
长期贷款（＋）				
收入总计				
支付上年应交税				
广告费				
贴现费用				
归还短贷及利息				
归还高利贷及利息				
原料采购支付现金				
成品采购支付现金				
设备改造费				
生产线投资				
加工费用				
产品研发				
行政管理费				
长期贷款及利息				
设备维护费				

续　表

项　　目	1	2	3	4
租金				
购买新建筑				
市场开拓投资				
ISO 认证投资				
其他				
支出总计				
现金余额				

第 6 年财务报表

附表 5-69　　　　　　　　　　　　资产负债表　　　　　　　　　　　　单位：百万元

资　　　产	年初数	期末数	负债及所有者权益	年初数	期末数
流动资产：			负债：		
现金			短期负债		
应收账款			应付账款		
原材料			应交税费		
产成品			长期负债		
在制品					
流动资产合计			负债合计		
固定资产：			所有者权益：		
土地建筑原价			股东资本		
机器设备净值			利润留存		
在建工程			当年净利润		
固定资产合计			所有者权益合计		
资产总计			权益总计		

附表 5-70　　　　　　　　　　　　综合管理费用明细表

项　　　目	金额/百万元	项　　　目	金额/百万元
行政管理费		产品研发	
广告费		市场开拓	
设备维护费		ISO 认证	
设备改造费		其　他	
租　金		合　计	

附表 5-71   利润表   单位：百万元

项　　目	去　年	今　年
一、销售收入		
减：成本		
二、毛利		
减：综合费用		
折旧		
财务净损益		
三、营业利润		
加：营业外净收益		
四、利润总额		
减：所得税费用		
五、净利润		

附表 5-72   状态记录表

填报说明：第___小组第___年

1Q末		2Q末		3Q末		4Q末		年末	
应收款		应收款		应收款		应收款		ISO认证	
账期	金额	账期	金额	账期	金额	账期	金额	类型	状态
4Q		4Q		4Q		4Q		ISO9000	
3Q		3Q		3Q		3Q		ISO14000	
2Q		2Q		2Q		2Q		市场开拓	
1Q		1Q		1Q		1Q		类型	状态
现金		现金		现金		现金		区域	
应付款		应付款		应付款		应付款		国内	
账期	金额	账期	金额	账期	金额	账期	金额	亚洲	
1Q		1Q		1Q		1Q		国际	
2Q		2Q		2Q		2Q		长期贷款	
3Q		3Q		3Q		3Q		账期	金额
4Q		4Q		4Q		4Q		1Y	
短期贷款		短期贷款		短期贷款		短期贷款		2Y	
账期	金额	账期	金额	账期	金额	账期	金额	3Y	
1Q		1Q		1Q		1Q		4Y	
2Q		2Q		2Q		2Q		生产线净值	
3Q		3Q		3Q		3Q		生产线	净值
4Q		4Q		4Q		4Q		生产线1	10
高利贷		高利贷		高利贷		高利贷		生产线2	
账期	金额	账期	金额	账期	金额	账期	金额	生产线3	
1Q		1Q		1Q		1Q		生产线4	
2Q		2Q		2Q		2Q		生产线5	
3Q		3Q		3Q		3Q		生产线6	
4Q		4Q		4Q		4Q		生产线7	
原料订单		原料订单		原料订单		原料订单		生产线8	
类型	数量，所在提前期	类型	数量，所在提前期	类型	数量，所在提前期	类型	数量，所在提前期	现金	
M1		M1		M1		M1			
M2		M2		M2		M2			
M3		M3		M3		M3			
M4		M4		M4		M4			
原料库存		原料库存		原料库存		原料库存			
类型	数量	类型	数量	类型	数量	类型	数量		
M1		M1		M1		M1			
M2		M2		M2		M2			
M3		M3		M3		M3			
M4		M4		M4		M4			

续　表

在制品状态		在制品状态		在制品状态		在制品状态	
生产线编号，类型	产品，在制状态	生产线编号，类型	产品，在制状态	生产线编号，类型	产品，在制状态	生产线编号，类型	产品，在制状态
生产线1,		生产线1,		生产线1,		生产线1,	
生产线2,		生产线2,		生产线2,		生产线2,	
生产线3,		生产线3,		生产线3,		生产线3,	
生产线4,		生产线4,		生产线4,		生产线4,	
生产线5,		生产线5,		生产线5,		生产线5,	
生产线6,		生产线6,		生产线6,		生产线6,	
生产线7,		生产线7,		生产线7,		生产线7,	
生产线8,		生产线8,		生产线8,		生产线8,	
产成品库存		产成品库存		产成品库存		产成品库存	
产品类型	数量	产品类型	数量	产品类型	数量	产品类型	数量
Beryl		Beryl		Beryl		Beryl	
Crystal		Crystal		Crystal		Crystal	
Ruby		Ruby		Ruby		Ruby	
Sapphire		Sapphire		Sapphire		Sapphire	
生产线新建/改造/搬迁		生产线新建/改造/搬迁		生产线新建/改造/搬迁		生产线新建/改造/搬迁	
生产线编号，类型	新建/改造/搬迁,状态	生产线编号，类型	新建/改造/搬迁,状态	生产线编号，类型	新建/改造/搬迁,状态	生产线编号，类型	新建/改造/搬迁,状态
生产线1,		生产线1,		生产线1,		生产线1,	
生产线2,		生产线2,		生产线2,		生产线2,	
生产线3,		生产线3,		生产线3,		生产线3,	
生产线4,		生产线4,		生产线4,		生产线4,	
生产线5,		生产线5,		生产线5,		生产线5,	
生产线6,		生产线6,		生产线6,		生产线6,	
生产线7,		生产线7,		生产线7,		生产线7,	
生产线8,		生产线8,		生产线8,		生产线8,	
产品研发		产品研发		产品研发		产品研发	
产品类型	状态	产品类型	状态	产品类型	状态	产品类型	状态
Crystal		Crystal		Crystal		Crystal	
Ruby		Ruby		Ruby		Ruby	
Sapphire		Sapphire		Sapphire		Sapphire	

本章小结

1. 金蝶 ERP 沙盘设计了营销与规划中心、物流中心、生产中心、财务中心。（职位）角色可以配备首席执行官、营销总监、财务总监、采购总监、生产总监。

2. 在模拟运营金蝶 ERP 沙盘前,要熟悉资金、生产、营销等各个方面的规则。

第六章 用友供应链管理沙盘实训

第一节 用友供应链管理沙盘简介

一、模拟供应链及供应链企业简介

用友供应链管理沙盘作为学习市场营销学、企业物流管理概论、供应链管理等课程的一个道具，不是要求从创建企业开始，而是要求每个小组接手一个已经运营了多年的供应链，每条供应链包括上、中、下游三家企业，分别为制造商、总代理与终端商。

（一）制造商

用友供应链管理沙盘的制造商是供应链的上游企业，其结构如图 6-1 所示。制造商盘面结构包括生产中心和财务中心。

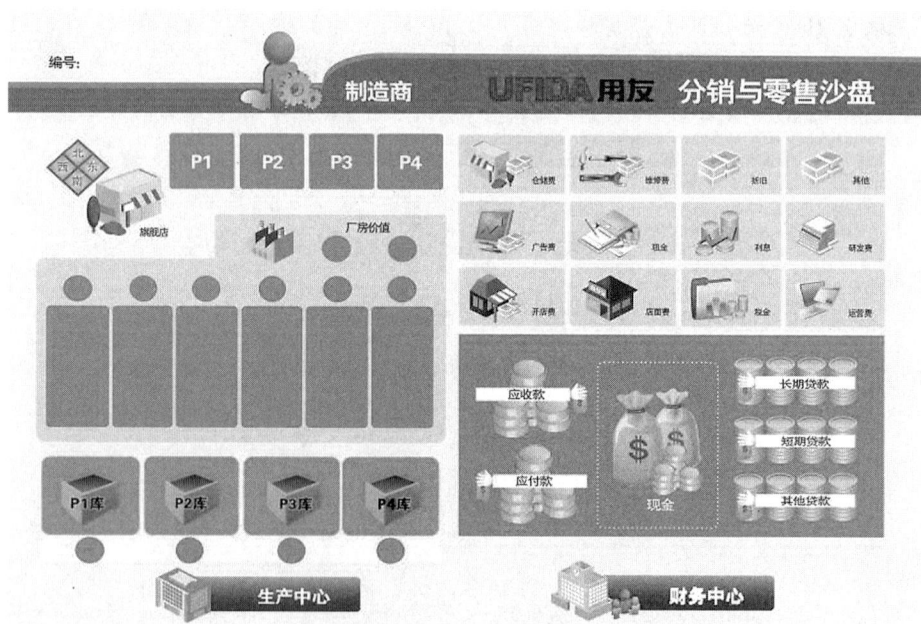

图 6-1 供应链管理沙盘的制造商盘面

制造商的主要工作包括：产品的研发、生产；厂房、仓库及生产线的购建及处置；产品的生产、分销、仓储及物流；旗舰店的开设及产品的直销；提交品牌广告及产品广告；资金的筹措、运用和核算等。

1. 生产中心

制造商的生产中心包括产品研发基地、厂房、旗舰店、生产线和仓库,如图 6-2 所示。

厂房、生产线是制造商生产产品的主要工具及固定资产。供应链管理沙盘中制造商自建了一个厂房,一个厂房最多可以容纳 6 条生产线。厂房可以购买也可租赁,但只有购买或租赁后方可在厂房内购置生产线生产产品。

仓库是制造商存放产品的场所,供应链管理沙盘中制造商自建一个 P1 仓库,企业若生产 P2、P3,需要提前购置或租赁仓库,仓库在存放产品时需要区分产品类别。

制造商可自由选择建设旗舰店的区域(东、南、西、北),但在同一时刻只能建设一家旗舰店。如果制造商希望在另外的区域开设旗舰店,则将自动关闭原来的旗舰店,再在新的区域进行旗舰店的建设。制造商若有需要,也可主动关闭旗舰店。

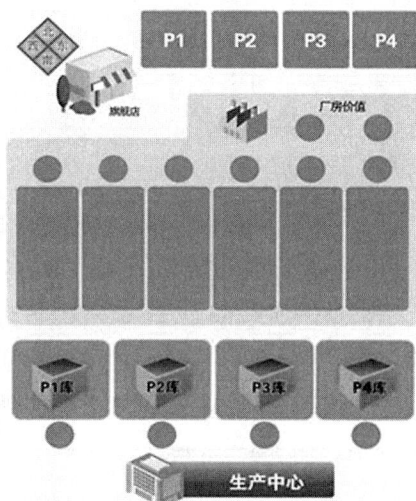

图 6-2　制造商的生产中心

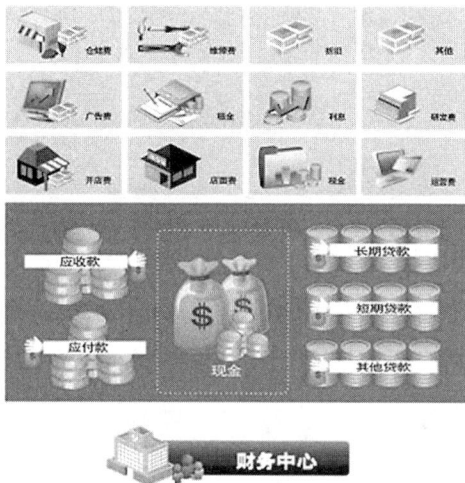

图 6-3　制造商的财务中心

2. 财务中心

制造商的财务中心模拟制造业企业的资金运转过程,包括综合费用、财务费用、折旧的计提、核算及资金的筹措、运用和核算,如图 6-3 所示。

制造商的融资方式包括长期贷款、短期贷款及其他方式。初始盘面上制造商已融资 80M 长期贷款,其中 40M(2 年账期);20M(3 年账期);20M(4 年账期),制造商已融资 20M 短期贷款(2 季账期)。

3. 人员分配与职能定位

在用友供应链管理沙盘中,制造商需 3~4 个成员。可设财务总监、财务助理(人多时可设 1 名)、运营总监、运营助理(人多时可设)各一名,成员各司其职。

其中,财务总监分管财务方面的工作,执行专项业务。其主要职责是日常财务记账;提供财务报表;管理日常现金;管理往来账款;控制成本费用;进行资金规划调度;控制预算执行;进行财务分析与协助运营总监决策。为分担财务总监的职能,也可设财务助理 1~2 名。

运营总监是制造商生产部门的核心角色,他将对制造业企业的一切生产活动进行管理,并对该企业的一切生产活动及产品负最终的责任。运营总监的主要职责包括:制定企业发展战略;分析竞争格局;选择产品策略;平衡生产与商务;进行车间管理、仓储管理;管理发货及销售;管理采购到货。

（二）总代理

总代理是供应链管理沙盘中的一个商业企业,是一个中间商,它是连接制造商与终端商的桥梁与纽带,它主要靠赚取商品的差价而盈利,总代理盘面包括渠道管理中心和财务中心,如图 6-4 所示。

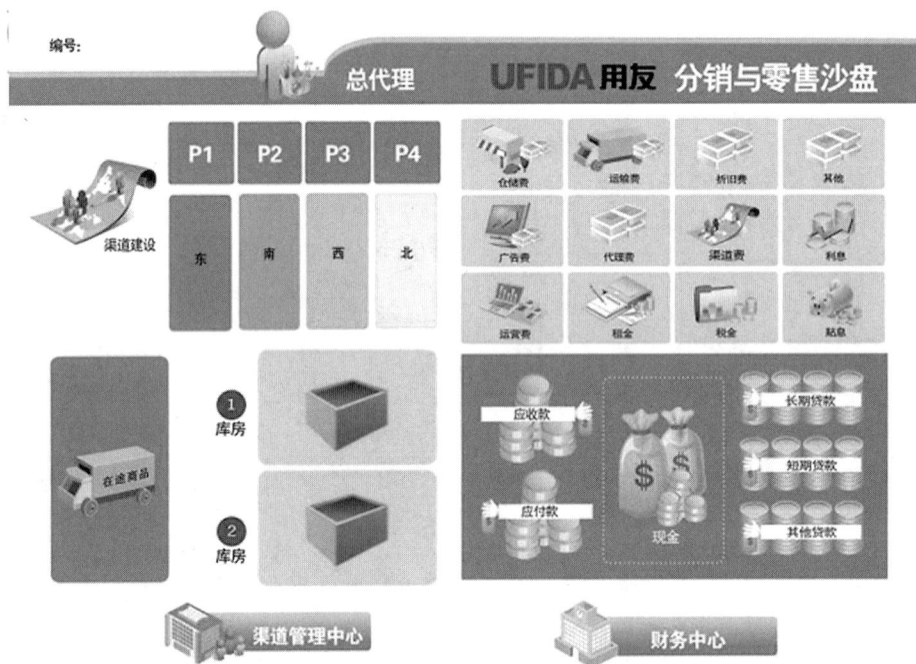

图 6-4　供应链管理沙盘的总代理盘面

总代理的主要工作包括:代理资质的申请;东、南、西、北四个市场渠道的建设与管理;商品的物流、存储及分销;提交东、南、西、北四个区域的品牌广告;资金的筹措、运用和核算等。

1. 渠道管理中心

总代理的渠道管理中心包括商品代理资质的申请;渠道的建设与管理;商品的物流与存储,如图 6-5 所示。

2. 财务中心

总代理的财务中心的主要工作与制造商类似,同样包括综合费用、财务费用、折旧的计提、核算及资金的筹措、运用和核算,如图 6-6 所示。

总代理的融资方式包括长期贷款、短期贷款及其他方式。初始盘面上总代理已融资20M 长期贷款（2 年账期）。

3. 人员分配与职能定位

在用友供应链管理沙盘中,总代理需 2~3 个成员。可设财务总监、财务助理（人多时可设 1 名）、运营总监各一名,成员各司其职。

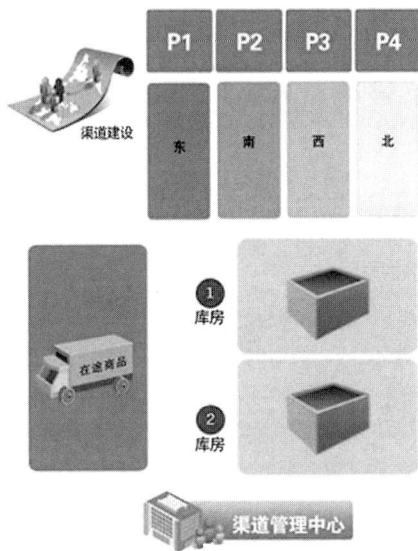

图 6 - 5　总代理的渠道管理中心　　　图 6 - 6　总代理的财务中心

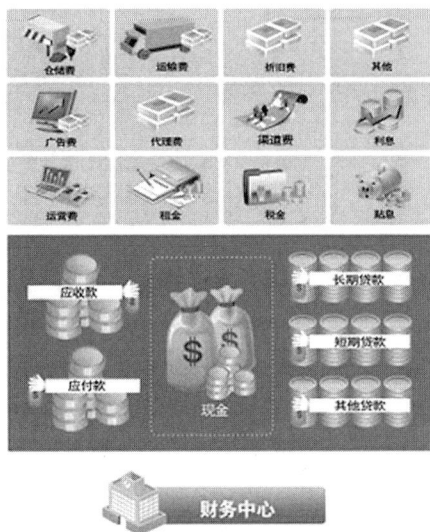

财务总监分管财务方面的工作,执行专项业务。其主要职责是日常财务记账;提供财务报表;管理日常现金;管理往来账款;控制成本费用;进行资金规划调度;控制预算执行;进行财务分析与协助运营总监决策。为分担财务总监的职能,也可设财务助理 1 名。

运营总监是总代理这个商业企业的核心角色,它将对该企业的一切经营活动进行管理,并对该企业的一切经营活动及产品负最终的责任。运营总监的主要职责包括:制定企业发展战略、进行竞争格局分析、选择产品策略、选择市场区域、进行渠道建设与管理;进行运输及仓储管理;进行采购收货及发货销售管理。

(三) 终端商

终端商是将产品出售给消费者供其个人使用的一种商业企业,零售终端是分销的最后阶段,如图 6 - 7 所示。终端商的工作主要包括:终端门面店的建设与管理;产品的物流、存储与销售;产品广告、促销方案的提交;产品的竞单;资金的筹措、运用和核算等。终端商盘面包括营销中心和财务中心。

1. 营销中心

终端商的营销中心包括门店的开设与管理,产品的存储与销售。

终端商要销售产品,需要每年对每个区域的产品投放产品广告,终端商可考虑到自身的广告效益值,每个季度考虑是否需要对每种产品进行促销。每个季度终端商可根据自己的广告效益值的排名进行竞单。

终端商要销售产品,需要建门面店,初始盘面中终端商已在东区市场建设了 2 家门店。终端商在东、南、西、北四个区域每个区域最多可建 4 家门店,门店建设之后,每家门店都需要进行日常管理,如图 6 - 8 所示。

2. 财务中心

终端商的财务中心的主要工作与制造商、总代理类似,同样包括综合费用、财务费用的核算及资金的筹措、运用和核算,如图 6 - 9 所示。

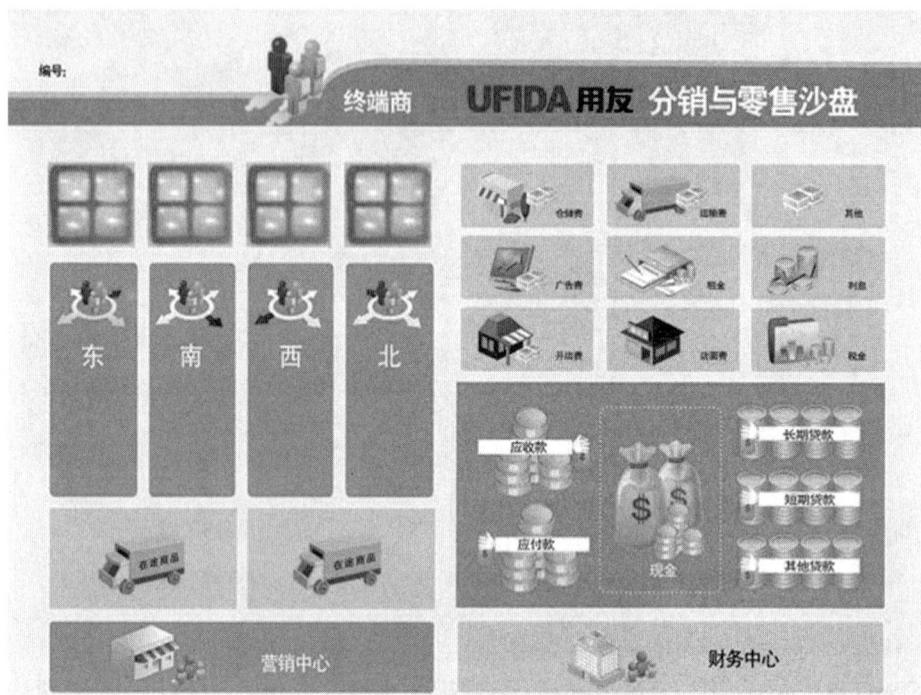

图 6-7　供应链管理沙盘中的终端商盘面

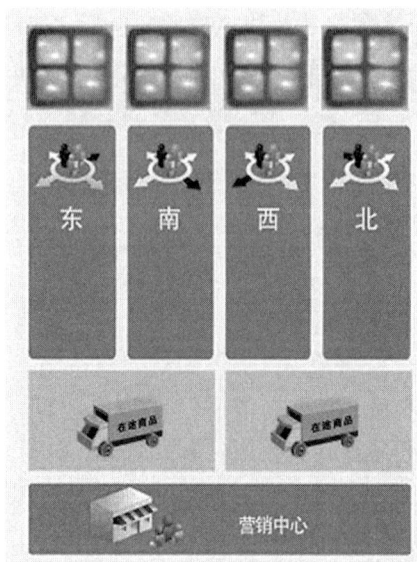

图 6-8　终端商的营销中心

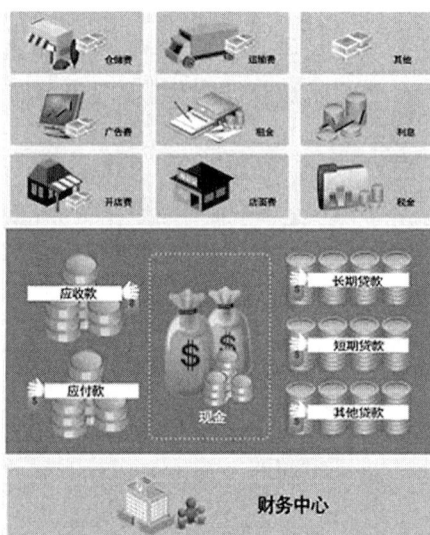

图 6-9　终端商的财务中心

终端商的融资方式包括短期贷款及其他方式。初始盘面中,终端商没有发生任何融资。

3. 人员分配与职能定位

在用友供应链管理沙盘中,终端商需 3～4 个成员。可设财务总监、财务助理(人多时可设 1～2 名)、运营总监、运营助理(人多时可设 1 名)各一名,成员各司其职。

　　财务总监分管财务方面的工作,执行专项业务。其主要职责包括日常财务记账;提供财务报表;管理日常现金;管理往来账款;控制成本费用;进行资金规划调度;控制预算执行;进行财务分析与协助运营总监决策。为分担财务总监的职能,也可设财务助理1~2名。

　　运营总监是终端商这个商业企业的核心角色,它将对该企业的一切经营活动进行管理,并对该企业的一切经营活动及产品负最终责任。运营总监的主要职责包括:制定企业发展战略;进行竞争格局分析;进行产品策略选择;选择市场;进行门店建设与管理;进行运输及仓储管理;进行采购到货管理与终端零售管理。

第二节　模拟企业初始状态

一、模拟企业的财务状况

　　用友供应链管理沙盘中上、中、下游三家企业的财务状况,是指三家企业的资产、负债及所有者权益的构成情况及相互关系。企业的财务状况由三家企业对外提供的财务报表——综合费用明细表、利润表及资产负债表构成。

　　综合费用明细表(表6-1)是用来反映企业在日常活动中发生的会导致所有者权益减少的与向所有者分配利润无关的经济利益的总流出的会计报表。综合费用包括:运营费、广告费、仓储费、租金、维护费、代理费、渠道费、开店费、店面管理费、运输费、研发费和其他。每家企业发生的综合费用各不相同。

表6-1　　　　　　　　　　　　　　　　　综合费用明细表　　　　　　　　　　　　单位:百万元

	运营费	广告费	仓储费	租金	维护费	代理费	渠道费	开店费	店面管理费	运输费	研发费	其他	合计
制造商													
总代理													
终端商													

　　利润表(表6-2)是用来反映收入与费用相抵后确定的企业经营成果的会计报表。主要表现为在该期间所取得的利润,用来说明企业在一定期间内的经营成果。利润表的项目主要分为收入和费用两大类。

表6-2　　　　　　　　　　　　　　　　　　利润表　　　　　　　　　　　　　　　单位:百万元

项　　目	算　　符	制 造 商	总 代 理	终 端 商
直销收入	＋			
分销收入	＋			
直销成本	－			
分销成本	－			
销售毛利	＝			
综合费用				

续　表

项　　　目	算　符	制 造 商	总 代 理	终 端 商
折旧	－			
支付利息前利润	＝			
财务费用	－			
其他收支	＋/－			
税前利润	＝			
所得税	－			
净利润	＝			

资产负债表(表6-3)是根据资产、负债和所有者权益之间的相互关系,即"资产＝负债＋所有者权益"的恒等关系,依照一定的分类标准和一定的次序,将某一特定日期的资产、负债、所有者权益的具体项目予以适当的排列编制而成。通过资产负债表,供应链中各个企业可以了解企业所掌握的经济资源及其分布情况;了解企业的资本结构;分析、评价、预测企业的长期及短期偿债能力;正确评估各企业的经营业绩。

在用友供应链管理沙盘中,根据课程设计所涉及的业务对综合费用明细表、利润表、资产负债表的项目进行了适当的简化,最终形成了表6-1、表6-2和表6-3。

表6-3　　　　　　　　　　　　　　资产负债表　　　　　　　　　　　　单位:百万元

项　　　目	制造商	总代理	终端商	项　　　目	制造商	总代理	终端商
流动资产				负债			
现金				短期借款			
应收账款				长期借款			
库存商品				应付账款			
在制品				应交税费			
在途商品				其他借款			
流动资产合计				负债合计			
非流动资产				所有者权益			
厂房				实收资本			
仓库				利润留存			
机器设备				当年利润			
非流动资产合计				所有者权益合计			
资产总计				负债和所有者权益总计			

二、要素、制造商、总代理、终端商的初始状态

模拟供应链管理不是从创建一个供应链开始的,而是接手一个分别已运营了N年的,由上、中、下游三家企业形成的供应链。模拟供应链中制造商、总代理、终端商的经营状况各不

相同。虽然已经有基本信息,但还需要把这些枯燥的数字活生生地再现到沙盘盘面上,由此为下一步的各个企业运营做好铺垫。通过初始状态设定,可以使学生深刻地感觉到财务数据与企业业务的直接相关性,理解到财务数据是对企业运营情况的一种总结提炼,为今后"透过财务看经营"做好观念上的准备。

(一) 要素

1. 原材料与产品

在用友供应链管理沙盘中,原材料和产品有三种颜色的彩币,即 R1,R2、R3,如图 6-10 所示。R1,R2,R3 即可分别代表原材料 R1、R2、R3,也可代表总代理和终端商的产品 P1、P2、P3,尽管沙盘中原材料及产品用相同的彩币,但在供应链中各级结算价格不同,如表 6-4 所示。

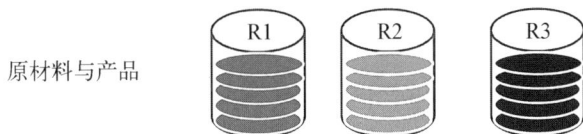

图 6-10　供应链管理沙盘的原材料及产品

表 6-4　　　　　　　　　供应链管理沙盘中各种产品的各级结算价格

产 品	研发费	每季支付	生产成本	总代理结算价	终端结算价	市场零售价
P1	——	——	1M	2M	2.8M	4M
P2	24M	12M	2M	4M	6M	8.4M
P3	36M	18M	4M	6.5M	9.5M	13M

注:M 表示百万元

2. 资金与现金

用友供应链管理沙盘中资金与现金也有三种彩币,金币、灰币和白币,分别代表 1 000 万元、100 万元、10 万元,如图 6-11 所示。

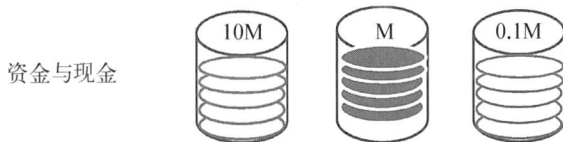

图 6-11　供应链管理沙盘的资金与现金

(二) 制造商初始状态

用友供应链管理沙盘各企业初始资产负债表,如表 6-5 所示,从中我们可以大致了解供应链上、中、下游各企业的初始财务状态及初始盘面。

表 6-5　　　　　　　　用友供应链管理盘面各企业初始资产负债表　　　　　　　　单位:百万元

项　目	制造商	总代理	终端商	项　目	制造商	总代理	终端商
流动资产				负债			
现金	20	20	20	短期借款	20		

项　　目	制造商	总代理	终端商	项　　目	制造商	总代理	终端商
应收账款	20	28		长期借款	80	20	
库存商品	40	20	28	应付账款		20	28
在制品	40			应交税费	1	1	1
在途商品		20	28	其他借款			
流动资产合计	120	88	76	负债合计	101	41	29
非流动资产				所有者权益			
厂房	40			实收资本	80	40	40
仓库	20			利润留存	4	4	4
机器设备	8			当年利润	3	3	3
非流动资产合计	68			所有者权益合计	87	47	47
资产总计	188	88	76	负债和所有者权益总计	188	88	76

从制造商的资产负债表及沙盘结构中,我们可大致了解该企业的财务状态。

1. 流动资产

(1) 现金 20M。请财务总监取一桶灰币(共 20M)或 2 个金币放在现金库处。

(2) 应收账款 20M。请财务总监填写 20M 的纸条,置于应收账款处,此应收账款将展期 1Q 收回。

(3) 库存商品 40M。请运营总监取 2 桶红币,共 40 个 R1 置于 P1 仓库内,该产品的价值共为 40M。

(4) 在制品 40M。请运营总监取 2 桶红币,共 40 个 R1 分别置于生产线上 1Q、2Q 处,该在制品的价值为 40M。制造商生产任何产品都需生产周期 2Q。

(5) 在途商品,无。

2. 固定资产

(1) 生产线残值 8M。制造商购买了一个生产线,该生产线已计提了 3 年折旧,残值为 8M。请运营总监取一条生产线置于生产中心生产线处,并取 8 个灰币置于生产线上的固定资产处。

(2) 厂房价值 40M。制造商已自建了一个厂房,厂房价值为 40M。请运营总监取两桶灰币,置于生产中心的厂房处。

(3) 仓库价值 20M。制造商已自建了一个仓库 P1,仓库价值为 20M。请运营总监取一桶灰币置于生产中心的 P1 仓库处。

上述流动资产合计 120M,固定资产合计 68M,资产合计 188M。

3. 负债

(1) 短期借款 20M。请财务总监写 20M 的纸条置于财务中心短期借款的 2Q 账期处。

提示:在用友供应链管理沙盘中,对于长期借款来说,沙盘上的纵列代表年度,离现金库最近的为第 1 年,以此类推。对短期借款来说,沙盘上的纵列代表季度,离现金库最近的为第 1 季度。

（2）长期借款 80M。请财务总监写 40M、20M、20M 的纸条分别置于财务中心的长期借款 2Y、3Y、4Y 账期处。

（3）应付账款,无。

（4）其他借款,无。

（5）应交税费 1M。请财务总监写 1M 的纸条置于财务中心的应交税费处。

制造商上述负债合计 101M。

（三）总代理初始状态

从总代理的资产负债表及沙盘结构介绍,我们可大致了解该企业的财务状态。

1. 流动资产

（1）现金 20M。请财务总监取一桶灰币(共 20M)或 2 个金币放在现金库处。

（2）应收账款 28M。请财务总监填写 28M 的纸条,置于应收账款处,此应收账款将展期 1Q,即下一季度从终端商处收回。

（3）库存商品 20M。请运营总监取 10 个 P1 置于 1 仓库内,该产品的价值共为 20M。

（4）在途商品 20M。请运营总监取 10 个 P1 置于在途商品处,该产品的价值共为 20M。

（5）在制品,无。

2. 固定资产(无)

上述流动资产合计 88M,固定资产合计 0M,资产合计 88M。

3. 负债

（1）短期借款,无。

（2）长期借款 20M。请财务总监写 20M 的纸条置于财务中心的长期借款 2Y 账期处。

（3）应付账款 20M。请财务总监写 20M 的纸条置于财务中心的应付账款处,此应付账款将展期 1Q,即下一季度支付给制造商。

（4）其他借款,无。

（5）应交税费 1M。请财务总监写 1M 的纸条置于财务中心的应交税费处。

总代理上述负债合计 41M。

（四）终端商初始状态

从终端商的资产负债表及沙盘结构介绍,我们可大致了解该企业的财务状态。

1. 流动资产

（1）现金 20M。请财务总监取一桶灰币(共 20M)或 2 个金币放在现金库处。

（2）应收账款,无。

（3）库存商品 28M。请运营总监取 10 个 P1 置于东仓库内,该产品的价值共为 28M。

（4）在途商品 28M。请运营总监取 10 个 P1 置于在途商品处,该产品的价值共为 28M。

（5）在制品,无。

2. 固定资产(无)

上述流动资产合计 76M,固定资产合计 0M,资产合计 76M。

3. 负债

（1）短期借款,无。

（2）长期借款,无。

（3）应付账款 28M。请财务总监写 28M 的纸条置于财务中心的应付账款处,此应付账款将展期 1Q,即下一季度支付给总代理。

（4）其他借款,无。

（5）应交税费 1M。请财务总监写 1M 的纸条置于财务中心的应交税费处。

终端商上述负债合计 29M。

四、模拟供应链企业的经营环境

模拟供应链企业的社会经济状况发展均良好,终端市场上消费者的消费能力稳步提高,P 产品行业快速发展,如图 6-12 所示。

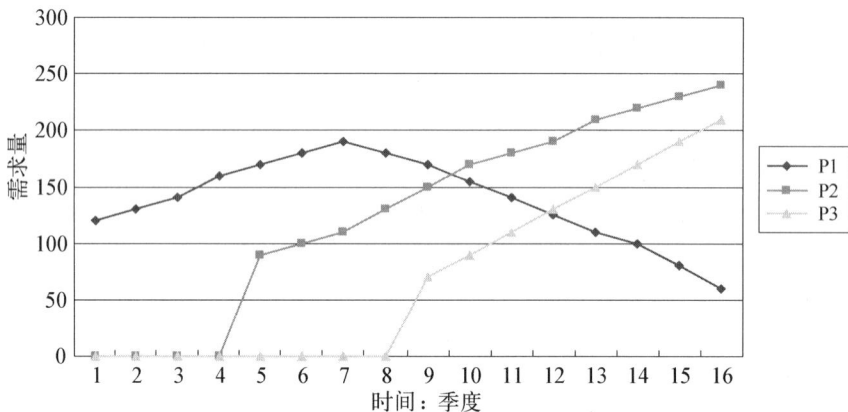

图 6-12　未来市场对 P 系列产品的需求量预测

只要一条供应链中的三家企业能通力协作、协同管理,终端商只要能拿到足够的订单、总代理只要能有足够的渠道建设及管理能力、制造商只要有足够的产能和其他供应链展开竞争,整条供应链将会受益。当供应链各企业要生产、经销、销售某产品时,要考虑未来市场对此种产品的需求量。

从行业发展方面看,P1 产品市场上已经存在,未来市场对 P1 产品的市场需求先增后减,将在第 2 年年末达到峰值,随后,市场需求量不断减少。从全年的角度来说,东、南、西、北各区域对 P1 产品的喜好程度比较平均,但是在不同的季度需求量会有不同。东、南、西、北四个区域对 P1 产品需求峰值将分别在 1Q、2Q、3Q、4Q 出现。

P2 产品可以算作是 P1 的升级替代产品。当 P2 产品开始在市面上出现后,会有相当一部分客户转而购买新的产品,当然也会继续有一部分客户仍然支持老的 P1 产品。P3 产品是一种新概念的产品,预计利润率会比较高。

东部与南部区域的客户对 P2 产品的喜好程度大过西部与北部区域的客户;而西部和北部区域的客户则对 P3 产品的喜好程度更大。

第三节　用友供应链管理沙盘运营规则

用友供应链管理沙盘运营规则包括:制造商运营规则、总代理运营规则、终端商运营规则、竞单规则和其他规则。

（一）制造商运营规则

用友供应链管理沙盘中制造商运营规则包括：厂房购买、租赁、折旧与出售规则；仓库购买、租赁、折旧与出售规则；生产线的购买、折旧与维护规则；产品研发与生产规则；旗舰店的建设及管理规则等。

1. 厂房的购买、租赁、折旧与出售规则

制造商可以选择购买或租赁厂房，在使用之前需支付租金或购置款，制造商已经自建了一个厂房，厂房原值为 40M。

制造商购买了厂房后，每年需计提折旧，每年折旧为 6M。

制造商购买的厂房可以卖掉，出售时按残值（残值＝原值－折旧）直接出售，制造商卖掉厂房可以得到现金，但这些现金有 1Q 的应收款周期。

制造商若需要厂房，也可以租赁，每季付租金 2M。

一个厂房最多可以容纳 6 条生产线，厂房在购买当年不得出售。

2. 仓库的购买、租赁、折旧与出售规则

制造商可以选择购买或租赁仓库，仓库存放产品按产品区分，P1 库只能存放 P1。制造商已经自建了一个 P1 仓库，若制造商需要 P2 仓库和 P3 仓库，可以自行购买或租赁。

仓库原值为 20M；自建仓库每年需计提折旧，每年折旧为 3M，如表 6－6 所示。

表 6－6　　　　　　　　　　制造商的仓库购买、租赁、折旧与出售

仓 库	购买价	租 金	仓 储 费	折 旧	售 价
P1 库	20M	1M/季	0.1M/个产品/季	3M/年	按净值出售
P2 库	同 P1 库				
P3 库	同 P1 库				

制造商的自建仓库可以卖掉，出售时按残值直接出售，但若要得到现金，需要 1Q 的应收款周期。

制造商需要仓库时，除了购买也可以租赁，租赁的仓库当季只要使用过就需付租金，每季租金为 1M。

制造商每季末需根据在仓库中存放产品的数量支付仓储费 0.1M/个产品/季。

制造商在购买仓库当年，不得出售。

3. 生产线的购买、折旧与维护规则

制造商只能通过购买获得生产线，生产线获得当期就可以投入生产，没有安装周期。

制造商购置的生产线每条原值为 18M，生产线每年需计提折旧 5M，残值为 3M 时不再计提折旧，如表 6－7 所示。

表 6－7　　　　　　　　　　制造商的生产线的购买、折旧与维护

	购买价格	生产周期	生产批量	维护费	折 旧	规定残值
生产线	18M	2Q	20 个/批	4M/年	5M/年	3M

制造商购置了生产线后，需要定期维护、保养，每年维护费为 4M。

制造商的生产线可以按批量生产所有产品,每批为 20 个。

制造商的生产线可以生产 P 系列任何产品,包括:P1、P2、P3,每种产品的生产周期均为 2Q。

制造商的生产线可以转产,比如原来生产 P1,现在欲生产 P2,生产线的转产不需时间和费用,但同一条生产线上只能同时生产一种产品。

注意: ① 制造商的生产线一旦投入,不能完全停产;② 制造商的生产线不得出售。

4. 产品研发与生产规则

初始状态中,制造商已生产了 P1 产品,P1 产品无需研发,制造商如有需要,则自行研发 P2、P3 产品,其研发周期均为 2Q。

多种新产品(P2、P3)的研发投资可同时进行,按季度平均支付研发费用。研发 P2 每一季度需支付 12M,研发 P3 每一季度支付 18M。

产品的研发可以随时中断或中止,但必须完成研发投资后(两个季度支付过研发费用后)方可开始生产。

若 P2、P3 产品经过 2 个季度的研发、缴纳 2 个季度的研发费后,方可获得生产资格进行生产,如图 6-13 所示。

图 6-13　产品的生产资格

5. 旗舰店的建设与管理规则

用友供应链管理沙盘中,制造商旗舰店的建设及管理规则如表 6-8 所示。

表 6-8　　　　　　　　　　　　　　旗舰店建设及管理

	建店费	店面管理费	最大产品销售数量/季
旗舰店	8M/个	1M/季	7 个

制造商可自由选择建设旗舰店的区域(东、南、西、北),但在同一时刻只能建设一家旗舰店,即不能同时开设 2 家及 2 家以上的旗舰店。如果制造商希望在另外的区域开设旗舰店,则将自动关闭原来的旗舰店,再在新的区域进行旗舰店的建设。

旗舰店关闭时无任何收入,但再次开店时需重新支付建设费用。

旗舰店建设费为 8M/个,旗舰店建好之后,每季度店面管理费为 1M/季。

每个季度,一个旗舰店的最大产品销售数量为 7,且不区分产品的种类。

(二)总代理运营规则

在供应链管理沙盘中,总代理是一个商人中间商,其靠赚取产品的差价获得生存与发展。总代理的运营规则包括三部分:代理资质的申请规则;渠道建设及管理规则;仓储及运输管理规则。

1. 代理资质的申请规则

总代理要经销制造商的产品,每年都需要向制造商申请代理资质,缴纳代理费,代理费金额为每年 4M/种产品资质,如表 6-9 所示。

表 6-9　　　　　　　　　　　　　　　　代理费金额

产　品	P1	P2	P3
代理费/年	4M	4M	4M

初始盘面尽管总代理已有 P1 代理资格,但任何一年,总代理只要经销制造商的任何种类的产品,无论是 P1、P2 还是 P3,均需交纳代理资格费去申请该产品的代理资格,如图 6-14 所示。

图 6-14　产品代理资格

总代理选择的代理产品必须是上游制造商有生产资格的产品。

总代理在每年年初向制造商支付代理费。

2. 渠道建设及管理规则

总代理可根据自己的需要开拓不同区域,在开拓之初需支付一次性的渠道建设费为 2M/区域,从而来获得某区域的代理资格,如图 6-15 所示。

图 6-15　区域代理资格

总代理开拓了某渠道之后,每季度末需对当前已覆盖的区域支付渠道维持费为 1M/区域、季。

在供应链管理沙盘的初始盘面中,总代理已开拓了东区市场,需根据市场需求和本条供应链的策略选择开拓南、西、北市场。

3. 仓储及运输管理规则

初始盘面中,总代理已租赁了1个1号仓库,并且1号仓库中库存有10P1。

总代理要经销制造商的产品,需购买或租赁仓库,仓库的购置费及租赁费如表6-10、图6-16所示。

表6-10　　　　　　　　　　　　　总代理仓库的购买、租赁、折旧及出售

仓　库	买　价	租　金	仓　储　费	折　旧	售　价
1库	20M	1M/季	0.1M/个产品/季	3M/年	按净值出售
2库	同1库				

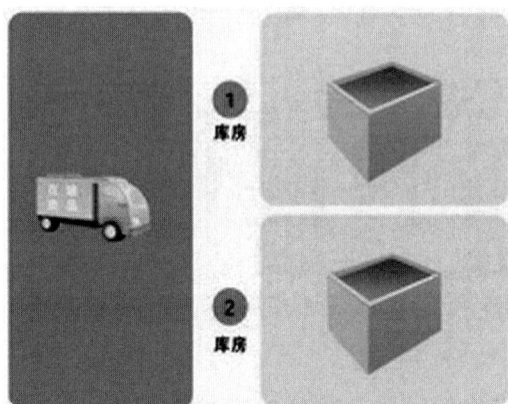

图6-16　总代理的仓库

总代理的仓库可以存放所有种类的产品(P1、P2、P3),但是要分区域存放。1号仓库将对应终端商的东部和南部两个区域,2号仓库将对应西部和北部两个区域。不可跨区域对终端商发货。

总代理每季末要根据在仓库中存放产品的数量支付仓储费,仓储费按照0.1M/个产品/季支付。

总代理从制造商处采购产品的运输费由供应链下游企业终端商在每季度以"在途商品确认"处以现金支付方式支付。运输费以每批20个计算,不区分产品种类,运费按批

量支付,不足1批量的按1批量计算,运输费率为1M/批。运输周期为1个季度。

在产品入库时,总代理可自行决定究竟该存放在1号仓库还是2号仓库,多少入1号仓库、多少入2号仓库。

注意:总代理从制造商处采购产品的货款由总代理在每季度"在途商品入库"处以现金支付;即在途商品入库,下游企业给上游企业支付货款。

总代理从制造商处采购产品的运输费由总代理在每季度"在途商品确认"处以现金支付;在途商品确认,下游企业给上游企业支付运输费。

(三)终端商运营规则

在供应链管理沙盘中,终端商是面对消费者的零售终端,其最了解消费者的需求信息。终端商要及时搜集市场需求信息,并与制造商及总代理进行沟通与协调,从而才能制定出适合本条供应链发展的战略决策。终端商运营规则包括:终端店面建设及管理规则;仓储及运输管理规则。

1. 终端店面建设及管理规则

终端商要销售产品,必须建设终端门店,如图6-17所示,终端商在每一区域最多能开4个门店。

供应链管理沙盘中,终端商初始状态已在东区建设了2个店面,终端商可考虑供应链的

图 6-17 终端商的门店

战略决策及市场需求状况进行终端店面的建设。

终端商可以在总代理已开拓的区域上投资建设终端门店,每个区域上最多可以建四家终端门店,建店费为 5M/个。每季度末,终端商要为已建设的终端门店支付店面管理费,店面管理费按 0.5M/季/个店面进行支付。

终端商可根据实际需要关闭原有门店,但起初的建店费不予退还。

每季度参与竞单时,终端商的每个终端店面最多销售产品的数量不超过 7(不区分产品种类)。

2. 仓储及运输管理规则

终端商要在某区域销售产品,首先需要在该区域租赁仓库,仓库的租赁费如表 6-11 所示。

表 6-11 终端商的仓库租金、仓储费

仓库名称	租金/季	仓储费/季
终端商仓库	1M	0.1M/个

终端商可以租赁仓库,为该区域上的门店供货。共有东、西、南、北四个仓库可供终端商租赁,但不同的仓库服务于不同的区域门店,即东仓库可以往东区的 4 个门店供货,不可跨区域供货,如图 6-18 所示。

终端商的仓库可以存放所有类型的产品,并根据每季末仓库中存放产品的数量支付仓储费,按 0.1M/个产品/季支付。

终端商从总代理处采购产品,运输费由供应链下游企业——终端商在每季度以"在途商品确认"时以现金支付,运输费按批量支付,运输批量为 6 个,不足批量的按批量计,运费为 0.5M/批。运输周期为 1 个季度。

四个终端商仓库中的产品可以实施紧急调货,紧急调货的产品当季就可到货,但要支付高昂的运输费,

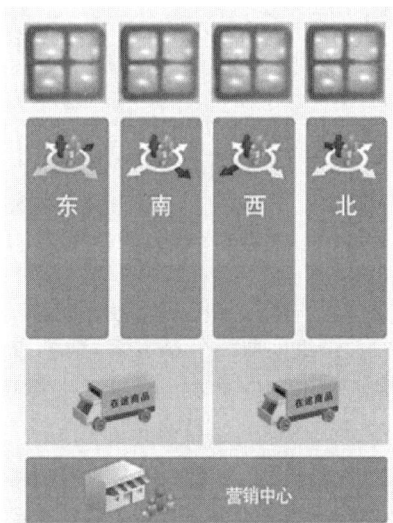

图 6-18 终端商的仓库、门店

运输费按批量支付,3 个一批,运费为 0.5M/批。

（四）竞单规则

竞单参与的供应链企业有制造商和终端商。竞单规则包括：显性需求与隐性需求的界定规则；广告效益值的计算规则；促销方案的选择规则；每季度的销售行为的确定规则；隐性需求的激活和销售规则。

1. 显性需求与隐性需求的界定规则

（1）显性需求。显性需求是指消费者意识到,并有能力购买且准备购买某种商品的有效需求,比如消费者可能会直接说出：我口渴,要喝水；我需要一件毛衣等。

（2）隐性需求。隐性需求是指消费者没有直接提出、不能清楚描述的需求。隐性需求可以被企业的促销激活,隐性需求来源于显性需求,并且与显性需求有着千丝万缕的联系。比如：你买牙膏时,遇见商家对牙刷促销,这样你不仅买了牙膏,也买了牙刷。再比如：你去购买 1 块肥皂,看到厂商打 7 折,就买了 2 块。这 2 块肥皂中,1 块为显性需求,1 块为隐性需求。

（3）显性需求与隐性需求的关系。隐性需求来源于显性需求,可以被企业的促销激活,并且与显性需求有着千丝万缕的联系。

用友供应链管理沙盘中,消费者在每年、每个区域对每个产品的需求量分为"显性需求"和"隐性需求"。供应链中,任何企业只要投放了广告,就有显性需求,消费者对 P1、P2、P3 的"显性需求"的数量参照未来 4 年 16 个季度"市场预测"资料,如图 6-19 所示,而"隐性需求"由促销方案激活。

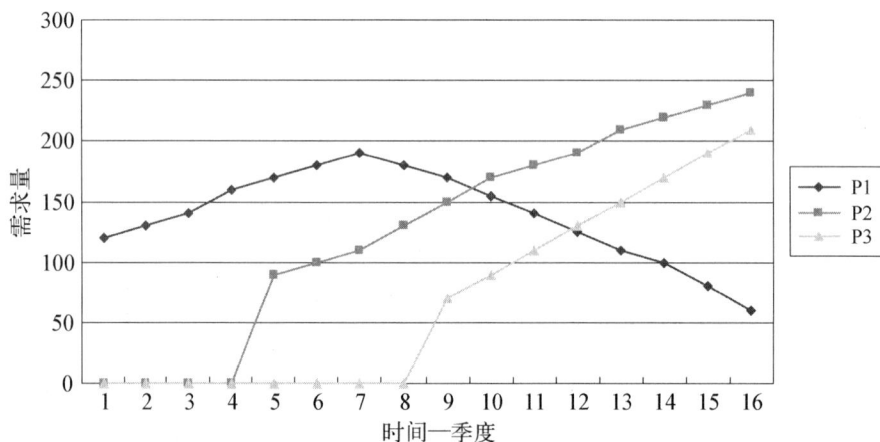

图 6-19　未来 4 年 P 族产品的市场预测

在实际竞单时,如果没有任何小组采取"促销方案",则只会有显性需求供大家竞单；如果有小组采取了促销方案,则会按对应的"增量百分比"激活隐性需求的数量,提供了促销方案的小组有资格参与隐性需求数量的竞单。

2. 广告效益值的计算规则

（1）广告类型。用友供应链管理沙盘中,广告分为品牌广告与产品广告。

品牌广告不分区域,不分产品,只针对品牌。比如："海尔,真诚到永远!"针对的是"海尔"品牌。

产品广告针对的是特定的产品进行宣传。比如："思念金牌灌汤水饺,精华就在汤里边",针对特定的产品。

制造商投放的广告分为品牌广告和产品广告,品牌广告(不分区域,不分产品)将对终端商产品的销售产生影响,而产品广告只对旗舰店的产品销售产生影响。

总代理投放品牌广告,但投放的广告费区分区域、不区分产品。

终端商投放的广告费既区分区域、又区分产品。

(2)广告媒体的选择。在供应链管理沙盘中,广告媒体包括报刊、电视、网络及终端广告。

可供制造商选择的广告(品牌广告)媒体包括:报刊、电视、网络。制造商选择的媒体不同,其品牌广告对各产品的影响不同;制造商还可针对 P1、P2、P3 三种产品投放产品广告,其旗舰店可以销售产品,该广告投放额对广告的效益基础值不产生影响。

可供总代理选择的广告媒体包括:报刊和电视。

可供终端商选择的广告媒体是终端广告。供应链企业选择的媒体种类不同,投放的广告费不同,将产生不同的广告效益值。

表 6-12 代表供应链企业选择的各种广告媒体对广告效益值的不同影响。

表 6-12　　　　　　　　　　　广告媒体对广告效益值的影响

广告媒体	对 P1 产品的影响值			对 P2 产品的影响值			对 P3 产品的影响值		
	制造商	总代理	终端商	制造商	总代理	终端商	制造商	总代理	终端商
报　刊	15%	25%		10%	20%		5%	15%	
电　视	10%	20%		10%	20%		10%	20%	
网　络	5%			10%			15%		
终端广告			70%			70%			70%

(3)广告效益值。无论对制造商、总代理还是终端商来说,它们在投放广告时,一年只有年初一次;广告投放后的效果要看广告效益值。

广告效益值分为广告效益基础值和广告效益实际值。

① 广告效益基础值。广告效益基础值是指供应链企业只投放了广告,没有做任何的促销活动从而对企业的销售竞单的影响值。

广告效益基础值由年初各组投放的广告结构及广告费决定,一年保持不变。每个小组每年年初制造商、总代理、终端商都可以分别投放广告,该供应链的总的广告效益基础值将影响终端商的销售。

$$\begin{aligned}\text{某个区域某个产品的}\atop\text{广告效益基础值}=&\text{制造商投放品牌广告费用}\times\text{对产品的影响值}\\&+\text{总代理在该区域投放的广告费用}\times\text{对产品的影响值}\\&+\text{终端商在该区域对该产品投放的广告费用}\times\text{对产品的影响值}\end{aligned}$$

【例 6-1】 2021 年,某条供应链的制造商投放的品牌广告与产品广告,假设制造商投放 1M 的报纸杂志广告及 1M 的电视广告;制造商还为 P1 产品投放 1M 的产品广告,求此条供应链制造商的广告效益基础值。

解析：在供应链管理沙盘中，我们用 M(manufacturers)代表制造商，用 A(agent)代表总代理，用 D(distribution)代表终端商。

M 广告效益基础值＝1×0.15＋1×0.1＋1×0＝0.25

【例 6-2】 接【例 6-1】，假设此供应链的总代理在东区投放了 1M 的报纸报刊广告，求此条供应链总代理的广告效益基础值。

解析：A 广告效益基础值＝1×0.25＝0.25

【例 6-3】 接【例 6-1】【例 6-2】，假设此供应链的终端商在东区为 P1 产品投放 1M 的终端广告，求此条供应链终端商的广告效益基础值。

解析：D 广告效益基础值＝1×0.7＝0.7

【例 6-4】 接【例 6-1】至【例 6-3】，求此条供应链的广告效益基础值。

(M＋A＋D)广告效益基础值＝0.25＋0.25＋0.7＝1.2

【例 6-5】 假设 2021 年，A、B、C、D、E、F 六组，针对 P1 产品打的广告及选择的广告媒体如下：

A 组(M 1 报纸，A 东 1 报纸，D 东 1)，即制造商在报纸报刊上投放了 1M 的品牌广告，总代理在东区选择了报纸报刊投放了 1M 的品牌广告，终端商在东区为 P1 产品投放了 1M 的产品广告；

B 组(M 1 报纸)，制造商在报纸上投放了 1M 的品牌广告；

C 组(A 东 1 报纸，D 东 2) 总代理在东区的报纸报刊上投放了 1M 的品牌广告，终端商在东区为 P1 产品投放了 2M 的终端广告；

D 组(D 东 3)终端商在东区为 P1 产品投放了 3M 的终端广告；

E 组(M 旗舰 1 北)，制造商为北区的旗舰店投放了 1M 的 P1 产品广告；

F 组(M 1 报纸 旗舰 1 北)，制造商在报纸报刊上投放了 1M 的品牌广告，同时为北区的旗舰店投放了 1M 的产品广告。

求 2021 年 6 个组的广告效益基础值。

解析：

A 组广告效益基础值＝1×0.15＋1×0.25＋1×0.7＝1.1；

B 组广告效益基础值＝1×0.15＝0.15；

C 组广告效益基础值＝1×0.25＋2×0.7＝1.65；

D 组广告效益基础值＝3×0.7＝2.1；

E 组广告效益基础值＝1×0＝0；

F 组广告效益基础值＝1×0.15＝0.15。

注意：某年年初，终端商在某区域不为某种产品打产品广告，终端门店不能销售该种产品。

② 广告效益季度实际值。广告效益季度实际值由广告效益基础值和每季度的促销方案共同决定，每季度可能会有不同。某个季度中，既投放了广告，又进行了促销的小组原有的广告效益基础值将发生变化，即为广告效益季度实际值。

$$\text{某个区域某个产品的广告效益季度实际值} = \text{广告效益基础值} \times (1 + \text{每季度的促销方案影响百分比})$$

供应链企业中若某年某个季度终端商不仅为产品投放了广告,还对产品做了促销,将影响原来广告的效益值,广告效益基础值将变为季度广告效益实际值。季度广告效益实际值由广告效益基础值和每季度的促销方案共同决定,每季度可能会有不同,如表 6 - 13 所示。

表 6 - 13　　　　　　　　　　　季度促销方案对广告效益值的影响

编　号	促销方案名称	对广告效益值的影响
1	直接打 8 折	促销产品广告效益值上涨 20%
2	原产品买 3 送 1	促销产品广告效益值上涨 20%
3	买 3 个 P2 送 1 个 P1	促销的 P2 产品广告效益值上涨 10%
4	买 3 个 P3 送 1 个 P1	促销的 P3 产品广告效益值上涨 10%

【例 6 - 6】　2021 年,A 组的各角色在某年年初的广告投放情况如表 6 - 14 所示,求 A 组在 2021 年度的广告效益基础值。

表 6 - 14　　　　　　　　　　A 组各角色在某年年初的广告投放情况

	广　告　投　放			第一年	P1 产品影响值	效益值
制造商	品牌广告	报纸杂志		1M	15%	0.15
		网络平台		1M	5%	0.05
	产品广告	P1		1M		
总代理	品牌广告	东	报纸杂志	1M	25%	0.25
终端商	产品广告	东	P1	1M	70%	0.7

解析:A 组在 2021 年度的广告效益基础为:

东区 P1 产品广告效益基础 $= 1 \times 0.15 + 1 \times 0.05 + 1 \times 0.25 + 1 \times 0.7 = 1.15$

【例 6 - 7】　假设 A 组在第一季度竞单时,在东部地区,为 P1 产品选择了促销方案一(直接打 8 折),求 A 组在该季度竞单时的广告效益实际值。

解析:因为打 8 折使促销该产品的广告效益值增加了 20%,因此:

$$
\begin{aligned}
\text{A 组在第一季度东区的广告效益实际值} &= \text{东区 P1 产品的广告效益基础值} \times (1 + 20\%) \\
&= 1.15 \times 1.2 = 1.38
\end{aligned}
$$

注意:在进行季度竞单时,会依据各组投放的广告计算广告效益,实际值排序竞单,先显性需求竞单,后搞促销的小组参加隐性需求竞单。

3. 促销方案的选择规则

供应链中每个小组的终端商可以在每个季度选择是否采取促销方案。可供终端商选择的促销方案共有四种,如表 6 - 15 所示。终端商采用的促销方案不同,会影响产品的销售。

表 6-15　　　　　　　　　　　　　　　可供终端商选择的促销方案

编　号	促销方案名称	对销售的影响	对隐性需求的影响	备　注
1	直接打 8 折	该产品的销售单价以原价的 80% 计算	隐性需求增加 25%	
2	原产品买 3 送 1	该产品销售时按原价每销售 3 个产品,必须以 0 价格再销售 1 个产品	隐性需求增加 25%(注:以 0 价格再销售的 1 个产品不包含在隐性需求的数量中)	采取这种促销政策时,在特殊情况下可以突破原有的数量限制
3	买 3 个 P2 送 1 个 P1	每按原价销售 3 个 P2,必须以 0 价格再销售 1 个 P1	P2 的隐性需求增加 20%,同期同区域的 P1 的隐性需求减少 5%	
4	买 3 个 P3 送 1 个 P1	每按原价销售 3 个 P3,必须以 0 价格再销售 1 个 P1	P3 的隐性需求增加 20%,同期同区域的 P1 的隐性需求减少 5%	

说明:

(1) 每组在每个季度针对某种产品最多只能选择一种促销方案。

(2) 该组选择的促销方案只对本组造成影响、只对当季度有效,对下个季度的广告效益值没有影响。

(3) 当同一时期同一区域里有两个以上的小组采取了同一种促销政策时,隐性需求的增加量不重复计算,比如:若参与竞单的两个小组都打了 8 折,虽然促销激发了隐性需求,但隐性需求的增加量不重复计算。

(4) 隐性需求的增量百分比上限为 50%。假设:若 A、B、C、D、E、F 六个小组中,有 2 个小组某个季度针对 P1 产品分别打了 8 折及原产品买 3 送 1,打 8 折隐性需求增加 25%,买 3 送 1 使隐性需求增加 25%,那么此季度 P1 产品的隐性需求的增量百分比为 50%,这为上限。

(5) 关于表 6-15 中,选择了促销方案 2、3、4 时,即某些小组在促销方案时,由于采用了原产品买 3 送 1,或买 3P2 送 1P1,或买 3P3 送 1P1,在参与竞单时,可以对原来限制销售量有所突破,有以下三种情况:

① 轮到自己销售时(无论显性需求还是隐性需求),总需求还余下 1 个或 2 个产品时,但由于已选择了促销方案 2、3、4,此时可以突破需求余量的限制,在此轮中卖出 3 个正价产品,附带送 1 个产品。

② 轮到自己销售时,因开设门店数所限,只能再卖 1 个或 2 个的量,但由于自己选择了促销方案 2、3、4,此时可以突破门店销售余量的限制,在此轮中销售 3 个产品,附带送 1 个产品。

③ 广告效益值排名最后的小组,因而每轮只能销售 2 个产品。但自己选择了促销方案 2、3、4,因而每轮可销售 3 个产品,附带送 1 个产品。

注意:

(1) 在采用促销方案 2 时(原产品买 3 送 1),当促销的产品库存不足 4 个时,将不允许再进行销售;采用促销方案 3 或 4 时,当促销的产品不足 3 个时,或是 P1 无库存时,都将不允许再进行销售,即库存不足,不允许销售。

(2) 原本广告效益值排名在前两名的,每轮可以销售 4 个产品,在采取了促销方案 2、3、4 下,每轮只可正价销售 3 个产品,再送 1 个产品。即只要采取了促销方案 2、3、4,均按促销活动进行。

4. 每季度的销售行为规则

每季度销售竞单时,无论是终端商还是制造商的旗舰店,均按分区域、分产品及每个小组的广告效益实际值的排名先后顺序进行竞单。即竞单的顺序依次为:东区按照 P1、P2、P3 依次竞单;南区按照 P1、P2、P3 依次竞单、西区按照 P1、P2、P3 依次竞单、北区按照 P1、P2、P3 依次竞单。

在竞单时需注意,假设某组的旗舰店开在南区,那么南区在竞单时,旗舰店紧随终端商之后参与竞单。

竞单时,广告效益实际值排名在第 1 名和第 2 名的小组,每一轮可以销售 4 个产品;排名在中间小组,每一轮可以销售 3 个产品;排名最后的小组,每一轮可以销售 2 个产品。如果一轮销售行为结束后,还有多的需求量,则继续进行下一轮的销售行为。

注意:

竞单时有一种特殊情况,即轮到某个小组进行销售时,该小组可以选择较少的销售数量(如排名第 2 的小组有权利销售 4 个产品,但由于自身库存所限或其他原因,该小组可以只销售 3 个或 2 个或 1 个产品等),也可以放弃选择权。

【例 6-8】 假设 2021 年,东区的 P2 产品显性需求量为 20 个,A、B……F 组的广告效益实际值分别排名第 1~6 名,请问各个小组如何竞单。

解析:竞单按照轮次展开,即第一轮销售时,A、B 组各销售 4 个产品,C、D、E 组各销售 3 个产品,F 组销售 2 个产品。第一轮结束后总共销售了 19 个产品,市场还余下 1 个需求量,则 A 组可以再次销售 1 个产品。这样最后的销售数量是:A 组 5 个,B 组 4 个,C、D、E 组各 3 个,F 组 2 个。

【例 6-9】 假设 2021 年,第一季度有 1、2、3、4 四个小组参与 P1 的竞单,他们的广告效益值从高到低排名依次为:4、2、1、3,其中,第 3、4 组开有旗舰店,他们对旗舰店投入了广告。假设这四组只有显性需求,那么如何竞单。

解析:竞单按照轮次展开。拿订单时,先终端商,后该组的制造商的旗舰店,即按照 D4、M4、D2、D1、D3、M3(第四组的终端商、第四组的制造商、第二组的终端商、第一组的终端商、第三组的终端商、第三组的制造商)顺序展开。

假设市场对 P1 的需求量足够大,则 D4、M4、D2、D1、D3、M3 分别拿订单 4、4、4、3、2、2。仍然按照广告效益实际值排名在第 1 名和第 2 名的小组,每一轮可以销售 4 个产品;排名在中间小组,每一轮可以销售 3 个产品;排名最后小组,每一轮可以销售 2 个产品。如果一轮销售行为结束后,还有多的需求量,则继续进行下一轮的销售行为。

5. 隐性需求的激活和销售规则

如前所述,市场需求包括显性需求和隐性需求,是促销激发了顾客的隐性需求。在用友供应链管理沙盘中,显性需求的销售和隐性需求的销售是分别进行的。对每一个区域中的每一个产品,都是先进行显性需求的销售,再进行隐性需求的销售。

如果没有小组采取促销方案,隐性需求将不被激活,就只进行显性需求的销售。如果有小组采取了促销方案,则被激活的隐性需求将在这几个小组中进行竞争和销售。

【例 6-10】　假设 2021 年第一季度,东区市场对 P2 产品显性需求量为 20 个,A—F 组的广告效益实际值分别排名第 1—6 名。对 P2 产品,B 组和 C 组采取了促销方案 1(8 折),D 组采取了促销方案 3(买 3P2 送 1P1)。则本季度 P2 隐性需求的增量百分比为 45%,即隐性需求被激活的数量为 9 个[20(显性需求数量)×45%]。那么各小组对 P2 产品如何竞单?

解析:

先分析显性需求竞单,A、B、C、D、E、F 第一轮拿单分别为:4、4、3、3、3、2,假设各个小组产品足够多,那么第二轮竞单时,A 组再拿 1 个订单。因此,显性需求竞单为:A 组 5 个,B 组 4 个,C 组 3 个,D 组 3 个,E 组 3 个,F 组 2 个。

再分析隐性需求竞单。只有 B、C、D 组采取了促销,那么只有 B、C、D 组参与隐性需求竞单。由于 A、E、F 组没有促销,不能选单,B 组排名第二,选 4 个订单,C 排名中间,选单 3 个,D 排名中间,理论上可选 3 个订单,但隐性需求只有 9,此处只剩下 2 个(9-4-3)订单。由于 D 组选择的方案是买 3P2 送 1P1,则采取向上取整的原则,允许市场需求有所突破,允许 D 组按促销方案三进行一次销售。所以,隐性需求竞单为:B 组 4 个,C 组 3 个,D 组 2 个。

(五) 其他规则

用友供应链管理沙盘中,其他规则包括:结算规则、销售返利规则、融资规则等。

1. 结算规则

结算规则包括总代理与制造商的结算规则、终端商与总代理的结算规则。

(1) 总代理与制造商的结算规则。总代理与制造商在每年初签订代理合同,承诺当年的包销数量,结算价格如表 6-16 所示。

表 6-16　　　　　　　　　　　　供应链企业产品的各级结算价格

产　品	总代理与制造商结算价格	终端商与总代理结算价格	市场参考价
P1	2	2.8	4
P2	4	6	8.4
P3	6.5	9.5	13

总代理可自行决定每季度的采购数量并向制造商下达采购订单,运输费由总代理承担。

(2) 终端商与总代理的结算规则。终端商可自行决定每季度向总代理的采购数量并向总代理下达采购订单,运输费由终端商承担,结算价格如表 6-16 所示。

2. 销售返利规则

制造商可根据上年总代理执行预销合同情况对总代理制定销售返利计划并执行,销售返利以现金的方式奖励给总代理。最终返利金额由制造商自行确定。

总代理每年可以根据终端商的销售情况给予奖励,奖金以现金方式奖励给终端商。

销售返利参考数值如表 6-17 所示。

表 6-17　　　　　　　　　　　　　　　　　销售返利参考数值

实际销售回款额(x)	返 利 率
$x \geqslant 750\text{M}$	3%
$400\text{M} \leqslant x < 750\text{M}$	2%
$180\text{M} \leqslant x < 400\text{M}$	1%

3. 融资与其他规则

融资与其他规则包括贷款规则、应收账款管理规则、同业拆借规则及其他规则。

（1）贷款规则。制造商、总代理可以通过长期贷款、短期贷款、高利贷三种方式进行融资。终端商可以通过短期贷款和高利贷两种方式进行融资。供应链企业融资规则如表 6-18 所示。

表 6-18　　　　　　　　　　　　　　　　　供应链企业融资规则

贷款类型	贷款时机	贷款时限	贷 款 限 额	年 利 率
长期贷款	每年年初	2~4 年	上年所有者权益的两倍	10%（每年年初付息）
短期贷款	每季度初	1 年	上年所有者权益的两倍	5%（利随本清）
其他贷款	任何时间	未定	每季贷款最多不超过 40M，每期贷款金额为 10 的整数倍	20%（利随本清）

注意：

长期、短期贷款的贷款额度为上一年所有者权益的 2 倍；长期贷款和短期贷款的贷款限额分别计算、互不影响；长期贷款和短期贷款的金额都必须是 20M 的整倍数；其他贷款（高利贷）的金额必须是 10M 的整倍数。

长期贷款的贷款时限为 2~4 年，每年年初贷款，每年年初支付利息，到期还本，且每年只能贷一笔。

短期贷款为每季度初销售会议结束后贷款，到期一次性还本付息。其他贷款的贷款时间不限，还本付息的时间同短期贷款。

【例 6-11】　用友供应链管理沙盘初始盘面上，上年制造商所有者权益为 87M，制造商前期长期贷款为 80M，那么制造商的最大长期贷款额度是多少？制造商年初需支付多少长期贷款利息？

解析：$87 \times 2 - 80 = 94$（M），制造商可以进行长期贷款，长期贷款需是 20M 的整数倍，最多可以贷 80M。制造商年初需支付利息 8M。

【例 6-12】　制造商初始盘面上有短期贷款 20M，还款账期还有 2Q。上年制造商所有者权益为 87M，那么本季制造商最大的短期贷款额度是多少，本季应支付利息多少？

解析：$87 \times 2 - 20 = 154$（M），制造商可以进行短期贷款，短期贷款需是 20M 的整数倍，制造商此季度最大短期贷款额度为 140M，制造商本季不需支付利息。

（2）应收账款管理规则。用友供应链管理沙盘中，上下游企业存在营业收入与应付账款。下游对上游的应付账款、上游对下游的应收账款，可以展期支付，展期时间为 1 个季度，无利息。

（3）同业拆借规则。用友供应链管理沙盘中，同一条供应链内涉及三家企业，制造商与总代理之间、总代理与终端商之间可以互相融通资金,无利息。该操作在季度内的任何时间均可执行。但当供应链内的三家企业中,任何一家企业确认了"当季结束",则三家企业间本季度内不可再执行同业借贷的操作。

4. 其他规则

制造商每季度末需支付行政管理费 5M;总代理每季度末需支付行政管理费 5M;终端商不需支付行政管理费。

所得税税率为 25%,税金取小数点后一位,四舍五入。

第四节　企业经营模拟

一、第一年模拟运营

模拟供应链企业运营应当严格遵守运营规则,按照一定的运营流程进行。为了经营好企业,管理者应当做好预测、预算、决策、计划、控制、分析、核算等工作。预测、决策、预算、计划工作应当在每年经营结束后、下年运营之前进行,目的是使经营活动有序进行,防止出现意外情况的发生。控制主要是在运营过程中,根据运营流程和事先的机会进行生产经营。核算是在经营结束后对当年的经营情况进行的盘点,编制各种报表,反映当期的经营情况和年末的财务状况。分析主要是在经营结束后,根据核实的结果与预算进行比较,找出差异,并对差异进行分析,以便以后更好地开展工作。

在用友供应链管理沙盘模拟经营中,供应链企业是按照任务清单的顺序开展工作的。任务清单代表了企业简化的工作流程,也是供应链企业竞争模拟中各项工作需要严格遵守的工作顺序,分为年初工作、按季度执行的四季度工作和年末工作等。

在模拟供应链企业运营时,各企业成员各司其职,按照任务清单的流程执行任务,每执行完一项任务,各成员应在任务清单对应的方格内进行详细的记录。

在初次接触用友供应链管理沙盘时,成员往往不知道该怎样操作,常常出现手忙脚乱的情况。本章结合用友供应链管理沙盘运营规则,解决供应链各企业营运过程中的操作问题。下面进行教学年工作,首先介绍供应链企业在运营过程中,为了经营好企业,年初应当做什么以及怎么做,然后,按流程分别介绍在运营过程中四个季度如何进行规范的操作,防止出现由于操作失误影响结果的情况,最后,介绍供应链年末应当做的各项工作。

(一) 模拟供应链企业年初工作

在一年之初,供应链各企业应当谋划全年的经营,预测可能出现的问题和情况,分析可能面临的问题和困难,寻找解决问题的途径和方法,使各企业未来的经营活动处于掌控之中,并使各供应链能够生存与发展下去。为此,供应链各企业首先应当召集各位运营总监召开新年度产销会议,初步制定各企业本年度的全年规划。

1. 召开年度产销会议/制定全年规划

常言道:"预则立,不预则废"。在开始新的一年经营之前,供应链各企业应当召集各位运营总监召开年度规划会议,根据各位运营总监掌握的信息和企业的实际情况,初步提出企业在新一年的各项投资规划。

新年度规划涉及供应链企业在新的一年如何开展各项工作的问题。通过制定新年度规划,可以使各位运营总监做到在经营过程中胸有成竹,知道自己在什么时候该干什么,可以有效预防经营过程中决策的随意性和盲目性,减少经营失误;同时,在制定新年度规划时,各运营总监已经就各项投资达成了共识,可以使各项经营活动有条不紊地进行,可以有效提高团队的合作精神,鼓舞士气,提高团队的战斗力和向心力,使团队成员之间更加团结、协调、和谐。

新年度全面规划内容涉及供应链企业的发展战略规划、投资规划、生产规划、销售规划、资金筹集规划、仓储及物流规划等。要做出科学合理的规划,供应链企业应当结合目前和未来的市场需求、其他供应链竞争对手可能的策略以及本企业的实际情况进行。在进行规划时,企业首先应当对市场进行准确的预测,包括预测各个市场产品的需求状况和价格水平,预测竞争对手可能的目标市场和产能情况,预测各个竞争对手在新的一年的资金状况,在此基础上,各运营总监提出年度规划的初步设想,大家就此进行论证,最后,在权衡各方利弊得失后,作出供应链企业新年度的初步规划。供应链企业在进行新年度规划时,可以从以下几个方面展开。

(1)制造商的全年规划。

制造商的全年规划包括产品研发、固定资产投资、生产经营、产品发货、旗舰店的建设与管理、投放广告、市场竞单。

制造商要考虑是否研发 P2、P3,什么时间研发? 每条供应链的策略及实际情况不同,研发时间可能有所不同。

制造商要考虑是否需要购置新仓库、新的生产线,若需要,需要考虑购置几个仓库,几条生产线,什么时间购置仓库与生产线。

制造商要考虑怎样生产 P 系列产品? 尤其是制定 P1 产品的生产计划? 什么时间开始生产 P2 产品与 P3 产品? 生产多少 P2 产品与 P3 产品?

制造商要考虑怎么向下游发货? 发什么货? 发多少货?

制造商要考虑是否需要建设旗舰店? 什么时间建设旗舰店? 旗舰店要建在哪个区域? 旗舰店将销售什么产品?

制造商要考虑如何投放品牌广告与产品广告,以及广告费的投放金额。

(2)总代理的全年规划。

总代理的全年规划包括:渠道建设与管理、产品的收货与发货管理、仓库管理。

总代理要考虑什么时间开拓南、西、北市场? 如何向终端商发货? 发哪些产品? 发多少产品?

总代理要考虑如何投放品牌广告? 东、南、西、北各个区应投放多少广告费?

(3)终端商的全年规划。

终端商的全年规划包括:终端门面的建设与管理、投放广告与促销方案的提交、产品的销售、产品的收货、仓库的管理。

终端商要考虑如何建门面店的问题? 应在东、南、西、北各区应建多少门面店?

终端商要考虑应在东、南、西、北各区为 P1、P2、P3 产品各投放多少广告费? 是否需要为 P1、P2、P3 产品进行促销? 广告费投放能产生多大的广告效益值?

(4)供应链企业的沟通规划。

用友供应链管理沙盘不同于企业经营 ERP 沙盘,处于上、下游的制造商、总代理和终端商是一个供应链整体,整条供应链的企业一致对外,与其他供应链展开竞争。在做年度工作规划时,需要供应链企业明确在本供应链中,谁可能是核心企业? 谁将可以统筹协同管理整条供应链？供应链企业应如何沟通？

2. 支付应付税费

供应链企业在年初应支付上年应交的税金。各企业按照上年资产负债表中"应交税费"项目的数值交纳税费。

制造商、总代理、终端商各自缴纳税费1M,请各位企业的财务总监从各自现金处取1个灰币置于自己财务中心的"税金"处,并在教学年年初的"现金流量表"中的第2步记录现金的减少,如表6-19、表6-20、表6-21所示。

表 6-19　　　　　　　　　　　　教学年年初制造商现金流量表　　　　　　　　单位:百万元

序　号	项　　　目	1Q	2Q	3Q	4Q
1	召开年度产销会/制定全年规划				
2	支付应付税费	−1			
3	代理资质申请并支付代理费/收取代理费	+4			
4	签订全年预销合同				
5	提交广告方案/支付广告费	−3			
6	更新长期贷款/支付利息/偿还本金/申请长期贷款	−8　+80			

表 6-20　　　　　　　　　　　　教学年年初总代理现金流量表　　　　　　　　单位:百万元

序　号	项　　　目	1Q	2Q	3Q	4Q
1	召开年度产销会/制定全年规划				
2	支付应付税费	−1			
3	代理资质申请并支付代理费/收取代理费	−4			
4	签订全年预销合同				
5	提交广告方案/支付广告费	−4			
6	更新长期贷款/支付利息/偿还本金/申请长期贷款	−2　+20			

表 6-21　　　　　　　　　　　　教学年年初终端商现金流量表　　　　　　　　单位:百万元

序　号	项　　　目	1Q	2Q	3Q	4Q
1	召开年度产销会/制定全年规划				
2	支付应付税费	−1			
3	代理资质申请并支付代理费/收取代理费				
4	签订全年预销合同				
5	提交广告方案/支付广告费	−4			
6	更新长期贷款/支付利息/偿还本金/申请长期贷款				

注意：

对于供应链企业来说，只要盈利就要交税，应交税费＝税前利润×25％。交税时四舍五入，最小单位：0.1M。

3. 代理资质申请并支付代理费/收取代理费

总代理向制造商申请P1产品的代理资质，并缴纳代理费4M，制造商收取代理费4M。

考虑：总代理第一年初有无必要申请代理制造商P2、P3产品的代理资质？

总代理要代理制造商P1产品，需要每年向总代理缴纳代理费4M。总代理从现金处取4个灰币交给制造商，并将P1产品代理资质置于渠道管理中心上的P1产品处。制造商收到4M后，置于现金中，现金增加4M。同时，制造商和总代理的财务人员在表6-19和6-20的第3步记录现金的增减（＋4M，－4M）。

4. 签订全年预销合同

（1）总代理/终端商签订全年预销合同。

终端商可以根据未来的市场需求及自己与总代理的实际情况与总代理签订全年预销合同。比如：终端商向总代理签订了80P1的预销合同，如表6-22所示。

表6-22　　　　　　　　　　总代理/终端商预销合同

项　　目	P1产品	P2产品	P3产品
预销量	80	0	0

（2）制造商/总代理签订全年预销合同。

总代理可以根据终端商的预销合同数量、自己的实际情况及制造商的产能与制造商协商签订全年预销合同。比如：总代理向制造商签订了100P1产品的预销合同，如表6-23所示。

表6-23　　　　　　　　　　制造商/总代理预销合同

项　　目	P1产品	P2产品	P3产品
预销量	100	0	0

5. 提交广告方案/支付广告费

（1）制造商。

制造商可投放品牌广告与产品广告，广告一年只能投放一次。制造商投放品牌广告的金额，将对本条供应链的下游终端商门店的产品销售产生影响，而制造商投放的产品广告的金额将不对终端商门店的产品销售产生影响，只会对旗舰店的产品销售产生影响。

制造商投放品牌广告需考虑媒体的种类选择，而产品广告则需考虑产品的种类。

注意：制造商要先考虑投放产品广告，后考虑建旗舰店问题。制造商的运营总监需要考虑会在第一年将旗舰店建设在东、南、西、北哪个区域。广告投放一年一次，先投放广告，后建设旗舰店。由于为旗舰店投放的广告金额不影响本供应链的广告效益值，因此，只需象征性地投放最小的广告费。

假设：制造商第一年投放的品牌广告媒体及金额如表6-24所示。

表 6 - 24　　　　　　　　　　　　　　制造商广告提交表　　　　　　　　单位：百万元

费用类别	费用明细	第 1 年
品牌广告	报　刊	2
	电视媒体	
	网络平台	
产品广告	旗舰店所在区域	南
	P1	1
	P2	
	P3	

制造商的财务人员须从现金处取 3M 置于财务中心的广告费处，同时，在表 6 - 19 中第 5 步记录：－3M。

（2）总代理。

总代理投放的广告类型为品牌广告，分区域、不分产品，可供选择的广告媒体包括报刊和电视媒体。

假设总代理在东、南、西、北都选择了报刊媒体，都投放了 1M 的广告费，如表 6 - 25 所示。

表 6 - 25　　　　　　　　　　　　　　总代理广告提交表　　　　　　　　单位：百万元

费用类别	费用明细		第 1 年
品牌广告	东	报　刊	1
		电视媒体	
	南	报　刊	1
		电视媒体	
	西	报　刊	1
		电视媒体	
	北	报　刊	1
		电视媒体	

总代理的财务人员须从现金处取 4M 置于财务中心的广告费处，同时，在表 6 - 20 中第 5 步记录：－4M。

（3）终端商。

终端商投放的广告是产品广告，既分区域，又分产品。

注意：尽管初始盘面中总代理只开拓了东区，终端商只有东区的仓库有库存 P1 产品，但终端商在投放第一年的产品广告时，不应仅限于东区，终端商需要和总代理沟通：总代理第一年将要开拓哪些区域，开拓之后，终端商方可建设门店，才可在这些区域销售产品。

假设终端商在东、南、西、北 4 个区域为 P1 产品各投放了 1M 的广告费,如表 6 - 26 所示。

表 6 - 26　　　　　　　　　　　　　终端商广告提交表　　　　　　　　　　　　单位:百万元

费用类别	费用明细		第 1 年
产品广告	东	P1	1
		P2	
		P3	
	南	P1	1
		P2	
		P3	
	西	P1	1
		P2	
		P3	
	北	P1	1
		P2	
		P3	

请终端商的财务人员从现金处取 4M 置于财务中心的广告费处,并在表 6 - 21 中的第 5 步记录:—4M。

6.更新长期贷款/还本付息/申请长期贷款

(1)制造商。

制造商的初始盘面长期贷款数额为 80M,具体来说,40M、20M、20M 各置于(2Y、3Y、4Y),沙盘盘面更新长期贷款后为 40M、20M、20M 分别置于(1Y、2Y、3Y)。

更新长期贷款后年初需支付利息,到期需偿还本金。制造商支付长期贷款利息为 8M (80M×10%)。请财务人员从现金处取 8M 置于财务中心的财务费用处,并填写表 6 - 19 第 6 步记录:—8M。

下面考虑制造商需要不需要长期贷款,以及制造商的长期贷款最高额度。

因为长期贷款的贷款限额为上年所有者权益的两倍减去从前已经贷款的长期贷款,长期贷款需是 20 的整倍数。上年制造商所有者权益为 87M,制造商前期长期贷款 80M,那么 87M×2—80M＝94M,制造商可以申请长期贷款,长期贷款额度最高为 80M。

假设制造商选择申请长期贷款 80M,账期 4Y。请财务人员记录纸条 80M 置于财务中心的长期贷款 4Y 处,并记录"制造商融资明细表"的长期贷款项目,如表 6 - 27 所示,并从指导老师处的融资中心处取 80M 置于现金处,并填写表 6 - 19 中的第 6 步记录:＋80M。

表 6 - 27　　　　　　　　　　　　　　制造商融资明细表

项　目	年　息	时　间	贷款数额	期　限
长期贷款	10%	第 1 年	80M	4Y

（2）总代理。

总代理的初始盘面长期贷款为 20M,2Y 的账期,长期贷款更新后,沙盘盘面应更新为 20M,1Y 的账期。

更新长期贷款需年初支付利息,到期还本。总代理需支付付息 2M（20M×10％）,本年年初不需偿还本金。

因为总代理的上年所有者权益为 47M,总代理从前的长期贷款为 20M,那么 47M×2－20M＝74M,总代理申请长期贷款,贷款的最大额度为 20 的整数倍,因此总代理长期贷款的最高额度为 60M。假设总代理申请长期贷款 20M,账期为 4 年。

请总代理的财务人员记录表 6－20 中的第 6 步记录:－2M、＋20M,并请财务人员填写"总代理融资明细表"的长期贷款项目,如表 6－28 所示。

表 6－28　　　　　　　　　　　　　总代理融资明细表

项 目	年 息	时 间	贷款数额	期 限
长期贷款	10％	第 1 年	20M	4Y

至此,年初工作结束。

（二）模拟供应链企业日常运营

模拟供应链企业日常运营工作包括四个季度,鉴于四个季度工作任务及经营流程的重复,我们此部分只介绍第一季度的工作。模拟供应链企业第一季度的日常工作包括表 6－29 所示的第 7～26 步,共 20 步工作任务。下面逐步展开讲解,注意及时填写现金流量表、货物登记表及融资明细表。

表 6－29　　　　　　　　　　　供应链企业的教学年四个季度经营流程

企业身份	序号	项 目	1Q	2Q	3Q	4Q
M、A、D	1	召开年度产销会/制定全年规划				
M、A、D	2	支付应付税				
M/A	3	代理资质申请并支付代理费/收取代理费				
M/A、A//D	4	签订全年预销合同				
M、A、D	5	提交广告方案/支付广告费				
M、A	6	更新长期贷款/支付利息/偿还本金/申请长期贷款				
M、A、D	7	期初现金盘点				
M、A、D	8	期初库存盘点/填写货物登记表的期初库存				
D	9	提交促销方案				
M、D	10	销售商品/填写销售登记表/销售货物登记表的销售出库				
M、A、D	11	更新短期贷款/支付利息/偿还本金/申请短期贷款				

企业身份	序号	项　　目	1Q	2Q	3Q	4Q
A	12	支付渠道管理费/渠道建设费				
M、A、D	13	在途商品入库/支付进货款/填写货物登记表的入库数量				
M	14	更新产品生产/填写货物登记表的产品入库量				
M	15	购买生产线				
M	16	支付生产成本/开始新一批生产				
M	17	新产品研发				
M、A、D	18	产品发货/下游支付运输费/填写货物登记表的发货、到货数量/填写应收、应付账款				
M、A、D	19	订购下一批商品/填写货物登记表的订货数量及接到订货量				
A、D	20	仓库间常规调货/支付运输费				
M	21	出售厂房/购买厂房/租赁并支付厂房租金				
M、A、D	22	出售仓库/购买仓库/租赁并支付仓库租金				
M、A、D	23	支付仓储费				
M、A、D	24	支付运营费/支付店面管理费				
M、D	25	开设新店/支付开店费				
M、A、D	26	销售返利				
M	27	支付设备维护费				
M、A	28	计提折旧				
M、A、D	29	年末现金盘点				
M、A、D	30	应收及应付账款盘点				
M、A、D	31	同业拆借盘点				
M、A、D	32	关账				

1. 期初现金盘点

这是供应链企业的教学年第一季度经营流程的第 7 步。制造商、总代理和终端商需要对第一季度期初的现金进行盘点。

结果如下：

制造商：$20-1+4-3-8+80=92$（M）

总代理：$20-1-4-4-2+20=29$（M）

终端商：$20-1-4=15$（M）

制造商、总代理、终端商的财务人员需记录各企业的期初现金金额，如表 6-30、表 6-31、表 6-32 所示。

表 6 - 30　　　　　　　　　第一季度制造商现金流量表　　　　　　单位：百万元

序　号	项　　　　目	1Q	2Q	3Q	4Q
7	期初现金盘点	92	40.3		
8	期初库存盘点				
9	提交促销方案				
10	销售商品	＋	＋	＋	＋
11	更新短期贷款/支付利息/偿还本金/申请短期贷款	－　＋60		－　＋	－　＋
12	支付渠道管理费/渠道建设费				
13	在途商品入库/支付进货款	＋20	＋	＋	＋
14	更新产品生产				
15	购买生产线	－36	－	－	－
16	支付生产成本/开始新一批生产	－60			
17	新产品研发	－30	－	－	－
18	产品发货/填写应收账款				
19	订购下一批商品				
20	仓库间商品调货/支付运输费				
21	出售厂房/购买厂房/租赁并支付厂房租赁费	－　＋	－　＋	－　＋	－　＋
22	出售仓库/购买仓库/租赁并支付仓库租赁费	－			
23	支付仓储费	－0.7	－	－	－
24	支付运营费/支付店面管理费	－5　－			
25	开设新店/支付开店费	－			
26	销售返利	－			

表 6 - 31　　　　　　　　　第一季度总代理现金流量表　　　　　　单位：百万元

序　号	项　　　　目	1Q	2Q	3Q	4Q
7	期初现金盘点	29	62.8		
8	期初库存盘点				
9	提交促销方案				
10	销售商品				
11	更新短期贷款/支付利息/偿还本金/申请短期贷款	－　＋40	－　＋	－　＋	－　＋
12	支付渠道管理费/渠道建设费	－1　－6	－	－	－
13	在途商品入库/支付进货款/收取进货款	＋28　－20	＋　－	＋　－	＋　－
14	更新产品生产				
15	购买生产线				
16	支付生产成本/开始新一批生产				

序　号	项　　目	1Q	2Q	3Q	4Q
17	新产品研发				
18	产品发货、收货/填写应收、应付账款				
19	订购下一批商品				
20	仓库间商品调货/支付运输费	—	—	—	—
21	出售厂房/购买厂房/租赁并支付厂房租赁费				
22	出售仓库/购买仓库/租赁并支付仓库租赁费	—2	—	—	—
23	支付仓储费	—0.2	—	—	—
24	支付运营费	—5	—	—	—
25	开设新店/支付开店费				
26	销售返利	— ＋			

表 6 - 32　　　　　　　　　　　　第一季度终端商现金流量表　　　　　　　　　　单位：百万元

序　号	项　　目	1Q	2Q	3Q	4Q
7	期初现金盘点	15	46		
8	期初库存盘点				
9	提交促销方案				
10	销售商品	＋40	＋	＋	＋
11	更新短期贷款/支付利息/偿还本金/申请短期贷款	＋40	— ＋	— ＋	— ＋
12	支付渠道管理费/渠道建设费				
13	在途商品入库/支付进货款	—28	—	—	—
14	更新产品生产				
15	购买生产线				
16	支付生产成本/开始新一批生产				
17	新产品研发				
18	产品收货/填写应收、应付账款				
19	订购下一批商品				
20	仓库间商品调货/支付运输费	—	—	—	—
21	出售厂房/购买厂房/租赁并支付厂房租赁费				
22	出售仓库/购买仓库/租赁并支付仓库租赁费	—4	—	—	—
23	支付仓储费	—1	—	—	—
24	支付店面管理费	—1	—	—	—
25	开设新店/支付开店费	—15	—		
26	销售返利	＋			

2. 期初库存盘点/填写货物登记表的期初库存

这是供应链企业的教学年第一季度经营流程的第 8 步。制造商、总代理和终端商需要对第一季度期初的货物进行盘点。

盘点结果如下：制造商期初库存为 40P1；总代理期初库存为 10P1；终端商期初库存为 10P1。请在表 6 - 33、表 6 - 34、表 6 - 35 中记录。

表 6 - 33　　　　　　　　　　　　　制造商货物登记表

第　　组　（单位：个）

产　品	项　　目	第　1　年			
		1Q	2Q	3Q	4Q
P1	期初库存	40	7		
	产品入库量	20			
	发货数量	53			
	接到订单量	20			
P2	期初库存				
	产品入库量				
	发货数量				
	接到订单量				
P3	期初库存				
	产品入库量				
	发货数量				
	接到订单量				

表 6 - 34　　　　　　　　　　　　第 1 年总代理货物登记表

第　　组　（单位：个）

产品	项　　目	第　1　年							
		1Q		2Q		3Q		4Q	
		1库	2库	1库	2库	1库	2库	1库	2库
P1	期初库存	10			2				
	入库数量	2	8						
	到货数量	53							
	发货数量	12	6						
	接到订单量	20	40						
	订货数量	10	10						
P2	期初库存								
	入库数量								

续　表

产品	项　目	第 1 年							
		1Q		2Q		3Q		4Q	
		1库	2库	1库	2库	1库	2库	1库	2库
P2	到货数量								
	发货数量								
	接到订单量								
	订货数量								
P3	期初库存								
	入库数量								
	到货数量								
	发货数量								
	接到订单量								
	订货数量								

表 6 - 35　　　　　第 1 年终端商货物登记表

第　组　(单位：个)

产品	项　目	第 1 年															
		1Q				2Q				3Q				4Q			
		东	南	西	北	东	南	西	北	东	南	西	北	东	南	西	北
P1	期初库存	10				2	3	3	2								
	销售出库	10															
	入库数量	2	3	3	2												
	到货数量	12		6													
	订货数量	20		40													
P2	期初库存																
	销售出库																
	入库数量																
	到货数量																
	订货数量																
P3	期初库存																
	销售出库																
	入库数量																
	到货数量																
	订货数量																

3. 提交促销方案

这是供应链企业教学年第一季度经营流程的第 9 步,要求终端商考虑是否提交促销方案,若提交,采取什么促销方案,如表 6－36 所示。

表 6－36　　　　　　　　　　　　　　促销方案提交表

年　份	区　域	第一季度			第二季度			第三季度			第四季度		
		P1	P2	P3	P1	P2	P3	P1	P2	P3	P1	P2	P3
1	东	0											
	南												
	西												
	北												

说明:促销方案请选择 0、1、2、3、4。

可供供应商选择的促销方案有四种,8 折、原产品买三送一、买 3P2 送 1P1、买 3P3 送 1P1,考虑到市场对 P1 产品的显性需求足够大,小组在东区没有选择促销方案。

4. 销售商品/填写销售登记表/销售货物登记表的销售出库

此步骤是供应链企业教学年第一季度经营流程的第 10 步,参与的企业有制造商和终端商,他们将参与第一年第一季度 P1 产品在东区市场的销售。考虑到制造商还没有建立旗舰店,因此参与销售的企业只有终端商。

指导老师端可利用供应链管理沙盘系统,让 6 条供应链参与东区 P1 产品的竞单。

通过竞单,终端商销售了东区仓库中的所有库存 10P1。终端商需填写销售情况登记表 6－37,还将会得到 40M 的现金,请终端商在表 6－32 的“现金流量表”中记录,同时终端商还需填写货物登记表中的销售出库情况,如表 6－35 所示。

表 6－37　　　　　　　　　　　　　　第一季度销售情况登记表

区　域	东			南			西			北			合计
产　品	P1	P2	P3	P1	P2	P3	P1	P2	P3	P1	P2	P3	
数　量	10												
*促销													
销售额	40												
成　本	28												
毛　利	12												

说明:带“＊”号的项目只有终端商填写,促销方案请选择 0、1、2、3、4。

5. 更新短期贷款/支付利息/偿还本金/申请短期贷款

此步骤是供应链企业教学年第一季度经营流程的第 11 步,供应链上的所有企业需考虑短期贷款的问题。

（1）制造商。

制造商的初始盘面为 20M,账期为 2Q,经过沙盘盘面更新短期贷款后为 20M,账期为

1Q,此环节没有产生利息,短期贷款到期还本付息。

下面制造商考虑需要不需要短期贷款,制造商的短期贷款额度最高是多少?

因为短期贷款的贷款限额为上年所有者权益的两倍减去从前已经存在的短期贷款,且短期贷款需是 20 的整倍数。上年制造商所有者权益为 87M,制造商前期短期贷款为 20M,那么 $87M \times 2 - 20M = 154M$,制造商可以申请短期贷款,短期贷款额度最高为 140M。

假设制造商选择申请短期贷款,短期贷款额度为 60M,账期为 4Q。请财务人员记录纸条 60M 置于财务中心的短期贷款 4Q 处,记录"制造商融资明细表"的短期贷款项目,如表 6-38 所示,并从指导老师处的融资中心处取 60M 置于现金处,并填写表 6-30 中的第 11 步记录:$+60M$。

表 6-38   制造商融资明细表

融资类型	年 息	时 间		贷款数额	期 限
短期贷款	5%	第 1 年	第一季	60M	4Q
			第二季		
			第三季		
			第四季		

(2)总代理。

总代理的初始盘面没有短期贷款,考虑到总代理的上年所有者权益为 47M,总代理可以短期贷款,贷款的最大额度为 20 的整数倍,因此总代理短期贷款的最高额度为 80M。假设总代理申请短期贷款 40M,账期为 4Q。请总代理的财务人员记录表 6-31 中的第 11 步记录:$+40M$,并请财务人员填写"总代理融资明细表"的短期贷款项目,如表 6-39 所示。

表 6-39   总代理融资明细表

融资类型	年 息	时 间		贷款数额	期 限
短期贷款	5%	第 1 年	第一季	40M	4Q
			第二季		
			第三季		
			第四季		

(3)终端商。

终端商的初始盘面没有短期贷款,考虑到终端商的上年所有者权益为 47M,终端商可以短期贷款,贷款的最大额度为 20 的整数倍,因此终端商短期贷款的最高额度为 80M。假设终端商申请短期贷款 40M,账期 4Q。请终端商的财务人员记录表 6-32 中的第 11 步记录:$+40M$,并请财务人员填写"终端商融资明细表"的短期贷款项目,如表 6-40 所示。

表 6 - 40　　　　　　　　　　　　　　终端商融资明细表

融资类型	年　息	时　间		贷款数额	期　限
短期贷款	5%	第 1 年	第一季	40M	4Q
			第二季		
			第三季		
			第四季		

6. 支付渠道管理费/渠道建设费

此步骤是供应链企业的教学年第一季度经营流程的第 12 步,要求总代理考虑渠道管理与渠道建设的问题。总代理需要对初始盘面中已开拓的东区进行渠道管理,一个区域需要支付管理费 1M,请财务人员从现金处取 1M 置于财务中心的渠道管理费处;同时,总代理考虑是否需要开拓新的市场,假设考虑到终端商下季度中需要在东、南、西、北四个区域销售产品,那么总代理需要开拓南、西、北市场,开拓三个市场的费用需要 6M,请从现金处支付 6M 的渠道建设费给财务中心的渠道建设费处。总代理填写表 6 - 31 的第 12 步。

7. 在途商品入库/支付进货款/填写货物登记表的入库数量

这是供应链企业的教学年第一季度经营流程的第 13 步,由制造商/总代理、总代理/终端商协作完成,同时需要终端商、总代理、制造商协同管理。

(1)总代理/终端商。

由沙盘初始盘面知,终端商的在途商品有 10P1,如何入库? 有东、南、西、北四个仓库可供终端商选择。考虑到第二季度南区市场对 P1 产品的需求量大,因此东、南、西、北仓库各入库 2P1、3P1、3P1、2P1,如表 6 - 35 所示。

在途商品入库,下游企业支付货款,考虑到终端商从总代理处进 P1 产品的价格为 2.8M/1P1,终端商需支付给总代理货款 28M(即 2 个灰币和 8 个白币)。总代理与终端商分别于表 6 - 31 和表 6 - 32 中记录,同时,总代理和终端商分别抽取应收账款和应付账款中的纸条。

(2)制造商/总代理。

由沙盘初始盘面知,总代理的在途商品有 10P1,如何入库? 有 1、2 两个仓库可供总代理选择。考虑到第三季度西区市场对 P1 产品的需求量大,因此 1、2 两个仓库各入库 2P1、8P1,如表 6 - 34 所示。

在途商品入库,下游企业支付货款,考虑到总代理从制造商处进 P1 产品的价格为 2.0M/1P1,总代理需支付给制造商货款 20M(即 2 个灰币)。制造商与总代理分别于表 6 - 30 和表 6 - 31 中记录现金发生额,同时,制造商和总代理分别抽取应收账款和应付账款中的纸条。

8. 更新产品生产/填写货物登记表的产品入库量

这是供应链企业的教学年第一季度经营流程的第 14 步,由制造商完成。制造商的初始盘面中的一条生产线中有两桶 P1 产品正在生产,更新产品生产需要第二季度的 P1 产品入库 P1 仓库,它已经生产结束。同时,我们需要将第一季度的 P1 产品推向第二季度,进行第二季度的生产。在此需要填写制造商 P1 产品入库量,如表 6 - 33 所示。

9. 购买生产线

这是供应链企业的教学年第一季度经营流程的第 15 步,由制造商完成。制造商的初始盘面中已经有一条生产线,考虑到市场需求、制造商的经济状况及发展型战略,制造商需购置生产线。假设制造商购置 2 条生产线去扩大产能,制造商需支付 36M(18×2),由于生产线属于固定资产,这 36M 应放置于沙盘盘面新购置生产线上的固定资产处,并在表 6-30 中记录现金发生额(购买生产线)。

10. 支付生产成本/开始新一批生产

这是供应链企业的教学年第一季度经营流程的第 16 步,由制造商完成。由于制造商现在已有三条生产线,我们考虑到制造商的经济实力及未来市场对 P1 产品的需求,假设制造商要满负荷生产 P1,那么,制造商需购置三桶原材料 R1,需支付原材料成本 60M(3×20)。

制造商将三桶 R1 分别置于三条生产线的第一季度产品生产处,即可开始生产,同时在表 6-30 的现金发生额(支付生产成本)。

11. 新产品研发

这是供应链企业的教学年第一季度经营流程的第 17 步,由制造商完成。由于制造商已有 P1 生产资格,需考虑是否研发 P2、P3 产品。

考虑到市场对 P2、P3 产品的需求及制造商的实力,我们研发 P2 及 P3 需支付研发费 30M(12+18),将研发费放置于财务中心的研发费处,同时填写表 6-30 的现金发生额(新产品研发)。

12. 产品发货/下游支付运输费/填写货物登记表的发货、到货数量

这是供应链企业的教学年第一季度经营流程的第 18 步,由制造商、总代理和终端商协同完成。

(1)制造商/总代理。

制造商初始盘面的 P1 仓库中有 40P1,第 13 步产品入库 20P1,考虑到第二季度旗舰店对 P1 产品的销售(旗舰店最多销售 7 个 P1),我们将对总代理发货 53P1,填写应收账款 106M(53×2)。

总代理在途商品确认后,填写应付账款 106M,且支付运输费 2M(1×2)置于财务中心的运输费处。

制造商与总代理分别填写表 6-33、表 6-34 中的发货数量与收货数量。

制造商与总代理分别填写教学年状态记录表中第一季度应收及应付账款,如表 6-41、6-42 所示。

表 6-41   教学年制造商状态记录表

1Q 末		2Q 末		3Q 末		4Q 末	
应收账款	金额	应收账款	金额	应收账款	金额	应收账款	金额
	106M						

(2)总代理/终端商。

总代理初始盘面的 1 仓库中有 10P1,第 13 步产品入库 10P1,考虑到第三季度终端商对 P1 产品的销售,我们将对总代理发货 18P1(6 个一批),填写应收账款 50.4M(18×2.8)。

表 6－42　　　　　　　　　　　　　　教学年总代理状态记录表

1Q 末		2Q 末		3Q 末		4Q 末	
应收账款	金额	应收账款	金额	应收账款	金额	应收账款	金额
	50.4M						
应付账款	金额	应付账款	金额	应付账款	金额	应付账款	金额
	106M						

终端商在途商品确认后,填写应付账款 50.4M,且支付运输费 1.5M(3×0.5)置于财务中心的运输费处。

总代理与终端商分别填写表 6－34、表 6－35 中的发货数量与收货数量。

总代理与终端商分别填写表 6－42、表 6－43 应收及应付账款发生额。

表 6－43　　　　　　　　　　　　　　教学年终端商状态记录表

1Q 末		2Q 末		3Q 末		4Q 末	
应付账款	金额	应付账款	金额	应付账款	金额	应付账款	金额
	50.4M						

13. 订购下一批商品/填写货物登记表的订货数量及接到订货量

这是供应链管理沙盘经营流程的第 19 步,由制造商、总代理和终端商协同完成。

(1) 总代理/终端商。

终端商订货数量取决于未来的市场需求,最大订货量取决于总代理的库存商品与在途商品的总量,假设我们考虑了种种因素,第一季度终端商向总代理订货量如下:东南区域共 20P1,西北区域共 40P1,总代理需填写接到订单量:1 仓库 20P1、2 仓库 40P1,如表 6－34 与表 6－35 所示。

(2) 制造商/总代理。

总代理订货数量取决于终端商未来的市场需求,最大订货量取决于制造商的产能及仓库的库存量。考虑了种种因素,第一季度总代理向制造商订货量如下:1 仓库 10P1,2 仓库 10P1,制造商需填写接到订单量:P1 仓库 20P1,如表 6－33 与表 6－34 所示。

14. 仓库间常规调货/支付运输费

这是供应链企业的教学年第一季度经营流程的第 20 步,由总代理和终端商协同完成。

若考虑到上述流程中,供应链企业总代理和终端商运营流程中若第 13 步在途商品入库的不合理性,此步可进行仓库间的常规调货,总代理包括 1 库与 2 库的常规调货,终端商可进行东、南、西、北四个仓库的常规调货。常规调货 6 个一批,不区分产品种类,调货将产生运输费。

15. *出售厂房/购买厂房/租赁并支付厂房租金*

这是供应链企业的教学年第一季度经营流程的第 21 步,由制造商完成。

制造商考虑到自身的经营战略,此步不需要出售厂房或/购买厂房,不需要租赁厂房并支付厂房租金。

16. 出售仓库/购买仓库/租赁并支付仓库租金

这是供应链企业的教学年第一季度经营流程的第 22 步,由制造商、总代理和终端商完成。

（1）制造商。

初始盘面中,制造商已经拥有一个自建仓库 P1,由于 P2、P3 产品在本年度中不能结束生产,制造商不需要购置或租赁仓库。

（2）总代理。

初始盘面中,总代理已经租赁了仓库 1,由于 P1 产品在本季度中已入库仓库 1 和仓库 2,总代理需租赁仓库 1 和仓库 2,请总代理交纳仓库租金 2M（1×2）,并在表 6-31 中记录现金发生额。

（3）终端商。

由于本季度中 P1 产品已入库东、南、西、北 4 个仓库,终端商需支付仓库租金 4M（1×4）,并在表 6-32 中记录现金发生额。

17. 支付仓储费

这是供应链企业的教学年第一季度经营流程的第 23 步,由制造商、总代理和终端商共同完成。仓储费的计算公式为:

$$仓储费＝季度末仓库中产品个数×0.1$$

（1）制造商。

制造商应支付仓储费 0.7M（7×0.1）,将仓储费置于财务中心的仓储费处,并在表 6-30 中记录现金发生额。

（2）总代理。

总代理应支付仓储费 0.2M（2×0.1）,将仓储费置于财务中心的仓储费处,并在表 6-31 中记录现金发生额。

（3）终端商。

终端商应支付仓储费 1M（10×0.1）,将仓储费置于财务中心的仓储费处,并在表 6-32 中记录现金发生额。

18. 支付运营费/支付店面管理费

这是供应链企业的教学年第一季度经营流程的第 24 步,由制造商、总代理和终端商共同完成。

（1）制造商。

制造商每个季度需支付运营费 5M,请将运营费置于财务中心的运营费处,并在表 6-30 中记录现金发生额。

（2）总代理。

总代理每个季度需支付运营费 5M,请将运营费置于财务中心的运营费处,并在表 6-31 中记录现金发生额。

（3）终端商。

终端商每个季度需支付已开设店面的店面管理费,初始盘面终端商已建设 2 个门店,店面管理费 1M（0.5×2）,请将店面管理费置于财务中心的店面管理费处,并在表 6-32 中记录现金发生额。

19. 开设新店/支付开店费

这是供应链企业的教学年第一季度经营流程的第 25 步,由制造商和终端商完成。

(1) 制造商。

制造商需要考虑开设旗舰店的问题,考虑到未来市场对 P1 产品的需求情况,制造商可将旗舰店开设在南区或其他区域,旗舰店开设一次的建设成本为 8M,请将店面建设费置于财务中心的店面建设费处,并在表 6-30 中记录现金发生额。

(2) 终端商。

终端商需要考虑开设终端店面的问题,考虑到未来市场对 P1 产品的需求情况,终端商可在南、西、北各建设一个门店,建设成本为 15M(5×3),请将店面建设费置于财务中心的店面建设费处,并在表 6-32 中记录现金发生额。

20. 销售返利

这是供应链企业的教学年第一季度经营流程的第 26 步,由制造商、总代理和终端商完成。

制造商可根据上年总代理执行预销合同情况对总代理制定销售返利计划并执行,销售返利以赠送现金的方式奖励总代理。最终返利金额由制造商自行确定。总代理每年可以根据终端商的销售情况给予奖励,奖金以现金形式奖励给终端商。

表 6-44 是销售返利参考数值。本年度暂不执行。

表 6-44　　　　　　　　　　　　销售返利参考数值

返利金额=返利率×上年下游实际销售回款额	
实际销售回款额	返利率
≥750M	3%
750M＞实际销售回款额≥400M	2%
400M＞实际销售回款额≥180M	1%

第一季度的任务尚未结束,下面我们将对第一季度的工作实施盘点,盘点内容包括:现金盘点、应收及应付账款盘点、货物盘点。结果如下:

制造商第一季度末现金总额=92+60+20−36−60−30−0.7−5=40.3(M),应收账款 106M,P1 仓库中库存商品 7P1,请与表 6-30 与 6-33 中的第一季度进行检验、第二季度初进行记录。

总代理第一季度末现金总额=29+40−1−6+28−20−2−0.2−5=62.8(M),应收账款 50.4M,应付账款 106M,2 仓库中库存商品 2P1,请与表 6-31 与 6-34 中的第一季度进行检验、第二季度初进行记录。

终端商第一季度末现金总额=15+40+40−28−4−1−1−15=46(M),应付账款 50.4M,东、南、西、北仓库中分别有库存商品 2P1、3P1、3P1、2P1,请与表 6-32 与 6-35 中的第一季度进行检验、第二季度初进行记录。

此外,我们还需对第一季度制造商、总代理和终端商的季末生产经营状态进行盘点、记录,具体应将盘面结果与表 6-41、表 6-42、表 6-43 的结果进行检验。

至此,第一季度任务完全结束。同时,考虑到第二、第三、第四季度工作的重复性,我们将不再介绍。

（三）模拟供应链企业年末工作

供应链企业年末工作包括：支付设备维护费；计提折旧；年末盘点及填写各种财务报表。

1. 支付设备维护费

这是供应链企业的教学年第一季度运营流程的第 27 步，由制造商完成。制造商需要支付生产线的维护费，每年维护费 4M/年，请制造商支付 4M 维护费置于财务中心的设备维护费处，并填写表 6－45。

表 6－45　　　　　　　　　　　　　　教学年年末制造商现金流量表　　　　　　　　　　　　单位：百万元

企业身份	序号	项　目	1Q	2Q	3Q	4Q
M	27	支付设备维护费				－4
M、A	28	计提折旧				14
M、A、D	29	年末现金盘点				
M、A、D	30	应收及应付账款盘点				
M、A、D	31	同业拆借盘点				
M、A、D	32	关账				

2. 计提折旧

这是供应链企业的教学年第一季度运营流程的第 28 步，由制造商、总代理完成。

制造商购置的厂房每年需计提折旧 6M；购置的每个仓库每年需计提折旧 3M；购置的每条生产线需计提折旧 5M，请将所有折旧填写于表 6－45 中。

总代理购置的仓库每年也需计提折旧，每个仓库每年折旧为 3M，请将折旧填写于表 6－46 中。

表 6－46　　　　　　　　　　　　　　教学年年末总代理现金流量表　　　　　　　　　　　　单位：百万元

序　号	项　目	1Q	2Q	3Q	4Q
27	支付设备维护费				
28	计提折旧				6
29	年末现金盘点				
30	应收及应付账款盘点				
31	同业拆借盘点				
32	关账				

终端商没有固定资产，不需要计提折旧。

3. 年末盘点

年末盘点包括现金、应收应付账款、同业拆借等各种盘点，包括供应链企业运营流程中的第 29、30、31 步，由制造商、总代理和终端商完成，具体数据请填写在制造商、总代理和终端商的状态记录表中。

4. 关账

内容略。

二、四年实战

通过前期的学习,我们熟悉了用友供应链管理沙盘各供应链企业的运营流程;掌握了如何与供应链中其他企业的沟通与协作;掌握了作为一个核心企业,如何协同整条供应链企业的物流、资金流与信息流,如何使该供应链在市场中生存与发展。

下面我们进行连续四年的运营。鉴于这四年的模拟运营是前期教学年的重新开始与发展,我们不再用文字展开描述,具体的流程及各种报表填写如下。

（一）第 1 年重要决策

表 6-47　　　　　　　　　　　供应链管理沙盘模拟运营流程

企业身份	序号	项　　　　目	1Q	2Q	3Q	4Q
M、A、D	1	召开年度产销会/制定全年规划				
M、A、D	2	支付应付税				
M/A	3	代理资质申请并支付代理费/收取代理费				
M/A　A/D	4	签订全年预销合同				
M、A、D	5	提交广告方案/支付广告费				
M、A	6	更新长期贷款/支付利息/偿还本金/申请长期贷款				
M、A、D	7	期初现金盘点				
M、A、D	8	期初库存盘点/填写货物登记表的期初库存				
D	9	提交促销方案				
M、D	10	销售商品/填写销售登记表/销售货物登记表的销售出库				
M、A、D	11	更新短期贷款/支付利息/偿还本金/申请短期贷款				
A	12	支付渠道管理费/渠道建设费				
M、A、D	13	在途商品入库/支付进货款/填写货物登记表的入库数量				
M	14	更新产品生产/填写货物登记表的产品入库量				
M	15	购买生产线				
M	16	支付生产成本/开始新一批生产				

续　表

企业身份	序号	项　目	1Q	2Q	3Q	4Q
M	17	新产品研发				
M、A、D	18	产品发货/下游支付运输费/填写货物登记表的发货、到货数量/填写应收、应付账款				
M、A、D	19	订购下一批商品/填写货物登记表的订货数量及接到订货量				
A、D	20	仓库间常规调货/支付运输费				
M	21	出售厂房/购买厂房/租赁并支付厂房租金				
M、A、D	22	出售仓库/购买仓库/租赁并支付仓库租金				
M、A、D	23	支付仓储费				
M、A、D	24	支付运营费/支付店面管理费				
M、D	25	开设新店/支付开店费				
M、A、D	26	销售返利				
M	27	支付设备维护费				
M、A	28	计提折旧				
M、A、D	29	年末现金盘点				
M、A、D	30	应收及应付账款盘点				
M、A、D	31	同业拆借盘点				
M、A、D	32	关账				

说明：指定角色请按照顺序执行下列各项操作。每执行完一项操作,请在相应的方格内填写操作内容或打钩表示确认已执行。

用 M(manufacturers)代表制造商,A(agent)代表总代理,D(distribution)代表终端商。

表 6-48　　　　　　　　　　　　　制造商现金流量表　　　　　　　　　　单位:百万元

序　号	项　目	1Q	2Q	3Q	4Q
1	召开年度产销会/制定全年规划				
2	支付应付税	—			
3	代理资质申请并支付代理费/收取代理费	+			
4	签订全年预销合同				
5	提交广告方案/支付广告费	—			

续　表

序　号	项　　目	1Q	2Q	3Q	4Q
6	更新长期贷款/支付利息/偿还本金/申请长期贷款	－　＋			
7	期初现金盘点				
8	期初库存盘点				
9	提交促销方案				
10	销售商品	＋	＋	＋	＋
11	更新短期贷款/支付利息/偿还本金/申请短期贷款	－　＋	－　＋	－　＋	－　＋
12	支付渠道管理费/渠道建设费				
13	在途商品入库/收取进货款	＋	＋	＋	＋
14	更新产品生产				
15	购买生产线	－	－	－	－
16	支付生产成本/开始新一批生产	－	－	－	－
17	新产品研发	－	－	－	－
18	产品发货/填写应收账款				
19	订购下一批商品				
20	仓库间商品调货/支付运输费				
21	出售厂房/购买厂房/租赁并支付厂房租金	－　＋	－　＋	－　＋	－　＋
22	出售仓库/购买仓库/租赁并支付仓库租金	－	－	－	－
23	支付仓储费	－	－	－	－
24	支付运营费/支付店面管理费	－	－	－	－
25	开设新店/支付开店费	－	－	－	－
26	销售返利	－			
27	支付设备维护费				－
28	计提折旧				
29	年末现金盘点				
30	应收账款盘点				
31	同业拆借盘点				
32	关账				

表 6－49　　　　　　　　　　　　　　总代理现金流量表　　　　　　　　　　　单位：百万元

序　号	项　　目	1Q	2Q	3Q	4Q
1	召开年度产销会/制定全年规划				
2	支付应付税	－			

序 号	项 目	1Q	2Q	3Q	4Q
3	代理资质申请并支付代理费/收取代理费	−			
4	签订全年预销合同				
5	提交广告方案/支付广告费	−			
6	更新长期贷款/支付利息/偿还本金/申请长期贷款	−　+			
7	期初现金盘点				
8	期初库存盘点				
9	提交促销方案				
10	销售商品				
11	更新短期贷款/支付利息/偿还本金/申请短期贷款	−　+	−　+	−　+	−　+
12	支付渠道管理费/渠道建设费	−	−		
13	在途商品入库/支付进货款/收取进货款	+　−	+　−	+　−	+　−
14	更新产品生产				
15	购买生产线				
16	支付生产成本/开始新一批生产				
17	新产品研发				
18	产品发货、收货/填写应收、应付账款				
19	订购下一批商品				
20	仓库间商品调货/支付运输费	−	−	−	−
21	出售厂房/购买厂房/租赁并支付厂房租金				
22	出售仓库/购买仓库/租赁并支付仓库租金	−	−	−	−
23	支付仓储费	−	−	−	−
24	支付运营费	−	−	−	−
25	开设新店/支付开店费				
26	销售返利	+　−			
27	支付设备维护费				
28	计提折旧				
29	年末现金盘点				
30	应收及应付账款盘点				
31	同业拆借盘点				
32	关账				

表 6 - 50　　　　　　　　　　　　终端商现金流量表　　　　　　　　　　　单位：百万元

序　号	项　　　目	1Q	2Q	3Q	4Q
1	召开年度产销会/制定全年规划				
2	支付应付税	—			
3	代理资质申请并支付代理费/收取代理费				
4	签订全年预销合同				
5	提交广告方案/支付广告费	—			
6	更新长期贷款/支付利息/偿还本金/申请长期贷款				
7	期初现金盘点				
8	期初库存盘点				
9	提交促销方案				
10	销售商品	＋	＋	＋	＋
11	更新短期贷款/支付利息/偿还本金/申请短期贷款	— ＋	— ＋	— ＋	— ＋
12	支付渠道管理费/渠道建设费				
13	在途商品入库/支付进货款	—	—	—	—
14	更新产品生产				
15	购买生产线				
16	支付生产成本/开始新一批生产				
17	新产品研发				
18	产品收货/填写应收、应付账款				
19	订购下一批商品				
20	仓库间商品调货/支付运输费	—	—	—	—
21	出售厂房/购买厂房/租赁并支付厂房租金				
22	出售仓库/购买仓库/租赁并支付仓库租金	—	—	—	—
23	支付仓储费	—	—	—	—
24	支付店面管理费	—	—	—	—
25	开设新店/支付开店费	—	—	—	—
26	销售返利	＋			
27	支付设备维护费				
28	计提折旧				
29	年末现金盘点				
30	应付账款盘点				
31	同业拆借盘点				
32	关账				

表 6－51　　　　　　　　　　　　　　代理资质申请审核表

产　　品	资质申请	审核意见
P1		
P2		
P3		

表 6－52　　　　　　　　　　　　　　总代理/终端商预销合同

	P1 产品	P2 产品	P3 产品
预销量			

表 6－53　　　　　　　　　　　　　　制造商/总代理预销合同

	P1 产品	P2 产品	P3 产品
预销量			

表 6－54　　　　　　　　　　　　制造商广告提交表　　　　　　　　　　单位：百万元

费用类别	费用明细	第 1 年
品牌广告	报　刊	
	电视媒体	
	网络平台	
产品广告	旗舰店所在区域	
	P1	
	P2	
	P3	

表 6－55　　　　　　　　　　　　总代理广告提交表　　　　　　　　　　单位：百万元

费用类别	费用明细		第 1 年
品牌广告	东	报　刊	
		电视媒体	
	南	报　刊	
		电视媒体	
	西	报　刊	
		电视媒体	
	北	报　刊	
		电视媒体	

表 6－56 终端商广告提交表 单位：百万元

费 用 类 别	费 用 明 细		第 1 年
产品广告	东	P1	
		P2	
		P3	
	南	P1	
		P2	
		P3	
	西	P1	
		P2	
		P3	
	北	P1	
		P2	
		P3	

表 6－57 制造商融资明细表 单位：百万元

融资类型	年 息	时 间		贷款数额	期 限
长期贷款	10％	第 1 年			
短期贷款	5％	第 1 年	第一季		
			第二季		
			第三季		
			第四季		
其他借款	20％	第 1 年	第一季		
			第二季		
			第三季		
			第四季		

表 6－58 总代理融资明细表 单位：百万元

融资类型	年 息	时 间		贷款数额	期 限
长期贷款	10％	第 1 年			
短期贷款	5％	第 1 年	第一季		
			第二季		
			第三季		
			第四季		

续　表

融资类型	年　息	时　间		贷款数额	期　限
其他借款	20％	第1年	第一季		
			第二季		
			第三季		
			第四季		

表 6 - 59　　　　　　　　　　　　　　　终端商融资明细表　　　　　　　　　　单位：百万元

融资类型	年　息	时　间		贷款数额	期　限
短期贷款	5％	第1年	第一季		
			第二季		
			第三季		
			第四季		
其他借款	20％	第1年	第一季		
			第二季		
			第三季		
			第四季		

表 6 - 60　　　　　　　　　　　　　　　制造商货物登记表　　　　　　　　　　　单位：个

产　品	项　　目	第 1 年			
		1Q	2Q	3Q	4Q
P1	期初库存				
	产品入库量				
	发货数量				
	接到订单量				
P2	期初库存				
	产品入库量				
	发货数量				
	接到订单量				
P3	期初库存				
	产品入库量				
	发货数量				
	接到订单量				

表 6-61   总代理货物登记表   单位：个

产品	项目	第 1 年							
		1Q		2Q		3Q		4Q	
		1库	2库	1库	2库	1库	2库	1库	2库
P1	期初库存								
	入库数量								
	到货数量								
	发货数量								
	接到订单量								
	订货数量								
P2	期初库存								
	入库数量								
	到货数量								
	发货数量								
	接到订单量								
	订货数量								
P3	期初库存								
	入库数量								
	到货数量								
	发货数量								
	接到订单量								
	订货数量								

表 6-62   终端商货物登记表   单位：个

产品	项目	第 1 年															
		1Q				2Q				3Q				4Q			
		东	南	西	北	东	南	西	北	东	南	西	北	东	南	西	北
P1	期初库存																
	销售出库																
	入库数量																
	到货数量																
	订货数量																
P2	期初库存																
	销售出库																

产品	项　目	第　1　年															
		1Q				2Q				3Q				4Q			
		东	南	西	北	东	南	西	北	东	南	西	北	东	南	西	北
P2	入库数量																
	到货数量																
	订货数量																
P3	期初库存																
	销售出库																
	入库数量																
	到货数量																
	订货数量																

表 6 - 63　　　　　　　　　　　　终端商促销方案提交表

年　份	区　域	第一季度			第二季度			第三季度			第四季度		
		P1	P2	P3	P1	P2	P3	P1	P2	P3	P1	P2	P3
1	东												
	南												
	西												
	北												

表 6 - 64　　　　　　　　　　　　制造商旗舰店登记表

区　域	第　1　年			
	1Q	2Q	3Q	4Q
东				
南				
西				
北				

说明：1. 若某区域有旗舰店，其所在的区域请填写：1。

　　　2. 请于每季度初竞单之前登记。

表 6 - 65　　　　　　　　　　　　终端商门店数登记表　　　　　　　　　　　单位：个

区　域	第　1　年			
	1Q	2Q	3Q	4Q
东				
南				

续　表

区　域	第　1　年			
	1Q	2Q	3Q	4Q
西				
北				

说明：请于每季度初竞单之前登记。

表 6 - 66　　　　　　　　　　　　　销售情况登记表（M、D）

第一季度：

区　域	东			南			西			北			合计
产　品	P1	P2	P3	P1	P2	P3	P1	P2	P3	P1	P2	P3	
数　量													
˚促销													
销售额													
成　本													
毛　利													

第二季度：

区　域	东			南			西			北			合计
产　品	P1	P2	P3	P1	P2	P3	P1	P2	P3	P1	P2	P3	
数　量													
˚促销													
销售额													
成　本													
毛　利													

第三季度：

区　域	东			南			西			北			合计
产　品	P1	P2	P3	P1	P2	P3	P1	P2	P3	P1	P2	P3	
数　量													
˚促销													
销售额													
成　本													
毛　利													

第四季度：

区　域	东			南			西			北			合计
产　品	P1	P2	P3	P1	P2	P3	P1	P2	P3	P1	P2	P3	
数　量													
＊促　销													
销售额													
成　本													
毛　利													

说明：带"＊"号的项目只有终端商填写，促销方案请选择 0、1、2、3、4。

表 6 - 67　　　　　　　　　　　　　制造商状态记录表

1Q 末		2Q 末		3Q 末		4Q 末		年　末	
类别	金额	类别	金额	类别	金额	类别	金额	长期贷款	
现金								账期	金额
应收账款		应收账款		应收账款		应收账款		1Y	
短期贷款		短期贷款		短期贷款		短期贷款		2Y	
账期	金额	账期	金额	3Y	金额	账期	金额	3Y	
4Q		4Q		4Q		4Q		4Y	
3Q		3Q		3Q		3Q		厂房残值	
2Q		2Q		2Q		2Q		厂房	残值
1Q		1Q		1Q		1Q		1	
高利贷		高利贷		高利贷		高利贷		2	
账期	金额	账期	金额	账期	金额	账期	金额	仓库残值	
4Q		4Q		4Q		4Q		仓库	残值
3Q		3Q		3Q		3Q		P1	
2Q		2Q		2Q		2Q		P2	
1Q		1Q		1Q		1Q		P3	
同业拆借		同业拆借		同业拆借		同业拆借		生产线残值	
账期	金额	账期	金额	账期	金额	账期	金额	生产线 1	
4Q		4Q		4Q		4Q		生产线 2	
3Q		3Q		3Q		3Q		生产线 3	
2Q		2Q		2Q		2Q		生产线 4	
1Q		1Q		1Q		1Q		生产线 5	

续 表

| 在制品状态 | | 在制品状态 | | 在制品状态 | | 在制品状态 | | 生产线6 | |
生产线	产品类型/数量	生产线	产品类型/数量	生产线	产品类型/数量	生产线	产品类型/数量	旗舰店	
生产线1		生产线1		生产线6		生产线1		东区	
生产线2		生产线2		生产线7		生产线2		南区	
生产线3		生产线3		生产线8		生产线3		西区	
生产线4		生产线4		生产线4		生产线4		北区	
生产线5		生产线5		生产线5		生产线5			
生产线6		生产线6		生产线6		生产线6			

| 产成品库存 | | 产成品库存 | | 产成品库存 | | 产成品库存 | |
产品类型	数量	产品类型	数量	产品类型	数量	产品类型	数量
P1		P1		P1		P1	
P2		P2		P2		P2	
P3		P3		P3		P3	

| 产品研发 | | 产品研发 | | 产品研发 | | 产品研发 | |
产品类型	状态	产品类型	状态	产品类型	状态	产品类型	状态
P2		P2		P2		P2	
P3		P3		P3		P3	

表 6-68 总代理状态记录表

| 1Q末 | | 2Q末 | | 3Q末 | | 4Q末 | | 年 末 | |
类别	金额	类别	金额	类别	金额	类别	金额	长期贷款	
现金		现金		现金		现金		账期	金额
应收账款		应收账款		应收账款		应收账款		1Y	
应付账款		应付账款		应付账款		应付账款		2Y	
短期贷款		短期贷款		短期贷款		短期贷款		3Y	
账期	金额	账期	金额	账期	金额	账期	金额	4Y	
4Q		4Q		4Q		4Q		仓库残值	
3Q		3Q		3Q		3Q		仓库类型	残值
2Q		2Q		2Q		2Q		1	
1Q		1Q		1Q		1Q		2	

续　表

高利贷		高利贷		高利贷		高利贷		仓库租赁	
账期	金额	账期	金额	账期	金额	账期	金额	仓库类型	是否租赁
4Q		4Q		4Q		4Q		1	
3Q		3Q		3Q		3Q		2	
2Q		2Q		2Q		2Q			
1Q		1Q		1Q		1Q			

同业拆借		同业拆借		同业拆借		同业拆借			
账期	金额	账期	金额	账期	金额	账期	金额		
4Q		4Q		4Q		4Q			
3Q		3Q		3Q		3Q			
2Q		2Q		2Q		2Q			
1Q		1Q		1Q		1Q			

产品库存			产品库存			产品库存			产品库存		
仓库类型	产品类型	数量	仓库类型	产品类型	数量	仓库类型	产品类型	数量	仓库类型	产品类型	数量
1	P1		1	P1		1	P1		1	P1	
	P2			P2			P2			P2	
	P3			P3			P3			P3	
2	P1		2	P1		2	P1		2	P1	
	P2			P2			P2			P2	
	P3			P3			P3			P3	

在途商品		在途商品		在途商品		在途商品		
产品类型	数量	产品类型	数量	产品类型	数量	产品类型	数量	
P1		P1		P1		P1		
P2		P2		P2		P2		
P3		P3		P3		P3		

表 6-69　　　　　　　　　　　终端商状态记录表

1Q末		2Q末		3Q末		4Q末		年　末	
类别	金额	类别	金额	类别	金额	类别	金额	仓库	
现金		现金		现金		现金		仓库类型	是否租赁
应付账款		应付账款		应付账款		应付账款		东区	

短期贷款		短期贷款		短期贷款		短期贷款		南区	
账期	金额	账期	金额	账期	金额	账期	金额	西区	
4Q		4Q		4Q		4Q		北区	
3Q		3Q		3Q		3Q		店面个数	
2Q		2Q		2Q		2Q		东区	
1Q		1Q		1Q		1Q		南区	
高利贷		高利贷		高利贷		高利贷		西区	
账期	金额	账期	金额	账期	金额	账期	金额	北区	
4Q		4Q		4Q		4Q			
3Q		3Q		3Q		3Q			
2Q		2Q		2Q		2Q			
1Q		1Q		1Q		1Q			
同业拆借		同业拆借		同业拆借		同业拆借			
账期	金额	账期	金额	账期	金额	账期	金额		
4Q		4Q		4Q		4Q			
3Q		3Q		3Q		3Q			
2Q		2Q		2Q		2Q			
1Q		1Q		1Q		1Q			

产品库存			产品库存			产品库存			产品库存		
仓库类型	产品类型	数量	仓库类型	产品类型	数量	仓库类型	产品类型	数量	仓库类型	产品类型	数量
东区	P1		东区	P1		东区	P1		东区	P1	
	P2			P2			P2			P2	
	P3			P3			P3			P3	
南区	P1		南区	P1		南区	P1		南区	P1	
	P2			P2			P2			P2	
	P3			P3			P3			P3	
西区	P1		西区	P1		西区	P1		西区	P1	
	P2			P2			P2			P2	
	P3			P3			P3			P3	
北区	P1		北区	P1		北区	P1		北区	P1	
	P2			P2			P2			P2	
	P3			P3			P3			P3	

续　表

在途商品		在途商品		在途商品		在途商品			
产品类型	数量	产品类型	数量	产品类型	数量	产品类型	数量		
P1		P1		P1		P1			
P2		P2		P2		P2			
P3		P3		P3		P3			

表 6－70　　　　　　　　　　　　综合费用明细表　　　　　　　　　　　单位：百万元

	运营费	广告费	仓储费	租金	维护费	代理费	渠道费	开店费	店面管理费	运输费	研发费	其他	合计
制造商													
总代理													
终端商													

表 6－71　　　　　　　　　　　　　利润表　　　　　　　　　　　　　单位：百万元

项　　目	算　符	制造商	总代理	终端商
直销收入	＋			
分销收入	＋			
直销成本	－			
分销成本	－			
销售毛利	＝			
综合费用	－			
折旧				
支付利息前利润	＝			
财务费用	－			
其他收支	＋/－			
税前利润	＝			
所得税	－			
净利润	＝			

表 6－72　　　　　　　　　　　　资产负债表　　　　　　　　　　　单位：百万元

项　　目	制造商	总代理	终端商	项　　目	制造商	总代理	终端商
流动资产				负债			
现金				短期借款			
应收账款				长期借款			

续　表

项　　目	制造商	总代理	终端商	项　　目	制造商	总代理	终端商
库存商品				应付账款			
在制品				应交税费			
在途商品				其他借款			
流动资产合计				负债合计			
非流动资产				所有者权益			
厂房				实收资本			
仓库				利润留存			
机器设备				当年利润			
非流动资产合计				所有者权益合计			
资产总计				负债和所有者权益总计			

（二）第 2 年重要决策

表 6－73　　　　　　　　　　供应链管理沙盘模拟运营流程

企业身份	序号	项　　目	1Q	2Q	3Q	4Q
M、A、D	1	召开年度产销会/制定全年规划				
M、A、D	2	支付应付税				
M/A	3	代理资质申请并支付代理费/收取代理费				
M/A A/D	4	签订全年预销合同				
M、A、D	5	提交广告方案/支付广告费				
M、A	6	更新长期贷款/支付利息/偿还本金/申请长期贷款				
M、A、D	7	期初现金盘点				
M、A、D	8	期初库存盘点/填写货物登记表的期初库存				
D	9	提交促销方案				
M、D	10	销售商品/填写销售登记表/销售货物登记表的销售出库				
M、A、D	11	更新短期贷款/支付利息/偿还本金/申请短期贷款				
A	12	支付渠道管理费/渠道建设费				
M、A、D	13	在途商品入库/支付进货款/填写货物登记表的入库数量				
M	14	更新产品生产/填写货物登记表的产品入库量				
M	15	购买生产线				

续　表

企业身份	序号	项　目	1Q	2Q	3Q	4Q
M	16	支付生产成本/开始新一批生产				
M	17	新产品研发				
M、A、D	18	产品发货/下游支付运输费/填写货物登记表的发货、到货数量/填写应收应付账款				
M、A、D	19	订购下一批商品/填写货物登记表的订货数量及接到订货量				
A、D	20	仓库间常规调货/支付运输费				
M	21	出售厂房/购买厂房/租赁并支付厂房租金				
M、A、D	22	出售仓库/购买仓库/租赁并支付仓库租金				
M、A、D	23	支付仓储费				
M、A、D	24	支付运营费/支付店面管理费				
M、D	25	开设新店/支付开店费				
M、A、D	26	销售返利				
M	27	支付设备维护费				
M、A	28	计提折旧				
M、A、D	29	年末现金盘点				
M、A、D	30	应收及应付账款盘点				
M、A、D	31	同业拆借盘点				
M、A、D	32	关账				

说明：

指定角色请按照顺序执行下列各项操作。

每执行完一项操作，请在相应的方格内填写操作内容或打钩表示确认已执行。

用 M(manufacturers)代表制造商，A(agent)代表总代理，D(distribution)代表终端商。

表 6-74　　　　　　　　　　　　　制造商现金流量表　　　　　　　　　　　单位：百万元

序　号	项　目	1Q	2Q	3Q	4Q
1	召开年度产销会/制定全年规划				
2	支付应付税	—			
3	代理资质申请并支付代理费/收取代理费	+			
4	签订全年预销合同				
5	提交广告方案/支付广告费	—			
6	更新长期贷款/支付利息/偿还本金/申请长期贷款	－　＋			

续 表

序 号	项 目	1Q	2Q	3Q	4Q
7	期初现金盘点				
8	期初库存盘点				
9	提交促销方案				
10	销售商品	＋	＋	＋	＋
11	更新短期贷款/支付利息/偿还本金/申请短期贷款	－ ＋	－ ＋	－ ＋	－ ＋
12	支付渠道管理费/渠道建设费				
13	在途商品入库/收取进货款	＋	＋	＋	＋
14	更新产品生产				
15	购买生产线	－	－	－	－
16	支付生产成本/开始新一批生产	－	－	－	－
17	新产品研发	－	－	－	－
18	产品发货/填写应收账款				
19	订购下一批商品				
20	仓库间商品调货/支付运输费				
21	出售厂房/购买厂房/租赁并支付厂房租金	－ ＋	－ ＋	－ ＋	－ ＋
22	出售仓库/购买仓库/租赁并支付仓库租金	－	－	－	－
23	支付仓储费	－	－	－	－
24	支付运营费/支付店面管理费	－	－	－	－
25	开设新店/支付开店费	－	－	－	－
26	销售返利	－			
27	支付设备维护费				－
28	计提折旧				
29	年末现金盘点				
30	应收账款盘点				
31	同业拆借盘点				
32	关账				

表 6－75 总代理现金流量表 单位：百万元

序 号	项 目	1Q	2Q	3Q	4Q
1	召开年度产销会/制定全年规划				
2	支付应付税	－			
3	代理资质申请并支付代理费/收取代理费	－			

序　号	项　　　　目	1Q	2Q	3Q	4Q
4	签订全年预销合同				
5	提交广告方案/支付广告费	－			
6	更新长期贷款/支付利息/偿还本金/申请长期贷款	－　＋			
7	期初现金盘点				
8	期初库存盘点				
9	提交促销方案				
10	销售商品				
11	更新短期贷款/支付利息/偿还本金/申请短期贷款	－　＋	－　＋	－　＋	－　＋
12	支付渠道管理费/渠道建设费	－	－	－	－
13	在途商品入库/支付进货款/收取进货款	＋　－	＋　－	＋　－	＋　－
14	更新产品生产				
15	购买生产线				
16	支付生产成本/开始新一批生产				
17	新产品研发				
18	产品发货、收货/填写应收、应付账款				
19	订购下一批商品				
20	仓库间商品调货/支付运输费	－	－	－	－
21	出售厂房/购买厂房/租赁并支付厂房租金				
22	出售仓库/购买仓库/租赁并支付仓库租金	－	－	－	－
23	支付仓储费	－			
24	支付运营费	－	－	－	－
25	开设新店/支付开店费				
26	销售返利	＋　－			
27	支付设备维护费				
28	计提折旧				
29	年末现金盘点				
30	应收及应付账款盘点				
31	同业拆借盘点				
32	关账				

表 6 - 76　　　　　　　　　　　　　　终端商现金流量表　　　　　　　　　　　单位：百万元

序　号	项　　　目	1Q	2Q	3Q	4Q
1	召开年度产销会/制定全年规划				
2	支付应付税	－			
3	代理资质申请并支付代理费/收取代理费				
4	签订全年预销合同				
5	提交广告方案/支付广告费	－			
6	更新长期贷款/支付利息/偿还本金/申请长期贷款				
7	期初现金盘点				
8	期初库存盘点				
9	提交促销方案				
10	销售商品	＋	＋	＋	＋
11	更新短期贷款/支付利息/偿还本金/申请短期贷款	－ ＋	－ ＋	－ ＋	－ ＋
12	支付渠道管理费/渠道建设费				
13	在途商品入库/支付进货款	－	－	－	－
14	更新产品生产				
15	购买生产线				
16	支付生产成本/开始新一批生产				
17	新产品研发				
18	产品收货/填写应收、应付账款				
19	订购下一批商品				
20	仓库间商品调货/支付运输费	－	－	－	－
21	出售厂房/购买厂房/租赁并支付厂房租金				
22	出售仓库/购买仓库/租赁并支付仓库租金	－	－	－	－
23	支付仓储费	－			
24	支付店面管理费	－	－	－	－
25	开设新店/支付开店费	－	－	－	－
26	销售返利	＋			
27	支付设备维护费				
28	计提折旧				
29	年末现金盘点				
30	应付账款盘点				
31	同业拆借盘点				
32	关账				

表 6 - 77　　　　　　　　　　　　　代理资质申请审核表

产　　品	资 质 申 请	审 核 意 见
P1		
P2		
P3		

表 6 - 78　　　　　　　　　　　　总代理/终端商预销合同

	P1 产品	P2 产品	P3 产品
预销量			

表 6 - 79　　　　　　　　　　　　制造商/总代理预销合同

	P1 产品	P2 产品	P3 产品
预销量			

表 6 - 80　　　　　　　　　　　制造商广告提交表　　　　　　　　单位：百万元

费 用 类 别	费 用 明 细	第 2 年
品牌广告	报　刊	
	电视媒体	
	网络平台	
产品广告	旗舰店所在区域	
	P1	
	P2	
	P3	

表 6 - 81　　　　　　　　　　　总代理广告提交表　　　　　　　　单位：百万元

费 用 类 别	费 用 明 细		第 2 年
品牌广告	东	报　刊	
		电视媒体	
	南	报　刊	
		电视媒体	
	西	报　刊	
		电视媒体	
	北	报　刊	
		电视媒体	

表 6-82　　　　　　　　　　　　　　　终端商广告提交表　　　　　　　　　　单位：百万元

费用类别	费用明细		第 2 年
产品广告	东	P1	
		P2	
		P3	
	南	P1	
		P2	
		P3	
	西	P1	
		P2	
		P3	
	北	P1	
		P2	
		P3	

表 6-83　　　　　　　　　　　　　　　制造商融资明细表　　　　　　　　　　单位：百万元

融资类型	年　息	时　间		贷款数额	期　限
长期贷款	10%	第 2 年			
短期贷款	5%	第二年	第一季		
			第二季		
			第三季		
			第四季		
其他借款	20%	第二年	第一季		
			第二季		
			第三季		
			第四季		

表 6-84　　　　　　　　　　　　　　　总代理融资明细表　　　　　　　　　　单位：百万元

融资类型	年　息	时　间		贷款数额	期　限
长期贷款	10%	第 2 年			
短期贷款	5%	第二年	第一季		
			第二季		
			第三季		
			第四季		

融资类型	年　息	时　　间		贷款数额	期　限
其他借款	20％	第2年	第一季		
			第二季		
			第三季		
			第四季		

表 6－85　　　　　　　　　　　　终端商融资明细表　　　　　　　　　　单位：百万元

融资类型	年　息	时　　间		贷款数额	期　限
短期贷款	5％	第2年	第一季		
			第二季		
			第三季		
			第四季		
其他借款	20％	第2年	第一季		
			第二季		
			第三季		
			第四季		

表 6－86　　　　　　　　　　　　制造商货物登记表　　　　　　　　　　　单位：个

产　品	项　　目	第　2　年			
		1Q	2Q	3Q	4Q
P1	期初库存				
	产品入库量				
	发货数量				
	接到订单量				
P2	期初库存				
	产品入库量				
	发货数量				
	接到订单量				
P3	期初库存				
	产品入库量				
	发货数量				
	接到订单量				

表 6-87 　　　　　　　　　　　　　　总代理货物登记表　　　　　　　　　　　　　　单位：个

产品	项 目	第 2 年							
		1Q		2Q		3Q		4Q	
		1库	2库	1库	2库	1库	2库	1库	2库
P1	期初库存								
	入库数量								
	到货数量								
	发货数量								
	接到订单量								
	订货数量								
P2	期初库存								
	入库数量								
	到货数量								
	发货数量								
	接到订单量								
	订货数量								
P3	期初库存								
	入库数量								
	到货数量								
	发货数量								
	接到订单量								
	订货数量								

表 6-88 　　　　　　　　　　　　　　终端商货物登记表　　　　　　　　　　　　　　单位：个

产品	项 目	第 2 年															
		1Q				2Q				3Q				4Q			
		东	南	西	北	东	南	西	北	东	南	西	北	东	南	西	北
P1	期初库存																
	销售出库																
	入库数量																
	到货数量																
	订货数量																
P2	期初库存																
	销售出库																

产品	项　目	第 1 年															
		1Q				2Q				3Q				4Q			
		东	南	西	北	东	南	西	北	东	南	西	北	东	南	西	北
P2	入库数量																
	到货数量																
	订货数量																
P3	期初库存																
	销售出库																
	入库数量																
	到货数量																
	订货数量																

表 6－89　　　　　　　　　　　　　　　　终端商促销方案提交表

年　份	区　域	第一季度			第二季度			第三季度			第四季度		
		P1	P2	P3	P1	P2	P3	P1	P2	P3	P1	P2	P3
2	东												
	南												
	西												
	北												

表 6－90　　　　　　　　　　　　　　　　制造商旗舰店登记表

区　域	第 2 年			
	1Q	2Q	3Q	4Q
东				
南				
西				
北				

说明：1. 若某区域有旗舰店，其所在的区域请填写：1。

　　　2. 请于每季度初竞单之前登记。

表 6－91　　　　　　　　　　　　　　　　终端商门店数登记表　　　　　　　　　单位：个

区　域	第 2 年			
	1Q	2Q	3Q	4Q
东				
南				

续 表

区 域	第 2 年			
	1Q	2Q	3Q	4Q
西				
北				

说明：请于每季度初竞单之前登记。

表 6 - 92   销售情况登记表（M、D）

第一季度：

区 域	东			南			西			北			合计
产 品	P1	P2	P3	P1	P2	P3	P1	P2	P3	P1	P2	P3	
数 量													
*促销													
销售额													
成 本													
毛 利													

第二季度：

区 域	东			南			西			北			合计
产 品	P1	P2	P3	P1	P2	P3	P1	P2	P3	P1	P2	P3	
数 量													
*促销													
销售额													
成 本													
毛 利													

第三季度：

区 域	东			南			西			北			合计
产 品	P1	P2	P3	P1	P2	P3	P1	P2	P3	P1	P2	P3	
数 量													
*促销													
销售额													
成 本													
毛 利													

第四季度：

区 域	东			南			西			北			合计
产 品	P1	P2	P3	P1	P2	P3	P1	P2	P3	P1	P2	P3	
数 量													
＊促销													
销售额													
成 本													
毛 利													

说明：带"＊"号的项目只有终端商填写，促销方案请选择 0、1、2、3、4。

表 6 - 93 　　　　　　　　　　　制造商状态记录表

1Q 末		2Q 末		3Q 末		4Q 末		年 末	
类别	金额	类别	金额	类别	金额	类别	金额	长期贷款	
现金								账期	金额
应收账款		应收账款		应收账款		应收账款		1Y	
短期贷款		短期贷款		短期贷款		短期贷款		2Y	
账期	金额	账期	金额	3Y	金额	账期	金额	3Y	
4Q		4Q		4Q		4Q		4Y	
3Q		3Q		3Q		3Q		厂房残值	
2Q		2Q		2Q		2Q		厂房	残值
1Q		1Q		1Q		1Q		1	
高利贷		高利贷		高利贷		高利贷		2	
账期	金额	账期	金额	账期	金额	账期	金额	仓库残值	
4Q		4Q		4Q		4Q		仓库	残值
3Q		3Q		3Q		3Q		P1	
2Q		2Q		2Q		2Q		P2	
1Q		1Q		1Q		1Q		P3	
同业拆借		同业拆借		同业拆借		同业拆借		生产线残值	
账期	金额	账期	金额	账期	金额	账期	金额	生产线1	
4Q		4Q		4Q		4Q		生产线2	
3Q		3Q		3Q		3Q		生产线3	
2Q		2Q		2Q		2Q		生产线4	
1Q		1Q		1Q		1Q		生产线5	

在制品状态		在制品状态		在制品状态		在制品状态		生产线6
生产线	产品类型/数量	生产线	产品类型/数量	生产线	产品类型/数量	生产线	产品类型/数量	旗舰店
生产线1		生产线1		生产线6		生产线1		东区
生产线2		生产线2		生产线7		生产线2		南区
生产线3		生产线3		生产线8		生产线3		西区
生产线4		生产线4		生产线4		生产线4		北区
生产线5		生产线5		生产线5		生产线5		
生产线6		生产线6		生产线6		生产线6		
产成品库存		产成品库存		产成品库存		产成品库存		
产品类型	数量	产品类型	数量	产品类型	数量	产品类型	数量	
P1		P1		P1		P1		
P2		P2		P2		P2		
P3		P3		P3		P3		
产品研发		产品研发		产品研发		产品研发		
产品类型	状态	产品类型	状态	产品类型	状态	产品类型	状态	
P2		P2		P2		P2		
P3		P3		P3		P3		

表 6-94　　　　　　　　　　　总代理状态记录表

1Q 末		2Q 末		3Q 末		4Q 末		年　末	
类别	金额	类别	金额	类别	金额	类别	金额	长期贷款	
现金		现金		现金		现金		账期	金额
应收账款		应收账款		应收账款		应收账款		1Y	
应付账款		应付账款		应付账款		应付账款		2Y	
短期贷款		短期贷款		短期贷款		短期贷款		3Y	
账期	金额	账期	金额	账期	金额	账期	金额	4Y	
4Q		4Q		4Q		4Q		仓库残值	
3Q		3Q		3Q		3Q		仓库类型	残值
2Q		2Q		2Q		2Q		1	
1Q		1Q		1Q		1Q		2	

高利贷		高利贷		高利贷		高利贷		仓库租赁	
账期	金额	账期	金额	账期	金额	账期	金额	仓库类型	是否租赁
4Q		4Q		4Q		4Q		1	
3Q		3Q		3Q		3Q		2	
2Q		2Q		2Q		2Q			
1Q		1Q		1Q		1Q			

同业拆借		同业拆借		同业拆借		同业拆借			
账期	金额	账期	金额	账期	金额	账期	金额		
4Q		4Q		4Q		4Q			
3Q		3Q		3Q		3Q			
2Q		2Q		2Q		2Q			
1Q		1Q		1Q		1Q			

产品库存			产品库存			产品库存			产品库存		
仓库类型	产品类型	数量	仓库类型	产品类型	数量	仓库类型	产品类型	数量	仓库类型	产品类型	数量
1	P1		1	P1		1	P1		1	P1	
	P2			P2			P2			P2	
	P3			P3			P3			P3	
2	P1		2	P1		2	P1		2	P1	
	P2			P2			P2			P2	
	P3			P3			P3			P3	

在途商品		在途商品		在途商品		在途商品			
产品类型	数量	产品类型	数量	产品类型	数量	产品类型	数量		
P1		P1		P1		P1			
P2		P2		P2		P2			
P3		P3		P3		P3			

表 6-95　终端商状态记录表

1Q 末		2Q 末		3Q 末		4Q 末		年　末	
类别	金额	类别	金额	类别	金额	类别	金额	仓库	
现金		现金		现金		现金		仓库类型	是否租赁
应付账款		应付账款		应付账款		应付账款		东区	

短期贷款		短期贷款		短期贷款		短期贷款		南区	
账期	金额	账期	金额	账期	金额	账期	金额	西区	
4Q		4Q		4Q		4Q		北区	
3Q		3Q		3Q		3Q		店面个数	
2Q		2Q		2Q		2Q		东区	
1Q		1Q		1Q		1Q		南区	
高利贷		高利贷		高利贷		高利贷		西区	
账期	金额	账期	金额	账期	金额	账期	金额	北区	
4Q		4Q		4Q		4Q			
3Q		3Q		3Q		3Q			
2Q		2Q		2Q		2Q			
1Q		1Q		1Q		1Q			
同业拆借		同业拆借		同业拆借		同业拆借			
账期	金额	账期	金额	账期	金额	账期	金额		
4Q		4Q		4Q		4Q			
3Q		3Q		3Q		3Q			
2Q		2Q		2Q		2Q			
1Q		1Q		1Q		1Q			

产品库存			产品库存			产品库存			产品库存		
仓库类型	产品类型	数量	仓库类型	产品类型	数量	仓库类型	产品类型	数量	仓库类型	产品类型	数量
东区	P1		东区	P1		东区	P1		东区	P1	
	P2			P2			P2			P2	
	P3			P3			P3			P3	
南区	P1		南区	P1		南区	P1		南区	P1	
	P2			P2			P2			P2	
	P3			P3			P3			P3	
西区	P1		西区	P1		西区	P1		西区	P1	
	P2			P2			P2			P2	
	P3			P3			P3			P3	
北区	P1		北区	P1		北区	P1		北区	P1	
	P2			P2			P2			P2	
	P3			P3			P3			P3	

在途商品		在途商品		在途商品		在途商品			
产品类型	数量	产品类型	数量	产品类型	数量	产品类型	数量		
P1		P1		P1		P1			
P2		P2		P2		P2			
P3		P3		P3		P3			

表 6 - 96　　　　　　　　　　　　综合费用明细表　　　　　　　　　　单位：百万元

	运营费	广告费	仓储费	租金	维护费	代理费	渠道费	开店费	店面管理费	运输费	研发费	其他	合计
制造商													
总代理													
终端商													

表 6 - 97　　　　　　　　　　　　　　利润表　　　　　　　　　　　　单位：百万元

项　　目	算　符	制造商	总代理	终端商
直销收入	+			
分销收入	+			
直销成本	−			
分销成本	−			
销售毛利	=			
综合费用	−			
折旧	−			
支付利息前利润	=			
财务费用	−			
其他收支	+/−			
税前利润	=			
所得税	−			
净利润	=			

表 6 - 98　　　　　　　　　　　　　资产负债表　　　　　　　　　　单位：百万元

项　　目	制造商	总代理	终端商	项　　目	制造商	总代理	终端商
流动资产				负债			
现金				短期借款			
应收账款				长期借款			

续　表

项　　目	制造商	总代理	终端商	项　　目	制造商	总代理	终端商
库存商品				应付账款			
在制品				应交税费			
在途商品				其他借款			
流动资产合计				负债合计			
非流动资产				所有者权益			
厂房				实收资本			
仓库				利润留存			
机器设备				当年利润			
非流动资产合计				所有者权益合计			
资产总计				负债和所有者权益总计			

（三）第 3 年重要决策

表 6 - 99　　　　　　　　　供应链管理沙盘模拟运营流程

企业身份	序号	项　　目	1Q	2Q	3Q	4Q
M、A、D	1	召开年度产销会/制定全年规划				
M、A、D	2	支付应付税				
M/A	3	代理资质申请并支付代理费/收取代理费				
M/A A/D	4	签订全年预销合同				
M、A、D	5	提交广告方案/支付广告费				
M、A	6	更新长期贷款/支付利息/偿还本金/申请长期贷款				
M、A、D	7	期初现金盘点				
M、A、D	8	期初库存盘点/填写货物登记表的期初库存				
D	9	提交促销方案				
M、D	10	销售商品/填写销售登记表/销售货物登记表的销售出库				
M、A、D	11	更新短期贷款/支付利息/偿还本金/申请短期贷款				
A	12	支付渠道管理费/渠道建设费				
M、A、D	13	在途商品入库/支付进货款/填写货物登记表的入库数量				
M	14	更新产品生产/填写货物登记表的产品入库量				
M	15	购买生产线				

企业身份	序号	项　　目	1Q	2Q	3Q	4Q
M	16	支付生产成本/开始新一批生产				
M	17	新产品研发				
M、A、D	18	产品发货/下游支付运输费/填写货物登记表的发货、到货数量/填写应收应付账款				
M、A、D	19	订购下一批商品/填写货物登记表的订货数量及接到订货量				
A、D	20	仓库间常规调货/支付运输费				
M	21	出售厂房/购买厂房/租赁并支付厂房租金				
M、A、D	22	出售仓库/购买仓库/租赁并支付仓库租金				
M、A、D	23	支付仓储费				
M、A、D	24	支付运营费/支付店面管理费				
M、D	25	开设新店/支付开店费				
M、A、D	26	销售返利				
M	27	支付设备维护费				
M、A	28	计提折旧				
M、A、D	29	年末现金盘点				
M、A、D	30	应收及应付账款盘点				
M、A、D	31	同业拆借盘点				
M、A、D	32	关账				

说明:

指定角色请按照顺序执行下列各项操作:

每执行完一项操作,请在相应的方格内填写操作内容或打钩表示确认已执行。

用 M(manufacturers)代表制造商,A(agent)代表总代理,D(distribution)代表终端商。

表 6-100　　　　　　　　　　　　　　制造商现金流量表　　　　　　　　　　单位:百万元

序　号	项　　目	1Q	2Q	3Q	4Q
1	召开年度产销会/制定全年规划				
2	支付应付税	—			
3	代理资质申请并支付代理费/收取代理费	+			
4	签订全年预销合同				
5	提交广告方案/支付广告费	—			
6	更新长期贷款/支付利息/偿还本金/申请长期贷款	— ＋			

序　号	项　　　　目	1Q	2Q	3Q	4Q
7	期初现金盘点				
8	期初库存盘点				
9	提交促销方案				
10	销售商品	＋	＋	＋	＋
11	更新短期贷款/支付利息/偿还本金/申请短期贷款	－ ＋	－ ＋	－ ＋	－ ＋
12	支付渠道管理费/渠道建设费				
13	在途商品入库/收取进货款	＋	＋	＋	＋
14	更新产品生产				
15	购买生产线	－	－	－	－
16	支付生产成本/开始新一批生产	－	－	－	－
17	新产品研发				
18	产品发货/填写应收账款				
19	订购下一批商品				
20	仓库间商品调货/支付运输费				
21	出售厂房/购买厂房/租赁并支付厂房租金	－ ＋	－ ＋	－ ＋	－ ＋
22	出售仓库/购买仓库/租赁并支付仓库租金	－	－	－	－
23	支付仓储费				
24	支付运营费/支付店面管理费	－ －	－ －	－ －	－ －
25	开设新店/支付开店费	－	－	－	－
26	销售返利	－			
27	支付设备维护费				－
28	计提折旧				
29	年末现金盘点				
30	应收账款盘点				
31	同业拆借盘点				
32	关账				

表 6－101　　　　　　　　　　　总代理现金流量表　　　　　　　　　　单位：百万元

序　号	项　　　　目	1Q	2Q	3Q	4Q
1	召开年度产销会/制定全年规划				
2	支付应付税	－			
3	代理资质申请并支付代理费/收取代理费	－			

续　表

序　号	项　　　目	1Q	2Q	3Q	4Q
4	签订全年预销合同				
5	提交广告方案/支付广告费	－			
6	更新长期贷款/支付利息/偿还本金/申请长期贷款	－　＋			
7	期初现金盘点				
8	期初库存盘点				
9	提交促销方案				
10	销售商品				
11	更新短期贷款/支付利息/偿还本金/申请短期贷款	－　＋	－　＋	－　＋	－　＋
12	支付渠道管理费/渠道建设费	－	－	－	－
13	在途商品入库/支付进货款/收取进货款	＋　－	＋　－	＋　－	＋　－
14	更新产品生产				
15	购买生产线				
16	支付生产成本/开始新一批生产				
17	新产品研发				
18	产品发货、收货/填写应收、应付账款				
19	订购下一批商品				
20	仓库间商品调货/支付运输费	－	－	－	－
21	出售厂房/购买厂房/租赁并支付厂房租金				
22	出售仓库/购买仓库/租赁并支付仓库租金	－	－	－	－
23	支付仓储费	－	－	－	－
24	支付运营费	－	－	－	－
25	开设新店/支付开店费				
26	销售返利	＋　－			
27	支付设备维护费				
28	计提折旧				
29	年末现金盘点				
30	应收及应付账款盘点				
31	同业拆借盘点				
32	关账				

表 6 - 102　　　　　　　　　　　　　　终端商现金流量表　　　　　　　　　　单位：百万元

序　号	项　　　目	1Q	2Q	3Q	4Q
1	召开年度产销会/制定全年规划				
2	支付应付税	－			
3	代理资质申请并支付代理费/收取代理费				
4	签订全年预销合同				
5	提交广告方案/支付广告费	－			
6	更新长期贷款/支付利息/偿还本金/申请长期贷款				
7	期初现金盘点				
8	期初库存盘点				
9	提交促销方案				
10	销售商品	＋	＋	＋	＋
11	更新短期贷款/支付利息/偿还本金/申请短期贷款	－ ＋	－ ＋	－ ＋	－ ＋
12	支付渠道管理费/渠道建设费				
13	在途商品入库/支付进货款	－	－	－	－
14	更新产品生产				
15	购买生产线				
16	支付生产成本/开始新一批生产				
17	新产品研发				
18	产品收货/填写应收、应付账款				
19	订购下一批商品				
20	仓库间商品调货/支付运输费	－	－	－	－
21	出售厂房/购买厂房/租赁并支付厂房租金				
22	出售仓库/购买仓库/租赁并支付仓库租金	－	－	－	－
23	支付仓储费	－			
24	支付店面管理费	－			
25	开设新店/支付开店费	－	－	－	－
26	销售返利	＋			
27	支付设备维护费				
28	计提折旧				
29	年末现金盘点				
30	应付账款盘点				
31	同业拆借盘点				
32	关账				

表 6－103　　　　　　　　　　　　　　　代理资质申请审核表

产　　品	资质申请	审核意见
P1		
P2		
P3		

表 6－104　　　　　　　　　　　　　　　总代理/终端商预销合同

	P1 产品	P2 产品	P3 产品
预销量			

表 6－105　　　　　　　　　　　　　　　制造商/总代理预销合同

	P1 产品	P2 产品	P3 产品
预销量			

表 6－106　　　　　　　　　　　　　　　制造商广告提交表　　　　　　　　　　单位：百万元

费用类别	费用明细	第　3　年
品牌广告	报　刊	
	电视媒体	
	网络平台	
产品广告	旗舰店所在区域	
	P1	
	P2	
	P3	

表 6－107　　　　　　　　　　　　　　　总代理广告提交表　　　　　　　　　　单位：百万元

费用类别	费用明细		第　3　年
品牌广告	东	报　刊	
		电视媒体	
	南	报　刊	
		电视媒体	
	西	报　刊	
		电视媒体	
	北	报　刊	
		电视媒体	

表 6－108　　　　　　　　　　　　　　　终端商广告提交表　　　　　　　　　　　单位：百万元

费 用 类 别	费 用 明 细		第 3 年
产品广告	东	P1	
		P2	
		P3	
	南	P1	
		P2	
		P3	
	西	P1	
		P2	
		P3	
	北	P1	
		P2	
		P3	

表 6－109　　　　　　　　　　　　　　　制造商融资明细表　　　　　　　　　　　单位：百万元

融资类型	年 息	时 间		贷款数额	期 限
长期贷款	10％	第 3 年			
短期贷款	5％	第 3 年	第一季		
			第二季		
			第三季		
			第四季		
其他借款	20％	第 3 年	第一季		
			第二季		
			第三季		
			第四季		

表 6－110　　　　　　　　　　　　　　　总代理融资明细表　　　　　　　　　　　单位：百万元

融资类型	年 息	时 间		贷款数额	期 限
长期贷款	10％	第 3 年			
短期贷款	5％	第 3 年	第一季		
			第二季		
			第三季		
			第四季		

续　表

融资类型	年　息	时　间		贷款数额	期　限
其他借款	20%	第 3 年	第一季		
			第二季		
			第三季		
			第四季		

表 6-111　　　　　　　　　　　　终端商融资明细表　　　　　　　　　　单位：百万元

融资类型	年　息	时　间		贷款数额	期　限
短期贷款	5%	第 3 年	第一季		
			第二季		
			第三季		
			第四季		
其他借款	20%	第 3 年	第一季		
			第二季		
			第三季		
			第四季		

表 6-112　　　　　　　　　　　　制造商货物登记表　　　　　　　　　　单位：个

产　品	项　目	第 3 年			
		1Q	2Q	3Q	4Q
P1	期初库存				
	产品入库量				
	发货数量				
	接到订单量				
P2	期初库存				
	产品入库量				
	发货数量				
	接到订单量				
P3	期初库存				
	产品入库量				
	发货数量				
	接到订单量				

表 6-113　　　　　　　　　　　　　总代理货物登记表　　　　　　　　　　　　单位：个

产品	项　目	第 3 年							
		1Q		2Q		3Q		4Q	
		1库	2库	1库	2库	1库	2库	1库	2库
P1	期初库存								
	入库数量								
	到货数量								
	发货数量								
	接到订单量								
	订货数量								
P2	期初库存								
	入库数量								
	到货数量								
	发货数量								
	接到订单量								
	订货数量								
P3	期初库存								
	入库数量								
	到货数量								
	发货数量								
	接到订单量								
	订货数量								

表 6-114　　　　　　　　　　　　　终端商货物登记表　　　　　　　　　　　　单位：个

产品	项　目	第 3 年															
		1Q				2Q				3Q				4Q			
		东	南	西	北	东	南	西	北	东	南	西	北	东	南	西	北
P1	期初库存																
	销售出库																
	入库数量																
	到货数量																
	订货数量																
P2	期初库存																
	销售出库																

续　表

产品	项　目	第　3　年															
		1Q				2Q				3Q				4Q			
		东	南	西	北	东	南	西	北	东	南	西	北	东	南	西	北
P2	入库数量																
	到货数量																
	订货数量																
P3	期初库存																
	销售出库																
	入库数量																
	到货数量																
	订货数量																

表 6-115　　　　　　　　　　　终端商促销方案提交表

年　份	区　域	第一季度			第二季度			第三季度			第四季度		
		P1	P2	P3	P1	P2	P3	P1	P2	P3	P1	P2	P3
3	东												
	南												
	西												
	北												

表 6-116　　　　　　　　　　　制造商旗舰店登记表

区　域	第　1　年			
	1Q	2Q	3Q	4Q
东				
南				
西				
北				

说明：1. 若某区域有旗舰店，其所在的区域请填写：1。
　　　2. 请于每季度初竞单之前登记。

表 6-117　　　　　　　　　　　终端商门店数登记表　　　　　　　　　　　单位：个

区　域	第　3　年			
	1Q	2Q	3Q	4Q
东				
南				

续　表

区　域	第　3　年			
	1Q	2Q	3Q	4Q
西				
北				

说明：请于每季度初竞单之前登记。

表 6 - 118　　　　　　　　　　销售情况登记表（M、D）

第一季度：

区　域	东			南			西			北			合　计
产　品	P1	P2	P3	P1	P2	P3	P1	P2	P3	P1	P2	P3	
数　量													
˚促销													
销售额													
成　本													
毛　利													

第二季度：

区　域	东			南			西			北			合　计
产　品	P1	P2	P3	P1	P2	P3	P1	P2	P3	P1	P2	P3	
数　量													
˚促销													
销售额													
成　本													
毛　利													

第三季度：

区　域	东			南			西			北			合　计
产　品	P1	P2	P3	P1	P2	P3	P1	P2	P3	P1	P2	P3	
数　量													
˚促销													
销售额													
成　本													
毛　利													

第四季度：

区　域	东			南			西			北			合计
产　品	P1	P2	P3	P1	P2	P3	P1	P2	P3	P1	P2	P3	
数　量													
*促销													
销售额													
成　本													
毛　利													

说明：带"＊"号的项目只有终端商填写,促销方案请选择0、1、2、3、4。

表 6-119　　　　　　　　　　　　　　制造商状态记录表

1Q末		2Q末		3Q末		4Q末		年　末	
类别	金额	类别	金额	类别	金额	类别	金额	长期贷款	
现金								账期	金额
应收账款		应收账款		应收账款		应收账款		1Y	
短期贷款		短期贷款		短期贷款		短期贷款		2Y	
账期	金额	账期	金额	3Y	金额	账期	金额	3Y	
4Q		4Q		4Y		4Q		4Y	
3Q		3Q		3Q		3Q		厂房残值	
2Q		2Q		2Q		2Q		厂房	残值
1Q		1Q		1Q		1Q		1	
高利贷		高利贷		高利贷		高利贷		2	
账期	金额	账期	金额	账期	金额	账期	金额	仓库残值	
4Q		4Q		4Q		4Q		仓库	残值
3Q		3Q		3Q		3Q		P1	
2Q		2Q		2Q		2Q		P2	
1Q		1Q		1Q		1Q		P3	
同业拆借		同业拆借		同业拆借		同业拆借		生产线残值	
账期	金额	账期	金额	账期	金额	账期	金额	生产线1	
4Q		4Q		4Q		4Q		生产线2	
3Q		3Q		3Q		3Q		生产线3	
2Q		2Q		2Q		2Q		生产线4	
1Q		1Q		1Q		1Q		生产线5	

在制品状态		在制品状态		在制品状态		在制品状态		生产线6	
生产线	产品类型/数量	生产线	产品类型/数量	生产线	产品类型/数量	生产线	产品类型/数量	旗舰店	
生产线1		生产线1		生产线6		生产线1		东区	
生产线2		生产线2		生产线7		生产线2		南区	
生产线3		生产线3		生产线8		生产线3		西区	
生产线4		生产线4		生产线4		生产线4		北区	
生产线5		生产线5		生产线5		生产线5			
生产线6		生产线6		生产线6		生产线6			
产成品库存		产成品库存		产成品库存		产成品库存			
产品类型	数量	产品类型	数量	产品类型	数量	产品类型	数量		
P1		P1		P1		P1			
P2		P2		P2		P2			
P3		P3		P3		P3			
产品研发		产品研发		产品研发		产品研发			
产品类型	状态	产品类型	状态	产品类型	状态	产品类型	状态		
P2		P2		P2		P2			
P3		P3		P3		P3			

表 6-120　　　　　　　　　　　　总代理状态记录表

1Q末		2Q末		3Q末		4Q末		年末	
类别	金额	类别	金额	类别	金额	类别	金额	长期贷款	
现金		现金		现金		现金		账期	金额
应收账款		应收账款		应收账款		应收账款		1Y	
应付账款		应付账款		应付账款		应付账款		2Y	
短期贷款		短期贷款		短期贷款		短期贷款		3Y	
账期	金额	账期	金额	账期	金额	账期	金额	4Y	
4Q		4Q		4Q		4Q		仓库残值	
3Q		3Q		3Q		3Q		仓库类型	残值
2Q		2Q		2Q		2Q		1	
1Q		1Q		1Q		1Q		2	

高利贷		高利贷		高利贷		高利贷		仓库租赁	
账期	金额	账期	金额	账期	金额	账期	金额	仓库类型	是否租赁
4Q		4Q		4Q		4Q		1	
3Q		3Q		3Q		3Q		2	
2Q		2Q		2Q		2Q			
1Q		1Q		1Q		1Q			
同业拆借		同业拆借		同业拆借		同业拆借			
账期	金额	账期	金额	账期	金额	账期	金额		
4Q		4Q		4Q		4Q			
3Q		3Q		3Q		3Q			
2Q		2Q		2Q		2Q			
1Q		1Q		1Q		1Q			

产品库存			产品库存			产品库存			产品库存		
仓库类型	产品类型	数量	仓库类型	产品类型	数量	仓库类型	产品类型	数量	仓库类型	产品类型	数量
1	P1		1	P1		1	P1		1	P1	
	P2			P2			P2			P2	
	P3			P3			P3			P3	
2	P1		2	P1		2	P1		2	P1	
	P2			P2			P2			P2	
	P3			P3			P3			P3	

在途商品		在途商品		在途商品		在途商品	
产品类型	数量	产品类型	数量	产品类型	数量	产品类型	数量
P1		P1		P1		P1	
P2		P2		P2		P2	
P3		P3		P3		P3	

表 6-121　终端商状态记录表

1Q 末		2Q 末		3Q 末		4Q 末		年　末	
类别	金额	类别	金额	类别	金额	类别	金额	仓库	
现金		现金		现金		现金		仓库类型	是否租赁
应付账款		应付账款		应付账款		应付账款		东区	

短期贷款		短期贷款		短期贷款		短期贷款		南区	
账期	金额	账期	金额	账期	金额	账期	金额	西区	
4Q		4Q		4Q		4Q		北区	
3Q		3Q		3Q		3Q		店面个数	
2Q		2Q		2Q		2Q		东区	
1Q		1Q		1Q		1Q		南区	
高利贷		高利贷		高利贷		高利贷		西区	
账期	金额	账期	金额	账期	金额	账期	金额	北区	
4Q		4Q		4Q		4Q			
3Q		3Q		3Q		3Q			
2Q		2Q		2Q		2Q			
1Q		1Q		1Q		1Q			
同业拆借		同业拆借		同业拆借		同业拆借			
账期	金额	账期	金额	账期	金额	账期	金额		
4Q		4Q		4Q		4Q			
3Q		3Q		3Q		3Q			
2Q		2Q		2Q		2Q			
1Q		1Q		1Q		1Q			

产品库存			产品库存			产品库存			产品库存		
仓库类型	产品类型	数量	仓库类型	产品类型	数量	仓库类型	产品类型	数量	仓库类型	产品类型	数量
东区	P1		东区	P1		东区	P1		东区	P1	
	P2			P2			P2			P2	
	P3			P3			P3			P3	
南区	P1		南区	P1		南区	P1		南区	P1	
	P2			P2			P2			P2	
	P3			P3			P3			P3	
西区	P1		西区	P1		西区	P1		西区	P1	
	P2			P2			P2			P2	
	P3			P3			P3			P3	
北区	P1		北区	P1		北区	P1		北区	P1	
	P2			P2			P2			P2	
	P3			P3			P3			P3	

续　表

在途商品		在途商品		在途商品		在途商品		
产品类型	数量	产品类型	数量	产品类型	数量	产品类型	数量	
P1		P1		P1		P1		
P2		P2		P2		P2		
P3		P3		P3		P3		

表 6 - 122　　　　　　　　　　综合费用明细表　　　　　　　　　　单位：百万元

	运营费	广告费	仓储费	租金	维护费	代理费	渠道费	开店费	店面管理费	运输费	研发费	其他	合计
制造商													
总代理													
终端商													

表 6 - 123　　　　　　　　　　利润表　　　　　　　　　　单位：百万元

项　　目	算　符	制造商	总代理	终端商
直销收入	+			
分销收入	+			
直销成本	—			
分销成本	—			
销售毛利	=			
综合费用	—			
折旧	—			
支付利息前利润	=			
财务费用	—			
其他收支	+/—			
税前利润	=			
所得税	—			
净利润	=			

表 6 - 124　　　　　　　　　　资产负债表　　　　　　　　　　单位：百万元

项　　目	制造商	总代理	终端商	项　　目	制造商	总代理	终端商
流动资产				负债			
现金				短期借款			
应收账款				长期借款			

续 表

项 目	制造商	总代理	终端商	项 目	制造商	总代理	终端商
库存商品				应付账款			
在制品				应交税费			
在途商品				其他借款			
流动资产合计				负债合计			
非流动资产				所有者权益			
厂房				实收资本			
仓库				利润留存			
机器设备				当年利润			
非流动资产合计				所有者权益合计			
资产总计				负债和所有者权益总计			

（四）第 4 年重要决策

表 6－125　　　　　　　　　供应链管理沙盘模拟运营流程

企业身份	序号	项 目	1Q	2Q	3Q	4Q
M、A、D	1	召开年度产销会/制定全年规划				
M、A、D	2	支付应付税				
M/A	3	代理资质申请并支付代理费/收取代理费				
M/A；A/D	4	签订全年预销合同				
M、A、D	5	提交广告方案/支付广告费				
M、A	6	更新长期贷款/支付利息/偿还本金/申请长期贷款				
M、A、D	7	期初现金盘点				
M、A、D	8	期初库存盘点/填写货物登记表的期初库存				
D	9	提交促销方案				
M、D	10	销售商品/填写销售登记表/销售货物登记表的销售出库				
M、A、D	11	更新短期贷款/支付利息/偿还本金/申请短期贷款				
A	12	支付渠道管理费/渠道建设费				
M、A、D	13	在途商品入库/支付进货款/填写货物登记表的入库数量				
M	14	更新产品生产/填写货物登记表的产品入库量				
M	15	购买生产线				

企业身份	序号	项　　目	1Q	2Q	3Q	4Q
M	16	支付生产成本/开始新一批生产				
M	17	新产品研发				
M、A、D	18	产品发货/下游支付运输费/填写货物登记表的发货、到货数量/填写应收应付账款				
M、A、D	19	订购下一批商品/填写货物登记表的订货数量及接到订货量				
A、D	20	仓库间常规调货/支付运输费				
M	21	出售厂房/购买厂房/租赁并支付厂房租金				
M、A、D	22	出售仓库/购买仓库/租赁并支付仓库租金				
M、A、D	23	支付仓储费				
M、A、D	24	支付运营费/支付店面管理费				
M、D	25	开设新店/支付开店费				
M、A、D	26	销售返利				
M	27	支付设备维护费				
M、A	28	计提折旧				
M、A、D	29	年末现金盘点				
M、A、D	30	应收及应付账款盘点				
M、A、D	31	同业拆借盘点				
M、A、D	32	关账				

说明：

指定角色请按照顺序执行下列各项操作：

每执行完一项操作，请在相应的方格内填写操作内容或打钩表示确认已执行。

用 M（manufacturers）代表制造商，A（agent）代表总代理，D（distribution）代表终端商。

表 6－126　　　　　　　　　　　　**制造商现金流量表**　　　　　　　　　　单位：百万元

序　号	项　　目	1Q	2Q	3Q	4Q
1	召开年度产销会/制定全年规划				
2	支付应付税	－			
3	代理资质申请并支付代理费/收取代理费	＋			
4	签订全年预销合同				
5	提交广告方案/支付广告费	－			
6	更新长期贷款/支付利息/偿还本金/申请长期贷款	－　＋			

续　表

序　号	项　　　目	1Q	2Q	3Q	4Q
7	期初现金盘点				
8	期初库存盘点				
9	提交促销方案				
10	销售商品	＋	＋	＋	＋
11	更新短期贷款/支付利息/偿还本金/申请短期贷款	－　＋	－　＋	－　＋	－　＋
12	支付渠道管理费/渠道建设费				
13	在途商品入库/收取进货款	＋	＋	＋	＋
14	更新产品生产				
15	购买生产线	－	－	－	－
16	支付生产成本/开始新一批生产	－	－	－	－
17	新产品研发				
18	产品发货/填写应收账款				
19	订购下一批商品				
20	仓库间商品调货/支付运输费				
21	出售厂房/购买厂房/租赁并支付厂房租金	－　＋	－　＋	－　＋	－　＋
22	出售仓库/购买仓库/租赁并支付仓库租金	－	－	－	－
23	支付仓储费				
24	支付运营费/支付店面管理费	－　－	－　－	－　－	－　－
25	开设新店/支付开店费	－	－	－	－
26	销售返利	－			
27	支付设备维护费				－
28	计提折旧				
29	年末现金盘点				
30	应收账款盘点				
31	同业拆借盘点				
32	关账				

表 6－127　　　　　　　　　　　　　　　总代理现金流量表　　　　　　　　　　　　　　　单位：百万元

序　号	项　　　目	1Q	2Q	3Q	4Q
1	召开年度产销会/制定全年规划				
2	支付应付税	－			
3	代理资质申请并支付代理费/收取代理费	－			

序　号	项　　　目	1Q	2Q	3Q	4Q
4	签订全年预销合同				
5	提交广告方案/支付广告费	－			
6	更新长期贷款/支付利息/偿还本金/申请长期贷款	－ ＋			
7	期初现金盘点				
8	期初库存盘点				
9	提交促销方案				
10	销售商品				
11	更新短期贷款/支付利息/偿还本金/申请短期贷款	－ ＋	－ ＋	－ ＋	－ ＋
12	支付渠道管理费/渠道建设费	－	－	－	－
13	在途商品入库/支付进货款/收取进货款	＋ －	＋ －	＋ －	＋ －
14	更新产品生产				
15	购买生产线				
16	支付生产成本/开始新一批生产				
17	新产品研发				
18	产品发货、收货/填写应收、应付账款				
19	订购下一批商品				
20	仓库间商品调货/支付运输费	－	－	－	－
21	出售厂房/购买厂房/租赁并支付厂房租金				
22	出售仓库/购买仓库/租赁并支付仓库租金	－	－	－	－
23	支付仓储费	－	－	－	－
24	支付运营费	－	－	－	－
25	开设新店/支付开店费				
26	销售返利	＋ －			
27	支付设备维护费				
28	计提折旧				
29	年末现金盘点				
30	应收及应付账款盘点				
31	同业拆借盘点				
32	关账				

表 6 - 128　　　　　　　　　　　　　终端商现金流量表　　　　　　　　　　单位：百万元

序　号	项　　　　目	1Q	2Q	3Q	4Q
1	召开年度产销会/制定全年规划				
2	支付应付税	－			
3	代理资质申请并支付代理费/收取代理费				
4	签订全年预销合同				
5	提交广告方案/支付广告费	－			
6	更新长期贷款/支付利息/偿还本金/申请长期贷款				
7	期初现金盘点				
8	期初库存盘点				
9	提交促销方案				
10	销售商品	＋	＋	＋	＋
11	更新短期贷款/支付利息/偿还本金/申请短期贷款	－ ＋	－ ＋	－ ＋	－ ＋
12	支付渠道管理费/渠道建设费				
13	在途商品入库/支付进货款	－	－	－	－
14	更新产品生产				
15	购买生产线				
16	支付生产成本/开始新一批生产				
17	新产品研发				
18	产品收货/填写应收、应付账款				
19	订购下一批商品				
20	仓库间商品调货/支付运输费	－	－	－	－
21	出售厂房/购买厂房/租赁并支付厂房租金				
22	出售仓库/购买仓库/租赁并支付仓库租金	－	－	－	－
23	支付仓储费				
24	支付店面管理费	－	－	－	－
25	开设新店/支付开店费	－	－	－	－
26	销售返利	＋			
27	支付设备维护费				
28	计提折旧				
29	年末现金盘点				
30	应付账款盘点				
31	同业拆借盘点				
32	关账				

表 6 – 129　　　　　　　　　　　　　　　代理资质申请审核表

产　　品	资 质 申 请	审 核 意 见
P1		
P2		
P3		

表 6 – 130　　　　　　　　　　　　　　　总代理/终端商预销合同

	P1 产品	P2 产品	P3 产品
预销量			

表 6 – 131　　　　　　　　　　　　　　　制造商/总代理预销合同

	P1 产品	P2 产品	P3 产品
预销量			

表 6 – 132　　　　　　　　　　　　　　制造商广告提交表　　　　　　　　单位：百万元

费 用 类 别	费 用 明 细	第 4 年
品牌广告	报　刊	
	电视媒体	
	网络平台	
产品广告	旗舰店所在区域	
	P1	
	P2	
	P3	

表 6 – 133　　　　　　　　　　　　　　总代理广告提交表　　　　　　　　单位：百万元

费 用 类 别	费 用 明 细		第 4 年
品牌广告	东	报　刊	
		电视媒体	
	南	报　刊	
		电视媒体	
	西	报　刊	
		电视媒体	
	北	报　刊	
		电视媒体	

表 6－134   终端商广告提交表   单位：百万元

费 用 类 别	费 用 明 细		第 4 年
产品广告	东	P1	
		P2	
		P3	
	南	P1	
		P2	
		P3	
	西	P1	
		P2	
		P3	
	北	P1	
		P2	
		P3	

表 6－135   制造商融资明细表   单位：百万元

融资类型	年 息	时 间		贷款数额	期 限
长期贷款	10％	第 4 年			
短期贷款	5％	第 4 年	第一季		
			第二季		
			第三季		
			第四季		
其他借款	20％	第 4 年	第一季		
			第二季		
			第三季		
			第四季		

表 6－136   总代理融资明细表   单位：百万元

融资类型	年 息	时 间		贷款数额	期 限
长期贷款	10％	第 4 年			
短期贷款	5％	第 4 年	第一季		
			第二季		
			第三季		
			第四季		

融资类型	年　息	时　间		贷款数额	期　限
其他借款	20％	第 4 年	第一季		
			第二季		
			第三季		
			第四季		

表 6－137　　　　　　　　　　　终端商融资明细表　　　　　　　　　　单位：百万元

融资类型	年　息	时　间		贷款数额	期　限
短期贷款	5％	第 4 年	第一季		
			第二季		
			第三季		
			第四季		
其他借款	20％	第 4 年	第一季		
			第二季		
			第三季		
			第四季		

表 6－138　　　　　　　　　　　制造商货物登记表　　　　　　　　　　单位：个

产　品	项　　目	第 4 年			
		1Q	2Q	3Q	4Q
P1	期初库存				
	产品入库量				
	发货数量				
	接到订单量				
P2	期初库存				
	产品入库量				
	发货数量				
	接到订单量				
P3	期初库存				
	产品入库量				
	发货数量				
	接到订单量				

表 6 – 139　　　　　　　　　　　　　　　　　总代理货物登记表　　　　　　　　　　　　　　　　单位：个

| 产品 | 项目 | 第 4 年 | | | | | | | |
| | | 1Q | | 2Q | | 3Q | | 4Q | |
		1库	2库	1库	2库	1库	2库	1库	2库
P1	期初库存								
	入库数量								
	到货数量								
	发货数量								
	接到订单量								
	订货数量								
P2	期初库存								
	入库数量								
	到货数量								
	发货数量								
	接到订单量								
	订货数量								
P3	期初库存								
	入库数量								
	到货数量								
	发货数量								
	接到订单量								
	订货数量								

表 6 – 140　　　　　　　　　　　　　　　　　终端商货物登记表　　　　　　　　　　　　　　　　单位：个

| 产品 | 项目 | 第 4 年 | | | | | | | | | | | | | | | |
| | | 1Q | | | | 2Q | | | | 3Q | | | | 4Q | | | |
		东	南	西	北	东	南	西	北	东	南	西	北	东	南	西	北
P1	期初库存																
	销售出库																
	入库数量																
	到货数量																
	订货数量																
P2	期初库存																
	销售出库																

续　表

产品	项　目	第　1　年															
		1Q				2Q				3Q				4Q			
		东	南	西	北	东	南	西	北	东	南	西	北	东	南	西	北
P2	入库数量																
	到货数量																
	订货数量																
P3	期初库存																
	销售出库																
	入库数量																
	到货数量																
	订货数量																

表 6-141　　　　　　　　　　　　　　终端商促销方案提交表

年　份	区　域	第一季度			第二季度			第三季度			第四季度		
		P1	P2	P3	P1	P2	P3	P1	P2	P3	P1	P2	P3
4	东												
	南												
	西												
	北												

表 6-142　　　　　　　　　　　　　　制造商旗舰店登记表

区　域	第　4　年			
	1Q	2Q	3Q	4Q
东				
南				
西				
北				

说明：1. 若某区域有旗舰店，其所在的区域请填写：1。
　　　2. 请于每季度初竞单之前登记。

表 6-143　　　　　　　　　　　　　　终端商门店数登记表　　　　　　　　　　单位：个

区　域	第　4　年			
	1Q	2Q	3Q	4Q
东				
南				

续　表

区　域	第　4　年			
	1Q	2Q	3Q	4Q
西				
北				

说明：请于每季度初竞单之前登记。

表 6 - 144　　　　　　　　　　　　销售情况登记表（M、D）

第一季度：

区　域	东			南			西			北			合计
产　品	P1	P2	P3	P1	P2	P3	P1	P2	P3	P1	P2	P3	
数　量													
*促销													
销售额													
成　本													
毛　利													

第二季度：

区　域	东			南			西			北			合计
产　品	P1	P2	P3	P1	P2	P3	P1	P2	P3	P1	P2	P3	
数　量													
*促销													
销售额													
成　本													
毛　利													

第三季度：

区　域	东			南			西			北			合计
产　品	P1	P2	P3	P1	P2	P3	P1	P2	P3	P1	P2	P3	
数　量													
*促销													
销售额													
成　本													
毛　利													

第四季度：

区 域	东			南			西			北			合计
产 品	P1	P2	P3	P1	P2	P3	P1	P2	P3	P1	P2	P3	
数 量													
*促销													
销售额													
成 本													
毛 利													

说明：带"*"号的项目只有终端商填写，促销方案请选择0、1、2、3、4。

表6-145　　　　　　　　　　　　　制造商状态记录表

1Q末		2Q末		3Q末		4Q末		年 末	
类别	金额	类别	金额	类别	金额	类别	金额	长期贷款	
现金								账期	金额
应收账款		应收账款		应收账款		应收账款		1Y	
短期贷款		短期贷款		短期贷款		短期贷款		2Y	
账期	金额	账期	金额	3Y	金额	账期	金额	3Y	
4Q		4Q		4Y		4Q		4Y	
3Q		3Q		3Q		3Q		厂房残值	
2Q		2Q		2Q		2Q		厂房	残值
1Q		1Q		1Q		1Q		1	
高利贷		高利贷		高利贷		高利贷		2	
账期	金额	账期	金额	账期	金额	账期	金额	仓库残值	
4Q		4Q		4Q		4Q		仓库	残值
3Q		3Q		3Q		3Q		P1	
2Q		2Q		2Q		2Q		P2	
1Q		1Q		1Q		1Q		P3	
同业拆借		同业拆借		同业拆借		同业拆借		生产线残值	
账期	金额	账期	金额	账期	金额	账期	金额	生产线1	
4Q		4Q		4Q		4Q		生产线2	
3Q		3Q		3Q		3Q		生产线3	
2Q		2Q		2Q		2Q		生产线4	
1Q		1Q		1Q		1Q		生产线5	

续 表

在制品状态		在制品状态		在制品状态		在制品状态		生产线6	
生产线	产品类型/数量	生产线	产品类型/数量	生产线	产品类型/数量	生产线	产品类型/数量	旗舰店	
生产线1		生产线1		生产线6		生产线1		东区	
生产线2		生产线2		生产线7		生产线2		南区	
生产线3		生产线3		生产线8		生产线3		西区	
生产线4		生产线4		生产线4		生产线4		北区	
生产线5		生产线5		生产线5		生产线5			
生产线6		生产线6		生产线6		生产线6			
产成品库存		产成品库存		产成品库存		产成品库存			
产品类型	数量	产品类型	数量	产品类型	数量	产品类型	数量		
P1		P1		P1		P1			
P2		P2		P2		P2			
P3		P3		P3		P3			
产品研发		产品研发		产品研发		产品研发			
产品类型	状态	产品类型	状态	产品类型	状态	产品类型	状态		
P2		P2		P2		P2			
P3		P3		P3		P3			

表 6－146　　　　　　　　　　　　　总代理状态记录表

1Q 末		2Q 末		3Q 末		4Q 末		年　末	
类别	金额	类别	金额	类别	金额	类别	金额	长期贷款	
现金		现金		现金		现金		账期	金额
应收账款		应收账款		应收账款		应收账款		1Y	
应付账款		应付账款		应付账款		应付账款		2Y	
短期贷款		短期贷款		短期贷款		短期贷款		3Y	
账期	金额	账期	金额	账期	金额	账期	金额	4Y	
4Q		4Q		4Q		4Q		仓库残值	
3Q		3Q		3Q		3Q		仓库类型	残值
2Q		2Q		2Q		2Q		1	
1Q		1Q		1Q		1Q		2	

高利贷		高利贷		高利贷		高利贷		仓库租赁	
账期	金额	账期	金额	账期	金额	账期	金额	仓库类型	是否租赁
4Q		4Q		4Q		4Q		1	
3Q		3Q		3Q		3Q		2	
2Q		2Q		2Q		2Q			
1Q		1Q		1Q		1Q			
同业拆借		同业拆借		同业拆借		同业拆借			
账期	金额	账期	金额	账期	金额	账期	金额		
4Q		4Q		4Q		4Q			
3Q		3Q		3Q		3Q			
2Q		2Q		2Q		2Q			
1Q		1Q		1Q		1Q			

产品库存			产品库存			产品库存			产品库存		
仓库类型	产品类型	数量	仓库类型	产品类型	数量	仓库类型	产品类型	数量	仓库类型	产品类型	数量
1	P1		1	P1		1	P1		1	P1	
	P2			P2			P2			P2	
	P3			P3			P3			P3	
2	P1		2	P1		2	P1		2	P1	
	P2			P2			P2			P2	
	P3			P3			P3			P3	

在途商品		在途商品		在途商品		在途商品	
产品类型	数量	产品类型	数量	产品类型	数量	产品类型	数量
P1		P1		P1		P1	
P2		P2		P2		P2	
P3		P3		P3		P3	

表 6 - 147　　　　　　　　　　　　　终端商状态记录表

1Q 末		2Q 末		3Q 末		4Q 末		年　末	
类别	金额	类别	金额	类别	金额	类别	金额	仓库	
现金		现金		现金		现金		仓库类型	是否租赁
应付账款		应付账款		应付账款		应付账款		东区	

短期贷款		短期贷款		短期贷款		短期贷款		南区	
账期	金额	账期	金额	账期	金额	账期	金额	西区	
4Q		4Q		4Q		4Q		北区	
3Q		3Q		3Q		3Q		店面个数	
2Q		2Q		2Q		2Q		东区	
1Q		1Q		1Q		1Q		南区	
高利贷		高利贷		高利贷		高利贷		西区	
账期	金额	账期	金额	账期	金额	账期	金额	北区	
4Q		4Q		4Q		4Q			
3Q		3Q		3Q		3Q			
2Q		2Q		2Q		2Q			
1Q		1Q		1Q		1Q			
同业拆借		同业拆借		同业拆借		同业拆借			
账期	金额	账期	金额	账期	金额	账期	金额		
4Q		4Q		4Q		4Q			
3Q		3Q		3Q		3Q			
2Q		2Q		2Q		2Q			
1Q		1Q		1Q		1Q			

产品库存			产品库存			产品库存			产品库存		
仓库类型	产品类型	数量	仓库类型	产品类型	数量	仓库类型	产品类型	数量	仓库类型	产品类型	数量
东区	P1		东区	P1		东区	P1		东区	P1	
	P2			P2			P2			P2	
	P3			P3			P3			P3	
南区	P1		南区	P1		南区	P1		南区	P1	
	P2			P2			P2			P2	
	P3			P3			P3			P3	
西区	P1		西区	P1		西区	P1		西区	P1	
	P2			P2			P2			P2	
	P3			P3			P3			P3	
北区	P1		北区	P1		北区	P1		北区	P1	
	P2			P2			P2			P2	
	P3			P3			P3			P3	

在途商品		在途商品		在途商品		在途商品		
产品类型	数量	产品类型	数量	产品类型	数量	产品类型	数量	
P1		P1		P1		P1		
P2		P2		P2		P2		
P3		P3		P3		P3		

表 6－148　　　　　　　　　　　　综合费用明细表　　　　　　　　　　单位：百万元

	运营费	广告费	仓储费	租金	维护费	代理费	渠道费	开店费	店面管理费	运输费	研发费	其他	合计
制造商													
总代理													
终端商													

表 6－149　　　　　　　　　　　　　　利润表　　　　　　　　　　　　　单位：百万元

项　　目	算　符	制造商	总代理	终端商
直销收入	＋			
分销收入	＋			
直销成本	－			
分销成本	－			
销售毛利	＝			
综合费用	－			
折旧	－			
支付利息前利润	＝			
财务费用	－			
其他收支	＋／－			
税前利润	＝			
所得税	－			
净利润	＝			

表 6－150　　　　　　　　　　　　　资产负债表　　　　　　　　　　　单位：百万元

项　　目	制造商	总代理	终端商	项　　目	制造商	总代理	终端商
流动资产				负债			
现金				短期借款			
应收账款				长期借款			

项　　目	制造商	总代理	终端商	项　　目	制造商	总代理	终端商
库存商品				应付账款			
在制品				应交税费			
在途商品				其他借款			
流动资产合计				负债合计			
非流动资产				所有者权益			
厂房				实收资本			
仓库				利润留存			
机器设备				当年净利润			
非流动资产合计				所有者权益合计			
资产总计				负债和所有者权益总计			

附录6　用友供应链管理沙盘实训成绩评定

　　用友供应链管理沙盘课程结束后,每个组都会有一个实训成绩,但这个实训成绩并不能充分反映学生的真实情况,有的供应链尽管破产了,但企业运营及供应链协同管理过程中,组员可能一直积极参与,而且积累了很多宝贵的经验,下面给出一种较为科学的成绩评定方式。

$$课程成绩＝实训成绩(40\%)＋成员表现(30\%)＋总结(30\%)$$

1. 实训成绩

　　此次课程把参加训练的学员分成一定的小组,每组代表不同的供应链,每个小组的成员分别担任供应链企业中的重要职位(财务总监、财务助理、运营总监、运营助理)。几条供应链是市场中同种产品的生产、分销及销售的竞争对手,他们从先前的管理团队中接手同样的供应链,接手供应链中同样的企业,各小组要模拟的4年企业运营,模拟4年的供应链管理工作,各条供应链、同种类型的六家企业要在客户、市场、资源及利润等方面进行一番真正的较量。最后根据各企业的所有者权益、综合发展系数等对各条供应链进行综合排名,这就是实训成绩。

$$实训成绩＝供应链合并权益×[1＋(供应链加分－供应链减分)/100\%)]$$

　　其中,供应链合并权益包括:处于同一条供应链中三家企业的所有者权益之和,再扣除三家企业间的关联交易带来的利润影响值。

　　供应链加分的计算:

　　(1) 渠道加分:每覆盖一个渠道加5分。

　　(2) 市场占有率加分:在最后一季的销售中,每个市场上销售额最高的前两名,加5分。

　　(3) 门店加分:在最后一季时,每开一个门店加5分(含制造商的旗舰店和终端商的门店)。

（4）研发加分：研发 P2 加 10 分，研发 P3 加 15 分。

（5）产能加分：生产线的数量×10 分。

（6）资产加分：固定资产净值×0.2-(负债-现金-存货×0.5)×0.1。

注：

（1）此处的现金包括：现金、应收账款、同业借出。

（2）各企业的存货价值均按系统规定的结算价进行计算。如果有供应链上自行抬高或压低结算价的，在其他收入/支出中体现，不影响资产负债表上的存货价值。

供应链减分的计算：

（1）实训过程中进行其他贷款会扣分。每贷 10M 扣 10 分，各次贷款要累加。

（2）竞单时没有考虑自身库存情况，失误一次扣 10 分。

2. 成员表现

用友供应链管理沙盘经营过程中，各岗位分工明确，各司其职，制定计划，合作愉快，组间公平竞争，各个企业的团结程度、每个成员的参与程度，以及各种表格如运营流程表、现金及应收应付账款报表、销售情况登记表、货物登记表、利润表、融资登记表、资产负债表的填写等都列为企业成员的综合表现评价。

3. 总结

沙盘课程实训结束后，要求提交总结，包括个人总结、供应链总结。个人总结是课程结束后每个同学上交一份实训报告，是对自己几天的体会、经验以及在实践中应用的理论知识进行的总结与归纳。供应链总结就是以团队的形式上交一份 PPT，在全班总结时各个企业要站在团队全局的角度上利用多媒体向全班同学边展示边讲解，这也是经验共享的一个过程：包括本企业的成员构成、研发及生产战略、广告策略、促销策略、销售策略、渠道策略、供应链协同管理策略、企业运营得失及管理经验等进行总结。

本章小结

1. 用友供应链管理沙盘作为学习市场营销学、企业物流管理概论、供应链管理等课程的一个道具，要求每个小组接手一个已经运营了多年的供应链，每条供应链包括上、中、下游三家企业，分别为制造商、总代理与终端商。

2. 用友供应链管理沙盘运营规则包括：制造商运营规则、总代理运营规则、终端商运营规则、竞单规则和其他规则。

第三篇

经营分析

第七章　企业经营管理分析

第一节　企业经营管理概述

ERP沙盘模拟实训是对企业经营管理的全方位展现,通过体验的方式让学生接触企业运营的全过程,解决学生对企业经营认知不足的问题。指导老师将学生分成若干小组,并进行岗位分工,每个小组通过企业经营沙盘,模拟企业六年的经营过程。学生在市场分析、战略制定、资金筹集、生产组织、营销规划和财务核算等系列经营活动中体会企业运作的全过程,认识企业资源的有限性,理解ERP的管理思想,领悟科学的管理规律,并了解学习专业知识的必要性。

通过模拟经营,学生会遇到企业经营中经常出现的各种典型问题。每个学生必须和小组其他成员一起寻找市场机会,分析市场规律,制定经营策略,实施全面管理。在各种决策成功与失败的体验中,学习管理知识,掌握管理技巧,提高管理素质。

(1)全方位认知企业。了解企业的组织机构设置、各管理机构的职能和工作内容,对未来的职业方向建立基本认识。了解企业管理体系和业务流程,理解资金流、物流和信息流的协同过程。

(2)战略管理。成功的企业一定有着明确的企业战略。从最初的战略制定到最后的战略目标达成分析,连续6年的企业模拟经营,经过踏上征程、感性经营、理性经营、成本核算、科学管理、人力资源管理、全面信息化等阶段的训练,学生将学会用战略的眼光看待企业的业务和经营,保证业务与战略的一致,在未来的工作中更多地获取战略性成功而非机会性成功。

(3)营销管理。通过几年的模拟竞争,学生将学会如何分析市场、关注竞争对手、把握消费者需求、制订营销战略、准确定位目标市场,制定并有效实施销售计划。

(4)生产管理。在企业经营过程中,学生将深刻感受生产与销售、采购的密切关系,理解生产组织与技术创新的重要性。

(5)财务管理。学生将清楚地掌握资产负债表、利润表的结构,通过财务报告、财务分析解读企业经营的全局,细化核算支持决策;掌握资本流转如何影响损益;理解"现金流"的重要性,学会资金预算,以较好的方式筹资,控制融资成本,提高资金使用效率。

(6)人力资源管理。在企业经营过程中,模拟经营团队经过初期组建、短暂磨合,逐渐形成团队默契,进行团队沟通协作,将深刻理解局部最优不等于总体最优,学会换位思考,提升团队协作精神。

（7）基于信息管理的思维方式。通过 ERP 沙盘模拟实训,学生将真切体会到构建企业信息系统的紧迫性,感受到企业信息化实施过程的关键点,为企业信息化做好观念和能力上的铺垫。

（8）树立共赢理念。寻求与合作伙伴之间的双赢、共赢才是企业发展的长久之道。这就要求企业知彼知己,在市场分析、竞争对手分析上做足文章,在竞争中寻求合作,企业才会有无限的发展机遇。

（9）全局观念与团队合作。受训者将深刻领会到团队协作精神的重要性。在这里,每一个角色都要以企业总体最优为出发点,各司其职,相互协作,才能赢得竞争,实现目标。

（10）保持诚信。诚信是一个企业的立足之本,发展之本。在经营过程中,诚信主要体现在对"经营规则"的遵守,如市场竞争规则、产能计算规则等。保持诚信是学习者立足社会,发展自我的基本素质。

（11）个性与职业定位。个性在 ERP 沙盘模拟对抗中会显露无遗。在分组对抗中,有的组轰轰烈烈,有的组稳扎稳打,有的组则不知所措。

（12）感性人生。在市场的残酷与企业经营风险面前,是"轻言放弃"还是"坚持到底",这不仅是一个企业可能面临的问题,更是人生中需要不断抉择的问题,经营自己的人生与经营一个企业具有一定的相通性。

（13）实现从感性到理性的飞跃。在 ERP 沙盘模拟实训中,学生经历了一个从理论到实践再到理论的上升过程,把自己亲身经历的宝贵实践经验转化为全面的理论模型。学员借助 ERP 沙盘推演自己的企业经营管理思路,每一次基于现场的案例分析及基于数据分析的企业诊断,都会受益匪浅,达到磨炼商业决策敏感度,提升决策能力及长期规划能力的目的。

第二节 战略分析

一、战略规划

古语云:凡事预则立,不预则废。对于任何组织而言,要想取得持久的竞争力必须有一个长远的战略规划。

企业战略规划是企业根据其外部环境及企业内部资源和能力状况,为谋求长期生存和稳定发展,为不断获得新的竞争优势,对企业发展目标、达成目标的途径和手段的总体谋划。一个完整的企业战略规划一般包括企业内、外部环境分析、战略目标、经营方向、经营策略、战略调整和战略实施等内容。

（一）企业内、外部环境分析

知己知彼方能百战不殆,企业要制定自己的战略首先要掌握企业外部环境和内部实际情况。任何企业都处于一定的环境中,不能与外部环境完全隔绝。必须清楚了解自己企业处于什么样的市场环境、竞争的激烈程度、目前的业务是什么。还需要了解目前企业的市场地位,以及所从事的业务,从而解决企业如何发展的问题。市场最基本的构成要素是顾客,而顾客的需求是不断发生变化的,顾客的偏好也不断发生变化,那么企业能不能适应这种变化,适应与否将决定企业经营的成败。如果企业固守不变,保持原有的产品和服务,那么可能就会遭受损失,就会把原有的市场让给其他企业,市场价值就会发生转移。别人的市场价值就会增加,自己就会亏损,随之也不可能有竞争优势,更谈不上效益了。

企业内、外部环境分析包括宏观环境分析、行业及竞争环境分析、内部条件分析等。企业要实现其作为资源转换体的职能,就要了解外部环境中哪些会为企业带来机遇,哪些会对企业形成威胁,进而了解企业的资源是否充足、资源配置是否合理,从而达到外部环境和内部条件的动态平衡。只有全面把握企业的优势与劣势,才能使战略不脱离实际。

(二)战略目标

战略目标就是确定企业在一个较长时间里要完成什么?这个目标要体现时间限制,可计量,具有总领性和现实可行性。

战略目标涉及以下问题:① 如何扩大公司的市场份额;② 如何获得低于经营对手的成本;③ 如何扩大企业的声誉;④ 如何在市场获得充分的发展;⑤ 如何获得技术的优势;⑥ 如何成为新产品的领导者;⑦ 如何抓住发展的机遇。

(三)经营方向

经营方向就是明确企业现在可以提供的产品与服务领域,以及未来一定时期内决定进行或退出、决定支持或限制的某些业务领域。

经营方向涉及以下问题:① 我们计划生产的产品如何;② 市场开拓如何;③ 我们倾向于何种产品;④ 我们倾向于何种市场。

(四)经营策略

经营策略就是企业管理层的工作程序和决策规则。它研究和规划企业的经营重点,部署资源,明确企业的主要职能领域,如营销、生产、人力资源、财务等方面的工作方针及相互协调的方法。

(五)战略调整

企业战略发展规划并不是一成不变的,而是根据企业内部和外部环境的变化及竞争对手的发展情况而不断做出动态的调整。每一年经营下来,都要检验企业战略的实战性,并根据以后年度的市场趋势预测,结合公司自身优势,调整既定的战略。

(六)战略实施

战略目标是一个中长期的发展目标,实现起来不可能一蹴而就,需要循序渐进。在 ERP 沙盘实训中战略目标是一个 6 年的发展目标,在实施过程中,外部环境与内部资源条件不是一成不变。分阶段实施战略目标,可以帮助企业对其行为过程做出回顾和评价,及时对战略方案做出适当的调整,从而实现战略目标。

二、ERP 沙盘模拟中的战略

(一)战略选择分析

在沙盘模拟实训中,各个小组通过市场调查预测等得到市场未来 6 年的预测资料,包括产品、价格、市场发展趋势等情况,进而需要根据现有的经营状况、资源进行企业战略的选择,例如企业面对以下战略进行选择:

(1)自己的企业想要成为什么样的企业?希望在市场取得什么地位,是市场领导者还是市场追随者?企业要达到什么样的规模?

(2)企业要生产什么产品?哪些产品作为主打产品?企业要开拓哪些市场?市场的需求是有限的,竞争不可避免,企业的经营者需要作出决定:有限的财力、产能等资源是投入重点市场、重点产品,还是全面铺开?

(3) 企业如何扩大产能?企业要想占领更多的市场就需要扩大自己的生产能力,需要引进更先进的生产设备,沙盘模拟中各种设备的购置价格、生产能力、灵活性是不同的,到底选用什么样的设备是摆在管理者面前比较现实的问题。同时,企业现有大厂房可以容纳 4 条生产线,若企业发展顺利,需要购置更多的生产线,就需要考虑是否购买或租用沙盘上的中厂房或小厂房。

(4) 企业如何进行融资运作?沙盘模拟中,企业的融资方式主要有银行贷款(包括短期贷款、长期贷款和高利贷三种)和贴现,各种银行贷款的利率和还款周期是不一样的,而且不同账期的应收账款贴现的费用也是不一样的,学生在沙盘模拟过程中需要根据实际需要综合确定资金的融资方式。

企业制定的战略并不是固定不变的,根据企业内外环境的变化和竞争对手的发展、客户需求等情况要不断地调整企业的战略。

(二) 战略的类型

企业战略因人而异,而且与性格相关,目标不同,战略不同。

(1) 领导者战略。此战略的目标是获得第一名,风险与机会并存,是一种市场领导者战略。这种战略永远追逐毛利最高的产品与市场,生产线安装速度快,广告力度大。它要求团队有非常高的默契度,反应迅速,CEO 工作能力强,对竞争对手心态分析透彻,对市场的走向具有前瞻性。领导者战略非常害怕战略雷同,俗话说,一山不容二虎,当多家企业使用同一种领导者战略时,往往会出现围剿搏杀、成王败寇的现象。

(2) 跟随战略。即跟随市场领导者,始终与其保持在第一梯队。市场领导者怎么做,企业就怎么做。该战略的好处是,企业不需要承担风险,只需要做好企业内部控制就可以了。类似肯德基的战略,麦当劳店铺开到哪里,肯德基就在哪里开店,保持一样的产品线、一样的服务。

(3) 回避战略。此战略的目标是保持中等水平,使企业不破产,能活下来就可以。在该战略下,企业完全避开利润最高的 P3 与 P4 产品,将产品线定位在中低端的 P1 与 P2 产品上,生产排程简单,原材料采购简单,占用的流动资金少,广告投入压力不大。

(4) 博弈战略。这种战略基于企业现状,能快速适应外部市场变化。市场竞争与战争一样的残酷,在六年经营过程中,企业要充分利用博弈的思想,寻找生存与发展的机会。投放广告时,要考虑广告投入与回报的关系,同时还要考虑资金周转率,并不是说毛利最高净利润就会最高。要充分研究竞争对手的心态,当竞争过于激烈时,一方面保持竞争姿态迷惑对手,另一方面主动撤退到竞争相对较弱的市场。在经营过程中,企业要充分分析竞争对手的习惯、领导人的性格,做到知己知彼,百战不殆,而与对手沟通时,又要做到虚虚实实,迷惑竞争对手。

第三节　营销分析

企业所生产的产品如果没有及时销售出去,就不能取得收入,而垫支的资金也不能收回,就会影响企业的现金流量。因此,如何将产品以最好的价格、最快的时间销售出去成为企业需要着重考虑的一个方面。产品销售面对的是一个变化而且充满竞争的市场,很多方面都存在不确定性,所以对市场的研究和把握非常重要。一般而言,在营销环节应做好市场预测、制定科学合理的广告投放、科学地选单、科学地交单等工作。具体而言,应注意以下几个方面的问题。

一、准确预测市场,合理预计销售订单

实际经营中,企业要准确预测市场需求是非常困难的。而在沙盘企业中,由于给出了较为准确的市场预测图,所以企业应当对市场预测图进行充分的分析,分析各个市场上产品的预计销售数量、预计销售单价、有无销售条件的限制等。同时,为了能准确地进行广告投放,应初步预计可能的订单数量。在进行市场预测时,为了便于了解各个市场的情况,可以制定市场需求预测表。

二、广告投放的原则

制定广告策略,主要是解决企业在哪些市场投放广告费、在哪些产品上投放广告费以及投放多少广告费的问题。科学合理的广告投放可以使企业拿到满意的订单而不造成资金的浪费,提高广告收益率,提高资金的使用效率。相反,错误或不当的广告策略不仅会造成资金的浪费,还可能使企业不能拿到满意的订单而造成产品积压,降低当年的收入,影响当年的现金流量。因此,企业在制定科学合理的广告投放策略时,应遵循以下原则:

(一) 稳健性原则

稳健性原则指在认真分析市场的情况下,有目的地投放广告费,不意气用事,避免由于盲目投放广告而造成资金的浪费。在企业经营过程中,有的年份资金相对比较充裕,如果为了将积压的产品销售出去而大肆投放广告,结果可能导致资金没有达到预期的效果。企业经营是很理性的,需要科学地对待,应当尽量避免侥幸心理,也不应该存在"赌博"心理。

如果在第一年,市场对于 P1 产品的总需求为 26～30 个,一般情况下,每张订单平均数量为 3～5 个,这样推算,市场的总订单数为 6～10 张,根据稳健性原则,企业投放的广告费最好为 1～3M。但由于第一年资金表面上看很充裕,加之存在竞争市场老大的因素,所以竞争一般比较激烈,广告投放就可能存在些非理性因素。在这种情况下,从稳健角度和长期发展出发,企业更不应当为了争取市场老大而盲目投放过多的广告费。经验教训证明,很多组在第一年由于盲目投放广告费,导致现金流出过多,而不得不推迟产品、市场的开发,不得不推迟生产线的建设,导致由于产能不能扩大而在第二年拱手将市场老大的地位让出,非常可惜。现金流出过多,也不得不在后期筹集更多的资金,同时,由于广告费用过多,导致当期利润不能相应增加,对后期的资金筹集也产生了一系列的负面影响。

(二) 效益性原则

效益性原则指尽可能使广告投入收益最大化。企业投放广告费的目的是销售产品,所以企业在投放广告费时应尽可能使投放的广告产生效益,而且是最大的收益。因此,投放的广告应尽量避免浪费。

例如,企业准备销售 8 个 P1 产品,企业有两个市场,如果预计每个市场的订单为 8 张,而进入各个市场的企业为 8 家,则企业在各个市场投放的广告费最好为 1M～2M,这样基本就可以保证每个市场可以拿到一张订单。如果投放过多,势必造成浪费。如果有三个市场进入,则每个市场各投放 1M 即可。

（三）争取市场领导地位原则

争取市场领导地位原则指在合理的广告费投放范围内,企业尽量争取市场领导者地位。但一定不能为了争取市场老大而大肆投放广告费,应考虑企业实力。企业如果产品品种多、产量大,则应利用该优势集中在某市场投放广告费,集中在该市场选单,努力取得该市场领导者地位。如果企业的产品品种比较单一,产量又比较小,则应避免为争市场地位而投入过多的广告费。

（四）全面性原则

全面性原则指企业在制定广告策略时,应充分考虑影响产品销售的各种因素。企业在制定广告策略时,要事先预计市场的销售数量和订单情况、市场的竞争程度、竞争对手可能的市场策略、本企业及对手的资金情况、本企业的重点市场以及企业的实际生产经营状况,包括生产能力、材料供应等因素,只有在充分掌握信息并分析信息的基础上,才能作出正确的决策。市场分析是十分复杂且多变的,为了准确预测市场,必须全面分析。

三、产品组合策略

产品组合策略,主要是指企业在第一年开局时的产品选择,战略定位不同,目标不同,企业选择的组合不同。产品有 P1、P2、P3、P4 四种,可以随意组合,一般以卖完为原则,开局不宜全部研发,研发过多的产品,会导致广告费过于分散,广告总额偏高,每种产品广告额没有竞争力。对于新手,建议在第一年开局时只研发一个或两个产品。

（1）P1 策略。这种策略适合不追求排名,员工工作能力不强,只为了防止破产的企业。企业专注生产 P1 产品,采购原材料的流程最简单,广告费很低,计算量最小,可以保证企业正常活下来,属于保守型策略。

（2）P2 策略。这种策略适合追求中等排名的企业。该策略的原材料计算方式相对单一,对岗位协同要求偏低,广告费可以集中投放,属于保守型策略。

（3）P3 策略。这种策略可以帮企业争夺前三。该策略的原材料计算方式相对单一,对岗位协同要求不高,资金周转压力略大,广告费可以集中投放,同时配合高广告策略,属于进攻型策略。

（4）P4 策略。这种策略可以帮企业争夺前三,该策略的原材料计算方式相对单一,对岗位协同要求不高,资金周转压力很大,广告费可以集中投放,同时配合高广告策略,属于进攻型策略。

（5）P3P4 组合策略。这种策略可以帮企业争夺前三。该策略的原材料计算方式比较复杂,对岗位协同要求很高,资金周转压力很大,广告费有选择投放,同时配合高广告策略,属于进攻型策略。

（6）P2P3 或 P2P4 组合策略。这种策略适合追求中等偏上排名的企业。该策略的原材料计算方式比较复杂,对岗位协同要求较高,广告费有选择投放,中等广告即可,进可攻退可守。

（7）P1P2 组合策略。这种组合策略类似于 P1 策略与 P2 策略。该策略的原材料计算方式相对简单,对岗位协同有一定要求,广告费可以有选择投放,中等偏低广告即可,属于保守型策略。

（8）P1P2P3P4 组合策略。这种策略只适合宽松的市场,其目的是抢夺市场老大。其原理是企业在第一年申请满额的长期贷款,建设大量的生产线,并生产多种产品,并将所有产品全部集中在一个市场销售。企业由于销量最大,因此,获取市场老大的机会非常大。这种策略的原材料计算复杂,对岗位协同要求高,广告投放额度大,属于进攻型策略。

四、竞单策略

企业进行正确的广告投放,只是为拿到订单提供了条件,但能否拿到最佳订单,关键在于竞单。所谓最佳的订单就是将生产的产品全部销售,使每张订单的产品毛利最大,账期最短。因此,拿到真正最佳的订单是企业努力的方向。企业在选订单时,除了竞单时要随机应变外,还应当注意以下问题。

(1)选单时,企业一定要考虑每一季下线产品的数量,特别是当年第一次下线的产品数量,最好使销售订单上的产品数量与计划下线产品数量一致,这样回款最快,资金周转率最高。销售订单上的数量过大时,就算单价高,企业也不要轻易选取,因为,这样的销售订单,需要多个季度的产出进行叠加,才能交货,会比与产能匹配的订单晚交货,晚交货就意味着晚回款,最终就会降低资金周转率。

(2)分析对手广告投入情况,合理确定产品市场。在竞单以前,指导老师会将各组广告投放情况展示出来,以便确认广告录入是否正确,可以利用这个时机,将各组的广告投放情况进行记录并分析,以利于企业调整竞单的策略。

例如,企业分别在区域、亚洲和国际市场投放了P3产品的广告费,而通过分析,发现国际市场只有本企业和另外一个组在P3产品投放广告费,而且本企业投放的是4M,对方是3M,根据事先的推测,该产品在国际市场至少有3张订单,那么说明本企业在国际市场上至少可以拿到两张订单。在这种情况下,企业可以出于价格或者其他有利于自己的原因放弃前面某个市场的竞单,而将竞单的机会放在国际市场上,这样就给企业选择的机会。如果企业没有做这样的分析,就可能错过比较好的竞单机会。

(3)珍惜优选单的机会。企业如果是某市场的市场老大,或者在某个市场投放的广告费比较多,从而有优先选单的权利,在这种情况下,企业应充分把握好优先选单的机会。如果本企业有两次以上的选单机会,应分析对手的产量和选单情况。如果本企业可以在本市场拿任意订单都能交单,应首先选择大单。如果通过分析,所有的对手都不能拿最大单,只有本企业可以拿,则企业应选择次大的订单,将最大订单放在最后来选,从而保证本企业的产品销售。

(4)选单时考虑企业的资金预算。企业在竞单时,有时会面临选择。比如,有两张订单,销售数量都相同,不同的是账期和总价:一张订单账期比较长,但总价比较高,另一张订单账期比较短,但总价相对较低。这种情况下,如果企业资金比较紧张,就应该选择账期比较短,但单价相对较低的一张订单,相反,如果企业没有资金紧张的问题,则应选择总价格高但账期较长的订单。

(5)在选单过程中,为保证选单顺利进行,团队成员必须密切配合,分工协作。一人关注选单队列与倒计时,并完成选单操作;一人做好单决策、确认、监督工作;一人做好选单结果的记录,即时反馈订单缺口。

五、交货策略

在交货时,除了电子沙盘,企业首先要注意交货顺序,在保证能正常交货的前提下,可以适当由财务调整交货顺序,以获得更优的回款效果。其次,当出现产品库存小于订单交货数量时,企业可以考虑紧急采购产成品,虽然紧急采购会使企业亏损。但只要其他产品的卖出毛利超过亏损,就应该紧急采购。最后,当出现产品库存小于订单交货数量时,如果两张订单都是同种产品,但一张订单数量较大,另一张订单数量较小,通常我们会首选订单数量较大的交单。

第四节　资金管理分析

经营过程中,如果出现了现金断流而又不能筹集到资金的情况,则意味着破产。所以企业在追求利润的同时,应当充分考虑到资金的情况,既要最大限度地利用资金,发挥资金的作用,达到资产保值增值的目的,又要考虑到资金使用不当给企业带来的风险,为此,要科学合理地进行资金管理。

沙盘模拟中企业的现金收入主要来源于产品的销售以及从资本市场筹集的资金,而企业的现金支出项目却很多。在沙盘模拟经营规则中提到,企业破产的条件之一是现金断流,从学生多轮沙盘模拟的实际情况来看,有相当一部分小组破产或濒临破产的重要原因就是没有做好资金的管理,仅仅把沙盘模拟中的财务部分当成了事后监督,而未做好财务的事前、事中控制。

一、资金预算分析

在当前市场竞争异常激烈的情况下,企业不但要想方设法把产品销售出去,更重要的是要及时收回货款,以便使经营活动能够持续进行。加强资金管理,尤其是加强现金流量预算管理越来越重要。现金流量预算管理,就是根据企业的生产经营计划,按照先自下而上,后自上而下的程序,通过对现金流入、流出的预测,进行综合平衡,合理安排,科学调控资金的一种管理方法。企业理财目标是使企业价值最大化,以最佳现金流量作为企业理财目标是最佳的选择。因此,企业加强现金流量预算管理,强化资金调整力度,提高资金使用效益,就能保证企业对资金的正常需求,优化企业的资金结构,降低财务费用。要做好现金流量预算需要从以下几方面入手。

(一)明确企业营业收入

企业的现金流入来源主要是销售产品收到的现金,除此以外还包括出售厂房、生产线收到的现金等。沙盘企业中,销售产品一般收到的是应收款,会在以后某个季度收到现金。企业可以根据产品下线情况,结合订单情况,明确每个季度的产品销售收入以及对应的账期,从而明确每个季度有多少应收款到期、收到多少现金。另外,企业在事先规划时,可以预估出售生产线的时间,从而预计现金流入情况。

(二)科学控制现金支出

沙盘模拟经营中,企业的固定费用包括行政管理费、广告费、设备维护费、厂房租金等,这些费用基本上在年初就能明确地确定下来。其次,每年年末基本可以明确下一年度的产品生产情况,包括产品品种、投产数量和投产时间,就可以提前确定采购原材料和各期应投入的产品加工费。最后,财务部门要加强过程管理,对支出预算进行总量集中控制,资金统一调配,按预算严格管理。对于预算外支出,建立严格的审批制度,对金额较大的支出,实行集体决策审批。

（三）建立严格完善的管理体系

第一,建立全面、完善的年度现金流量预算体系。第二,建立完善的季度、年度滚动现金流量表。第三,加强现金流量分析,建立科学的分析体系。

沙盘模拟中,现金预算是保证企业资金短缺致使破产的重要工具。传统的管理模式中,财务人员的工作仅仅是统计数据、编制报表、报账、记录等核算工作,只要不违反会计制度即可。然而在科学管理时代,为了提升企业的管理水平,财务人员尤其是财务主管应当成为管理型会计,必须能预测企业现金流。这就需要准确地制定和执行年度工作计划,当然需要采购部门、生产部门、营销部门的参与,需要实现各个部门数据的共享。

二、资金筹集分析

当企业资金断流时,可以通过不同的途径筹集资金,使企业度过暂时的资金危机。同时,企业也可以在不同的阶段,利用不同的渠道筹集资金,为企业的快速发展提供物资上的保证。企业筹集资金的途径很多,包括贷款、出售厂房、贴现、借高利贷、出售生产线等,但由于每种方式各有特点,所以在使用时应区别对待。

（一）贷款

贷款是企业筹资的主要方式,通过贷款,企业可以解决资金短缺的困难。如果企业资金运用合理可以取得远高于贷款利息的投资回报,此时企业应当考虑适度的贷款。贷款包括长期贷款和短期贷款,长期贷款期限长,短期内没有还款压力,但利息较高,筹资成本高,一般适用于固定资产等长期资产的投资。短期贷款利率相对较低,但是期限短,还款压力大,特别是在企业的所有者权益逐年降低而规则又不允许转贷的情况下,风险较大。一般适用于解决流动资金不足的问题,比如购买原材料、支付加工费等。总的来说,贷款是企业筹集资金首先应考虑的方式,在不能贷款的情况下,再考虑其他筹资方式。

（二）出售厂房

出售厂房可以筹集资金,但要在每年年末支付租金,所以这种方式是在不能贷款的情况下才考虑的。出售厂房收到的是4个账期的应收款,不能在当期取得现金,所以要提前考虑资金的需求情况,提前出售。否则,如果将出售厂房的应收账款贴现的话,使用成本太高。一般情况下,出售厂房有两种情况:一种是主动出售,即在市场状况良好的情况下,企业资金筹集困难,但有比较好的发展前景时使用;另种情况是被动出售,即当企业出现了现金断流,为了防止破产,不得已而采用这种方式。但这种被动出售对于企业非常危险。

（三）贴现

贴现是企业常用的一种筹资方式,这种筹资方式时间灵活,可以随时贴现。但贴现需要有应收款,而且使用成本高,所以企业一般在资金非常困难、确实无法渡过难关时采用。

（四）出售生产线

出售生产线是指由于资金严重短缺而被迫出售正在使用的生产线的一种筹资方式,应该说是一种无奈的选择。企业的生产线只能按残值出售,如果生产线净值远大于残值,企业出售生产线损失非常大。而且出售生产线,意味着企业的生产能力下降,相应的收入降低,对企业很不利,所以这种方式只有万不得已的情况下才被采用。当然,企业也可能根据规划因更新生产线而出售旧生产线,这种情况不包括在内。

（五）借高利贷

借高利贷筹集资金,期限短、利率高,而且在计算最终成绩的时候还要扣分,所以该筹资方式一般不要轻易采用。但是,如果企业已经由于资金短缺面临破产倒闭,借高利贷缓解资金压力也是帮助企业暂时渡过难关的一种筹资方式。

第五节　生产运营分析

生产能力是制定生产计划时重点考虑的因素,若企业生产能力远大于生产计划则造成开工不足,若生产能力小于生产计划则不能按时完成任务,理想状态下要保证二者相等,但这往往是做不到的,这时就需要调整产能或者生产计划。

ERP 沙盘模拟过程中,同样涉及了生产能力与生产计划协调的问题,企业需要协调两者的关系,同时又要尽可能满足市场需求。

一、厂房组合分析

沙盘经营规则中约定,厂房类型有大厂房、中厂房、小厂房,企业可买可租。企业对厂房可以租赁转购买,或购买转租赁,可以变卖或退租厂房。但厂房类型不能变更。

（1）厂房到底是租赁合适还是购买合适呢? 一般情况下,当采用短期贷款为主开局时,企业流动资金比较少,一定要租厂房。当采用长期贷款开局时,流动资金比较多,可以买厂房。

（2）使用大厂房合适还是小厂房合适呢? 由于厂房类型不能变更,已获取的厂房不可以从由小升到大,由大变到小,虽然企业可以将厂房变卖或退租,但需要变卖生产线后再重新安装生产线,周期很长,得不偿失。因此,建议企业根据第六年最终想要安装多少条生产线这个目标来组合厂房。

二、生产线分析

沙盘模拟过程中,生产线类型有手工线、半自动线、全自动线、柔性线。其中,半自动线属于"鸡肋",基本不用考虑。手工线的优点是价格低、安装快、机动性好、维护费用低、折旧费用低,缺点是生产周期长、产能低、无加分项。全自动线的优点是生产周期短、产能高,有加分项,缺点是安装周期较长、价格较高、机动差、维护费用高、折旧费用较高。柔性线的优点是生产周期短、产能高、加分项最高、机动性好,缺点是安装周期最长、价格最高、维护费用高、折旧费用最高。

生产线的组合,与市场需求量有很大关系。当市场需求量很大时,企业的重心为产能最大化,这时,可全部选择全自动线,或者采用以全自动线为主,柔性线为辅的组合。当需求量降低时,为了增加获取销售订单的机会,企业需要增加生产线的机动性,相对增加柔性线,相对减少自动线,甚至全部变为柔性线。当需求量继续降低时,需要减少柔性线,增加手工线,保持机动性,降低产能。需求量很低时,只能全部以手工线开局。

三、排产分析

企业只有将产品生产出来,才能实现销售。企业也只有准确地计算出每个季度的产能,才能准确地拿单。于是,排产成为生产管理重要的内容。排产就是生成主生产计划的过程,企业制定生产计划的过程一般分成两个部分,首先是生成主生产计划,其次是根据主生产计划生成生产作业计划。要得到主生产计划,一般企业是从订单开始,部分企业是从市场预测开始,生成一个包含生产品种、数量、时间的简单生产计划。

但是,仅有主生产计划是远远不够的。一个简单的主生产计划中的生产要求,要把它自动分解为复杂、具体的生产作业过程,这就是详细排产。一般来说,生产作业计划越详细,它给出的信息越丰富、越有价值,相应计算起来就越困难。

一个生产过程可能有无穷多种"可行"的安排方式,因此必须从其中找出一个"最优"的计划。

对企业来说,在不增加生产资源的情况下,通过最大限度地发挥当前资源的方式可以实现提高企业生产能力的目标。通过排产,给出了精确的物料使用和产品产出的时间、品种、数量信息,用这些信息可以最大限度地减少每个企业的库存量。同时,可以用来作为生产决策的依据,改进质检、成本、库存、采购、设备维护、销售、运输模块的运作方式,大大提高运转效率,提升企业整体管理水平。

在模拟运营中,对生产总监来说,应当注意把握以下几个问题:

(1)准确计算出各条生产线在每个季度产品的上线和下线情况。生产总监应在年初准确编制产品生产及采购计划,计算出每个季度完工和上线的产品数量,并将产品完工的数据报告给营销总监,以便营销总监制定科学合理的销售策略;同时,将产品的投产情况,也就是每个季度原材料的需求量报告给采购总监,以便采购总监及时下原材料订单,及时购买。

(2)准确计算每个季度需要的加工费,报告给财务总监,以便安排支出。生产总监根据计算出的每个季度产品投产数量,预计需要的加工费,并将该数据报告给财务总监,财务总监据以编制现金预算。

(3)准确更新和投产,防止差错的发生。在更新生产和开始下批生产时,生产总监应按照生产线或者产品的顺序依次更新和开始下一批生产,不可随意进行,否则容易出现差错。

四、原材料采购分析

企业只有及时订购并采购原材料才能保证生产的正常进行。科学合理地采购材料,既保证生产的需要,又不造成材料的积压,是采购总监的目标。在材料采购环节,应注意把握以下几个问题。

(1)准确计算并下原料订单。要准确地下原料订单,首先必须准确计算出什么时候下原料订单、下多少原料订单。采购总监根据生产总监提供的材料需求计划,考虑材料订货提前期确定订货时间。

(2)准确计算材料采购费用。采购总监根据采购的材料数量确定出每个季度需要的材料采购费用,并将该采购费用的数据提供给财务总监,财务总监据以编制现金预算,及时安排资金。

(3)准确、及时购买订购的材料。采购总监应根据原料订单准确、及时订购材料,防止出现采购不及时,或者采购错误而给企业带来损失。

第六节　团队协作分析

一、岗位协调问题

企业作为一个系统,只有产供销协调才能有所发展。现实中,企业的内部管理往往会出现以下一些问题:销售部门对产品的推广卓有成效,接到了大量的订单,但是生产部门却不能按时交货。企业老总追问责任时,生产部门主管抱怨说采购部门没有为他们及时提供某型号的零件,供应的零件不是所需要的,导致产品无法按时组装;而当老总质问采购部门时,采购部门则一脸无奈:采购零件的型号数据是研发部门提供的,且根据生产部门提出的不间断原材料供应的要求,企业仓库中囤积的某些材料几年也用不完,积压导致的物资报废数额惊人,仓库库位饱和,流动资金大量积压;当老总责问研发部门时,研发部门主管则大喊冤枉:新产品没有按照公司既定流程研发,主要原因是销售部门在接订单时根本没有考虑研发周期,要求的时间太短,且产品匆忙定型时企业老总也是点头同意的……

以上情况,是我国相当多的制造业企业所面临的一个共性问题,问题的根源在于企业内部管理有待完善,没有做到生产、供应、销售、研发等部门的协调。同样,沙盘模拟中,产供销严重脱节的现象比比皆是。例如,有的小组开拓了多个市场,成为某些市场的领头羊,因而顺理成章地接到了很多销售订单,正当营销总监和 CEO 为当年的“大手笔”欣喜若狂时,生产总监却公布了一条“令人震惊”的消息:生产部门全力以赴也无法满足所有的订单;有的小组在提高产能上下足了功夫,上马了很多高效率的生产线,生产总监、采购总监忙个不停,生产出了大量的产品,结果发现这些产品只能成为常年的“库存”,卖不出去;有的小组营销、生产安排妥当,只要正常完成生产任务即可有光明的前景,却出现了原材料准备不足的情况,只能停工待料,眼睁睁看着生产线空置;当然也有小组为了保证生产的需要,一次采购了大量的原材料,有的原材料恐怕几年也用不完……

这些问题的解决,不是某个部门单独可以完成的。研发部门要根据市场情况,适时地推出新产品。营销总监在争取销售订单时,应该与生产总监充分沟通,对于企业的生产能力做到心知肚明,在企业没有能力生产的情况下决不会为了“标王”而损害整个企业的利益。同时,生产总监也要和采购总监密切协作,做到各种原材料“不早、不晚”的及时供应和“不多、不少”的适量供应。

二、建设高效团队

从某种程度上说,企业的成功,其本质是团队的成功。一个企业团队能否成功,固然和外部环境有关,但归根结底,还是取决于内部的协作能力。

在 ERP 沙盘模拟对抗中,小组的团队协作非常重要。在企业运营这样一艘大船上,CEO 是舵手、CFO 负责保驾护航、营销总监负责冲锋……在这里,每一个角色都要以企业总体最优为出发点,各司其职,相互协作,才能赢得竞争,实现目标。建设一个高效的管理团队,可从以下四个方面做起:

(一) 增强团队凝聚力

(1) 以明确的目标凝聚人。要增强团队的凝聚力关键是要有明确的目标。只有让每一个成员都明确了团队的目标所在以及实现目标对团队和自身的重要意义,整个团队才会有团结向上的动力。

(2)以相互信任的氛围吸引人。要建设一个具有凝聚力并且高效的团队,最为重要的一个步骤,就是建立信任。信任是互相的,是需要各方付出同等的努力对待的。互信需要走出积极的一步,要让别人信任你,首先你得信任别人。不要吝啬你的鼓励,不要保守你的支持,要对别人报以认可的态度,相信别人有能力完成工作,相信别人能够给你带来帮助。

(二)有效的冲突管理

团队中的冲突不可避免,CEO 和他的团队需要做的,是学会识别虚假的和谐,引导和鼓励适当的、建设性的冲突。充满冲突的团队等于一座火山,没有任何冲突的团队等于一潭死水,因此既要预防团队之间的无意义的冲突,也要激发团队之间的有积极意义的冲突。

(三)有效的决策程序

决策的过程实际上是对诸多问题解决方法的提出与选择,决策正确与否不仅取决于团队中各成员的智力、情感、意志和个性因素,更取决于团队能否在各成员所提出的问题解决方法中选择出最适合完成任务的方法。

为了充分显示出团队的优势,应该建立有效的决策机制。影响团队决策的因素主要有团队成员的年龄、团队规模、决策程序以及团队成员间的人际关系。

(四)有效的沟通过程

可以说,团队成员之间沟通交流的质量在团队的发展过程中是最为重要的。倘若没有了沟通和交流,那么团队就没有了继续存在的理由,团队成员各自所掌握的信息资源等就难以得到展示和交流,而这种情况的严重后果就是:目标变得渺茫甚至完全无法企及。

本章小结

1. 一个完整的企业战略规划一般包括企业内、外部环境分析、战略目标、经营方向、经营策略、战略调整和战略实施等内容。

2. 在营销环节应做好市场预测、制定科学合理的广告投放、科学地选单、科学地交单等工作。

3. ERP 沙盘模拟中,涉及生产能力与生产计划协调的问题,企业需要协调两者的关系,同时又要尽可能满足市场需求。

复习思考题

1. 企业经营管理分析的主要内容包括哪些方面?

2. 如何通过企业经营管理分析识别和解决企业运营中的问题?

第八章 企业经营成果分析

第一节 市场预测分析

一、市场预测概念

市场预测是企业进行营销活动的前提，通过运用科学的方法为企业决策提供依据，对企业和市场的未来变化起到合理化的分析判断作用。在 ERP 沙盘模拟过程中进行精准的市场预测分析能够为企业的营销战略做充分的准备。

根据市场需求预测和竞争对手的动向，亲自制定公司产品、市场、销售、融资、生产方面的长、中、短期策略，体验公司的各种经营活动，并通过经营状况的分析，制定新的一年的经营方案，完成下一年的经营任务。

二、市场需求预测

计算所有产品每年市场总需求量、各产品每年市场需求量、各产品每年总订单数、单张订单上产品个数、组均占市场需求量份额五个指标值。

市场总需求量就是每年所有产品在所有市场需求量的总和；各产品每年市场需求量就是每种产品在所有市场需求量之和；各产品每年总订单数就是每种产品在每年所有市场订单数之和；每张订单上产品个数就是各产品每年市场需求量与总订单数之商；组均占市场需求量份额是市场总需求量与经营组数之商。

上述五组指标中，组均占市场需求量份额代表的是每组最大产能参考值，如果某组经营者产能大于当年组均占市场需求量份额，则意味着产能过剩，市场消化不了，反之，则代表产能过小，要适当扩大产能。

单张订单上产品个数与订单总量指标可以估算出广告费，比如，某一年 P1 总需求量是 48 个，总订单数是 10 张，则 P1 产品单个订单上产品数大约是 5 个。某一组经营者 P1 产品的产能是 6，则理论上是要抢两张订单，充分考虑市场个数，如果当年 P1 是两个市场，在不考虑交货期的情况下，一种广告方案是在每个市场投入 1M 的广告费；另一种广告方案是一个市场投入 1M，另一个市场投 3M，这样算下来，最低广告费可以是 2M，多一点的广告费是 4M，第一种广告方案抢 2 张订单，基本上可以卖 4～6 个产品，第二个方案可以抢 2 张或 3 张订单，是可以卖完 6 个产品的。用此方法，可以估算出各个产品的广告费，并在此基础上根据对手情况加以调整，便做出了一份相对合理的广告投放表。

三、制定市场策略

我们在拿到市场预测信息后要分析将要面对的是大市场还是小市场。大市场一般指的是第一年拿资金尽量建柔性线,第二年产能都不够市场组均需求量的,第三年的需求量也高于第二年正常发展后的产能,后面的市场需求都呈放大趋势。还有一种市场就是收缩市场,六年中的前几年是呈放大趋势,后面逐渐需求量缩小。除此之外的都算是小市场。

在大市场中,经营者权衡最大毛利和最大需求量,不断扩大产能,适应市场需求,以最低费用获得最大产能和最大利润为方向;在收缩市场,最佳的生产线搭配应该是柔性线加手工线或者自动线加手工线,因为手工线的产能不是太大,而且手工线的费用是最低的,分担在单个产品上的费用也最低,可以灵活转产;在小市场中,我们只能通过降低费用来创造利润,这种市场下,盲目扩大产能是最为不可取的,因为一旦投入生产线,会加重负担,增加费用,而且扩大生产后产出的产品也难以卖出,会导致积压,造成很大的麻烦。降低费用的途径主要有控制材料费,控制广告费,尽量用费用低的生产线和尽量买厂房等。

沙盘模拟市场有五种,分别为本地市场、区域市场、国内市场、亚洲市场和国际市场,五个市场相互独立,不存在包含关系,只有取得了相应市场的准入资格证才能在对应的市场进行销售产品。本地市场已经开拓完成,区域市场、国内市场、亚洲市场和国际市场开拓时间和费用依次递增。

(一)市场集中化策略

在沙盘模拟经营中,市场集中化旨在一个细分市场上,生产单个产品,进行集中销售。公司在减少资金花费的情况下,在该细分市场上从事专业化生产,以该细分市场为起点,在取得较高利润后再向更多的市场扩展。

(二)市场专业化策略

市场专业化策略,即在同一个市场上销售多种产品。沙盘模拟经营中,市场专业化只开拓一个市场,研发生产多种产品。这种策略过分集中于单个市场,当这个市场出现市场萎缩,需求量整体下降时,较大的市场竞争会导致企业收益下降。

(三)市场全面化策略

市场全面化策略,是指企业尽可能研发和生产多种产品去满足不同市场的需求。沙盘模拟经营中,市场全面化指开拓多个市场,研发生产多种产品。

第二节　经营能力分析

一、盈利能力分析

盈利能力是指企业获取利润的能力,通常表现为一定时期内企业收益数额的多少及其水平的高低。企业的盈利能力关系到其发展前景,拥有不断获取利润的能力是企业持续经营的前提。

通过对利润表上相关指标的分析,为企业下一步的发展计划提供决策依据。其中营业净利率为评价企业盈利能力的核心指标,综合反映企业的经营成果,该比率的大小代表着企业盈利能力的强弱,营业净利率越高,企业盈利越强;营业净利率越低,企业盈利能力越弱。

A 企业 2019—2021 年的利润表数据如表 8‑1、表 8‑2 所示。从金额变动上分析,与 2019 年相比,A 企业 2020 年营业收入增加了 1 700 万元,由于在第四年该企业研发了新产品 P3,并开拓了新市场即亚洲市场,市场增多,产品类型增加,需求增加,从而引起收入的增加,为净利润的增加产生了积极的影响;与 2020 年相比,2021 年净利润增加了 1 500 万元,营业收入的增加,管理费用的减少对净利润产生了正向的影响。从结构变动上分析,2019—2021 年,A 企业的营业净利率在不断增加,并且 2021 年营业净利率的增长幅度大于 2020 年营业净利率增长的幅度。在这三年内,A 企业开发了获利能力较强的 P3,放弃了 P1 产品的生产,开拓了区域市场,亚洲市场,国际市场三个新市场,并且管理费用的比率不断降低,均对营业净利率的增加产生了有利的影响。

表 8‑1　　　　　　　　A 企业 2019—2020 年利润表结构百分比变动　　　　　　　单位:百万元

项　　目	2020 金额	2019 金额	变动金额	2020 年结构(%)	2019 年结构(%)	变动结构(%)
一、销售收入	88	71	17	100.00	100.00	0.00
减:成本	36	30	6	40.91	42.25	−1.34
管理费用	41	39	2	46.60	54.93	−8.33
财务费用	11	8	3	12.50	11.27	1.23
二、营业利润	0	−6	6	0.00	−8.45	8.45
三、利润总额	0	−6	6	0.00	−8.45	8.45
减:所得税	0	0	0	0.00	0.00	0.00
四、净利润	0	−6	6	0.00	−8.45	8.45

表 8‑2　　　　　　　　A 企业 2020—2021 年利润表结构百分比变动　　　　　　　单位:百万元

项　　目	2021 金额	2020 金额	变动金额	2021 年结构(%)	2020 年结构(%)	变动结构(%)
一、销售收入	110	88	22	100.00	100.00	0.00
减:成本	50	36	14	45.45	40.91	4.54
管理费用	34	41	−7	30.91	46.60	−15.69
财务费用	11	11	0	10.00	12.50	−2.50
二、营业利润	15	0	15	13.64	0.00	13.64
三、利润总额	15	0	15	13.64	0.00	13.64
减:所得税	0	0	15	0.00	0.00	0.00
四、净利润	15	−6	15	13.64	0.00	13.64

二、偿债能力分析

企业的偿债能力分析可以分为短期偿债能力分析和长期偿债能力分析,通过对相关指标分析,对企业偿还债务以及重新举债的能力做出预期的判断。

A 企业 2019—2021 年偿债能力如表 8 - 3 所示。

表 8 - 3　　　　　　　　　　　A 企业 2019—2021 年偿债能力

项　　目		2019 年	2020 年	2021 年
短期偿债比率	流动比率(%)	56.67	50	126.25
	速动比率(%)	46.67	20	97.5
长期偿债比率	资产负债率(%)	83.33	76.92	67.23
	权益乘数	6.00	4.33	3.05

由于该企业处于模拟经营状态,且前两年的亏损未弥补完,不需要缴纳所得税,因此流动负债由短期借款和长期借款组成,由表 8 - 3 可以看出,2020 年与 2021 年相比,流动比率与速动比率增加,该企业的短期偿债能力增加。从长期偿债比率来看,资产负债率不断降低,表明企业的偿债能力较强,负债较安全,企业的举债能力增强。

权益乘数是反映企业财务状况的核心比率,A 企业 2019—2021 年财务报表数据分析如图 8 - 1 所示。

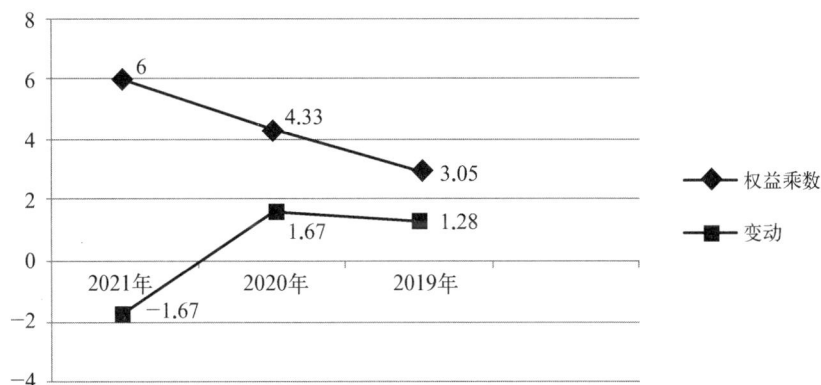

图 8 - 1　A 企业 2019—2021 年财务报表数据分析

通过以上计算可知,2019—2021 年权益乘数呈下降趋势,2019—2020 年下降了 1.67,2020—2021 年下降了 1.28。由于在模拟状态下,企业的融资渠道只有长期贷款和短期贷款两种方式,且企业贷款额度有较大限制。权益乘数的下降一方面是因为贷款的减少,另一方面是留存收益的增加,该企业 2019—2021 年贷款数减少,净利润不断增加,双重作用导致留存收益的增加,进而导致权益乘数下降。

三、营运能力分析

营运能力指企业资产赚取利润的能力,总资产周转率这一指标综合揭示了企业的营运能力,反映了企业总资产的运营情况以及资产管理效率的高低。一定情况下,企业资金的周转速度越快,企业的偿债能力越强,流动性越高。

A 企业 2020—2022 年各项资产的周转率,如表 8 - 4、表 8 - 5 所示。

表 8-4   **A 企业 2020—2021 年各项资产的周转率**   单位：百万元

资　　产	资产周转次数			资产周转天数			资产与收入比		
	2021 年	2020 年	变动	2021 年	2020 年	变动	2021 年	2020 年	变动
货币资金	8.00	3.55	4.45	45.63	102.82	−57.19	0.13	0.28	−0.15
应收账款	17.60	1.97	15.63	20.74	185.28	−164.54	0.06	0.51	−0.45
存货	3.67	5.92	−2.25	99.46	61.66	37.8	0.27	0.17	0.1
流动资产合计	2.2	1.04	1.16	165.91	350.96	−185.05	0.45	0.96	−0.51
固定资产	1.38	0.93	0.45	264.49	392.47	−127.98	0.73	1.07	−0.34
非流动资产合计	1.38	0.90	0.45	264.49	405.56	−141.07	0.73	1.07	−0.34
资产总计	0.85	0.49	0.36	429.41	744.90	−315.49	1.18	2.03	−0.85

表 8-5   **A 企业 2021—2022 年各项资产的周转率**   单位：百万元

资　　产	资产周转次数			资产周转天数			资产与收入比		
	2022 年	2021 年	变动	2022 年	2021 年	变动	2022 年	2022 年	变动
货币资金	3.33	8.00	−4.67	109.61	45.63	63.98	0.30	0.13	0.17
应收账款	2.44	17.60	−15.16	149.59	20.74	128.85	0.41	0.06	0.35
存货	4.78	3.67	1.11	76.36	99.46	−23.1	0.21	0.27	−0.06
流动资产合计	1.09	2.2	−1.11	334.86	165.91	168.95	0.92	0.45	0.47
固定资产	6.11	1.38	4.73	59.74	264.49	−204.75	0.16	0.73	−0.57
非流动资产合计	6.11	1.38	4.73	59.74	264.49	−204.75	0.16	0.73	−0.57
资产总计	0.92	0.85	0.07	396.74	429.41	−32.67	1.08	1.18	−0.1

通过表 8-4 我们可以看到，2020 年的总资产周转天数比 2019 年降低了 315.49 天，其中影响较大的项目是应收账款周转天数下降了 164.54 天，2020 年企业的销售收入增加，导致应收账款增加，企业采取了合理的应收账款政策，收账速度快；固定资产周转天数下降了 127.98 天，由于生产产品需要较大的资金流量，企业出售厂房来获取资金，导致固定资产减少，进一步导致固定资产的周转次数增多，周转天数下降。根据资产与收入比分析，2020 年每 1 元营业收入需要资产 1.18 元，2019 年每 1 元营业收入需要资产 2.03 元，相比较 2020 年下降了 0.85 元，资产的获利能力增加。

通过表 8-5 我们可以看到，2021 年的总资产周转天数与 2020 年的相比下降了 32.67 天，但下降的幅度小于 2020 年总资产周转天数下降的幅度，其中影响的不利因素是货币资金与应收账款的周转天数分别增加了 63.98 天和 128.85 天，表明企业的应收账款发生坏账损失的可能性增大，资金变现能力减弱，流动性变弱，举债能力降低；对总资产周转天数下降产生有利作用的主要项目是固定资产周转天数下降了 204.75 天，企业由于资金周转困难，出售了厂房和生产线，导致固定资产减少，周转次数上升，周转天数下降。

第三节　现金流量分析

现金断流或权益为负都标志着企业破产,大部分企业经营失败,不是由于亏损,而是资金周转不畅,造成现金断流。因此,CFO需要控制企业的现金流,把握每一个现金流进和流出的时间节点。

在ERP沙盘模拟中,现金流进的活动有贷款贴现、出售资产、销售产品、获得应收账款。现金流出的活动有购买资产、支付费用、交所得税,其中支付费用包括支付利息费用、贴息费用、广告费用、生产线维修费用、管理费用、违约金、紧急采购损失、生产线出售损失。无论是现金流进还是现金流出,不同的项目,现金流的时间节点是不同的,而小组成员在企业运营期间,只有把控这些节点,才能做出合理的经营策略。本节分析提醒同学们注意费用支付的时间点,帮助规划更经济的经营策略。

一、支付贷款利息

长期贷款的利息在年初支付。所以,当企业运营到年初步骤时需注意,除了需要支付广告费以外,还要支付利息或本金。短期贷款的利息在季初支付。具体操作节点是,按照操作流程,将会扣除短期贷款本金和利息。

二、支付原材料价款

企业需要按照生产计划来订购原材料,当订购原材料,不需要立即支付原材料价款,而是形成应付款。只有在原材料入库,即操作"更新原料库"界面后,才需要支付原材料价款。

三、支付厂房租金、生产线维修费用、管理费用、生产线出售损失的时间点

同学们需要注意租金的后续支付是在"应收账款更新"操作流程之后,也就是说,如果我们需要贴现来支付厂房租金,可以在更新应收账款之后再贴现。因为应收款更新之后,意味着3账期应收款变成2账期应收款,如此我们的贴息费用将会减少。同理,生产线维修费用、管理费用、生产线出售损失这些费用都是在年末支付。因此,可以在第四季度应收款更新之后再贴现支付。

第四节　综合分析与业绩评价

一、综合分析与业绩评价的目的与内容

(一)综合分析与业绩评价的目的

财务分析从盈利能力、营运能力和偿债能力角度对企业的经营活动、投资活动和筹资活动状况进行了深入、细致的分析,以判明企业的财务状况和经营业绩,这对于企业投资者、债权人、经营者、政府及其他企业利益相关者了解企业的财务状况和经营成效是十分有益的。但前述财务分析通常是从某一特定角度,就企业某一方面的经营活动所做的分析,这种分析

不足以全面评价企业的总体财务状况和财务成效,很难对企业总体财务状况和经营业绩的关联性做出综合结论。为弥补财务分析的这一不足,有必要在财务能力单项分析的基础上,将有关指标按其内在联系结合起来进行综合分析。

业绩评价是指在综合分析的基础上,运用业绩评价方法对企业财务状况和经营成果所做的综合结论。业绩评价以财务分析为前提,财务分析以业绩评价为结论,离开业绩评价财务分析就没有太大的意义。前述财务分析都曾在分析的基础上做出了相应的评价,但那只是就单项财务能力所做的评价,其结论具有片面性,只有在综合分析的基础上进行业绩评价,才能从整体上相互联系地全面评价企业的财务状况及经营成果。综合分析与业绩评价的目的在于:

(1) 通过综合分析评价明确企业财务活动与经营活动的相互关系,找出制约企业发展的“瓶颈”所在。

(2) 通过综合分析评价全面评价企业财务状况及经营业绩,明确企业的经营水平、位置及发展方向。

(3) 通过综合分析评价为企业利益相关者进行投资决策提供参考。

(4) 通过综合分析评价为完善企业财务管理和经营管理提供依据。

(二) 综合分析与业绩评价的内容

根据上述综合分析与业绩评价的意义和目的,综合分析与业绩评价至少应包括以下两方面内容:

1. 财务目标与财务环节相互关联综合分析评价

企业财务目标是资本增值最大化。资本增值的核心在于资本收益能力的提高,而资本收益能力受企业各方面、各环节财务状况的影响。本部分分析正是要以净资产收益率为核心,并通过对净资产收益率的分解,找出企业经营各环节对其影响关系与程度,从而综合评价企业各环节及各方面的经营业绩。杜邦财务分析体系是进行这一分析的最基本方法。

2. 企业经营业绩综合分析评价

虽然财务目标与财务环节的联系分析可以解决单项指标分析或单方面分析给评价带来的困难,但由于没能采用某种计量手段给相互关联指标以综合评价,因此,往往难以准确得出公司经营业绩改善与否的定量结论。企业经营业绩综合分析评价正是从解决这一问题出发,利用业绩评价的不同方法对企业经营业绩进行量化分析,最后得出企业经营业绩评价的唯一结论。

二、杜邦财务综合分析及其发展

(一) 杜邦财务分析体系

杜邦财务分析体系,亦称杜邦财务分析法,是指根据各主要财务比率指标之间的内在联系,建立财务分析指标体系,综合分析企业财务状况的方法。由于该指标体系是由美国杜邦公司最先采用的,故称杜邦财务分析体系。杜邦财务分析体系的特点,是将若干反映企业盈利状况、财务状况和营运状况的比率按其内在联系有机地结合起来,形成一个完整的指标体系,并最终通过净资产收益率(或资本收益率)这一核心指标来综合反映。

在杜邦财务分析体系中,包含了几种主要的指标关系,可以分为两大层次。

1．第一层次

（1）净资产收益率＝总资产净利率×业主权益乘数

即：净利润÷净资产×100％＝（净利润÷总资产×100％）×总资产÷净资产

（2）总资产净利率＝销售净利率×总资产周转率

即：净利润÷总资产×100％＝（净利润÷营业收入×100％）×营业收入÷总资产

以上关系表明，影响净资产收益率最重要的因素有销售净利率、总资产周转率和业主权益乘数，即：

$$净资产收益率＝销售净利率×总资产周转率×业主权益乘数$$

2．第二层次

（1）销售净利率的分解。

$$销售净利率＝净利润÷营业收入×100％＝（总收入－总成本）÷营业收入$$

（2）总资产周转率的分解。

$$总资产周转率＝营业收入÷总资产＝营业收入÷（流动资产＋非流动资产）$$

以上关系可以用图8-2更清楚地反映出来。

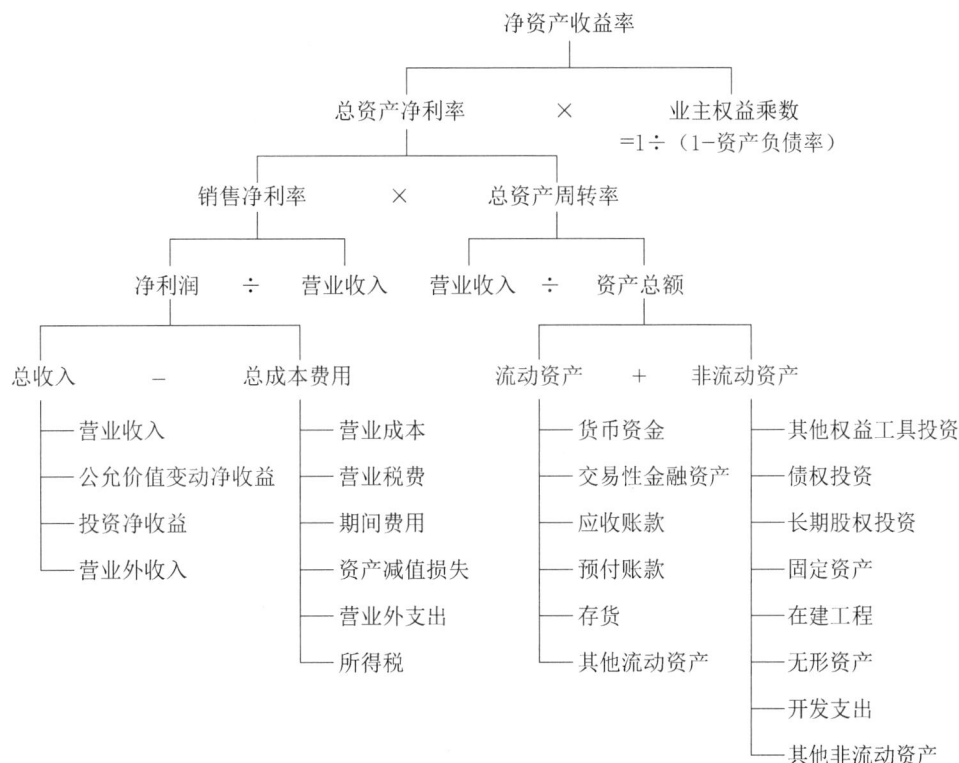

图8-2 杜邦财务分析体系

杜邦财务分析体系为进行企业综合分析提供了极具价值的财务信息。

（1）净资产收益率是综合性最强的财务指标，是企业综合财务分析的核心。这一指标反映了投资者投入资本获利能力的高低，体现出了企业经营的目标。从企业财务活动和经营活动的相互关系上看,净资产收益率的变动取决于企业的资本经营、资产经营和商品经营。所以净资产收益率是企业财务活动效率和经营活动效率的综合体现。

(2)总资产周转率是反映企业营运能力最重要的指标,是企业资产经营的结果,是实现净资产收益率最大化的基础。企业总资产由流动资产和非流动资产组成,流动资产体现企业的偿债能力和变现能力,非流动资产体现企业的经营规模、发展潜力和盈利能力。各类资产的收益性又有较大区别,如现金、应收账款几乎没有收益。所以,资产结构是否合理以及营运效率高低是企业资产经营的核心问题,并最终影响到企业的经营业绩。

(3)销售净利率是反映企业商品经营盈利能力最重要的指标,是企业商品经营的结果,是实现净资产收益率最大化的保证。企业从事商品经营,目的在于获利,其途径只有两条,一是扩大营业收入,二是降低成本费用。

(4)业主权益乘数既是反映企业资本结构的指标,也是反映企业偿债能力的指标,是企业资本经营,即筹资活动的结果,它对提高净资产收益率起到杠杆作用。适度开展负债经营,合理安排企业资本结构,可以提高净资产收益率。

根据SMC公司的有关资料,绘制杜邦财务分析图,如图8-3所示。

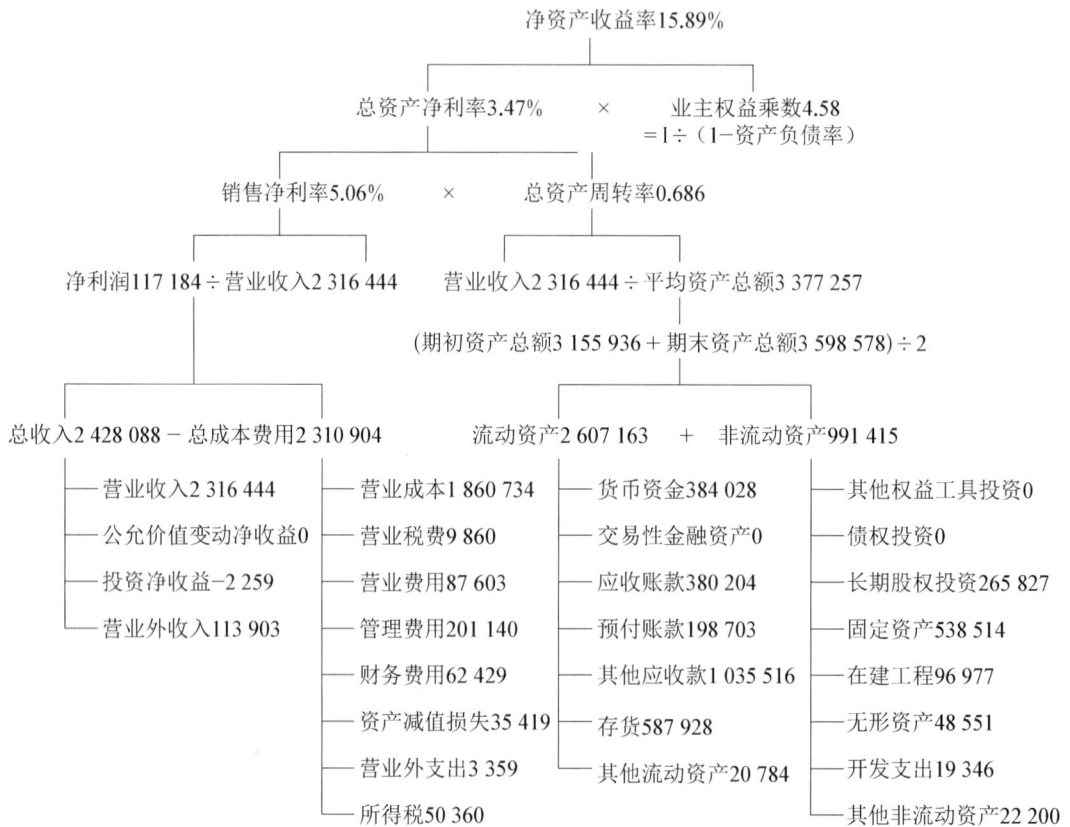

图 8-3　SMC公司杜邦财务分析图

(二)杜邦财务分析体系的变形与发展——帕利普财务分析体系

杜邦财务分析体系自产生以来在实践中得到广泛应用与好评。随着经济与环境的发展、变化和人们对企业目标认识的进一步升华,许多人对杜邦财务分析体系进行了变形、补充,使其不断完善与发展。美国哈佛大学教授帕利普等在其所著的《企业分析评价》一书中,将财务分析体系(本书将其称为帕利普财务分析体系)界定为以下几种关系式:

（1）可持续增长比率＝净资产收益率×（1－支付现金股利÷净利润）

（2）净资产收益率＝净利润÷净资产

　　　　　　　　＝净利润÷营业收入×营业收入÷总资产×总资产÷净资产

　　　　　　　　＝销售净利率×总资产周转率×财务杠杆作用

（3）与销售净利率相关的指标有：销售收入成本率、销售毛利率、销售收入期间费用率、销售收入研究开发费用率、销售净利率、销售收入非营业损失率、销售息税前利润率、销售税费率。

（4）与总资产周转率相关的指标有：流动资产周转率、营运资金周转率、固定资产周转率、应收账款周转率、应付账款周转率、存货周转率等。

（5）与财务杠杆作用相关的指标有：流动比率、速动比率、现金比率、负债对权益比率、负债对资本比率、负债对资产比率、以收入为基础的利息保障倍数、以现金流量为基础的利息保障倍数等。

帕利普财务分析体系也可用图 8-4 表示。

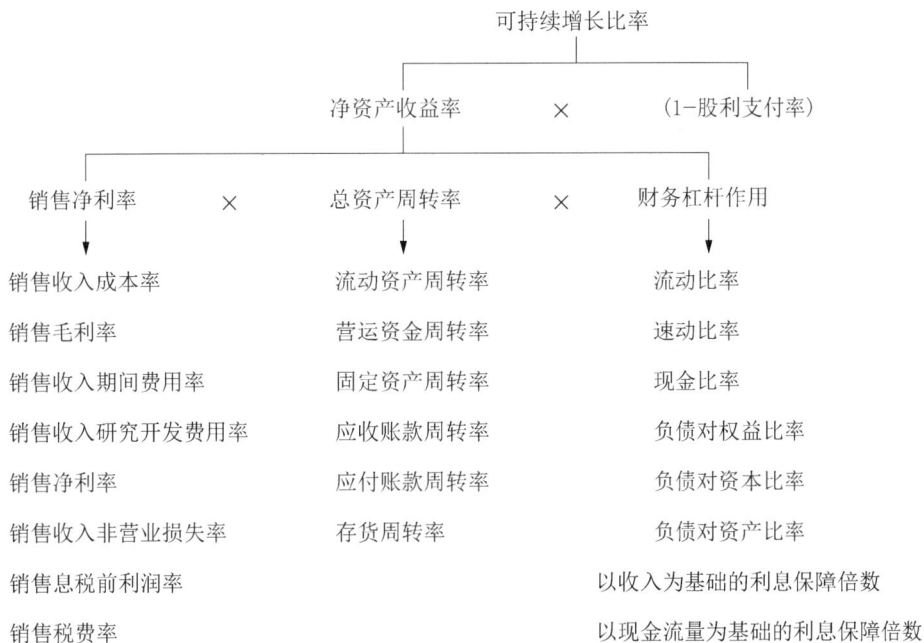

图 8-4　帕利普财务分析体系图

三、企业经营业绩综合评价

进行企业经营业绩综合评价通常可采用综合指数法和综合评分法,即通过计算企业经营业绩综合指数或综合分数,反映企业总体经营业绩水平的高低。

（一）经营业绩评价综合指数法

运用综合指数法进行业绩评价的一般程序或步骤包括选择业绩评价指标,确定各项业绩指标的标准值,计算各项业绩指标的单项指数,确定各项业绩指标的权数,计算综合经济指数,评价综合经济指数。下面以财政部 1995 年颁布的企业经济效益评价指标体系为例,说明综合指数法的应用。

1. 选择经营业绩评价指标

进行经营业绩评价的首要步骤是正确选择评价指标,指标选择要根据分析的目的和要求,考虑分析的全面性、综合性。财政部颁布的企业经济效益评价指标体系中选择的经济效益指标包括三个方面的十项指标:

(1) 反映盈利能力和资本保值增值指标。

反映盈利能力的指标主要有销售(营业)利润率、总资产报酬率和资本收益率。

① 销售(营业)利润率,反映企业营业收入的获利水平,其计算公式为:

$$销售利润率 = 利润总额 \div 营业收入 \times 100\%$$

② 总资产报酬率,用于衡量企业运用全部资产获利的能力,其计算公式为:

$$总资产报酬率 = (利润总额 + 利息支出) \div 平均总资产 \times 100\%$$

其中:平均资产总额 = (期初资产总额 + 期末资产总额) ÷ 2

③ 资本收益率,指企业运用投资者投入资本获得收益的能力,其计算公式为:

$$资本收益率 = 净利润 \div 实收资本 \times 100\%$$

反映企业资本保值增值能力的指标是资本保值增值率,即资本保值增值率,主要反映企业投资者投入资本的完整性和保全性,其计算公式为:

$$资本保值增值率 = 期末所有者权益总额 \div 期初所有者权益总额 \times 100\%$$

该指标等于 100% 为资本保值,该指标大于 100% 为资本增值。

(2) 反映资产负债水平和偿债能力指标。

反映企业资产负债水平和偿债能力的指标有资产负债率、流动比率、速动比率、应收账款周转率和存货周转率等。

① 资产负债率,可用于衡量企业负债水平高低情况,其计算公式为:

$$资产负债率 = 负债总额 \div 资产总额 \times 100\%$$

② 流动比率,是衡量企业在某一时点偿付即将到期债务的能力,其计算公式为:

$$流动比率 = 流动资产 \div 流动负债 \times 100\%$$

③ 速动比率,是衡量企业在某一时点上运用随时可变现资产偿付到期债务的能力,其计算公式为:

$$速动比率 = 速动资产 \div 流动负债 \times 100\%$$

其中:速动资产 = 流动资产 - 存货

④ 应收账款周转率,是用于衡量企业应收账款周转速度快慢的指标,其计算公式为:

$$应收账款周转率 = 赊销净额 \div 平均应收账款余额 \times 100\%$$

其中:平均应收账款余额 = (期初应收账款余额 + 期末应收账款余额) ÷ 2

$$赊销净额＝营业收入－现销收入－销售退回、折扣、折让$$

由于企业赊销资料作为商业机密不对外公布，所以应收账款周转率公式中的分子一般用赊销和现销总额，即营业收入。

⑤ 存货周转率，用于衡量企业在一定时期内存货资产的周转速度，是反映企业的购、产、销平衡效率的一种尺度，其计算公式为：

$$存货周转率＝营业成本÷平均存货成本\times100\%$$

其中：平均存货成本＝（期初存货成本＋期末存货成本）÷2

（3）反映企业对国家或社会贡献水平指标。

反映企业对国家或社会贡献水平的指标有社会贡献率和社会积累率。

① 社会贡献率，可用于衡量企业运用全部资产为国家或社会创造或支付价值的能力，其计算公式为：

$$社会贡献率＝企业社会贡献总额÷企业平均资产总额\times100\%$$

其中：企业社会贡献总额包括工资（含奖金、津贴等工资性收入），劳保退休统筹及其他社会福利支出，利息支出净额，应交增值税，应交产品销售税金及附加，应交所得税，其他税收和净利润等。

② 社会积累率，可用于衡量企业社会贡献总额中有多少用于上交国家财政，其计算公式为：

$$社会积累率＝上交国家财政总额÷企业社会贡献总额\times100\%$$

其中：上交国家财政总额包括应交增值税、应交产品销售税金及附加、应交所得税和其他税收等。

2. 确定各项业绩指标的标准值

业绩评价指标标准值可根据分析的目的和要求确定，可用某企业某年的实际数，也可用同类企业、同行业或部门的平均数，还可用国际标准数。一般地说，当评价企业经营计划完成情况时，可以用企业计划水平为标准值；当评价企业经营业绩水平变动情况时，可以用企业前期水平为标准值；当评价企业在同行业或在全国或国际上所处地位时，可用行业标准值或国家标准值或国际标准值。

财政部十个指标标准值的确定主要参考以下两方面：

一是适当参照国际通用标准，如流动比率 200％，速动比率 100％，资产负债率 50％ 等，但考虑到我国整体效益水平偏低，与国际上发达国家差距较大，国际通行标准值仅是一个参考依据。

二是参考我国企业在近三年的行业平均值。

3. 计算各项业绩指标的单项指数

单项指数是指各项经济指标的实际值与标准值之间的比值，其计算公式为：

$$单项指数＝某指标实际值÷该指标标准值$$

这一单项指数计算公式适用于经济指标为纯正指标或纯逆指标，如果为正指标，单项指数越高越好；如果为逆指标，则单项指数越低越好。如果某经济指标既不是纯正指标，又不

是纯逆指标,如资产负债率、流动比率、速动比率等,对于这种指标,其单项指数可按下式计算:

$$单项指数 = (标准值 - 实际值与标准值差额的绝对值) \div 标准值 \times 100\%$$

例如,假设流动比率的标准值200%,则当流动比率实际值为220%时,单项指数:

$$单项指数 = [200\% - (220\% - 200\%)] \div 200\% \times 100\% = 90\%$$

4. 确定各项业绩指标的权数

综合经济指数不是单项指数的简单算术平均数,而是一个加权平均数。因此,要计算综合经济指数,应在计算单项指数的基础上,确定各项指标的权数。各项经济指标权数的确定应依据各指标的重要程度而定,一般地说,某项指标越重要,其权数就越大;反之,则权数就越小。各项经济效益指标的权数,如表8-6所示。

表8-6　　　　　　　　　　　各项经济效益指标权数

指　数	权　数	指　数	权　数
销售利润率	15	流动比率(或速动比率)	5
总资产报酬率	15	应收账款周转率	5
资本收益率	15	存货周转率	5
资本保值增值率	10	社会贡献率	10
资产负债率	5	社会积累率	15

5. 计算综合经济指数

综合经济指数是以各单项指数为基础,乘以各指标权数所得到的一个加权平均数。其计算有两种方法:

(1) 按各项指标实际指数计算(不封顶)。

在按各项指标实际指数计算时,其计算公式为:

$$综合经济指数 = \sum (某指标单项指数 \times 该指标权数)$$

(2) 按扣除超过100%部分后计算(封顶)。

在全部指标中没有逆指标时,如果某项指标指数超过100%,则扣除超出部分,按100%计算;如果某项指标指数低于100%,则按该指标实际指数计算。其计算公式为:

$$综合经济指数 = \sum [某指标指数(扣除超出部分) \times 该指标权数]$$

根据SMC公司的有关资料,按上述程序,采用第一种计算方法计算该企业的综合经济指数,如表8-7所示。

6. 评价综合经济指数

按照第二种方法计算综合经济指数时,其最高值为100%,越接近100%,说明企业经营业绩总体水平越好;按照第一种方法计算综合经济指数,当各项业绩指标中没有正指标时,综合经济指数以小于100%为好,而且越低越好。

表 8－7　　　　　　　　　　　　　SMC 公司综合经济指数计算表（%）

经 济 指 标	标准值	实际值	单项指数	权 数	综合经济指数
销售利润率	18	7.23	40	15	6.00
总资产报酬率	20	6.81	34	15	5.10
资本收益率	25	40.44	162	15	24.30
资本保值增值率	105	125.37	119	10	11.90
资产负债率	50	77.19	46	5	2.30
流动比率	200	117.42	59	5	2.95
或速动比率	100	90.94	91	5	4.55
应收账款周转率（次）	12	7.16	60	5	3.00
存货周转率（次）	10	3.83	38	5	1.90
社会贡献率	35	35	100	10	10.00
社会积累率	30	30	100	15	15.00
综合经济指数				100	87.00

注：社会贡献率和社会积累率实际值由于资料限制，假设其为标准值；利息支出用财务费用代替。

　　当各项业绩指标中没有逆指标时，一般地说，综合经济指数达到 100%，说明企业经营业绩总体水平达到标准要求，或者说企业取得了较好的经济效益，该指标越高，经济效益水平越高；否则，综合经济指数低于 100%，说明企业经济效益水平没达到标准要求，该指标越低，经营业绩水平越差。

　　本例中 SMC 公司综合经济指数仅为 87%，没有达到经营业绩标准要求。

　　在运用综合经济指数法进行经营业绩综合评价时，应特别注意以下两个问题：

　　第一，选择的各项经济指标在评价标准上应尽量保持方向的一致性，即尽量都选择正指标，或都选择逆指标。因为全部为正指标，评价标准越高越好；全部为逆指标则评价标准越低越好；而既有正指标又有逆指标，则应将逆指标转为正指标或相反。如上述周转速度指标，如果以次数计算为正指标，而以天数计算为逆指标，因为大部分指标为正指标，因此，周转速度应采取正指标形式。至于资产负债率、流动比率和速动比率这种既不是正指标，又不是逆指标的指标，其标准值具有绝对性，即大于或小于标准值都不好，单项指数最高为 1 或 100%。进行综合经济效益指数评价时应注意这些指标的特点，否则可能得出错误结论。

　　第二，综合经济指数是否可高于 100% 的问题。

　　如果各单项指数取值可高于 100% 时，综合经济指数可能高于 100%。这样做的优点是，综合经济指数不封顶，该指标越高，说明企业经营业绩越好；缺点是，可能以某些完成状况好的指标的数值弥补完成状况差的指标的数值，即使综合经济指数大于或等于 100%，也不能说明企业各项经济指标都达到了标准值要求，掩盖了企业在某些方面存在的问题。

如果各单项指数取值最高为 100％（即大于 100％时按 100％计算，小于 100％时按实际计算）时，综合经济指数最高为 100％。这种方法的优点是，只要综合经济指数达到了 100％，就说明企业各项经济指标都达到或超过了标准值，取得了理想的经营业绩，低于 100％则说明企业在某些方面一定存在问题；缺点是，如果几个企业的综合效益指数都达到 100％时，很难分出优劣。

因此，进行企业经济效益指数综合评价，在标准值比较先进时，可采用指数封顶的方法；当标准值为平均值时，则应采取指数不封顶的方法。企业在进行自身经营业绩评价时，也可将两种方法结合使用，取长补短，从而准确地评价企业的经营业绩。

（二）经营业绩评价综合评分法

运用综合评分法或功效系数法的一般程序或步骤包括：选择业绩评价指标，确定各项业绩评价指标的标准值，确定各项业绩评价指标的权数，计算各类业绩评价指标得分，计算经营业绩综合评价分数，确定经营业绩综合评价等级。

下面根据 2006 年国务院国有资产监督管理委员会发布的《中央企业综合绩效评价实施细则》说明综合评分法的程序、方法及其应用。

1. 选择业绩评价指标

进行经营业绩综合分析的首要步骤是正确选择评价指标，指标选择要根据分析目的和要求，考虑分析的全面性、综合性。根据 2006 年国务院国有资产监督管理委员会颁布的实施细则，选择的企业综合绩效评价指标包括 22 个财务绩效定量评价指标和 8 个管理绩效定性评价指标，具体如表 8-8 所示。

表 8-8　　　　　　　　　　　　　　企业综合绩效评价指标体系

评价指标类别	财务绩效定量评价指标		管理绩效定性评价指标
	基 本 指 标	修 正 指 标	
一、盈利能力状况	净资产收益率 总资产报酬率	销售（营业）利润率 盈余现金保障倍数 成本费用利润率 资本收益率	战略管理 发展创新 经营决策 风险控制 基础管理 人力资源 行业影响 社会贡献
二、资产质量状况	总资产周转率 应收账款周转率	不良资产比率 流动资产周转率 资产现金回收率	
三、债务风险状况	资产负债率 已获利息倍数	速动比率 现金流动负债比率 带息负债比率 或有负债比率	
四、经营增长状况	销售（营业）增长率 资本保值增值率	销售（营业）利润增长率 总资产增长率 技术投入比率	

（1）财务绩效基本指标及其计算。

① 净资产收益率，指企业运用投资者资本获得收益的能力，其计算公式为：

$$净资产收益率 = 净利润 \div 平均净资产 \times 100\%$$

其中：平均净资产 = （期初所有者权益 + 期末所有者权益）÷2

② 总资产报酬率，用于衡量企业运用全部资产获利的能力，其计算公式为：

$$总资产报酬率 = （利润总额 + 利息支出）\div 平均资产总额 \times 100\%$$

其中：平均资产总额 = （期初资产总额 + 期末资产总额）÷2

③ 总资产周转率，指企业在一定时期营业收入与平均资产总额的比值，是综合评价企业全部资产经营质量和利用效率的重要指标，其计算公式为：

$$总资产周转率 = 营业收入 \div 平均资产总额 \times 100\%$$

④ 应收账款周转率，指企业一定时期营业收入与应收账款平均余额之比，其计算公式为：

$$应收账款周转率 = 营业收入 \div 应收账款平均余额 \times 100\%$$

其中：应收账款平均余额 = （年初应收账款余额 + 年末应收账款余额）÷2

应收账款余额 = 应收账款净额 + 应收账款坏账准备

⑤ 资产负债率，可用于衡量企业负债水平与偿债能力的情况，其计算公式为：

$$资产负债率 = 负债总额 \div 资产总额 \times 100\%$$

⑥ 已获利息倍数，指息税前利润与利息支出之间的比率，可用于衡量企业的偿债能力，其计算公式为：

$$已获利息倍数 = （利润总额 + 利息支出）\div 利息支出$$

⑦ 销售（营业）增长率，是反映企业销售（营业）收入增长情况的指标，其计算公式为：

$$销售（营业）增长率 = （本年营业收入 - 上年营业收入）\div 上年营业收入 \times 100\%$$

⑧ 资本保值增值率，可用于衡量企业所有者权益的保持和增长幅度，其计算公式为：

资本保值增值率 = 扣除客观增减因素的年末所有者权益 ÷ 年初所有者权益 × 100%

根据上述公式，SMC 公司 2021 年各项财务绩效基本指标如表 8 - 9 表示。

表 8 - 9 　　　　　　　　　　SMC 公司 2021 年财务绩效基本指标表（%）

基 本 指 标	2021 年	基 本 指 标	2021 年
净资产收益率	15.89	资产负债率	77.19
总资产报酬率	6.81	已获利息倍数（倍）	3.68[*]
总资产周转率（次）	0.69	销售（营业）增长率	28.81
应收账款周转率（次）	7.16	资本保值增值率	125.37

[*] 利息支出由于资料限制，用财务费用替代。

（2）财务绩效修正指标及其计算。

① 销售（营业）利润率 = 营业利润 ÷ 营业收入 × 100%

② 盈余现金保障倍数＝经营现金净流量÷净利润×100％

③ 成本费用利润率＝利润总额÷成本费用总额×100％

其中：成本费用总额＝营业成本＋营业税金＋管理费用＋财务费用

④ 资本收益率＝净利润÷平均资本×100％

其中：平均资本＝[（年初实收资本＋年初资本公积）＋（年末实收资本＋年末资本公积）]÷2

⑤ 不良资产比率＝（资产减值准备余额＋应提未提和应摊未摊的潜亏挂账＋为处理资产损失）÷（资产总额＋资产减值准备余额）×100％

⑥ 流动资产周转率＝营业收入÷平均流动资产余额×100％

其中：平均流动资产余额＝（年初流动资产总额＋年末流动资产总额）÷2

⑦ 资产现金回收率＝经营现金净流量÷平均资产总额×100％

⑧ 速动比率＝速动资产÷流动负债×100％

其中：速动资产＝流动资产－存货

⑨ 现金流动负债比率＝经营现金净流量÷流动负债×100％

⑩ 带息负债比率＝（短期借款＋一年内到期的长期负债＋长期借款＋应付债券＋应付利息）÷负债总额×100％

⑪ 或有负债比率＝或有负债余额÷所有者权益×100％

其中：或有负债余额＝已贴现承兑汇票＋担保余额＋贴现与担保外的被诉事项金额＋其他或有负债

⑫ 销售（营业）利润增长率＝（本年营业利润－上年营业利润）÷上年营业利润×100％

⑬ 总资产增长率＝（年末资产总额－年初资产总额）÷年初资产总额×100％

⑭ 技术投入比率＝本年科技支出合计÷营业收入×100％

根据上述公式，SMC公司2021年各项财务绩效修正指标如表8－10所示。

表8－10　　　　　　　　SMC公司2021年财务绩效修正指标表（％）

修　正　指　标	2005年	修　正　指　标	2005年
销售（营业）利润率	2.46	速动比率	90.94
盈余现金保障倍数（倍）	2.24	现金流动负债比率	12.26
成本费用利润率	7.54	带息负债比率	52.30
资本收益率	16.99	或有负债比率	6.1
不良资产比率	0.97	销售（营业）利润增长率	81.53
流动资产周转率（次）	0.98	总资产增长率	14.03
资产现金回收率	7.78	技术投入比率	1.50

注：由于数据资料有限，或有负债比率和技术投入比率都是假设值，取行业平均值。

2. 确定各项业绩评价指标的标准值

为了准确评价企业经营业绩，对各项经济指标标准值的确定，根据企业类型不同及指标分类情况规定了不同的标准。

（1）财务绩效基本指标标准值及标准系数。基本指标评价的参照水平即标准值由财政部定期颁布,分为五档。不同行业、不同规模的企业有不同的标准值。例如,2006 年金属加工机械制造业大型企业财务绩效基本指标标准值如表 8 - 11 所示。

表 8 - 11 　　　　　　2006 年金属加工机械制造业大型企业财务绩效基本指标标准值表

标准系数 项　目	优秀 1	良好 0.8	平均 0.6	较低 0.4	较差 0.2
净资产收益率	13.8	10.3	6.4	2.7	−0.9
总资产报酬率	9.1	7.3	4.0	2.2	0.0
总资产周转率	1.1	0.9	0.7	0.6	0.5
应收账款周转率	8.6	6.8	4.2	2.9	1.7
资产负债率	40.2	53.4	62.1	74.8	84.7
已获利息倍数	5.7	3.4	2.3	1.7	0.9
销售(营业)增长率	35.7	27.5	18.3	14.2	3.5
资本保值增值率	111.7	109.2	106.1	102.4	98.3

(2)财务绩效修正指标标准值及修正系数。基本指标有较强的概括性,但是不够全面。为了更加全面地评价企业绩效,财政部另外设置了 4 类 14 项修正指标,根据修正指标的高低计算修正系数,用得出的系数去修正基本指标得分。2006 年金属加工机械制造业大型企业财务绩效修正指标标准值(表 8 - 12)。

表 8 - 12 　　　　　　2006 年金属加工机械制造业大型企业财务绩效修正指标标准值表

标准系数 项　目	优秀 1	良好 0.8	平均 0.6	较低 0.4	较差 0.2
一、盈利能力状况					
销售(营业)利润率	20.9	18.4	15.0	11.4	7.0
盈余现金保障倍数	6.4	3.5	1.0	−0.5	−2.3
成本费用利润率	10.9	7.8	4.7	0.4	−3.3
资本收益率	16.3	10.4	5.9	0.7	−1.2
二、资产质量状况					
不良资产比率	0.6	2.4	5.0	7.2	11.5
流动资产周转率	1.8	1.4	1.0	0.8	0.6
资产现金回收率	10.6	9.2	4.4	1.5	0.3
三、债务风险状况					
速动比率	105.3	87.1	59.3	42.7	26.7
现金流动负债比率	18.3	14.3	7.5	4.1	1.8
带息负债比率	21.7	30.5	42.1	55.2	70.4
或有负债比率	0.4	1.3	6.1	14.7	23.8

标准系数 项　目	优秀 1	良好 0.8	平均 0.6	较低 0.4	较差 0.2
四、经营增长状况					
销售(营业)利润增长率	37.6	29.1	21.1	4.5	−5.7
总资产增长率	22.3	16.7	10.5	3.5	−1.9
技术投入比率	4.3	2.4	1.5	0.8	0.0

3. 确定各项业绩评价指标的权数

指标的权数根据评价目的和指标的重要程度确定。表8-13是企业综合绩效评价指标体系中各类及各项指标的权数或分数。

表 8-13　　　　　　　　　　企业综合绩效评价指标及权重表

财务绩效定量指标(权重70%)					管理绩效定性 指标(权重30%)	
指标类别(100)	基本指标(100)		修正指标(100)		评议指标(100)	
一、盈利能力状 况(34)	净资产收益率 总资产报酬率	20 14	销售(营业)利润率 盈余现金保障倍数 成本费用利润率 资本收益率	10 9 8 7	战略管理 发展创新 经营决策 风险控制	18 15 16 13
二、资产质量状 况(22)	总资产周转率 应收账款周转率	10 12	不良资产比率 流动资产周转率 资产现金回收率	9 7 6	基础管理 人力资源 行业影响 社会贡献	14 8 8 8
三、债务风险状 况(22)	资产负债率 已获利息倍数	12 10	速动比率 现金流动负债比率 带息负债比率 或有负债比率	6 6 5 5		
四、经营增长状 况(22)	销售(营业)增长率 资本保值增值率	12 10	销售(营业)利润增长率 总资产增长率 技术投入率	10 7 5		

4. 计算各类业绩评价指标得分

(1) 财务绩效基本指标得分计算。

基本指标反映企业的基本情况,是对企业绩效的初步评价。它的计分是按照功效系数法计分原理,将评价指标实际值对照行业评价标准值,按照规定的计分公式计算各项基本指标得分。

① 财务绩效单项指标得分的计算。其计算公式如下:

$$单项基本指标得分 = 本档基础分 + 调整分$$

其中:本档基础分 = 指标权数 × 本档标准系数

上档基础分 = 指标权数 × 上档标准系数

$$调整分＝功效系数×(上档基础分－本档基础分)$$

$$功效系数＝(实际值－本档标准值)÷(上档标准值－本档标准值)$$

本档标准值是指上下两档标准值中居于较低等级的一档。

根据表 8-8 SMC 公司 2021 年财务绩效基本指标,结合表 8-11 金属加工机械制造业大型企业财务绩效基本指标标准值及系数,按上述公式计算 SMC 公司各项基本指标得分。例如,2021 年总资产报酬率 6.81%。此时,该企业的总资产报酬率已超过"平均"(4.0%)水平,处于"平均"档,因此可以得到"平均"档基础分。另外,它处于"良好"档(7.3%)和"平均"档(4.0%)之间,同时需要调整。

$$本档基础分＝指标权数×本档标准系数＝14×0.6＝8.4(分)$$

$$本档调整分＝(实际值－本档标准值)÷(上档标准值－本档标准值)$$

$$×(上档基础分－本档基础分)$$

$$＝(6.81\%－4.0\%)÷(7.3\%－4.0\%)×(14×0.8－14×0.6)$$

$$＝2.38(分)$$

$$总资产报酬率指标得分＝8.4＋2.38＝10.78(分)$$

其他基本指标得分的计算方法与此相同,不再举例。

② 财务绩效基本指标总分的计算。其计算公式为:

$$分类指标得分＝\sum 类内各项基本指标得分$$

$$基本指标总分＝\sum 各类基本指标得分$$

SMC 公司单项基本指标得分的计算结果如表 8-14 第三列所示,"分类指标得分"和"基本指标总分"如第四列所示。

表 8-14　　　　　　　　　　SMC 公司绩效指标得分的计算表　　　　　　　　　　单位:分

类　别	基本指标(分数)	单项指标得分	分类指标得分
一、盈利能力状况	净资产收益率(20) 总资产报酬率(14)	20.00 10.78	30.78
二、资产质量状况	总资产周转率(10) 应收账款周转率(12)	5.80 10.08	15.88
三、债务风险状况	资产负债率(12) 已获利息倍数(10)	4.22 8.24	12.46
四、经营增长状况	销售(营业)增长率(12) 资本保值增值率(10)	9.98 10.00	19.98
基本指标总分			79.10

(2) 财务绩效修正指标修正系数计算。

对基本指标得分的修正,是按指标类别得分进行的,需要计算"分类的综合修正系数"。分类的综合修正系数,由"单项指标修正系数"加权平均求得;而单项指标修正系数的大小主要取决于基本指标评价分数和修正指标实际值两项因素。

① 单项指标修正系数的计算。其计算公式如下：

单项指标修正系数＝1.0＋（本档标准系数＋功效系数×0.2－该类基本指标分析系数）

单项指标修正系数控制修正幅度为 0.7～1.3。

下面以盈余现金保障倍数为例说明单项指标修正系数的计算。

a. 标准系数的确定。

根据表 8-10 可知，SMC 公司盈余现金保障倍数为 2.24，查阅表 8-12，发现该指标的实际值介于良好和平均之间，其标准系数应为 0.6。

b. 功效系数的计算。其计算公式如下：

功效系数＝（指标实际值－本档标准值）÷（上档标准值－本档标准值）

盈余现金保障倍数指标的功效系数＝（2.24－1.0）÷（3.5－1.0）＝0.496

c. 分类基本指标分析系数的计算。其计算公式如下：

某类基本指标分析系数＝该类基本指标得分÷该类指标权数

根据表 8-14 可知盈利能力类基本指标得分为 30.78，其权数 34，则：

盈利能力类基本指标分析系数＝30.78÷34＝0.905

根据以上结果，可以计算出盈余现金保障倍数指标的修正系数：

盈余现金保障倍数指标修正系数＝1.0＋（0.6＋0.496×0.2－0.905）＝0.794

在计算修正指标单项修正系数过程中，对于一些特殊情况作如下规定：

第一，如果修正指标实际值达到优秀值以上，其单项修正系数的计算公式如下：

单项修正系数＝1.2＋本档标准系数－该部分基本指标分析系数

第二，如果修正指标实际值处于较差值以下，其单项修正系数的计算公式如下：

单项修正系数＝1.0－该部分基本指标分析系数

第三，如果资产负债率≥100%，指标得 0 分；其他情况按照规定的公式计分。

第四，如果盈余现金保障倍数的分子为正数，分母为负数，单项修正系数确定为 1.1；

如果分子为负数，分母为正数，单项修正系数确定为 0.9；

如果分子分母同为负数，单项修正系数确定为 0.8。

第五，如果不良资产比率≥100%或分母为负数，单项修正系数确定为 0.8。

第六，对于销售（营业）利润增长率指标，如果上年主营业务利润为负数，本年为正数，单项修正系数为 1.1；如果上年主营业务利润为零，本年为正数，或者上年为负数，本年为零，单项修正系数确定为 1.0。

按照上述方法，可以计算出销售（营业）利润率、成本费用利润率和资本收益率三项修正指标的单项修正系数分别为 0.095、0.878、1.295。

② 分类综合修正系数的计算。其计算公式如下：

$$分类综合修正系数＝\sum 类内单项指标的加权修正系数$$

其中,单项指标加权修正系数＝单项指标修正系数×该项指标在本类指标中的权数

例如,盈余现金保障倍数指标属于盈利能力指标,其权数为9,盈利能力类指标总权数为34。则:

$$盈余现金保障倍数指标的加权修正系数 ＝0.794×(9÷34)＝0.21$$

盈利能力类的修正指标有4项,已计算出盈余现金保障倍数指标的加权修正系数为0.21,销售(营业)利润率指标的单项指标修正系数为0.095,根据单项修正系数控制修正幅度为0.7～1.3,0.095远远小于0.7,可以不予考虑。成本费用利润率指标的加权修正系数为0.21,资本收益率指标的加权修正系数为0.27,则:

$$盈利能力类修正系数 ＝0.21＋0.21＋0.27＝0.69$$

其他类别指标的综合修正系数计算方法与上述方法相同,不再举例。

③ 修正后得分的计算。其计算公式如下:

$$修正后总分 ＝\sum(分类综合修正系数×分类基本指标得分)$$

SMC公司各类基本指标和分类综合修正系数如表8－15所示,通过该表可计算出修正后定量指标的总得分。

表8－15　　　　　　　　　　　　修正后得分的计算

项　　目	类别修正系数	基本指标得分	修正后得分
盈利能力状况	0.69	30.78	21.24
资产质量状况	1.06	15.88	16.83
债务风险状况	1.10	12.46	13.71
经营增长状况	1.00	19.98	19.98
修正后定量指标总分			71.76

④ 管理绩效定性指标的计分方法

a. 管理绩效定性指标的内容

管理绩效定性评价指标的计分一般通过专家评议打分形式完成,聘请的专家应不少于7名;评议专家应当在充分了解企业管理绩效状况的基础上,对照评价参考标准,采取综合分析判断法,对企业管理绩效指标做出分析评议,评判各项指标所处的水平档次,并直接给出评价分数。表8－16是一名评议专家给出的各项管理绩效定性评价指标的等级。

表8－16　　　　　　　　　　　管理绩效定性评价指标等级表

评议指标	权数	等级(参数)				
		优1	良0.8	中0.6	低0.4	差0.2
1. 战略管理	18		√			
2. 发展创新	15	√				
3. 经营决策	16		√			

续　表

评议指标	权数	等级（参数）				
		优 1	良 0.8	中 0.6	低 0.4	差 0.2
4. 风险控制	13	√				
5. 基础管理	14			√		
6. 人力资源	8		√			
7. 行业影响	8	√				
8. 社会贡献	8	√				

b. 单项评议指标得分

$$单项评议指标分数 = \sum（单项评议指标权数 \times 各评议专家给定等级参数）$$
$$\div 评议专家人数$$

假设评议专家有 7 人，对"战略管理"的评议结果为：优等 4 人，良等 3 人。

$$战略管理评议指标得分 = (18 \times 1 + 18 \times 1 + 18 \times 1 + 18 \times 1$$
$$+ 18 \times 0.8 + 18 \times 0.8 + 18 \times 0.8) \div 7$$
$$= 16.46$$

其他指标的计算方法与上述方法相同，不再举例。

c. 评议指标总分的计算

$$评议指标总分 = \sum 单项评议指标分数$$

前面已计算出"战略管理"评议指标分数为 16.46，假设其他 7 项评议指标的单项得分分别为 14、14、11、12、6、8 和 7，则：

$$评议指标总分 = 16.46 + 14 + 14 + 11 + 12 + 6 + 8 + 7 = 88.46$$

5. 计算经营业绩综合评价分数

在得出财务绩效定量评价分数和管理绩效定性评价分数后，应当按照规定的权重，形成综合绩效评价分数。其计算公式为：

$$企业综合绩效评价分数 = 财务绩效定量评价分数 \times 70\%$$
$$+ 管理绩效定性评价分数 \times 30\%$$

根据以上有关数据，SMC 公司的综合评价得分计算如下：

$$综合评价得分 = 71.76 \times 70\% + 88.46 \times 30\% = 76.77$$

在得出评价分数以后，应当计算年度之间的绩效改进度，以反映企业年度之间经营绩效的变化状况。其计算公式为：

$$绩效改进度 = 本期绩效评价分数 / 基期绩效评价分数$$

绩效改进度大于 1，说明经营绩效上升；绩效改进度小于 1，说明经营绩效下滑。

6. 确定经营业绩综合评价等级

企业综合绩效评价结果以 85、70、50、40 分作为类型判定的分数线。具体的企业综合绩效评价类型与评价级别如表 8 - 17 所示。

表 8 - 17　　　　　　　　　企业综合绩效评价类型与评价级别一览表

评 价 类 型	评 价 级 别	评 价 得 分
优（A）	A＋＋ A＋ A	A＋＋≥95 分 95 分＞A＋≥90 分 90 分＞A≥85 分
良（B）	B＋ B B－	85 分＞B＋≥80 分 80 分＞B≥75 分 75 分＞B－≥70 分
中（C）	C C－	70 分＞C≥60 分 60 分＞C－≥50 分
低（D）	D	50 分＞D≥40 分
差（E）	E	E＜40 分

本例中，SMC 公司综合得分 76.77 分，其综合绩效等级属于良（B）级。

本章小结

1. 市场预测是企业进行营销活动的前提，通过运用科学的方法为企业决策提供依据，对企业和市场的未来变化起到合理化的分析判断作用。

2. 财务分析从盈利能力、营运能力和偿债能力角度对企业的经营活动、投资活动和筹资活动状况进行了深入、细致的分析，以判明企业的财务状况和经营业绩。

3. 杜邦财务分析体系，亦称杜邦财务分析法，是指根据各主要财务比率指标之间的内在联系，建立财务分析指标体系，综合分析企业财务状况的方法。

复习思考题

1. 企业经营成果分析的主要内容包括哪些方面？

2. 如何通过 ERP 系统进行企业经营成果分析？

教师教学资源服务指南

关注微信公众号"**高教财经教学研究**"，可浏览云书展了解最新经管教材信息、申请样书、下载课件、下载试卷、观看师资培训课程和直播录像等。

课件及资源下载

电脑端进入公众号点击导航栏中的"教学服务"，点击子菜单中的"资源下载"，或浏览器输入网址链接http://101.35.126.6/，注册登录后可搜索相应资源并下载。

样书申请及培训课程

点击导航栏中的"教学服务"，点击子菜单中的"云书展"，了解最新教材信息及申请样书。

点击导航栏中的"教师培训"，点击子菜单中的"培训课程"即可观看教师培训课程和"名师谈教学与科研直播讲堂"的录像。

在线直播	云书展
培训课程	免费样书
会议预告	资源下载
＋	经管目录
	免费试卷

教师培训 · 教学服务 · 教材样章   教师培训 · 教学服务 · 教材样章

联系我们

联系电话：（021）56718921

郑重声明

高等教育出版社依法对本书享有专有出版权。任何未经许可的复制、销售行为均违反《中华人民共和国著作权法》，其行为人将承担相应的民事责任和行政责任；构成犯罪的，将被依法追究刑事责任。为了维护市场秩序，保护读者的合法权益，避免读者误用盗版书造成不良后果，我社将配合行政执法部门和司法机关对违法犯罪的单位和个人进行严厉打击。社会各界人士如发现上述侵权行为，希望及时举报，我社将奖励举报有功人员。

反盗版举报电话　（010）58581999　58582371
反盗版举报邮箱　dd@hep.com.cn
通信地址　北京市西城区德外大街 4 号　高等教育出版社法律事务部
邮政编码　100120